U1009163

长江养老·全球养老金管理前沿译丛

卓越投资

养老基金、捐赠基金和慈善基金会受托人实用指南

Achieving Investment Excellence

A Practical Guide for Trustees of Pension Funds, Endowments and Foundations

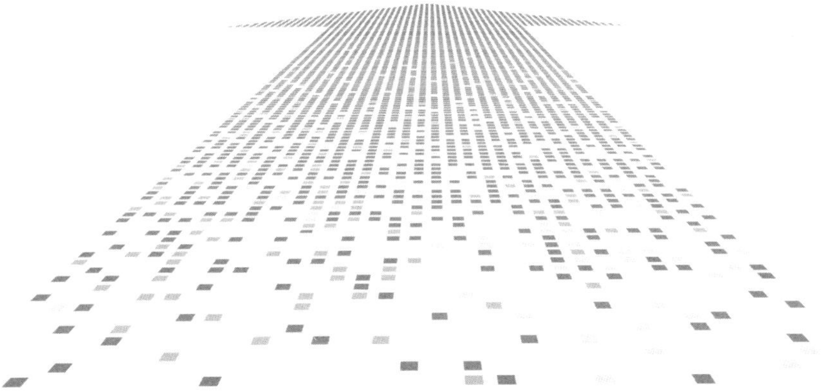

［荷］基斯·科迪克（Kees Koedijk）
［荷］阿尔弗雷德·斯拉格（Alfred Slager） 著
［荷］贾普·范达姆（Jaap van Dam）
沈国华 译

上海财经大学出版社 WILEY

图书在版编目(CIP)数据

卓越投资：养老基金、捐赠基金和慈善基金会受托人实用指南/(荷)基斯·科迪克(Kees Koedijk),(荷)阿尔弗雷德·斯拉格(Alfred Slager),(荷)贾普·范达姆(Jaap van Dam)著;沈国华译．—上海：上海财经大学出版社，2023.5

(长江养老·全球养老金管理前沿译丛)

书名原文：Achieving Investment Excellence：A Practical Guide for Trustees of Pension Funds,Endowments and Foundations

ISBN 978-7-5642-3889-6/F·3889

Ⅰ.①卓…　Ⅱ.①基…　②阿…　③贾…　④沈…　Ⅲ.①养老保险基金-投资-指南　Ⅳ.①F830.45—62

中国版本图书馆CIP数据核字(2021)第203527号

□ 责任编辑　徐　超

□ 封面设计　张克瑶

卓越投资

养老基金、捐赠基金和慈善基金会受托人实用指南

基斯·科迪克(Kees Koedijk)

阿尔弗雷德·斯拉格(Alfred Slager)　著

贾普·范达姆(Jaap van Dam)

沈国华　译

上海财经大学出版社出版发行

(上海市中山北一路369号　邮编200083)

网　址：http://www.sufep.com

电子邮箱：webmaster @ sufep.com

全国新华书店经销

上海华教印务有限公司印刷装订

2023年5月第1版　2023年5月第1次印刷

710mm×1000mm　1/16　24印张(插页:2)　405千字

定价：110.00元

图字:09-2021-0848 号

Achieving Investment Excellence

A Practical Guide for Trustees of Pension Funds, Endowments and Foundations

Kees G. Koedijk, Alfred M. H. Slager, Jaap K. H. van Dam

Copyright © 2019 Kees G. Koedijk, Alfred M. H. Slager and Jaap K. H. van Dam.

All Rights Reserved. This translation published under license with the original publisher John Wiley & Sons, Inc.

No part of this publication may be reproduced, stored in a retrieval system or transmitted in any form or by any means, electronic, mechanical, photocopying, recording, scanning or otherwise, except as permitted under Sections 107 or 108 of the 1976 United States Copyright Act, without the prior written permission of the Publisher.

Copies of this book sold without a Wiley sticker on the cover are unauthorized and illegal.

本书简体中文字版专有翻译出版权由 John Wiley & Sons, Inc. 公司授予上海财经大学出版社。未经许可,不得以任何手段和形式复制或抄袭本书内容。
本书封底贴有 Wiley 防伪标签,无标签者不得销售。

2023 年中文版专有出版权属上海财经大学出版社

版权所有　翻版必究

总序一

国势之强由于人，人材之成出于学。上海财经大学一直立足于中国崛起和民族复兴的时代主题，立德树人、探索真理，促进知识创造和知识传播。上海财经大学出版社是上海财经大学主办的综合性财经专业出版社，此次与长江养老合作，共同推出“长江养老·全球养老金管理前沿译丛”，旨在把海外养老金管理的先进经验和我国具体实际相结合，形成具有实践意义的养老金融发展目标和路径。

推动我国养老金融的高质量、可持续发展，应进行全面的结构性思考。目前，我国坚持应对人口老龄化和促进经济社会发展相结合，坚持满足老年人需求和解决人口老龄化问题相结合。随着我国人口结构的变化，可以从老龄化本身寻求社会经济发展新动能，养老金融的高质量发展将有效助力社会经济的转型发展：一方面，养老金融通过长期可持续的复利回报积累养老财富，促进银发经济发展；另一方面，养老金融为养老产业提供资金支持，养老产业战略布局与供给侧结构性改革密切相关。

我国养老保障体系顶层设计持续完善，推动养老金融的改革创新。党的二十大报告立足全面建设社会主义现代化强国，提出要健全覆盖全民、统筹城乡、公平统一、安全规范、可持续的多层次社会保障体系。养老保障是多层次社会保障体系的重要组成部分，个人养老金制度的正式落地实施，体现出党中央国务院推进积极应对人口老龄化国家战略的决心。未来，金融市场将涌现出更多符合国际发展趋势和中国国情的养老金融产品，以账户制改革为方向的制度创新，以金融机构为主导的投资方式创新，以及以智能投顾为代表的服务创新将持续进行。

同时，我们也注意到，世界百年未有之大变局加速演进，我国发展进入战略机遇和风险挑战并存、不确定因素增多的时期，我国的养老金融的发展也面临诸多挑战，需要政府、产业界、学术界等社会各界的积极探索，需要学术界和实践界的密切配合，需要多学科领域的通力合作。此次系列丛书的出版是一次有益的尝试，长江养老和上海财大出版社精心挑选了涵盖金融科技、基金受托、风险管理和养老金经济与财务研究的四本著作，提出实践中的改革与完善养老金管理的对策，探索养老金融高质量发展之路，这些探索也必将引领我们创造一个社会更加繁荣、人民更加富足的银色经济新时代。

未来，上海财经大学将与各方携手，聚焦社会前沿、科技前沿、经济发展前沿，在战略思路上进行创新，以科研力量服务国家战略，为我国经济社会的高质量发展贡献力量。

上海财经大学校长

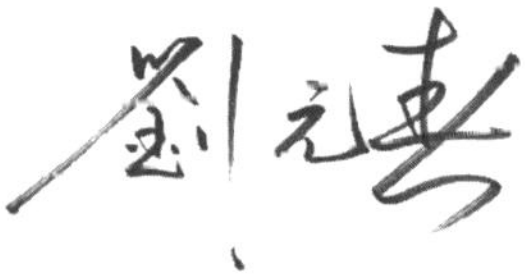

总序二

作为国民收入再分配的一种手段，全球养老金制度至今已有 130 多年的历史，是经济制度的重要组成部分，其规模和保障深度、范围与一个国家的经济发展水平息息相关。美国、英国、日本、荷兰等经济水平较高的国家，养老金体系制度建设相对完善，发展较为成熟。

1994 年，世界银行首次提出三支柱理论，我国也逐步建立起了多层次、多支柱的养老保险体系。《中国养老金发展报告 2021》数据显示，我国各类养老金规模达到 13 万亿元人民币，与我国 GDP 规模的比率为 11.36%，为我国养老金管理行业提供了广阔的发展空间。另一方面，人口老龄化、人均寿命延长、医疗卫生支出剧增等，凸显了养老金的可持续性压力大、长期投资不足的问题。为此，国家各部委发布一系列推动个人养老金发展的指导意见和实施办法，进一步加强养老保障体系建设，规范个人养老金投资管理，为养老金管理提供了更有利的环境。

借鉴海外养老金管理的优秀经验，能帮助我们更好地探寻中国养老金融机构发展的新思路和新方向。此次，中国太保旗下长江养老携手上海财经大学出版社，共同推出"长江养老 · 全球养老金管理前沿译丛"，聚焦养老金管理的受托、投资、金融科技和风险管理等关键领域，研究海外养老金运作的专业管理经验，以期为我们进一步提升养老金运作效率提供参考。

受人之托、代人理财是养老金管理的本质。《卓越投资：养老基金、捐赠基金和慈善基金会受托人实用指南》一书，全景展示了世界各大养老基金受托人的实践经验和教训。

正如巴菲特所言，"今天的投资者不是从昨天的增长中获利的"，养老金投资同样需要忠于现实、投资未来，在国家发展的大趋势中找到值得坚守的长期价值,形成具有养老特色的投资哲学和逻辑体系。《养老基金效率、投资与风险承担》一书正是从这一角度出发,从安全和收益的角度思考如何提升养老金管理的效率。

养老金融以科技创新赋能。《金融科技:养老保障体系的革新力量》一书指出金融科技对养老规划、储蓄、投资产生了颠覆性的影响。在中国,金融科技在养老金管理的运用已迈入积厚成势的新阶段,随着以账户制为核心的个人养老金制度落地,如何解决养老金融服务"最后一公里"的问题,探索具有规模效应的服务模式,金融科技给出了答案。

养老金融更以风险管理立身。《风险管理:全球新监管格局下的养老保障》一书描述了 2008 年全球金融危机对保险公司及养老金计划产生的不利影响,评估了金融危机如何潜移默化地改变保险公司、养老金计划的风险管理方式,也给了我们更多应对和分散风险的启迪。

知之愈明,行之愈笃。随着积极应对人口老龄化上升为国家战略,养老保障体系的顶层设计日益完善。中国太保始终坚持对行业健康稳定发展规律的尊重,坚持以客户需求为导向,提供全方位、全覆盖、全周期的健康养老产品和服务,以提升人民群众的获得感、幸福感和安全感。展望未来,中国太保旗下长江养老将借鉴国内外优秀的养老金管理经验,坚持长期投资、价值投资、责任投资,努力为广大养老金受益人提供最好的权益。

中国太平洋保险(集团)股份有限公司总裁

序　言

不同国家养老金受托人的功能与前途

长江养老保险股份有限公司与上海财经大学出版社合作的“长江养老·全球养老金管理前沿译丛”出版项目非常好，这几本译著的选题都是目前国内学界研究的弱项和业界践行的前沿，对社会保障政策理论的研究者与养老金投资管理实务的工作者，都是有益的营养补充。我非常荣幸应邀为译著《卓越投资——养老基金、捐赠基金和慈善基金会受托人实用指南》写序，这是第一时间能够仔细拜读这本译著的好机会。该译著行文流畅易懂，体现出译者很好的专业性，作为读后感，我谈谈阅读这本书的主要体会。

一、本书研究的是狭义的“受托人”

这本书研究和介绍的内容是如何做好养老基金、捐赠基金和慈善基金会的“受托人”。

在英文里，人们一般阅读到的“受托人”有两个词，一个是 trustee，一个是 fiduciary，这两个词一般都译成“受托人”。那么，trustee 和 fiduciary 主要区别是什么呢？trustee 和 fiduciary 作为受托人时既可以是自然人，也可以是法人实体。但从广义上说，fiduciary 作为受托人还可以是朋友、合伙人、经纪人、银行、律师等，而 trustee 必须是具有合法权利、在法律上能代表信托受益人行事的个人或实体。Fiduciary 既是名词，也是形容词，表示一种信任、信任关系、信托关系，而信任、信任关系和信托关系可以发生在很多人与人的关系之间。例如，对遗嘱执行人而言，他的功能很像是 trustee，但他的地位主要体现为 fiduciary 的能力，所以，这时，更多的人称遗嘱执行人为 fiduciary，而不是 trustee。再如，未成年子女的法定监护人是以受托人的身份来保护孩子并以孩子利益最大化原则作为行事准则，因此，他是否有受托人的能力就是非常重要的，这时，“受托人"的能力和地位就是 fiduciary，而不是 trustee。

所以，trustee 是狭义的"受托人"，它是很多"受托关系"(fiduciary relationship)中的一种，常常专门指被赋予控制、处理、管理信托财产权利的个人或实体，并且 trustee 具有某种法律义务，被赋予实现某种信托目的，是为第三方的利益持有和管理的养老基金、捐赠基金、慈善基金会的个人或实体，而遗嘱执行人或未成年子女的法定监护人的"受托人"责任与地位等是指 fiduciary，而不是 trustee。

本书介绍的受托人主要是指 trustee，是专业化的受托人，是指养老基金、捐赠基金和各种基金会的财产与财富的所有者及其所有者机构的受托人，是指信托法中的 trustee。当然，虽然这本书的副标题是"养老基金、捐赠基金和慈善基金会受托人实用指南"，但书中介绍的主要是养老基金的受托人(trustee)，涉及的捐赠基金和慈善基金会的案例和内容几乎没有。

在 OECD 和欧盟成员国的官方文件中，他们说到养老金受托人时使用的也是 trustee，而极少使用 fiduciary，尤其在普通法的起源国英国的养老金文献和立法中，无论是作为公司法人的受托人，还是作为自然人的个人受托人，他们使用的永远是 trustee，一方面很可能是出于"狭义"的考虑，针对的是养老金的特定范畴，也可能是出于语义上的考虑，长达几十年的养老金的受托人 trustee 与信托 trust 的法律精神紧密联系起来，让委托人或受益人对受托人产生一种信任感(trust)。

简单讲，受托人制度是任命或指定某人(公司)代表其他人或受益人持有财产的法律制度，进一步说，养老金受托人制度实际就是可以任命或指定某人(公司)代表其他人或受益人完全持有与全权运营管理养老金资产的法律制度。

二、普通法系下养老金受托人的作用与现状

根据英美法系下的信托法，一物可以存在双重的物权即委托人与受托人都享有信托财产的所有权，但信托财产是以一种独立的性质存在，委托人和受托人都不能将信托财产与其自有的财产相混淆。委托人基于对受托人的信任将自己的财产以信托的方式"转移"给受托人，受托人帮助委托人管理财产，而委托人则可将第三方主体设为信托受益人。根据信托法，受托人是为他人持有资产并享有所有权的个人或组织。养老金受托人对信托持有的养老金资产拥有合法所有权，承担管理这些资产和实现信托目的的信托责任，有义务为信托的

当前和未来受益人的最大利益行事，并对任何违反该义务的行为承担责任。在养老金投资管理中，养老金董事会作为委托人运用信托的法律框架，设定的养老金受益人是工人参保人，真正发挥专业投资能力的是受托人（寻找投资管理人），依靠信托财产的独立性，使养老金在几十年独立的投资运营中实现增值保值与发放。

养老金受托人的使命是为养老金计划的参加人即信托资产投资的受益人的利益而管理信托资产，而信托资产必须和受托人管理的其他信托资产以及自己的资产分开。所有盎格鲁-撒克逊国家几乎都把信托形式作为养老基金的主要或唯一合法形式，甚至在有的国家（例如，美国），保险公司开立的单独账户也遵循信托法的原则，采用类似养老基金资产相同的法律标准。从资产和财富的管理角度，受托人在养老基金几十年保值增值的长期投资过程中发挥的作用至关重要，一只卓越的养老基金离不开一个优秀的受托人。

在普通法系下，企业建立养老金计划历史悠久，立法完备，信托法和养老金法都对受托人的功能做出详细规定，养老基金受托人制度非常成熟。一般说来，“受托人”（trustee）是信托（trust）法的一种法律安排，例如，根据英国的信托法，养老金计划受托人必须保护计划成员的权利，旨在使受益人的利益最大化，其具体职责是在受益人之间公平行事、谨慎勤勉、保持诚信；必要时寻求专业建议，并对相关外部管理人实行监督；不能在信托中谋取个人利益，要妥善处理各种利益冲突，等等。再如，根据英国 1990 年养老金法，受托人的职责包括确保征收缴费并进行投资；安排支付养老金；保存征缴与支付的记录；负责养老金计划在主管政府部门注册并定期更新注册信息；待遇确定（DB）型计划的受托人负责保证满足最低资金标准；向受益人及其家属提供受托人年度报告、年度审计报告、投资报告等信息；对养老金计划的歧视性规则提出更改的要求，等等。

讲英语国家的私人养老金市场（私人养老金指第二支柱和第三支柱养老金）的发达程度、养老基金的 GDP 占比和人均占比等指标都明显高于绝大多数非讲英语的国家。例如，截至 2020 年底，全球私人养老金资产总规模为 56 万亿美元，其中 45 万亿美元即高达 80%集中在讲英语的五六个国家。相比之下，全球以英语为母语的人口仅为 4.7 亿人（不算印度），只占全球 75 亿总人口的 6%。如果平均到个人，讲英语国家的人均私人养老金将近 10 万美元，而其他所有国家人均仅为 1 500 美元左右。

讲英语的盎格鲁-撒克逊国家私人养老金十分发达，原因可能有很多，但不可否认的是与他们的普通法系有很大关系。众所周知,受托人是信托制养老金法律结构中的核心,个人受托人和法人受托人都比较发达,但据英国“专业养老金受托人协会”(APPT)的分析,近年来,出于受托责任识别、处罚困难,税务等原因,法人受托人发展较快,出现逐渐取代个人受托人的趋势。目前,英国有378名个人受托人。个人受托人和法人受托人都须经常性地参加监管部门和行业协会举办的各种培训,需要参加考试并经过认证,网上免费提供随时可以进修培训的“学习工具包”。在英美普通法系中,信托精神深入人心,受托人生态体系成熟,滋润养老金的土壤肥沃。另一方面,信托制养老金计划数量的快速增加又形成对受托人的巨大需求,对受托人的要求越来越高,与发展养老金形成良性循环。

而所有这一切,在大陆民法系国家中则是另外一幅景象。

三、大陆法系下养老金受托人的探索与成就

大陆法系下,养老金的法律组织形式一般有两种。一种是基金制(在本译著中被称为“机构制”),一种是契约制。基金制养老金是一个独立的有行为能力的实体,具有法人资格并内设董事会,一般来说,丹麦、挪威、芬兰、日本、荷兰、瑞士等国的基金会和协会采取基金制的形式,奥地利和德国的公司也大多采取基金制养老金。契约制养老金的主要特征是,它虽然也有一个独立的资产池,但却不具有独立的法人资格,通常由一个单独的实体(如银行、保险公司或养老基金管理公司)负责管理,大型养老金一般也内设董事会。实行契约制养老金的国家有智利、捷克共和国、墨西哥、意大利、葡萄牙和土耳其等。总体看,大陆法系下这两种形式的养老金治理结构基本没有英美法系意义上的受托人机构,重要的是,私人养老金远不如英美法系国家的养老金发达。相较而言,基金制养老金的发展明显快于契约制养老金,像荷兰和瑞士的养老金占GDP比重甚至超过100%或200%。

20世纪末以来,为大力发展私人养老金,有些大陆法系国家“突破”法律框架的局限性,试图创建一些“人为”的替代性制度,从普通法系移植受托人的因素,以建立类似盎格鲁-撒克逊风格的信托制养老金体系。例如,德国私人养老金的治理机构既有基金制的,也有契约制的,银行和保险公司深度参与养老金的供给体系。其中,“合同信托安排”(CTA)是契约制的一个重要制度创新,即通过雇主、雇员和养老金的“独立托管人”(custodian)之间建立一系列法律承

诺，雇主可将养老金计划的融资行为转移到资产负债表外，这既可摆脱资产配置方面的严格限制，又能减轻雇主的负担，还可化解养老金计划破产的风险（指企业破产）。其实，德国的 CTA 中“独立托管人”的功能相当于受托人，但只能由注册协会来担任。尽管“合同信托安排”不是一个“纯粹”的盎格鲁-撒克逊风格的信托制养老金，但仍越来越受到德国大公司的青睐，奔驰汽车、惠普、海德堡印刷等 DAX30 股指覆盖的上市公司基本都已转向 CTA。

在大陆法系国家，智利等十几个实行契约制养老金的拉丁美洲国家在过去 40 多年里掀起的养老金革命也有重要突破。200 多年前拉丁美洲尚未独立时，拿破仑法就由宗主国西班牙和葡萄牙传入该地区，随后不久拉美国家纷纷独立，成为继受以法国民法典为代表的大陆法系的历史最悠久（因为德国民法典是 86 年后的 1890 年颁布的）、支流最典型（另一个典型支流是德国）、国家最集中的大陆板块。与其他大陆法系国家的情况差不多，拉丁美洲国家的私人养老金很少。1981 年以智利为首的十几个拉美国家将已运行几十年的俾斯麦式的第一支柱 DB 型现收现付制改革为缴费确定（DC）型完全积累制，作为强制性的养老金制度，以资本化个人账户为基础的投资体系使其产生了一个具有受托人性质的机构“养老基金管理人”（AFP，Administradoras de Fondos de Pensiones）。

拉美国家养老基金管理人的西文缩写“AFP”曾风靡业界，甚至有的媒体报道将其称为“三个字母的革命”。AFP 的功能是负责参保人缴费的征收、账户管理、基金投资、养老金（残障金、死亡抚恤金）的提供与发放；根据立法，养老金资产不属于 AFP 的资产；AFP 还须提供 A、B、C、D、E 等五类养老金产品（A 类的股票投资上限最高为 80%，依次递减，最低为 5%的 D 类，E 类无股票）；对大多数 AFP 来说，投资境内市场的资产由公司自营，投资境外市场的资产委托外部投管人；包括智利在内的十几个国家的 AFP 都是私营公司，受到国家相关法律和部门的持续监管。我曾在中国社科院拉丁美洲研究所工作 10 年，有幸多次出访拉美国家，也曾参观过 AFP，对 AFP 有一定感性认识。

在过去 40 多年里，由于大陆法系的拉丁美洲引入了 AFP 作为受托人，契约制养老金法律组织方式得以更新换代；AFP 的引入创设了一个崭新的“DC 型积累制”公共养老金，独具拉美特色的“智利模式”得以诞生；智利模式席卷拉美并影响了很多转型经济体养老金改革，从而吸引了全球业界的目光。在拉丁美洲，AFP 革命取得了一定成就：在参保人覆盖数量方面，2003 年智利和墨西哥分别是 700 万人和 3 140 万人,到 2022 年 6 月分别扩大到 1 152 万人和 7 141 万人;在养老金资产规模方面,这两个国家从 397 亿美元和 354 亿美元分别提高到 1 582 亿和 2 425 亿美元。拉丁美洲实施 AFP 改革的 10 个国家(玻利维亚、哥伦比亚、哥斯达黎加、智利、萨尔瓦多、墨西哥、巴拿马、秘鲁、多米尼加和乌拉圭)参保人覆盖数量 2003 年仅为 5 166 万人,到 2022 年 6 月扩大到 1.25 亿人;2003 年这 10 国的账户养老金资产规模仅为 912 亿美元,到 2022 年 6 月提高到 6 125 亿美元,提高了 5.7 倍,在拉丁美洲一百年的社保历史上,养老金资产规模达到峰值。如果没有 AFP 革命就不可能获得如此规模的养老金资产,与改革前相比,拉美国家建立的 DC 型养老金显然更有利于应对未来的人口老龄化。

四、大陆法系下养老金受托人的挫折与命运

AFP 的上述功能显示,普通法系养老金受托人的一部分功能在 AFP 那里已经以立法的形式予以制度化,但这些功能基本都属于“行政管理”性质的功能(缴费的收、管、支等),而私人养老金受托人必须向委托人(养老金董事会)提供计划设计、政策制订、资产配置、待遇精算、税务筹划、关系协调等个性化的“软性”功能在 AFP 那里基本都不需要,因为 AFP 服务的对象是强制性第一支柱基本养老保险制度(有学者将智利等十几个拉美国家的 DC 型完全积累制的制度称为第二支柱,但在我的研究中,我始终将其视为第一支柱,因为它替代的是此前的第一支柱 DB 型现收现付制基本养老保险制度,其地位自然是第一支柱),提供的服务内容都是标准化的,从这些功能来看,AFP 不是典型意义上的养老金受托人。重要的是,AFP 管理的养老金资产不是信托资产,不拥有养老资产的所有权,因此,AFP 不属于英美法系意义上的养老金受托人。

本来,受托人角色源自信托法,养老金受托人制度起源于信托法和第二支柱私人养老金,曾几何时,也有一些普通法系国家第一支柱基本养老保险制度引入受托人的因素。例如,诞生于 1935 年的美国《社会保障法案》所建立的公共养老金“联邦老年、遗属保险和联邦残障保险信托基金”引入受托人的概念和理念,其管理机构就是受托人,每年发布的年报就是“受托人董事会××××年度报告”。但是,北美与拉美的区别在于,北美受托人服务的第一支柱养老金仅占其养老金的一个零头(例如,美国第一支柱仅为 2.8 万亿美元,而第二、第三支柱养老金则是它的 13 倍,相当于 GDP 的 150%),而拉美 AFP 服务的第一支

柱养老金几乎是这些国家的养老金的全部(第二、第三支柱养老金资产规模占GDP的比重在智利是2.1%,哥伦比亚是2.0%,哥斯达黎加是0.4%,多米尼加、秘鲁和墨西哥分别是0.3%,乌拉圭和萨尔瓦多等国为0%),例如,智利、多米尼加、哥斯达黎加、秘鲁和墨西哥的私人养老金仅分别占其第一支柱养老金资产的2.8%、2.8%、2.0%、1.3%和0.6%。

北美与拉美养老金结构与规模的巨大差别反映的是英美与大陆两个不同法系的结果。在契约制养老金实行AFP革命之后,拉美国家第一支柱账户养老金规模不断扩大,养老金财产权问题开始面临一些法律困惑,经历过几次震动,其中最大的一次是发生于2008年11月的阿根廷。在国际金融危机的冲击下,阿根廷政府一夜之间将运行了14年之久的DC型积累制予以国有化,300亿美元的个人账户养老金资产收归国有,AFP制度予以废除,养老金制度完全退回到1994年改革的原点——DB型现收现付制。拉美国家养老金实行AFP改革以后,虽然账户养老金的财产权受到宪法保护,但却带来很多问题:覆盖面缩小、AFP运营成本过高、替代率下降等等,由此导致社会不满,阿根廷在对养老金制度实行国有化时曾得到工会的支持。问题在于,如果在英美法系下,AFP作为受托人将与账户持有人一样,也享有养老金账户资产的所有权并受到保护,如果对DC型养老金实行国有化就会面对账户持有人和受托人的“双重”法律屏障,因为国有化既是对账户持有人财产权的剥夺,也是对受托人财产权的侵害。但大陆法系下的AFP就是另外一回事儿了。

不伦不类的AFP遭遇的另一次挑战发生在智利。阿根廷DC型账户养老金的国有化波及智利和其他拉美国家,呼吁废除AFP的社会运动迅速蔓延。2019年10月智利首都圣地亚哥公共交通票价上涨受到社会抵制,进而演变成席卷全国的社会改革运动,废除AFP的呼声再起。2022年左翼人士加夫列尔·博里奇(Gabriel Boric)在大选中获胜宣誓就任总统,他竞选时提出的增加税收、提高福利的政策主张与废除AFP的呼声一拍即合,他为改革医保、教育和养老金制度提出修改宪法。2022年9月修宪公投失败,博里奇总统发表全国讲话,提出智利养老金全面改革计划,大陆法系的养老金受托人再次面临历史性挑战。

五、大陆法系下养老金受托人的再次升级

与阿根廷养老金国有化完全不同,智利总统博里奇虽然也是左翼,但提出

的养老金改革思路是这样的:将目前10%(雇员单方缴纳)的缴费率提高到16%,增加的6%由雇主缴纳;建立一个DB型现收现付制系统,雇主缴费6%进入该系统;现行的雇员缴费10%依然进入个人账户,但由一国有公司负责账户管理和资金运营,取消AFP;具体投资由“私人养老金投资公司”(IPP)负责,同意担任这种角色的AFP可在24个月内转为IPP。

根据博里奇总统的描述,智利新制度的主要特点有:一是资本化账户养老金系统完全保留,只不过运营商由若干私营的AFP改革为一个国有投资公司,旨在降低运营成本;二是增加的缴费收入形成一个新的现收现付系统,未来养老金由账户养老金与统筹养老金两部分组成,相当于在原有的DC型制度之上附加一个DB型制度,增设了再分配功能;三是新制度由社会统筹与个人账户构成。很显然,这是一个中国读者非常熟悉的统账结合的混合型制度,所不同的是,智利的个人账户是资本账户,而中国的账户是名义账户。总之,改革后的智利养老金制度将得以优化,待遇水平得以提高,可持续性与公平性得以兼顾,这个改革方案与阿根廷彻底取消个人账户、全面收归国有、完全退回到现收现付具有本质的区别。智利改革方案值得讨论的焦点在于其账户养老金的受托人性质,虽然他们的所有制性质从私营改为公营,但其法律地位则没有任何变化。

去年应美国著名养老金专家梅萨—拉戈(Mesa-Lago)教授之邀为其新出版的英文新著《拉美养老金私有化改革40年(1980～2020年)评价:承诺与现实》撰写一书评,题为《拉美养老金改革40年的得与失》(与庞茜合著,见《拉丁美洲研究》期刊,2022年第3期),在写作过程中查阅英文文献时偶尔看到一篇文章,标题是《没有信托的财产:智利养老金制度的兴衰》。该文大致的意思可概括为,拉美国家DC型积累制养老金改革面临的尴尬在于其账户养老金在法律形式上不属于信托财产,信托法赋予的受托人的财产权保护屏障缺失。我理解,从外表上看,大陆法系下的AFP在制度运行链条上发挥的功能很像养老金受托人的“模样”,但在法律组织形式上,AFP不具有信托法意义上的受托人的实质;在没有信托传统的法律环境下,一旦遇到风浪,受托人就不能发挥“锚”的作用,养老金这只“船”就容易“抛锚”。

在现代法律术语中有“定分止争”之说,意指只要坚持“先占原则”,只要权利得以界定,就可以保护这个物权不被侵犯,无论是外国“无主狐狸”的故事,还是中国“百人逐兔”的寓言,保护权利比保护利益更重要,法律的作用在于“定分止争”。但是,阿根廷的例子说明,对养老金体系而言,一物一权的大陆法系显然是不够的,因为它"定分止争"的只是参保人(受益人),而 AFP 却从未能"定分止争",因此,游离于参保人(受益人)之外几十年的养老金如果不是信托财产,没有信托加持作为"保护伞",其命运就有可能是阿根廷式的国有化。相比之下,智利方案则代表了大陆法系基金制养老金的另一个改革方向,它完整保留了"定分止争"的账户养老金体系,将本来就没有"定分止争"的 AFP 转成 IPP 作为外部投管人,在此之上增设一个国有的受托人,虽然它并不是信托意义上的受托人,且依然像 AFP 那样没有"定分止争",但设有"专门"国有受托人相当于多了一层委托代理,"双层"制度架构比单一的 AFP 系统更接近英美法系受托人的本质。

与 2008 年阿根廷的国有化相比,智利改革方案普遍受到国内外的认可。在人口老龄化不断加剧和各国试图寻找养老金解决方案的背景下,如果说阿根廷的国有化的"再改革"是简单的一退了之,是一种倒退,智利的双重改革方案则属于"拉美模式"的优化和升级换代:一是在非缴费型养老金方面,2008 年智利增设的非缴费型"团结养老金"(PBS)在 2021 年底由时任总统皮涅拉(Pinera)推动"升级"为"全民保障养老金"(PGU),它将覆盖所有 65 岁及以上老年人,每月标准提高到 230 美元;二是在缴费型养老金方面,博里奇总统将单层的 AFP"升级"为"双层信托"和统账结合制度,它们共同成为"智利模式"再创辉煌的"再改革"。这其中,智利保留、确认和完善"定分止争"的受托人制度是点睛之笔。它既"保护"了智利 DC 型账户养老金的正常运行,甚至使其可持续性得以强化,又引入了 DB 型现收现付的再分配机制,提高了整个养老金体系的公平性。

对养老金财产权而言,普通法系意义上的受托人和参保人(受益人)属于双重的"定分止争",公权对其有畏惧感,私权增加一层安全感,任何养老金改革就只能在难以撼动的信托法制下进行,"保护"养老金的观念深入人心。基于这种信托精神,普通法系国家采取的养老金改革措施或通过的养老金改革立法往往会冠以"保护养老金"的名称。例如,英国 2004 年通过的《养老金法》决定建立"养老金保护基金"(PPF),这是一个法定的国有公司,旨在对全英 5 200 多个 DB 型养老金计划及其 1 000 万参保人的养老金进行"再保险";美国 2006 年通过的立法直呼《养老金保护法案》(PPA),它允许第二支柱养老金的雇主采取"自动加入"机制,引入"合格默认投资工具"(QDIA),将 TEE 型罗斯账户永久化,对养老金的发展起到了重要的保护作用。

六、如何成为最佳养老金受托人

在现实世界中,无论是在英美普通法系,还是在大陆民法系,养老金受托人如何做到最佳实践,摆在读者面前的这本《卓越投资——养老基金、捐赠基金和慈善基金会受托人实用指南》为读者提供了具体答案。

这本书既是一本入门指南,由浅入深地介绍养老金受托人的主要功能地位,具有教科书的性质,同时也是一本研究性质的学术著作,在介绍其他学者著述的同时,也提出作者的独家观点。该书的一个重要特点是提供了八个案例分析和相关思考题。这八个养老金受托人案例有四个来自普通法系国家(美国、加拿大、澳大利亚和新西兰),有四个来自大陆法系国家(南非、荷兰、挪威和丹麦),其中,这四个大陆法系国家的养老金均为基金制。该书打破两个法系间的界限,对这八个养老金受托人在养老金计划中的重要地位做了详实分析。为适合中国业界读者的需要,笔者将该书对养老金受托人的最佳实践和主要做法作出如下归纳和提炼。

第一,受托人须协调各种关系。在信托制法律制度下,作为长达几十年的养老基金资产的持有人,受托人既是养老金计划的政策制订人,也是确保政策实施的执行者;既要承担起受托人、雇主、股东的三种不同角色,协调和平衡三个角色之间的冲突,还要把部分权力授予别人即选择外部投资管理人等。养老金受托人的重要职责是负责处理好养老金计划的五种代理关系:养老金计划受益人与发起人之间的关系,养老金计划发起人与投资顾问之间的关系,投资顾问与投资管理人的关系,养老金计划发起人与投管人的关系,投管人与投资组合经理个人之间的关系等。在这些关系链条中,上述各行为主体可能会发生利益冲突,管理冲突和维护各种关系十分重要,这是受托人的主要职责。

第二,受托人须参与养老金董事会。养老金董事会是养老金计划的核心,其职能主要有两个,一个是“基因职能”,一个是“基本职能”。所谓“基因职能”是指负责制订和维护该养老基金的宗旨、使命、愿景、战略目标,具体包括确定价值观、社会角色、发展方向、未来抱负、中长期目标、未来实现的结果、行动方案、措施计划,等等。董事会确定养老金计划的基因至关重要,十分必要,每个养老金计划都有自己的DNA,进而形成自己独特的投资风格和文化传承。“基本职能”具体包括治理结构、监控管理层、缴费水平、投资回报目标、资产配置政策、风险管理,等等。董事会如此重要,受托人就需参与进来,否则,受托人就不能具体了解该养老金的DNA和“企业文化”，就不能扮演好诸多角色，进而就难以承担起众多关系的协调和统筹，难以解决不同主体之间存在的利益冲突，难以居高临下地避免陷入某种矛盾和困境之中。因此，大多数情况下，养老金受托人依据受托责任须在养老金董事会里任职，据此代表养老金计划的参保人履行受托责任。受托人加入董事会十分普遍，是一个惯例，否则就不能成为养老金计划组织机构生态系统的一部分，就不能深入了解这个生态系统中各个行为主体的利益诉求和行为动机，进而不能很好地为受益人利益最大化而尽职尽责。

第三，受托人须十分熟悉投资业务。养老基金董事会固然是基金长期投资业绩的关键角色，但董事会并不是具体责任方，而只负责政策制订和长期规划。负责投资的流程设计和具体实施的是受托人，包括主动投资和被动投资组合的构建、实施、反馈、监测和评估等，这就涉及资产配置、投资分散化、风险管理。书中提到养老金的“治理红利”，其核心问题是受托人的专业能力，其主要表现是投资回报率额外增长幅度。一个卓越的受托人，应能制订正确的投资政策和寻找相应的投管人，能够使长期投资的年均回报率额外增加1到2个百分点，比如，降低总成本可获得额外增幅0.5%，避免行为陷阱0.5%，主动管理和战术性资产配置0.5%，业务内包0.3%，等等。熟悉投资业务还体现在灵活性上。与其他受托人相比，养老金受托人的授权里有很大的主动管理权的空间，这就决定了外部投管人的收入模式要得到受托人的理解和支持，尤其在主动管理和被动管理的灵活性上，有些主动管理确实存在不成功的，但也确实有些投资顾问倾向于主动管理，这也涉及对贝塔收益和阿尔法收益、基准回报和价值创造之间的态度及其贡献率的掌握，涉及调整投资组合的能力及其对市场波动和附加风险溢价的判断。此外，受托人还要考虑“负责任投资”和ESG投资的政策选择，考虑社会责任和社会声誉等，树立和践行正确的具有独特风格的投资信念，在某种程度上这是受托人的一种宣示，而所有这些将建立在一定的理论基础和理论功底之上，所以，受托人的投资信念是对一整套系统化的投资理论的信仰。

第四，受托人须善于遴选外部投管人。受托人经常面对哪些投资需委托给外部投管人以及基金董事会应该如何作出决策的问题。一般来说，规模小的基金（例如，5亿美元以下）出于成本控制等因素的考虑会把一部分投资活动外包出去，这就需要寻找专业经验丰富和投资能力高超的外部投管人，同时还要更换业绩不佳的外部投管人,而规模较大的基金倾向于组建专门团队,由内部人实施投资。因此,遴选和解聘外部投管人是受托人的一项核心职能。当然,选聘外部投管人的目标必须符合董事会和受托人的投资信念,问题在于如何评估外部投管人。很显然,外部投管人的任期趋于缩短,同类外部投管人的数量趋于增加,他们承受的投资业绩压力趋于加大,聘用和解聘投管人的行为趋于更加频繁。有一项大型研究报告的数据显示,新聘投管人的业绩过一段时间后就逊色于现任投管人,被解聘的投管人的平均业绩高出新聘投管人的 1%,如果把更替投管人的成本和由此造成的机会成本加在一起,业绩损失高达 5%~10%,如果根据以往业绩来决定聘用和解聘投管人,业绩损失将更大。出现这种后果的主要原因在于对收益风险的态度完全不同于对损失风险的态度。越来越多的受托人发现,很多主动投管人甚至都不能跑赢市场,在长期内所有投管人都会“均值回归”,没有哪个投管人可以一直做得很好,起起落落是正常的。所以,对外部投管人实施长期考核是非常必要的,应该让时间来解决这个问题。

七、养老金受托人在中国

2001 年中国发布《信托法》,2004 年建立信托制企业补充养老金“企业年金”。从此,中国有了养老金受托人。经过近 20 年的发展,尤其 2015 年建立机关事业单位的“职业年金”以来,信托制养老金已覆盖职工超过 6 000 万人,基金累计余额超 4.5 万亿元,信托制养老金初具规模。

中国继受的是大陆法系,自 1911 年清朝光绪年间颁布《大清民律草案》以来,经历了 1930 年国民政府颁布的《民法典》和 1986 年新中国颁布的《民法通则》,2020 年正式颁布中华人民共和国《民法典》。在 112 年的成文法历史中,只有后 22 年才“植入”不成文法的信托制度并建立起信托制养老金,可见,与其他大陆法系的经济体移植信托制度的历史相比(欧洲、拉美和东亚的日本、韩国与我国台湾等),中国移植信托制度的时间最短,建立信托制养老金和养老金受托人制度的时间最短。但总体看,中国建立的信托制养老金及其受托人制度的效果并不差,至少与拉美国家相比没有遭遇什么明显的挫折和折腾。

发展多层次多支柱养老金是大势所趋,是应对人口老龄化的最佳制度选项,是绝大多数国家和国际组织达成的广泛共识,从这个角度看,大陆法系移植信托制度是必然趋势。一百几十年的国际实践证明,大陆法系不利于发展多层次养老金制度,只有植入信托制度才是发展多层次多支柱养老金的唯一出路。

在法学界，与英美法系相比，大陆法系被很多学者认为是落后的法律体系。可能正是由于这个原因，100 多年来大陆法系不断从英美法系移植一些规范原则和具体制度，信托制度只是其中之一。大陆法系国家移植信托制度，这是无奈之举，因为大陆法系规定的财产制度主要通过物权法来体现，已无法满足拥有、保护养老金财产的个人需求，无法支持建立、发展多支柱养老金体系的国家意志。

从发展信托制养老金和养老金受托人生态环境来看，大陆法系的诸多变体遍布欧洲、亚洲、北美和南美，在有些国家和地区是成功的，比如荷兰、瑞士、魁北克（加拿大）等；在有些国家是失败的，最典型的案例是阿根廷；在有些国家正处于不断完善和校正的过程之中，比如智利等。在中国，第二支柱需要受托人，第三支柱个人养老金刚刚落地，也需要发挥受托人的作用，正如本译著所言，养老金机构对第三支柱的养老金产品负有与第二支柱养老金计划类似的受托责任。就目前来看，信托制养老金和受托人制度在中国取得的这些成就只是万里长征第一步，还存在很多问题，需要不断完善，契约精神也好，信托精神也罢，都是“新生事物”，只要坚持按照习近平总书记讲的“一张蓝图绘到底”，防止出现拉美国家“左右轮替”的政策钟摆效应，中国养老金受托人制度、信托制养老金制度和多层次多支柱养老金制度就一定能够走向成功。

拜读这本译著引发很多思绪，围绕养老金受托人与信托制养老金的国际比较和未来发展进行漫谈，抛砖引玉，是为序。

全国政协委员
中国社会科学院大学政府管理学院教授
中国社会科学院世界社保研究中心主任

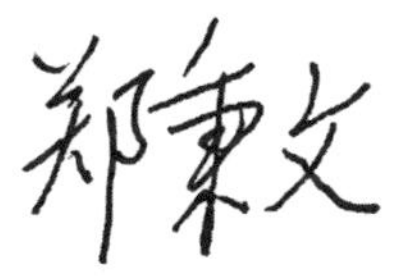

致　谢

本书并不是在一夜之间写成的，写这本书的想法是在多年来撰写一系列文章、演讲稿和论文的过程中逐渐形成的，而灵感则来自与基金受托人、投资管理人和监管机构共克困难和分享洞见的亲身经历。

我们经常与基金受托人一起讨论，并且分享在讲课以及在养老基金董事会任职或帮助董事会做战略咨询项目时积累的经验，总是为投资行业在过去40年里发生了如此巨大的变化而感到震惊。投资组合管理获得了发展，风险管理在日益增长的信息需要和供给的支持下也获得了发展，但有一个问题显而易见：我们需要能跟上不断变化的市场和基金受托人角色的新文献和新洞见，并且把投资组合管理方面的新洞见应用于投资管理实践，从而使基金受托人和董事会能够不断追求卓越。

我们首先是因为罗杰·厄温（Roger Urwin）和戈登·克拉克（Gordon Clark）才认识到了养老基金董事会和养老基金治理的重要意义。他俩的思想曾经并且仍然是我们一个重要的灵感来源。罗杰非常喜欢提到在投资领域经常被忽视的领导力和治理等“软实力”的重要性。此外，基斯·阿姆巴赫舍尔（Keith Ambachtsheer）一直在呼吁关注强有力的养老基金治理的重要意义，他对于我们来说就是一个智慧的源泉。我们在这里应该特别感谢曾与贾普就信任重要性问题进行过一次令贾普印象深刻的谈话的阿什比·蒙克（Ashby Monk）、使他本人的重要思想在PGGM保险公司和荷兰医疗系统养老基金（Dutch healthcare pension fund，PFZW）得到发扬光大的重要人物琼·弗里恩斯(Jean Frijns)这个您可能遇到过的最明智的董事会成员、荷兰医疗系统养老基金投资委员会的主任弗洛伦特·弗拉克(Florent Vlak)以及使PGGM保险公司与一小群受到最佳实践激励的全球资产所有者建立关系的埃尔斯·博斯(Else Bos)。

对于阿尔弗雷德来说,另一个灵感来源是担任荷兰全科医生养老基金(SPH)董事会董事的经历。这个养老基金的董事会竭尽全力为基金参保人营造并培育最好的环境,并且为实现这个目标而不断提高投资治理标准。我们从务实的角度可以看到在充满活力的环境中发挥作用的"软实力"的重要性,这有助于我们形成本书中关于基金董事会角色和董事会会议室气氛的思考。

我们与讲授养老基金董事会和投资委员会课程或在养老基金董事会和投资委员会任职的基金受托人一起进行过很多的讨论,并且受益匪浅。他们帮助我们把想法变成了读者能够感觉到的贯穿全书的适用框架。我们还有幸在几次研讨会和其他会议上和与会者一起讨论我们的研究和想法。特别值得一提的是,国际养老金管理中心(International Centre for Pension Management,ICPM)提供了一个激励我们与养老金管理行业顶级专业人士讨论我们的想法的平台。

我们想要感谢许多为本书能与读者见面发挥了重要作用的人士。查尔斯·埃利斯(Charles Ellis)鼓励我们长期、认真地思考从基金受托人的角度看投资管理本质是什么的问题。孙成志(Sung Cheng Chih)、弗兰克·法博齐(Frank Fabozzi)、爱德华·范盖尔德伦(Eduard van Gelderen)、克努特·卡亚尔(Knut Kjaer)、史蒂文·莱登德格(Steve Lydenderg)、卡斯珀·罗斯巴赫(Kasper Rozsbach)和贾科·范德沃特(Jacco van der Walt)拨冗审阅了本书的书稿,并提出了宝贵的建议,从而使本书能更好地满足基金受托人的需要。

许多基金董事会的成员、基金受托人和基金管理业的从业人员,在无意中用他们的投资治理洞见和知识启发了我们,并为使我们的想法保持务实的特色做出了宝贵的贡献。我们要在这里特地指名感谢马塞尔·安德林加(Marcel Andringa)、巴特·博斯(Bart Bos)、沃特·范艾弗森(Wouter van Eechoud)、安妮·格兰姆(Anne Gram)、贾科·海姆斯克(Jacco Heemskerk)、罗伯·海肯斯(Rob Heerkens)、杰伦·范德胡克(Jeroen van der Hoek)、菲埃克·范德勒克(Fieke van der Lecq)、莱昂内尔·马特里尼(Lionel Martellini)、简·贝图斯·莫伦坎普(Jan Bertus Molenkamp)、大卫·尼尔(David Neal)、简·奥弗米尔(Jan Overmeer)、杰伦·施瑞尔斯(Jeroen Schreurs)和马丁·沃斯(Martijn Vos)。

皮塔·巴克斯特(Peta Baxter)和卡洛琳·司徒德特(Caroline Studdert)把我们的手稿修改成一本可读易懂的专著,而尼克尔·里吉宁(Nicole Rijnen)和科琳·施里克斯(Corine Schriks)则帮助我们管理这个项目。我们要感谢萨曼莎·赫尔曼(Samantha Hermans)和鲁宾·梅尔霍恩(Rubin Mehlhorn),感谢他俩为我们的研究提供了技术上的帮助。我们特别要感谢鲁本·乌伊廷(Ruben Uijting),他不但给予我们高质量的研究帮助,而且还制定了我们迫切需要的项目管理规程,并且在正确的时间里提出了至关重要的问题,从而使我们没有偏离主题。任何旨在追求卓越的养老基金都应该会为他的加盟而感到高兴。

最后,我们要感谢威利(Wiley)出版公司的编辑部,感谢他们为本书的编辑和出版所做的努力。

前　言

作为美国最大的养老金计划之一的首席执行官，我已成为代表养老金计划当前和未来受益人承担养老金投资管理重大责任的养老基金董事会（board，指公司或其他机构的董事会、委员会、理事会。在本书中一般译为董事会，少数几处根据习惯译为委员会。——译者注）成员的谦卑崇拜者。

养老基金董事会成员在扮演基金受托人角色的过程中要面对很多挑战：他们往往是训练有素但常常与投资管理无关或关系很远的领域的专业人士。他们要面对复杂且常常是技术性很强的投资决策，并且在评估大量数据或汇集不同观点的时候必须注重效率和速度。

我本人认为，支持和帮助要面对这些挑战的养老基金董事会成员最值得信赖的解决方案是教育、有组织的对话和时间充分的有意义的辩论。我的董事会和工作人员会花很多时间一起研究和讨论如何确保我们在给我们的基金及其受益人创造良好的长期养老金结果的道路上共同前行的问题，这里的重点是“长期”。

作为要为几代公职人员承担受托责任的养老基金受托人，我们要承担非常长期的责任。我们必须关心制定能够长期产生稳定的风险调整后的投资收益的投资解决方案；我们的董事会成员必须用坚韧性和充分的心理柔性武装自己，这样才能排除大量的短期干扰因素并坚持正确的发展方向；养老基金的决策者必须经常面对低投资收益、高波动性以及行业产品和服务不断变化的环境——我们要在继续履行创造真正长期投资价值的使命的同时完成所有这一切任务。我本人的目标一直是创建一个专注于长期投资并坚定不移地由使命驱动的机构。

那么,我们如何鼓励机构投资者、基金管理人和我们旗下的公司把眼光放得更加长远呢? 我相信成功要靠从基金董事会——投资价值链的前端——开始做起。

董事会成员在接受过良好的教育并且全身心投入自己工作的情况下,就更有能力追求养老金计划的长期成功。如果我们问任何一名飞行员他们如何应对紧急情况,那么得到的回答必然是“重在平时训练,而不是遇到紧急情况时采取行动”。同样,养老基金董事会的成员平时必须注意培养自己识别短期交易的能力,但要根据多个市场的长周期采取行动。他们必须懂得如何在适当的时界(time horizon)内把当今稍纵即逝的问题放在全球的背景下来审视。在面对逆境的时候,他们必须知道主动应对与被动反应之间的区别。今天,养老基金的董事会不但要面对严峻的投资环境的挑战,而且还要满足利益相关者越来越强烈的希望利用投资资本的影响力来支持各种社会行动的愿望。有时候,很容易让其他使命掩盖掉养老基金的投资使命,或者允许它们与养老基金的投资使命发生冲突。平衡自己和社会的利益是当今养老基金受托人始终要面对的一个现实问题。

为了保持这种利益平衡,树立坚定的投资信念有助于养老基金董事会确定自己的“北极星”,并且坚持正确的行动方向;而养老基金则能够随着时间的推移,为养老金领取者和社会创造增加值。养老基金的董事会还必须进行明确的授权——把权力授给有才华的投资专业人士,让他们为养老金计划付出最大的努力,同时又要对他们进行适当的监督,但务必不要干涉他们的微观运营业务。对于养老基金的董事会来说,重要的是应该知道何时加以引导、何时应该倾听他们的意见或者密切注视他们的行动,而知道如何支持或者质疑投资专业人士则是养老基金董事会应该掌握的重要技能。根据我本人的经验,这种技能是可以培养的。如果养老基金的董事会能够巧妙地运用这种技能,那么就能为自己带来健康的活力、建设实力雄厚的员工队伍,并且创建互惠互利的关系。

在过去的 20 年里,华盛顿州投资委员会(Washington State Investment

Board)树立了坚定的投资信念，制定了明确的授权规则，并且经常修改自己的会议议程，目的就是要把重点更多地放在教育、战略和风险问题的讨论上。简而言之，我们的委员会现在较少关注交易和短期市场走势，而更多地关注养老基金的战略和长期定位。我们主要把时间花在了教育和有组织的对话上，包括有关新的应用研究和学术观点的辩论上。我们的委员会成员也愿意进行自我反省，分析决策实践，并且维护委员会健康的会议室氛围。

这种对教育和辩论的重视已经被证明是有价值的，足以作为我们战略规划程序的一个永久性特点而受到关注。我们清楚地认识到，我们的所有成功都是建立在一个“技能娴熟的董事会”的基础上的。因此，我们的董事会每年都为自身的发展设定目标，这就是促使我写这篇序言的目的。

到目前为止，还没有一个知识来源能够系统教育养老基金董事会的成员，让他们了解自己职责所带来的挑战。大多数的投资文献不是内容太浅，就是太过专业化。《卓越投资》跨越了多个相关领域。对于基金受托人，特别是养老基金受托人来说，本书是一本内容全面但又通俗易懂的初级读本，也是基金受托人教育不可或缺的入门指南。本书不会让基金受托人陷入专业术语的泥潭，也不会让他们成为内容过于简单化的牺牲品。本书是内容和结构经过周密设计的产物，这样做的目的就是要帮助基金董事会成员了解有价值的实务观点，同时使他们有能力不断提出正确的问题。我相信，本书有助于基金董事会成员尽其所能承担要求很高的责任。我敢肯定，本书也将有助于改善基金董事会会议的对话氛围和内容。

我非常希望用为我们这些在职的基金受托人撰写的《卓越投资》来帮助新入职的基金受托人“马到成功”。据我本人估计，对于像我们这样的经验丰富的基金受托人来说，本书将帮助他们获得新的洞见并提高他们的技能。总之，本书的作者成功地为基金董事会提供了实用的工具，并且帮助基金董事会的成员尽可能履行好治理职责。

特雷莎·J. 惠特马什(Theresa J. Whitmarsh)

作者简介

基斯·科迪克(Kees Koedijk)是荷兰蒂尔堡大学(Tilburg University)蒂亚斯商学院(TIAS Business School)的金融管理学教授。他在可持续发展方面的研究获得了多个国家和国际奖项。他发表了大量关于金融、负责任投资和养老金管理的著述。在过去的10年里,他曾在多个资产管理机构的投资委员会任职,并担任多个国际养老基金的咨询顾问。基斯·科迪克是《国际货币与金融杂志》(*Journal of International Money and Finance*)的共同主编,也是《投资组合管理杂志》(*Journal of Portfolio Management*)的编委会成员。2010年,基斯·科迪克与阿尔弗雷德·斯拉格合著了《投资信念》(*Investment Beliefs*)一书。此后,全球许多基金都采用了他俩在这本书中提出的投资信念框架。

基斯·科迪克在他的职业生涯中还扮演过金融服务领域连续创业者的角色。1994年,他与马斯特里赫特大学(Maastricht University)的皮特·艾希霍尔茨(Piet Eichholtz)一起在阿姆斯特丹创建了全球房地产研究公司(Global Property Research, GPR),为全球房地产证券编制先行指数。全球房地产研究公司现在已经与范兰绍特·肯彭(Van Lanschot Kempen)公司合并。2004年,他又与皮特·艾希霍尔茨和托马斯·海登达尔(Thomas Heijdendael)共同创建了金融创意公司(Finance Ideas)。金融创意公司是一家金融咨询公司,最初专做社会房地产咨询业务,后来逐渐成为机构投资者的战略顾问和合作伙伴。

阿尔弗雷德·斯拉格(Alfred Slager)是一位经济学家,同时又做受托人和咨询顾问,他曾在帮助养老基金董事会进行战略和投资管理方面做过大量的工作,并且就这方面的问题发表过很多文章。他是荷兰蒂尔堡大学蒂亚斯商学院的教授,也是荷兰全科医生养老基金(Dutch pension fund for general practitioner, SPH)的受托人。

阿尔弗雷德·斯拉格扮演了许多不同的角色,总的来说是在金融理论和投资实务之间起到桥梁作用的角色。他从1995年开始担任投资组合管理人,在不同的养老基金和投资管理公司担任了15年的研究分析师、投资策略师和首席投资官,并于2005年以优异的成绩获得了博士学位。多年来,他为许多机构投资者提供投资策略和治理方面的咨询建议。他出过几本书,包括与基斯·科迪克合著的《投资信念》以及论述银行国际化战略和养老基金投资委员会效能的专著,并且担任过一本论述养老金投资最佳实践的专著的主编。阿尔弗雷德在多个养老基金的投资委员会和监事会以及荷兰特许金融分析师协会(Dutch CFA Society)和荷兰国际投资管理协会(VBA Netherlands)理事会任职。

贾普·范达姆(Jaap van Dam)是荷兰PGGM保险公司的首席投资策略总监。他是以提高人们对当前市场思考和行为潜在影响的认识为使命的300俱乐部(The 300 Club)欧洲分会以及荷兰可持续发展投资者协会(Dutch Association of Investors for Sustainable Development,VBDO)的会长。贾普在荷兰鹿特丹伊拉斯谟大学(Erasmus University)获得了金融学硕士学位,并且已经在投资管理领域打拼了30多年,他的毕生抱负就是通过把学术洞见应用于实践以及寻求学术界的帮助来应对投资实务挑战,从而提高投资管理水平。

贾普在投资管理领域扮演多个角色,从开展基础和定量研究到选聘外部管理人和构建投资组合。他于2005年加盟PGGM保险公司,担任内部股权管理主管,2006年被任命为首席策略师。值得注意的是,他在PGGM保险公司负责制定荷兰医疗系统养老基金新的投资框架和2020年的投资策略。贾普是国际注册职业管理人(ICPM)研究委员会和法国高等商学院(EDHEC)国际顾问委员会的成员。

目　录

第二部分　设计流程

第三部分 实施投资

第四部分 组建董事会

第五部分 学习、适应和提高

引　言

如果您正在阅读本书，那么几乎可以肯定，您是一名基金受托人或基金董事会成员，或者您也许正在考虑成为一名基金受托人或者基金董事会成员。也许您是一位想了解您的客户基金受托人如何看待提供咨询建议的复杂问题的咨询顾问，或者您是养老基金、捐赠基金或慈善基金会董事会的成员。不管您在这个行业的专业技能和职业能力已经达到了什么水平，对于我们来说，重要的是您为什么要阅读本书以及我们通过本书试图解决哪些问题；更重要的是，您应该如何运用本书传授的知识，并把它们应用到您自己的实践中，以使您受托管理的基金受益，并且使它有良好的长期业绩表现。

本书的基本前提是，受托人对于养老基金和其他长期资产所有者组织（主权财富基金、捐赠基金和慈善基金会）取得长期成功发挥了至关重要的作用。在未来的几十年里，当涉及数以百万计的养老金领取者能否持续领到养老金的问题时，养老基金的受托人能够做出真正有意义的改变。对于养老基金的受托人来说，这可能是一种很有穿透力的想法，但同时又是一种可怕的想法。在过去的 10 年里，很低的利率极大地提高了未来养老金支出的成本，而且超出了我们所有人的预期。由于监管力度不断加大的缘故，您需要花费的时间和您需要展示的知识在过去几年里可能已经不成比例地增加。这对于您个人声誉的影响比以往任何时候都要大。您明白做好这项工作的重要意义，您明白自己对于未来千千万万的养老金领取者至关重要，他们未来的退休生活就取决于您的选择。作为养老基金的受托人，您对自己负责的投资负有重大的责任，同时也有巨大的机会。鉴于您处在投资链条的起点，因此，您必须明白哪些因素有助于投资取得成功,哪些因素又不利于投资取得成功。这个问题已经变得更加重要,因为现在允许您出错的空间正在稳步缩小。例如,请想想,2000 年基金受托人还能期望 10%的股票年投资回报率,而今天他们已经不敢奢望 5%的股票年投资回报率了。

我们很容易在复杂的投资环境中迷失方向,关键是要弄懂并且密切关注真正重要的东西。如果您想在基金董事会会议上提出正确的问题,并且正在寻找一本入门指南帮助您制定有助于进行有效和相关决策的会议议程,那么,阅读本书肯定能够受益。我们也希望本书能帮助基金受托人有效地对付他们要面对的投资机构技能精湛的管理层。最重要的是,本书能以一种非常实用的方式起到这种作用,因为我们回顾并且整合了多年来的学术研究和日常运营案例研究的成果,并且把这些研究成果转化为对全世界基金受托人都有实际用途的能启发灵感的例子和可付诸行动的备选方案。我们把这些重要的观点系统地融入本书的五个部分。在第十四章里,我们对所有的观点进行了综合,以帮助基金受托人在追求卓越投资的过程中确定当下应该采取怎样的正确措施以及下一阶段应该怎么做。先看这一章有助于您以一种比较有的放矢的方式来阅读本书。

作为基金受托人,要履行监督和正确解决问题的职责并非易事。我们是根据多年积累的丰富的实践和学术经验,结合自己的研究和充分的证据得出这个结论的。我们可以相当自信地说,学会如何正确做到这一点,会有很多收获。我们认为,基金受托人在这个过程中应该代表他们所代表的基金受益人发挥积极的作用。

养老基金的受托人通常都是能力很强的人士,但是,受托管理养老金组织,对于他们来说是一项相对较新的任务。他们可能需要相当长的时间才能完全领悟这项任务,了解它的复杂性,并完全明白什么才是真正重要的和什么并不十分重要。养老基金的受托人常常处在"在职学习"的过程中,于是就有了他们对手头要解决的问题仅仅是一知半解的风险。这样的风险是可控的,在金融市场平静、政治环境稳定的情况下甚至也是可以容忍的。不幸的是,现在,情况正好相反。我们正在经历政治和技术领域突然发生的深刻变化;而且,在偿付能力普遍较低的既定情况下,允许犯错的空间很小。本书的目的就是要让读者快速跟上形势的变化。此外,我们希望本书有利于养老基金内部开展有组织的对话,通过内部对话来分享和交换意见,以便评估基金的现状,并确定改变现状的可能性。

我们认为,养老基金有实质性的治理"红利"可以收获。我们相信,通过把任何一个弱势的养老金组织打造成一个卓越的养老基金,可使长期投资的年均回报率额外增加1到2个百分点。[①] 当然,能否真正额外提高长期投资的年均回报率,在很大程度上取决于养老金计划的启动情况。下面的表0.1具体列示了一些导致长期投资年均回报率额外增长的因素,并把它们分为投资回报率负面贡献因素和投资回报率正面贡献因素两类。

表0.1　　从平庸到卓越可收获的治理红利

投资回报率的负面贡献因素	投资回报率额外增长幅度	在本书以下章节中讨论
降低总成本	0.5%	第九章
避免行为陷阱(更换管理人、事后出售)	0.5%	第五和第十四章
消除负面贡献因素(如主动管理、战术性资产配置)	0.3%	第四和第七章
业务内包	0.3%	第十二章
投资回报率的正面贡献因素	**投资回报率额外增长幅度**	**在本书以下章节中讨论**
按规定进行调整(或重新平衡)	0.3%	第八章
增加非流动性投资	0.5%	第八章
实行投资分散化	0.2%	第四和第八章

表0.1粗略地介绍了能提高投资卓越水平的投资回报率有可能额外增长的情况,而且具体的情况因养老基金的不同而不同。这张表只关注财务指标,不过也列示了其他一些有可能促进成功的相关问题:如何应对环境、社会和治理(ESG)问题?在气候变化问题上采取什么策略?我们正在见证养老基金受益人和其他利益相关者的期望在不断发生变化。如果不能合理地回答这些问题,或者只满足于对受托责任的狭义解读,那么就有可能要为获得养老基金的营运许可付出很大的代价。

几乎所有的基金,不论规模大小,都有相当大的改善业绩的可能性。它们都要求基金董事会和投资委员会掌握或具备应用性很强的知识和理解力。本

---

① 关于改进治理的潜在好处,请参阅:阿姆巴赫舍尔等人(Ambachtsheer,2006 and 2007)以及克拉克和厄温(Clark and Urwin,2007)。韦莱韬悦公司(Willis Towers Watson,2017)认为长期投资是创造价值的基石,并且证明了每年0.5%~1.5%的可观长期投资净溢价。

书传递的信息基本上都可用来堵塞任何漏洞和防止犯任何可以避免的错误。一些改善基金业绩的可能性与基金的规模有关，并且取决于基金是否有自己的“自有”投资机构可用，如能以注重成本效益的方式收获非流动资产风险溢价的“自有”投资机构。在以上两种情况下，基金董事会和董事会下设的投资委员会，在很大程度上，对于推动基金走向卓越具有关键的作用——或者，反之亦然。因此，基金董事会的素养、知识水平，但首先是内在驱动力，都很重要——甚至是非常重要。

在一个分散化程度很高的投资组合的预期名义投资回报率只有3%～6%的世界上，投资回报率上涨1%～2%，是一个相当可观的增长幅度。据我们估计，一旦了解这些驱动因素并做好正确的基础工作，那么就只需要做有限的工作就可以收获80%的治理红利。例如，我们只要树立正确的投资信念，并保证坚持在投资过程中贯彻投资信念，当然也包括设计有助于实现目标并解决已知的主要治理问题的投资流程。我们认为有五项活动可以共同帮助我们做到“卓越投资”，并且在书中对它们进行了详细的讨论。我们觉得，虽然养老基金的形式和规模各不相同，但这五项活动对于每只养老基金都大致相同。根据我们的经验，全球各地的养老基金都会遇到相同的问题。由于这些共同问题的答案可能会因文化或监管环境不同而略有不同，因此，我们将在必要和适当的时候讨论这些关于养老基金规模和结构不同（及其影响）的问题。

我们通过本书传递的主要信息是，养老基金的董事会是基金实现长期卓越投资的关键。但是，董事会并不是管理养老基金投资的责任方，而是负责规划、战略、监控和改进交付产出的“机器”的当事方，因此需要从特殊的视角来审视问题。我们把董事会审视问题的不同视角概括为适当的高度、适当的距离和适当的时界（horizon）。高度：董事会是否能像坐在直升机上那样俯瞰整个基金的设立及其结果？董事会是否能达到临界高度？距离：董事会是否能够与投资管理的执行保持适当的距离——是否充分接近，能够充分履行自己的职责，但又不是离得太近，因此不会越俎代庖，做出应该由高管层负责的运营决策？时界：董事会能不能把自己打造成至少能够前瞻和后顾5～10年的组织？即使董事会的存续时间超过董事个人的任期，董事会仍至少能前瞻和后顾5～10年？

卓越的养老基金能在高度、距离和时界三个维度之间达成适当的平衡，它们既不会迷失在茫茫的投资策略“林海”和浩瀚无垠的财务数据“海洋”中，也不会被数学术语和投资业行话分散注意力。养老基金通常会过分关注（有时是技术性很强的)具体的投资事务(即正确地做事),而不顾重要的问题(即做正确的事情)。因此,卓越的养老基金,特别是它们的受托人,都知道什么时候和怎样从受托人的视角去管理投资机构,同时又确保自己在各利益相关者为了取得可持续的成果而相互依存的投资过程中只充当合作伙伴。换句话说,从良好到卓越,养老基金的董事会不但要坚定不移地坚持自己的行动方向,而且更重要的是,还必须非常善于学习、适应和自我反思。

为了在做正确的事情和正确地做事情之间均衡分配董事会的注意力,我们引入如图 0.1 所示的"卓越环路"图:该图的左边部分是战略、规划、"做正确的事情"的环路;而右边部分则是速度快得多的执行和"正确地做事"的反馈环路。这两个环路之间的连接点值得关注:这里常常是在授权和委托代理问题上出现严峻挑战的地方。

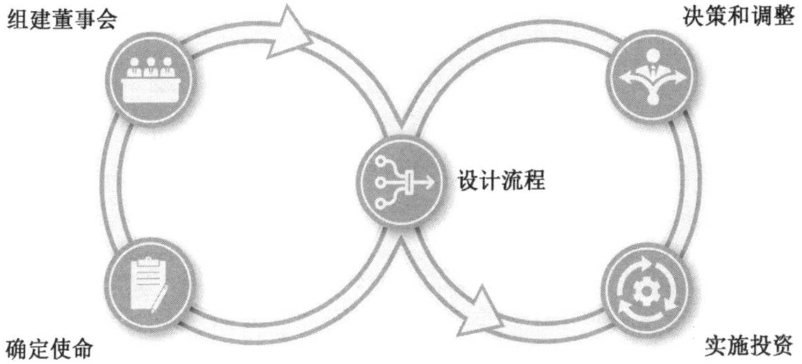

图 0.1　卓越环路图

在这方面,我们的目的就是要帮助养老基金的受托人弄清为发展好的养老基金需要开展哪些活动,以及如果他们立志要达到更高的水平(我们认为他们应该这样做)就需要开展什么活动才能打造卓越的养老基金。我们根据自己的经验和研究成果以及几代基金受托人和投资专业人士的经验和研究成果,为基金受托人编写一本实用的"说明怎么做"的入门指南,以便他们掌握成功创建和运营养老金组织的基本原理。

我们的目的是要剖析为实现长期卓越投资必须开展的关键活动。我们要把(比方说)关于投资流程设计和执行的"硬"投资思想与像设立投资委员会或董事会自我反省这样比较"软"的元素结合起来,并且同时对有关投资管理中发挥作用和没有作用的东西的实践和学术证据保持不偏不倚的态度。虽然有大量的证据已经证明我们采用的不同决策方式以及投资策略是否合理的问题，但我们也注意到，有越来越多的证据和文献告诉我们，我们可以采用一种有效的方式来进行决策。遗憾的是，基金受托人经常忽略这样的证据，或者根本就不知道它们的存在。我们相信本书能为他们提供用处大到难以拒绝的工具和知识。

我们相信，养老基金及其受益人可能都希望养老基金的受托人和董事会有追求卓越的内在动机。因此，我们在书中几乎没有关注养老基金的监管规定或监管部门的作用，因为我们认为监管部门是最低标准的制定者，而不是追求卓越的激励者。

总而言之，本书将在三个层面帮助基金受托人。首先，我们概述了促成长期投资成功的五个关键维度。作为基金受托人，您应该知道如何安排投资过程。但是，您是否也知道为什么要以这样的方式来安排投资过程？这样的方式真的是实现养老基金目标的最佳方式？它是否反映了养老金计划面临的（正确）风险？这些都是显而易见的问题，但也是至关重要的问题，我们将帮助您提出和回答这些问题。您会明白哪些是重要的假设，这样，以后您就不会简单地认为养老基金董事会或投资委员会只不过是摆设而已，而会认为它们是能够直接解决重要问题的机构。其次，本书在参考学术研究成果和借鉴大量实践经验的基础上提出了一些实用的忠告。在实践中可能起作用的东西并不总是有扎实的理论基础，反之亦然。例如，我们不妨想想，早在得到学术证据支持之前，我们已经开始把可持续性纳入投资过程；而学术研究反过来又取得了许多关于构建新型投资组合的成果（如因子投资），但这些研究成果在业内可能（还）没有（完全）得到接受。因此，明智而又成功的养老基金受托人最好能以务实的态度来确定究竟是哪些因素强化了投资流程，而不是轻率地否定投资流程。最后，本书为养老基金受托人提供了为他们在把自己的想法和理念付诸实施的过程中成为更加卓越的决策者所必需的洞见。董事会的工作是个复杂的问题，因为董事会今天要做出对未来几十年产生影响的投资决策。我们面临的挑战是，既要兼收并蓄这些洞见，又要认识到董事会成员及其互动对于他们成功完成自己的任务至关重要。在这方面，我们也选择了一种实用的循证方法，认识到您作为基金受托人深陷困境，而且还要面对严峻的挑战和复杂的现状。

卓越水平:评价和改进您的实践

我们在书末专辟一个部分为读者准备了有关本书各章内容的思考题,读者可以利用这些思考题来为您自己和您受托管理的基金进行定位,并用它们来帮助确定需要改进的地方。读者可以根据本书每一章讨论的内容和“低”“合格”“高”或“卓越”四个水平来评判您受托管理的基金的实践。此外,您可以列出需要思考和实际解决的问题,这样就能形成并检验您对本书阐述的主要概念的看法。以上四个实践水平或等级的内在逻辑与通常的“成熟级”思维有很大的相似性。我们认为“低”具有被动反应性、特殊性、巧合性、个体性、局部性、教条和僵化等特点,并且认为“卓越”具有主动应对性、计划性、系统性、集体性、整体性、学习和适应等特点。表 0.2 比较详细地介绍了各种不同的实践水平。从我们研究过的案例来看,我们也觉得公开、透明通常与趋近卓越的实践水平相关。

表 0.2 **不同的实践水平**

实践水平	说 明
低	需要注意力;规划和执行方面存在不足;采取被动反应和临时性运营方式;通常就依靠碰巧遇到的一些人
合格	规划、决策和执行都经过周密安排并形成了文件;养老基金完全遵守监管规定;关键的工作流程运行良好,并且不依赖特定的人员
高	规划、决策和执行都很合理,并且有充分的依据;可比的养老基金都采取类似的做法;基金董事会可能知道养老基金进行的研发,但没有形成自己的研发见解;认真的评估和改进工作已经成为常态
卓越	基金的目标就是让自己的做法成为行业最佳实践,甚至是持续成为行业最佳实践,而且是永久性的行业最佳实践,而不是一次性的最佳实践;规划、决策或执行被同行认定为处于行业领先水平,并被作为榜样;有时还涉足全新的领域,但总是基于合理的理由,并有充分根据的信念和适当的技能支持;学习和适应完全融入整个投资过程

养老基金很难做到“卓越”,但有实例和逻辑可循,因此,我们觉得养老基金能够做到“卓越”。不过,要做到“卓越”需要具备很多条件,而且还至少有一定的规模。我们认为养老基金应该有 50 亿美元或更大的规模:这样的规模使我们有可能编制正规的治理预算,进行专有知识投资,从而极大地降低依赖外部咨询和资产管理服务的程度。在实践中,一只规模小于 50 亿美元的养老基金,通过努力也可以做得很好,而且有可能明显好于同行平均水平,因为有溢出效

应在起作用。即便是自律也需要做大做强。

低水平的实践通常是在已知领域进行的实践:您可以通过研究理论和证据,并向同行学习来达到这个目的。想做到卓越,就需要具备更多的条件,如勇气、信任、远见和素养,以超越自己熟悉的领域。高水平的实践需要时间,并且渗透到监管规定、基金受托人标准行为方式和其他知识体系中。

合格的实践水平就是现有的规划、决策和/或执行都符合养老基金行业的监管框架。那些高度标准化并轻松支付养老金——执行投资框架——的养老基金达到了这种实践水平。

当然,各种不同水平的实践都会随着时间的推移而发展。即使只是停留在原来的水平上,您也必须学习、改变和适应,因为知识体系在发展,监管机构在发展,可用产品和“投资生态系统”在发展,外部环境也在发展。

我们在前面提到过五种旨在追求卓越而从事的活动,它们分别是:(1)了解养老基金的作用,明确养老基金的使命;(2)设计流程;(3)实施投资;(4)组建董事会;(5)学习、适应和提高。

相应地,本书分五个部分,每个部分论述其中的一项活动:

- 第一部分“理解养老基金的作用,并确定它的使命”具有介绍入门的性质,就像是给养老基金的受托人开办的速成班,以便他们明白需要掌握哪些方面的知识,才能更好地发挥自己的作用。这项活动旨在为养老基金奠定基础,确定宗旨并把宗旨具体化为战略。第一部分将回答养老基金的任务是什么、董事会的角色和责任是什么、您作为受托人的职责是什么、您想为您受托管理的养老金计划的参保人实现什么目标等问题,包括明确您本人的目标——您为什么要为您受托管理的养老金计划的参保人而存在,您作为基金受托人想要强调的增加值是什么。把宗旨、使命和战略转化为可实现的目标,如您要提供的养老保险协议。
- 第二部分“设计流程”采用战略观来设计为实施战略所必需的投资职能和投资组织。这一部分先是为基金受托人创建一种与投资有关的通用语言。我们回顾了基金受托人需要了解以及本书自始至终都要使用的主要投资概念。然后,我们关注在投资过程中驱动不同选择的投资信念或原则。再后,我们深入研究投资管理这个基金打算通过它来实现其投资回报的过程。近几十年出现了不少“投资模式”,建议养老基金采取不同的方法来履行投资职能和完成自己的任务。我们确定了其中的主要模式，并探讨了基金受托人在有意识地选择其中的一种模式并把它作为自己的模式时需要考虑哪些因素的问题。

- 第三部分“实施投资”主要从基金受托人的角度来探讨投资的有效执行与实施问题。这部分的投资流程完全是授权完成的。投资的执行过程包括投资组合构建、实施和反馈、监测和评估。投资的执行过程把目标转化为投资结果。在执行和规划之间总会有“渗漏”，但应该尽量减少渗漏。对于基金董事会和投资委员会来说，执行主要意味着：如何组织投资过程，使不同的步骤建立在集思广益的基础上；如何保证持续对结果进行评估，而评估的艺术就是把随机的短期噪音从影响基金长期目标的结果中剔除出去。在这方面，适当的距离、高度和时界就显得至关重要：如果董事会目光短浅，拘泥于细节，那么就会阻碍投资机构的发展。如果距离太远，就会导致“尾巴（投资管理人）摇狗（基金）”（这里有管得太松，导致投资管理人自行其是的意思。——译者注）。根据我们的研究，我们强调了基金受托人把他们的大部分时间花在扮演好自己角色上的选择。
- 第四部分“组建董事会”。这部分的重点是对投资过程的监控和治理，规划、指导和监控养老基金如何履行自己的使命。之前三项活动的重点是解决相对较难解决的战略、流程和执行等客观问题。这项活动由不同背景、技能组合和心理素质的个人组成的董事会和投资委员会负责。要把这两个“乐队”改造成一支能够演奏美妙乐曲的交响乐团，无论是在和平时期还是在战争时期都是十分艰巨的任务。因此，要想确定在这项活动中起主要作用的人员因素就更加困难了。本书这部分主要讨论以下问题：董事会如何组建才能完成自己的使命并实现自己的目标？董事会应该负责哪些主要任务？应该把哪些任务委托给哪些人？董事会在设立投资委员会和协助自己工作的行政办公室时应该注意哪些问题？董事会应该事先做好哪些组织工作？在与投资管理机构打交道的过程中能获得哪些有价值的见解？
- 本书的第五部分“学习、适应和提高”回顾了基金受托人应该完成的任务，并深入探讨了学习和适应的问题。这部分主要关注董事会的工作，具体而言，主要讨论董事会怎样才能做出好的决策、董事会在资产负债管理等复杂的决策工具的支持下需要应对哪些重要的挑战、董事会是否已经认识到咨询顾问的特殊作用以及他们有可能对董事会的决策产生怎样的影响等问题。最后，养老基金需要一个脚踏实地的董事会采取一切必要的步骤来做好为实现卓越投资所必需的基础工作。养老基金要求一个与众不同的董事会在金融市场面临压力时能够坚持自己的战略和信念不动摇；与此同时又能保持开放的心态去适应新的形势，因为业内取得的新的研发成果会要求董事会调整自己的做事原则。

如何阅读本书

本书主要是为养老基金、捐赠基金和慈善基金会的受托人撰写的，因此会直接面向基金受托人。不过，本书的内容也非常适合对机构投资和投资治理有兴趣的本科高年级学生和工商管理硕士生。下面，我们就来看看本书是如何与如此多样化的读者相关的。

- 基金受托人。基金受托人可以利用本书来了解卓越投资的驱动因素，并且有宝贵的机会学到评估和改善基金投资业绩的方法。
- 受托投资管理机构或外包首席投资官（outsourced chief investment officer，OCIO）。外包首席投资官，是一种能够帮助基金董事会自觉走上改善之路的特殊专业人士；与此同时，他们自己又能通过改善与董事会对话的方式来从中受益，因为外包首席投资官通过改善自己与基金董事会的对话方式，就有可能对他们为之效力的基金的质量和业绩产生积极的影响。
- 资产管理人。资产管理人通过阅读本书就能加深对“对于基金受托人来说，真正重要的东西是什么”这个问题的认识；而资产管理人加深了对这个问题的认识以后，就能有效地设计并持续改进他们为这个客户群体提供的（定制化）服务。
- 监管者。监管者或政府官员通过阅读本书能够积累或提高为在政治和监管背景下增强自己理解和评判养老基金关键问题的能力所必需的知识或理论素养，而且能够更好地掌握和理解监管对养老基金的影响和效果，识别阻止养老基金发展的潜在障碍，并且发现有利于养老基金业发展的途径。
- 金融与投资专业的学生。金融与投资专业的学生会寻找课外阅读材料，而本书通过提供丰富和实用的背景知识，能够弥补他们的传统课本的不足。本书有助于学生丰富自己的理论视角，因为书中有很多现实生活中的例子以及可付诸实施的可操作性很强的模型和概念。

我们赋予本书一些特殊的功能，旨在鼓励读者与我们互动和实际应用书中的内容，并帮助他们有效地从中吸收素材。例如，本书准备的思考题允许读者分享和扩展他们在自己的组织中遇到的主要问题，从而鼓励开展富有成效的辩论。我们把思考题集中放在本书的最后部分，以便我们的基金受托人读者能够集体绘制一幅标明他们受托管理的基金目前处在什么实践水平以及接下来如何提高其实践水平的蓝图。

本书各章内容介绍

第一部分：理解养老基金的作用，并确定它的使命

本书第一部分介绍了养老基金受托人为了更好地发挥自己的作用必须掌握的速成课程知识。我们在这一部分阐述了养老基金的作用、宗旨以及由宗旨决定的战略。读者可以有选择地进行阅读，例如，可以把它作为补习材料，也可以用它来了解养老基金的作用或基金受托人的受托责任。

第一章：养老基金及其董事会的作用

这一导论性章节的核心是介绍养老基金及其董事会的作用。在一个全球金融秩序和体系以如此快的速度变化，并对金融机构的结构和布局产生如此深刻的影响的世界上，为什么（仍然）存在大型集体组织？在这个背景下，大型集体组织扮演了什么角色，具有哪些职能？除了探讨这些问题之外，我们还考察了基金受托人的作用。基金受托人既是基金董事会的成员，又是受托人，他们具有特殊的作用，并且要完成赋予他们的一些特殊而又严肃的责任的任务。我们从一个宽广的视角来审视养老基金受托人通过如何有效地确定养老基金的目标、制定政策，安排投资过程并且监督决策的执行情况和调整决策来适应任何不断变化的环境。

第二章：确定养老基金的宗旨、使命、愿景和目标

养老基金董事会的一个重要职责，就是确定并履行使命、制定目标和战略并监督实施。投资机构（应该）有一个明确反映在它们的使命和目标中的宗旨。

投资机构应该按照自己据以确定战略方针的信念、原则和理论来设计组织结构和投资流程,从而保持在重要发展方面处于领先地位,并且抓住可能出现的机会。如果没有这样的综合框架,那么,养老金组织很快就会发现自己很难在一个具有以下特点的世界上生存下来:人口和社会经济发展趋势发生迅速而又深刻的变化;颠覆性创新对整体连续性构成威胁;日益起伏不定的投资回报率把整个行业置于公众严密的监视之下。

在这一章里,养老基金受托人可以部分通过向其他养老基金学习的方式来学习如何制定有效的使命和目标。我们将为他们就如何把愿景和使命转化为务实的宏大目标提供指导,然后告诉基金受托人如何把务实的宏大目标转化为具体的投资回报率目标和风险胃纳(Risk appetite)并形成风险胃纳陈述。把这些方面组合在一起,就有助于管理和指导投资职能部门和机构。

第二部分:设计流程

第二部分采用一种战略观来设计为养老基金实施战略所必需的投资职能部门和投资组织。这一部分先为基金受托人介绍一种通用的投资和风险管理语言,综述将在本书全书中使用的重要概念,并且指出常见的缺陷;然后关注如何组建投资职能部门的问题,并且指出在投资过程中驱动差别化选择的组织价值观和信念。近几十年里出现了不少"投资模式",建议养老基金采取不同的方法来履行投资职能和发挥自己的作用。我们介绍了一些主要的投资模式,并且指出了基金受托人在有意识地选择其中的一种投资模式并使之成为自己的模式时需要考虑哪些因素。

第三章:掌握投资要领

实施投资的日常工作可能看起来令人困惑并且复杂。然而,投资理论的重要概念实际上并不像有人认为的那样晦涩难懂。基金受托人要想比较熟练地掌握投资术语,就需要熟悉大约10个行为模块。我们将从基金受托人的视角来讨论有效市场、预期投资回报、风险、分散化、基准等概念。

我们会谈到那些据我们所知董事会会议上经常会提到的话题和问题。我们将通过区分"大局"概念和"细节"概念来对不同概念按重要性进行排序。因此,基金受托人在读完这一章后就能跟与他们和他们受托管理的基金有业务关系的投资机构的代表进行有意义的对话。

第四章:把投资信念作为指导工具

粗看起来,大多数养老基金及其投资过程似乎都很相似。然而,使它们各不相同的是它们的基本选择和决定。养老基金的不同基本选择和决定能够从根本上完全改变基金组织的总体结构。为了设计和实施投资管理流程并从中获益,非常有必要识别和明确养老基金的此类基本选择。我们进一步探讨了支撑许多此类基本选择的“信念”,并且讨论了应该如何看待和利用这些信念的问题。

不同养老基金和投资机构的投资信念可能大相径庭,养老基金的投资信念是养老基金 DNA 的一部分,它们能反映养老基金董事会和股东的某些性质和特点。但投资信念并非铁板一块、一成不变,而是随着时间的推移而演化发展。事实证明,有些信念对决定成败的选择至关重要,并且比其他信念更加重要;而有些信念则比其他信念有更多的证据支持。我们在第四章里指出了那些可能对基金业绩产生强烈影响的投资信念。在我们的分析中,我们讨论了投资信念在实际中是否适用以及按当下的财务和投资状况是否有意义的问题。随后,我们介绍了实际例子和案例研究,并且论证了基金受托人和投资机构如何利用投资信念和策略来增强自己的竞争优势。

第五章:设计投资管理流程

在这一章里,我们将详细考察投资过程的问题,并且把使命、愿景、目标和信念转化为实际的投资决策和投资项目。投资组合管理过程是一种为构建和维护符合委托人目标的适当投资组合(即资产组合)而必须以连贯一致的方式采取的步骤的集成组合。

投资组合管理过程由设计、执行和反馈三个连续的阶段组成。在设计阶段,制定投资目标和政策,确定资本市场预期,并进行战略性资产配置。在执行阶段,投资组合管理人构建投资组合。在反馈阶段,投资组合管理人监控和评估投资组合,并且拿评估结果与初始计划进行比较。必须认真审核反馈环节可能提出的任何改进建议,以确保这些建议代表的是长期动机和考量。在这一章里,我们明确了基金受托人在投资过程三个不同阶段中制定政策、实施监督或承担责任的作用。在接下来的几章里,我们将详细介绍投资管理过程的主要构成阶段。

第六章:组建投资职能部门

第六章从战略的角度考察投资管理过程,并且介绍目前主导全球养老基金行业的五种投资模式。养老基金董事会可能并不一定了解这种情况,但通常有人会建议董事会采纳其中的一种主要模式。董事会不但会采纳别人建议的投资模式,而且还会接受一组预定义的假设、实施方法和治理要求。因此,本章对前几章的内容进行整合,并通过考察它们在以下方面根本不同的选择来阐明五种主要的投资模式:(1)使命、目标和信念;(2)投资过程;(3)投资机构。最后,我们明确了基金受托人在选择某种投资模式时必须面对的先决条件、标准和挑战等问题。

第三部分:实施投资

第三部分从基金受托人的角度关注实施投资的问题。基于我们自己的研究,我们强调指出了基金受托人把他们的大部分时间花在扮演好自己角色的选择上。在本书的这一部分,我们用一章的篇幅重点考察了关于战略性资产配置的主要选择和假设。在讨论投资实施问题的一章里,我们把重点放在真正重要并且已知的东西上。最后,我们详细阐述监控和反馈这两个投资周期中重要但没有得到很好理解的问题。

第七章:实施投资策略

这里所说的实施是指养老基金为了实现自己的目的和目标而实施投资计划和策略的过程。本章将比较深入地探讨养老基金的战略计划应该如何处理最终决定投资策略成功(或失败)的基本实施问题。譬如说,我们讨论了养老基金如何有效评估自己的资源需要以及如何在更加微观的层面量化自己的目标,从而把两者纳入灵活的计划。

此外,养老基金的灵活计划也应该说明基金打算如何利用不同的机会来实现投资分散化以及如何管理不能满足最低投资回报要求的风险(通过场景分析,根据养老基金确定的风险胃纳来确定)。由于风险管理是整个投资实施过程不可或缺的重要组成部分,因此,本章考察了影响投资实施的全部最重要因素,如投资价值链的设计方式(是整合还是分散进行投资选择),授权对象选择的组织方式以及关于实行完全内部或部分内部管理还是完全外部或部分外部管理的决定(这种决定会对成本和灵活性产生巨大的影响)。

第八章:构建投资组合

通过构建投资组合,就能把基金的目标和相关资产类别(如股票、债券等)的资本市场预期实际整合在一起,并且最终形成基金自己的资产配置。本章考虑了基金受托人在规划过程的这个阶段有广泛的选择,包括资产配置和投资分散化选择。虽然这听起来像是一个相当机械的过程,其实并非如此。除了投资分散化问题以外,本章还将继续讨论基金受托人应该补充考虑的与构建投资组合有关的问题。例如,我们讨论了主动和被动投资组合构建的问题,并且还证明了选择哪种投资组合的决策应该遵循基金信奉的信念做出。我们进一步识别和阐述了投资组合构建方面存在的灰色区域,以便基金受托人能够真正充分了解灰色区域,因为这有助于他们依靠自己的判断力来面对需要在知情的情况下决定的复杂问题。

第九章:监控与评价

养老基金的次优(低效)治理成本很高,因此,治理成本是基金董事会成员和实际参与基金投资执行工作的人员最关心的问题之一。在这方面,监控职能是投资管理过程中最少得到考虑的分量之一。本章将讨论有助于确定如何有效安排监控工作并能使基金受托人区分短期和长期反馈以及技能和运气的不同监控"模式"。由于金融市场的反馈回路往往很长,因此,设计糟糕的投资流程很可能会在短期内取得不错的业绩(即靠"运气"),而考虑周全的投资流程则可能会产生糟糕的结果。显然,我们应该精心设计监控和反馈流程,不但要事先考虑投资过程的结果,更重要的是,还要考虑投资过程本身的质量,从而使(集体)学习富有成效,并且能够收到提高业绩的效果。

第四部分:组建董事会

第四部分讨论了养老基金的组织问题。养老基金的董事会要在其下属委员会和工作人员的支持下开展工作,而在有些情况下也是投资管理机构的所有人。我们将考察这些行为主体扮演的角色和承担的责任以及他们如何互动。

第十章:打造卓有成效的董事会

养老基金董事会的主要职责是确定目标、设计投资流程、实施监控和(重新)调整决策,以适应任何不断变化的环境。这看起来很简单,但实际上几乎并非如此。本章考察了导致这种状况的原因和董事会承担的受托责任,然后把这方面的研究发现转化为对投资管理机构及其决策过程的战略规划。

随后,我们通过考察养老基金董事会成员及其构成、工作重点和每个成员为促进董事会平衡讨论而必须履行的重要职责,比较详细地分析了董事会的职能和作用。最后,我们更加详细地讨论了董事会主席的作用,如董事会主席如何主持董事会会议,应该制定怎样的议程以及可以采取哪些措施来开展信息透明的讨论并做出可执行的、可有效监控的明确决策。

第十一章：组建投资委员会

养老基金的董事会高度依赖投资委员会和行政办公室。因此，董事会必须阐明它们应该如何在一起工作。我们将比较详细地强调投资委员会的地位。在某些情况下，投资委员会在依据赋予它的执行权代表养老基金进行投资决策方面发挥着非常积极的作用；而在另一些情况下，投资委员会则可能仅限于履行纯粹的咨询职责，每年就召集其成员举行几次会议。在这一章里，我们将讨论这两种投资委员会在什么情况下能够尽可能好地为养老基金的特定目标和投资过程服务的问题。同样，我们还要考察投资委员会的人员构成，并讨论其成员和外部咨询顾问如何有效地合作和开展工作。为此，我们还指出了聘请外部咨询顾问可能会遇到的问题。最后，我们以考察投资委员会的议程、投资委员会主任的作用以及投资委员会与董事会之间的相互影响来结束第十一章。

第十二章：管理投资管理机构

在这一章里，我们把注意力转向投资管理机构。我们首先讨论从完全外包到完全内包的不同类型的投资管理机构，然后讨论目前主导全行业基金受托人辩论的有关投资组织的投资实施问题。“利益是否一致”是个备受争议的问题，因为投资委员会（代表养老基金的利益）和投资管理机构之间的相互影响被认为很可能是影响投资成败的最重要因素。这个问题也是双方关系的核心问题，涉及多个需要充分理解和妥善管理的复杂维度。我们认为，任何解决方案都会在一定程度上涉及利益是否一致的问题，因为资产所有人和资产管理人在规模、责任和潜在收益方面存在很大的分歧。

第五部分：学习、适应和提高

第五部分回顾了养老基金受托人的作用，考察了他们如何改善决策程序、做出复杂的选择、与养老基金背景下其他重要人士和利益相关者合作以及实际诊断并改善养老基金的投资质量等问题，并且向读者介绍一些具体的工具、手段和现实生活中的例子。

第十三章：学会决策和采纳建议

本章探讨了基金董事会进行决策需要做哪些工作的问题。受托人是一种艰辛的职业，他们必须制定适合基金履行使命和实现目标和宗旨的战略议程，必须认真做好周密的准备工作，持续保持董事会内部通畅的对话渠道，以方便做出成功的决策。在这一章里，我们将分析董事会实际做出成功的投资决策需要做哪些准备工作。事实上，基金受托人必须随时做好决策——从琐碎的投资决策（如改变投资约束条件）到会对整个组织产生重大影响的决策（如资产配置策略、危机时期规避风险、解雇受托管理人）——的准备。有些基金董事会可能会无休止地搜寻尽可能多的信息，从而推迟甚至延误决策；而另一些基金董事会则可能会邀请外部咨询顾问献言建策。无论采取怎样的决策程序，基金受托人都应该征求和追寻“适当的建议”。因为，养老基金违规操作，通常就意味着基金受托人直接（而且是本人）被相关监管机构追责。因此，养老基金可能会选择向独立理财顾问、投资顾问或基金自己的精算师寻求适当的理财建议。在这方面，第十三章还探讨了基金受托人怎样才能确保内部或外部顾问真正为董事会的利益行事并继续支持基金受托人的工作，而不是越俎代庖、取而代之。

第十四章：实现卓越投资

在前几章里，我们已经向基金管理人和基金受托人提出了一些发人深省的问题。在这一章里，我们向基金受托人介绍一种实用的工具，供他们评估自己受托管理的基金在实现可持续卓越投资方面做得怎样，并且赋予他们为把他们领导的董事会打造成永久性“学习型董事会”所必需的智慧和实用工具。

思考题

这部分为读者准备了一些读者可用来进行自我评估的思考题。您受托管理的基金在追求卓越的过程中处于怎样的实践水平？您本人做得怎样？您考虑过投资过程中的各个步骤吗？本部分提出了一些有用的问题供读者进行自我评估，并能提醒读者关注一些重要的问题，一些没有人问过您、您也没有自问过的问题。解决基金受托人常会盲目认为某些投资流程或步骤理所当然的问题。其实，明确这些流程或步骤是很有帮助的。此外，那些只想阅读本书某些章节的读者可把本书的这个部分作为一种指导工具；而那些希望按照某个特定顺序阅读本书的读者则可利用这部分提供的思考题来寻找相关的章节。

第一部分

理解养老基金的作用，并确定它的使命

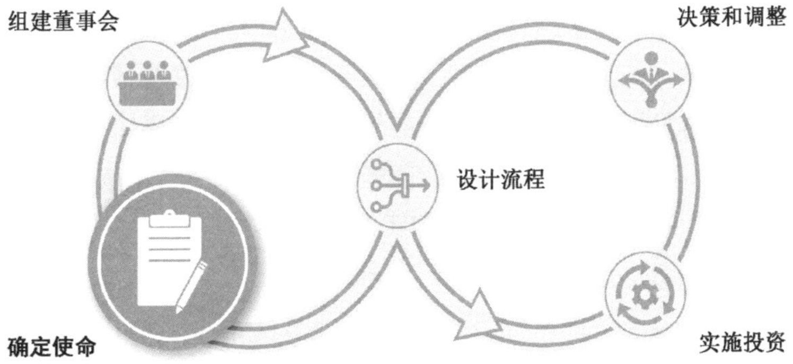

第一部分主要讨论养老基金在一般和具体意义上的作用和用途。这个问题对本书后面各部分非常有用，因为投资是实现养老基金目的的手段。我们还将关注养老基金董事会及其成员的作用。这个问题也很重要，因为在本书中，我们将一次又一次地回到养老基金董事会在实现卓越投资方面的关键作用这个问题上来。承担受托责任在这里很重要，但还有更加重要的东西，譬如说，在不断变化的社会环境里战略性地指导养老基金。然后，我们会在第一部分讨论一些具体的问题，例如，如何制定任务、愿景和战略，如何实现愿景。

在第一部分里，我们在组织环路图缓慢移动的战略部分停留了很长时间。组织环路图的战略部分是董事会开始做准备工作的部分。在现实生活中，董事会往往会把大把的时间花在眼前的问题上,因此并不总是容易地看到这个战略层面。

第一部分的主题包括:

- 养老基金及其董事会和基金受托人的作用;
- 受托责任的含义;
- 如何制定养老基金的使命、愿景和战略;
- 明确说明养老基金战略基础的重要性,以免在随后的过程中造成混乱。

读者在看完本书第一部分后应该能够充满信心地说:这就是我受托管理的养老基金存在的理由;这就是它在当前环境下为实现其目标正在做的事情。如果这部分的内容并不十分清楚,并不能为每个有关人士所分享,那么说明我们仍然有工作要做!

第一部分对卓越投资的贡献

第一部分阐明了基金董事会的作用和职责,并且提出了董事会能够实现或者葬送卓越投资的观点。把注意力从临时、间或的被动反应决策转向主动确定基金的使命和战略,有助于基金董事会放眼未来。这样,基金董事会就可以有条不紊、有控制地朝着完成使命的方向前行,同时又能考虑不断变化的基金运营环境。以这种方式运营,养老基金就能采用更加积极主动的决策方式,并且大幅度增强把握自己的未来发展方向的能力。

第一章　养老基金及其董事会的作用

关键结论

- 养老基金帮助参保人准备退休养老金，是专门做长期决策的实体。基金受托人负有制定养老基金政策并确保政策的执行达到所规定要求的全部责任。
- 养老基金的受托人要扮演受托人、雇主和股东等三种不同的角色，因此要承担不同——有时甚至是相互冲突——的责任。
- 养老基金受托人的受托责任就是指导做出明智的决策并制定明智的政策：用别人的钱来做事，当然要承担责任。具体到投资，受托责任可归结为谨慎投资。重要的是，养老基金的受托人应该经常考虑这个问题，并且牢记自己的受托责任。
- 养老基金的受托人要把部分权力授予别人。授权是一种对专业化创造的增加值与因延长投资链而造成的代理成本进行平衡的行为，而养老基金董事会要确保最大限度地减小代理问题的影响。
- 了解养老基金利益相关者的动机很重要。养老基金的利益相关者可能会有社会、政治和/或经济等不同动机，无视他们的动机通常会损害养老基金参保人的利益。

在这一章里，我们集中讨论养老基金及其由受托人组成的董事会。养老基金董事会的首要作用是确定养老基金的目标、制定政策、设计投资流程、监督决策的执行并调整决策,以便适应任何不断变化的环境。养老基金董事会可以是一个成员构成复杂且多样化的机构,由金融领域的一般人员以及具有金融或投资专业背景的人士组成。养老基金的董事会是决定养老基金能否成功的关键因素。

阿姆巴赫舍尔(Ambachtsheer)[①]在最近一篇关于董事会如何随时间发展的综述文章中指出:"虽然有一些证据表明养老金组织有所改善……但研究发现,养老基金董事会成员的遴选和培训方式、董事会监督程序的有效性以及吸引和留住关键高管和专业人员的能力等主要问题依然存在。要实质性地提高养老金组织治理职能部门的效能,还需要做大量的工作。"

不能正常开展工作的董事会,会对养老基金产生相当大的负面影响。有很多原因可能导致养老基金董事会不能正常开展工作,从董事会不了解自己的主要作用到被任命的董事缺乏成为卓有成效的董事会成员所需的技能。本章概述了董事会为自身的良好运行应该迈出的第一步:清楚地了解自己的作用和职责,从而为投资过程和治理需要的所有其他步骤和决策搭建框架。然而,董事会要想清楚地了解自己的这些作用,就必须先了解关于养老基金到底是做什么的背景知识。为此,我们首先简要介绍养老基金以及它们存在的原因和它们的作用。在我们看来,世界各地的养老基金董事会在作用和职责方面——虽然多少有一点文化和监管方面的差别,但——都具有明显的共性。然后,我们来考察一些有关养老基金决定谁付钱(缴纳保险费)、谁领钱(领取养老金)以及(至关重要的是)谁承担什么风险的特点。

我们主要关注养老基金董事会的作用,并讨论养老基金受托人作为受托人、董事会成员和投资机构股东承担的三种不同的责任。养老基金受托人要扮演三种不同的角色,于是就产生了这样一个重要的问题:养老基金受托人如何对这三种角色进行平衡。由于授权是养老基金董事会的一项重要职责,因此,我们在这一章里要讨论董事会的授权问题以及由授权产生的代理问题,并且以讨论如何理解和管理不同利益相关者的一节来结束本章。

养老基金的作用

随着婴儿潮一代人从 21 世纪头十年开始退休,为准备未来收入所需要的

① 请参阅 Ambachtsheer (2016, p. 80)。

资本数量有所增加。2017 年,全球有 280 万亿美元的财富,[①]大约相当于 2015 年全球国内生产总值 75 万亿美元的 4 倍。2016 年底,全球 22 个最重要的养老基金国家的养老基金管理着 36.4 万亿美元的资产,平均占它们本国国内生产总值的 62%。[②] 因此,养老基金是世界经济的重要参与者。养老基金是为了偿还退休金债务而建立的资产积累机构。因此,养老基金为个人提供一种在工作寿命期间积累储蓄供退休后——无论是采用一次性支付一笔养老金还是每年支付养老金的方式——满足消费需要的手段。养老基金通常用投资收益来支付养老金,用投资收益支付的养老金大约要占到养老金总额的 75%或以上。这就意味着养老基金是企业、政府,有时甚至是家庭等的重要投资者和潜在的长期资本来源。[③]

在许多国家,养老金制度由政府养老金、企业补充养老金和每个人都可以为自己安排的私人养老金产品这三个支柱组成。

第一支柱的养老金,在世界许多国家,是由地方政府向全体公民提供的基本养老金。这就要求公民在整个工作寿命期间都要缴费(或者纳税),以便在退休以后有资格领取养老金。政府基本养老保险是一种"基于缴费"的养老保险制度,而养老金的多少则取决于个人的缴费金额和年限,如英国的国民保险制度或者美国的社会保险制度。

第二支柱包括企业养老金计划以及职业和行业养老金计划。本书主要关注第二支柱的养老金计划,但本书表达的见解和总结的经验教训也很容易应用于其他类型的养老金计划。设立第二支柱养老基金的基础是养老金计划,也就是一种确定缴费、应计养老金和支付养老金并详细规定参保人和发起人权利和义务的计划。[④] 此外,养老基金负责管理养老金计划。

第三支柱的养老保险由个人养老金产品构成,如年金保险、节税冻结储蓄账户储蓄,主要是个体经营者和没有集体养老金计划的部门的雇员使用这些个人养老金产品。但是,这些产品可以由养老金组织提供服务或者供应,而养老金组织董事会对第三支柱的养老金产品负有与第二支柱养老金计划类似的受托责任。

---

① 请参阅 Credit Suisse Research Institute, Zurich (2017),Global Wealth Report。

② 请参阅 Willis Towers Watson (2017). Global Pension Assets Study。

③ 请参阅 Davies (2000)。

④ 采用了 Davis and Steil (2004, p. 450)的定义。

每种养老金计划都有一些关键元素,其中包括:[①]

- 具体规定养老金结构并指导日常业务运营的养老金协议。
- 基金,独立于发起人、旨在持有养老金计划资产和管理养老金的基金会或其他形式的组织。基金在法律和财务上独立于发起它们的企业。
- 跟踪养老金计划资金进出的记录系统。
- 向参加养老金计划的员工和政府通报计划信息的文件。
- 有时,有些官员对养老金计划拥有酌处权,他们是养老金计划的受托人。

养老基金受托人主要关心保证向参保人偿还退休金债务并且有资金偿还退休金债务。基金受托人的职责就是确保现在和将来都有钱支付养老金。这种债务会持续很长时间,而了解这种债务的长期性,对于基金受托人来说,是了解养老基金的起点。我们来简要回顾一下历史。1889 年,德意志帝国宰相奥托·冯·俾斯麦(Otto von Bismarck)给本国 70 岁以上的雇员发放了第一笔养老金,而当时德意志帝国公务员的平均预期寿命只有 45 岁。1908 年,英国首相劳埃德·乔治(Lloyd George)为 70 岁以上的贫困工人争取到了每周 5 先令的养老金,而当时英国人,尤其是贫穷的英国人,能活过 50 岁已经算是很幸运的了。到了 1935 年,美国创建了社会保障制度,当时官方规定的养老金领取年龄是 65 岁,只比普通美国工人的平均寿命长 3 年。[②] 因此,养老金计划,特别是政府发起的养老金计划,就是为那些寿命较长的少数人设立的。如今,每个人都会退休。在一些欧洲国家,退休后的寿命平均超过 25 年。在美国,官方规定的养老金领取年龄是 66 岁,但美国人的平均退休年龄是 64 岁,预计退休后还能再活上 16 年。以上回顾的这段历史就清楚地说明养老基金要承担的责任。

确保财务上可持续的退休福利是一个全球性的挑战。随着人口寿命的延长,养老金的支付年限也在延长。政府、计划发起人和行业必须不断面对要做出能同时满足退休人员和工作人口需要的明智决策的挑战。

当雇员受到集体谈判协议的保护时,养老金、保险和医疗卫生福利是管理层和雇员谈判的关键内容。这在美国和英国以及荷兰、德国、瑞典和瑞士都很重要。对于那些关心人力资源管理的雇主来说,提供参加养老金计划的机会,传统上一直是留住年长熟练工人的一种方式,同时在竞争激烈的劳动力市场上

---

① 请参阅 Department of Labor Employee Benefits Security Administration, U. S. (2017)。

② 请参阅:the ‘The End of Retirement’ in The Economist (2009):“从人口统计数据看,我们几乎都要工作更多的年限。这未必是件坏事。”

可以稳定劳动力流动率。[①] 然而，随着新技术和灵活用工合同的引入，传统的劳动力市场组织正在迅速发生变化，从而正在改变雇主对养老金计划作用的看法。但在许多情况下，雇主仍然提供某种形式的养老金计划，或者为雇员参与某种形式的养老金计划提供便利。

养老金计划本身是一种在雇员不再有稳定的就业收入后为他们提供退休生活收入的安排。退休计划通常要求雇主和雇员在工作期间为退休后能领取预定的养老金而给某个基金缴费。这是一种税收递延储蓄工具，允许免税积累资金供日后作为退休收入使用。这种资金可以通过工会或政府机构等外部来源，或者通过自筹资金的计划来积累。

养老金计划在政府、立法机构、监管机构和参保人的严格监视下运行，必须不断对计划发起人和参保人的需要进行平衡。为了确保员工能够享受最具成本效益的养老金计划和尽可能好的福利待遇，必须优化养老金计划的设计。投资项目选择在确定养老基金的成本和预期收益方面起着很大的作用。如果做低风险投资，如投资于高信用等级的政府债券，那么，随着时间的推移，结果会相对较差，但肯定会导致高保费和/或低福利。如果进行高风险投资，那么，随着时间的推移，就可望获得较高的投资回报，从而降低保费并提高预期福利，但同时也会导致结果较不确定，至少在短期内就是如此。养老基金必须有人就风险/投资回报权衡做出决定，并与全体利益相关者就如何在企业、养老金领取者、养老基金和在职参保人之间分摊风险达成协议。有时是雇主或计划发起人承担风险，不过，这种情况越来越少见。有时是计划受益人承担风险，而有时则是保费支付人承担风险，但经常是由两者共同分担风险。与此同时，养老基金必须确保养老金计划遵守税收和监管规定，并对成本进行管理。

养老金三角形

在建立和管理养老金制度时，存在一种由雇员、雇主和养老金提供者三方构成的三角关系。这种关系的基本原则是，养老金是就业条款和条件的一部分。在这个三角形中，我们可以观察到以下关系：

- 共同签订养老金协议或制定养老金计划的雇主与雇员之间的关系。

---

① 请参阅 Clark (2000)。

- 雇主与根据养老金管理协议承包养老金协议管理工作的外部养老金提供者(养老基金)之间的关系。
- 因养老金协议管理外包而产生的养老基金和参加养老金计划的雇员之间的关系。养老基金为雇员提供养老金计划以及协商确定的信息和服务。

养老金管理人根据养老金与管理协议起草养老金计划。养老金计划是根据三种制度选择安排的,[①]具体如图 1.1 所示。首先,计划发起人的利益和计划受益人的利益是正式分开的。其次,采用一种托管的法律制度来保护受益人的利益。最后,养老基金的资产管理和投资委托给基金内部或外部的专业人士。

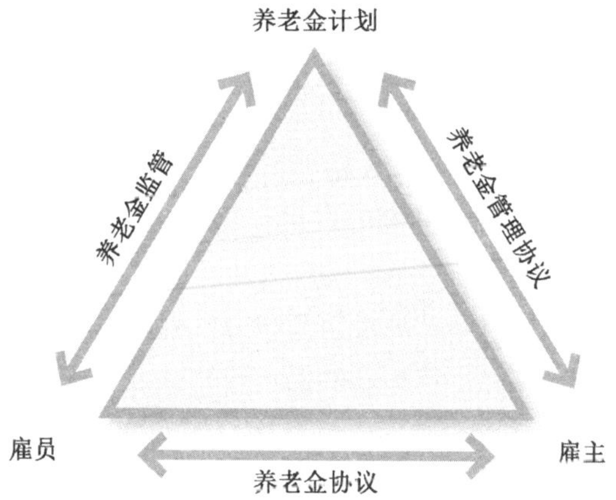

图 1.1 雇员、雇主与养老金计划之间的养老金三角关系

养老金计划管理机构常常是一种半自治的金融机构。而且,随着资产的增加,监管机构越来越把它们看作是半自治的金融机构。一般来说,待遇确定型(DB)养老金计划中的三角关系常常最为复杂。在待遇确定型养老金计划下,由于,比方说,计划发起人与计划受益人的利益有可能不一致,甚至年长的受益人和年轻的受益人之间也可能存在重大的利益分歧,因此,相关法律要求这种计划必须用当前的缴费来应对未来的预期负债。在待遇确定型计划中,重点在于集体缴费以及雇主如何填补资金缺口。在待遇确定型计划中,参保人的养老金领取权并不或仅部分取决于养老基金的投资收益和财务健康状况。养老金计

① 还请参阅 Clark (2000)。

划的参保人就是养老金计划的客户，他们在参加养老金计划时基本上都清楚将来能领到多少养老金，有(名义)养老金政策规定从到预定退休年龄开始定期领取多少现金养老金。养老基金承诺支付的养老金数额就是它的负债，而且不会因养老基金的财务状况而发生变化。[①]

在缴费确定型(DC)养老金计划下，大部分风险和责任由计划参保人，而不是由雇主承担。计划参保人是养老金计划的共同投资者，而不是客户。参保人在参加计划时并不清楚将来能领到多少养老金，因为未来能领到多少养老金完全取决于投资收益。在缴费确定型的养老金治理模式下，基金受托人必须关注计划参保人的个人财务规划，并且帮助他们考虑诸如何时退休、退休时能领到多少养老金、他们的风险容忍度以及他们应该购买哪种年金(如果有适用于特定养老金市场的年金)等问题。根据定义，缴费确定型养老金计划全靠缴费来筹集资金，并且按照计划进行管理，目的就是要在商定的风险胃纳范围内最大限度地提高投资回报和计划参保人缴费的累积价值。在缴费确定型计划中，养老金计划发起人(如雇主)与受益人之间确实是完全正式分离的，因此大大降低了养老金三角关系的复杂性。

在待遇确定型养老金计划下，为了确保筹资充分和实现指数化的目标，投资治理和战略一定数年不变。如果无法筹集到充分的资金，那么，评估可显示资金短缺的程度，然后制定恢复计划增加缴费并进行相应的审核。

按照定义，缴费确定型计划应该保证充分的缴费，因此不会出现资金短缺的问题。缴费确定型计划要定期监测和重新评估计划参保人对风险的态度以及参与投资过程的意愿，而计划参保人的这些选择共同决定养老金计划的投资策略。[②]

养老基金受托人的职责

虽然许多养老基金受托人都明白，他们被任命为养老基金的受托人，是为了代表养老金计划受益人的利益，但他们可能不太清楚自己的受托责任包括哪

---

① 关于客户和投资者之间的正式区别，请参阅 Merton (1995)。

② 关于有关缴费确定型养老金计划管理以及待遇确定型养老金计划和缴费确定型养老金计划的区别的讨论，譬如说，可以参阅：Clark and Urwin (2010), Stewart and Yermo (2008), or PTL (2013) “Distinguishing Features of DC Governance”。

些内容。就在几年前，还没有必要仔细审视养老基金受托人要承担的具体受托责任，但现在情况正在发生变化。首先，与前几十年相比，过去10年的投资收益已经减少。在之前的几十年里，高投资收益是常态，因此，养老金计划参保人也没有什么可抱怨的。现在，养老金计划参保人和监管者一样，都越来越多地提出日益严峻的问题。由于养老基金在过去的10年里通过整合扩大了规模，因此，有关当事方的数量也有所增加，而运营策略也变得越来越复杂。这一切都要求养老基金受托人为了控制成本而对相关当事方进行主动管理。据预测，养老基金还将进一步扩大，并将成为重量级的金融机构，从而进一步提高阐明其受托人作用和责任的必要性。

养老基金的受托人是一种接受养老金计划发起人和受益人的委托，负责养老金管理以及养老金计划名下的资产和投资管理的指定受托人。虽然受托人的定义各不相同，但实际上就是任何被称为计划发起人的组织或被称为受托人的个人。(收费的)投资顾问和计划管理人是所谓的"被视同"(deemed)受托人，他们包括任何在养老金计划或养老金计划资产管理中行使任何自由裁量权或控制权的个人，还包括可以行使相当大的自由裁量权的受托管理人和基础资产管理人(underlying asset manager)，当然也包括养老基金的工作人员或高级职员。养老基金的工作人员或高级职员不是严重影响养老金计划管理层通过决策做出的选择，就是掌握着董事会授予的执行和监督董事会制定的政策的自由裁量权或控制权，具体取决于养老基金受托人组建董事会组织其辅助性职能部门的方式。

养老基金受托人的作用主要取决于养老金计划的治理类型。经合组织完成的一项综述性研究确定了机构型和契约型两种养老基金。[①] 机构型养老基金是一种具有法人人格和行为能力的独立实体，因此有自己的董事会，如丹麦、芬兰、匈牙利、意大利、日本、挪威、波兰、荷兰、瑞士、奥地利和德国等国家的养老金基金会和协会。在大多数这些国家，养老基金都设立单一董事会，而董事会的成员通常由发起养老基金的雇主和雇员(或他们的代表)挑选。在有些经合组织国家，如德国和荷兰，养老基金采取有双重委员会的组织结构。德国的养老基金有一个监事会，负责选择和监督管理委员会，而管理委员会则负责养老基金的全部战略决策。

---

① 关于机构型和契约型养老基金的讨论，请参阅 Stewart and Yermo (2008)。

契约型养老基金由一个没有法人人格和行为能力的隔离型资产池组成，并由一个通常是银行、保险公司或养老基金管理公司等的金融机构的独立实体治理。契约型养老基金的治理机构通常是养老基金管理实体的董事会，但在有些国家，养老基金的一些关键责任由独立的监督委员会分担。采取契约型养老基金的国家有捷克、墨西哥、葡萄牙、斯洛伐克、土耳其，而意大利和波兰的开放型养老基金也属于这类养老基金。

养老基金的受托人具有机构型和契约型两种特征。在信托的形式下，是受托人依法拥有养老基金的资产。养老基金的受托人必须仅仅是为了养老金计划参保人的利益管理养老基金的资产，而养老金计划的参保人根据信托契约是养老基金资产投资的受益人。虽然这个信托特点与基金会相似，但养老基金的受托人在法律上并不属于信托机构。事实上，在澳大利亚或爱尔兰，养老基金的受托人可以具有公司特点，从而使得养老基金具有类似于契约型安排的特点。

美国的养老基金还有另一个特点，即养老基金的治理机构可能是养老金计划发起人、受托人或/和某个第三方。美国的《1974 年雇员退休收入保障法》(Employee Retirement Income Security Act of 1974，ERISA)要求单家企业的养老金计划必须有一个或以上的指定受托人，而指定受托人有权控制和管理养老金计划，包括养老金计划的投资业务。发起养老金计划的雇主和受托人总是养老金计划的指定受托人，但养老金计划的受托人可能不承担任何主要的受托责任，而是由另一个指定受托人(如养老金计划委员会)承担主要的受托责任。此外，资产管理人、理财顾问以及对养老基金资产行使一定裁量权的其他个人和实体被视为职能性受托人，他们都对养老基金负有一定的法律责任。

养老金计划的正式文件应该回答关于谁对养老金计划管理和资产投资负责并拥有自由裁量权，特别是有关受托人的作用和责任的问题。

一般来说，会计师、律师、精算师和其他顾问只要是以他们的职业身份提供服务，[①]就不会被视为受托人。这些个人通常没有养老金计划的自由裁量权和控制权。但是，他们倘若正式受聘履行上述任何职责，并且对养老金计划行使自由裁量权和控制权，那么就有可能成为受托人。养老基金的受托人始终要避免的一种情况是：这些专业顾问虽然没有被正式聘用为受托人，但却实际承担

① 例如，可参阅 Sych and Metzger (2014)。

责任或以决定性的方式影响董事会。

受托人的角色是养老基金受托人要扮演的最重要角色,但几乎不会是他们的唯一角色,因为养老基金的受托人要在基金董事会中同时扮演多种角色。在许多国家,养老基金受托人委员会的成员也是养老基金的雇主和董事会成员。养老基金的受托人委员会可以设立自己的行政办公室或幕僚机构以及养老金交付机构(甚至多个养老金交付机构)。受托人委员会设立这些机构,从受托责任的角度看是说得通的——它们为给养老金计划参保人谋取最大的利益、降低成本和协助监督而创建了履职框架,但除了受托责任外,他们另外还要承担雇主和股东的责任。下面,我们来讨论养老基金受托人的以下三种角色:与管理养老金计划有关的受托责任、设立配备工作人员的行政办公室或其他机构辅助基金受托人的雇主责任以及在设立由养老基金部分或全部拥有并负责部分或全部养老金计划投资管理的机构时要承担的股东责任。图 1.2 对养老基金受托人要扮演的三种角色进行了图示。

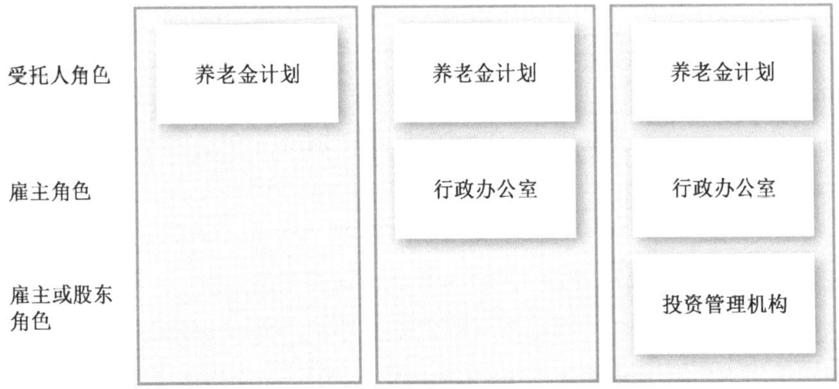

图 1.2　养老金计划受托人要扮演的不同角色

作为受托人的职责

在明确了养老基金受托人的角色或作用以后,我们就可以继续下一步的工作,也就是说明养老基金受托人应该如何履行受托责任。《1974 年雇员退休收入保障法》这部影响与符合条件的退休计划有关的受托责任的美国联邦法律,是我们进行下一步工作的一个很好抓手。根据《1974 年雇员退休收入保障法》,无论养老金计划或养老基金资产的规模有多大,凡是受托人都要承担责任,并且要受到行为准则的约束，因为他们代表养老金计划的参保人和受益人开展工作。[①] 他们的责任包括：

- 完全代表养老金计划的参保人和受益人的利益履行职责，受托人的唯一目的是为他们谋取利益并避免利益冲突。
- 审慎履职，确保养老金计划能采取分散化的投资方式，并且把长期损失风险降低到最低限度。投资方式要体现养老金计划的技术规定，以确保养老基金以与养老金计划未来的预期应付退休金的性质和期限相适应的方式进行投资。分散化的投资方式是指避免过度依赖某种特定资产、某个发行人或承销商群体，以避免投资组合总体风险的累积。
- 依照养老金计划的文件开展工作。
- 只支付养老金计划的合理费用。受托人应该清楚自己受托管理的养老金计划的总费用及其与市场比较的情况，但不一定要追求费用最低。
- 对投资进行监控——采用具有连续性的养老基金投资管理人评估计划来评估投资管理人是否保持一贯的投资风格、他们相对于养老基金既定目标和基准的业绩以及他们的组织是否发生了变化。
- 避免进行违禁交易——受托人不得让养老基金参与违禁交易或者有可能引发利益冲突的交易。

以上这些准则在许多国家差不多都得到了普遍接受，但又为了适应本国的需要而进行过调整。不同的司法管辖区又强调或提出了不同的问题，例如，英国的养老金立法重点是流动性。养老基金受托人在行使投资权时必须"确保投资组合的总体安全、质量、流动性和盈利能力"。[②] 此外，养老基金的资产应该主要包括可在受监管的市场上交易的资产，而其他（不受监管的缺乏流动性的）投资则必须保持在谨慎的水平上。[③]

委托和代理关系。另一种理解受托人责任的方法是认识到他们受托管理的多层次委托代理关系，而这种多层次委托代理关系是受托行政和管理投资活动的产物。[④] 养老基金（代表受益人或储户）拥有养老金计划资产的所有权，并作为委托人把资产管理委托给专业资产管理机构，也就是代理人。因此，养老

① 请参阅 Department of Labor Employee Benefits Security Administration，U. S.（2017）。

② 请参阅 The Law Commission（2014，Response 14.29）。

③ 请参阅 The Law Commission（2014，p. 65）。

④ 请参阅 Ambachtsheer and Ezra（1998）。

基金受托人是把养老金问题委托给养老基金的养老金计划参保人的代理人,而金融服务提供商则是基金受托人的代理人,因为基金受托人把部分投资问题委托给了金融服务提供商。[①]

"代理人"是经济学理论中的一个重要概念。只要"委托人"决定把一项任务委托或外包给其他人("代理人"),那么就会产生以下代理问题:我们怎样才能确定代理人是在为委托人,而不是为他本人做事?委托人和代理人之间利益完全一致几乎是不可能的事情。每项委托决策都必须仔细权衡利(如专业知识、成本效益、节约时间)弊(如代理成本,包括监督成本、契约成本和加强风险管理的成本)。

由于不可能招募到十全十美的代理人,因此,养老基金的受托人必须认真设计和监督代理关系。代理关系中可能会出现两个需要解决的问题。[②] 在(1)委托人和代理人的愿望或目标发生冲突;(2)委托人很难验证代理人实际在做什么,或者验证成本很高时,就会出现第一个代理问题。这里的问题是委托人不能验证代理人的行为是否适当。这种代理问题也被称为"信息不对称"。在决策和结果之间的反馈环路很长的情况下,这种代理问题就会加剧,养老基金和投资管理机构之间的情况通常就是如此。

第二个代埋问题是在委托人和代理人对风险的态度不同的情况下出现的风险分担问题。这方面的问题是委托人和代理人可能会因为风险偏好不同而偏好不同的行为。

造成这些代理问题的部分原因是委托人和代理人之间的信息不对称(代理人拥有较多的信息),从而导致委托人难以监控代理人的行为或评估代理人代表委托人决策的动机。此外,委托人和代理人可能有不同的利益。例如,我们可以考虑这样一种情况:委托人(即养老基金的董事会)正在为应对其长期负债而进行投资,而代理人(即投资管理人)则根据短期业绩领取报酬,而且还根据短期业绩决定去留。

对于许多养老基金的受托人来说,授权是一种占优策略。处理潜在代理问题的最明显方式就是签订合同来规范委托人和代理人之间的关系。于是,问题就变成了根据有关当事人(如自利、有限理性、厌恶风险)、组织(例如,成员间有目标冲突)和信息(如信息作为商品可以买卖)的基本假设如何签订最有效的规

---

① 请参阅 Clark (2000)。

② 请参阅 Eisenhardt (1989)。

范因授权而产生的委托代理关系的合同。[①] 有时候，不授权或就近安排业务是降低代理成本的最好办法。

养老基金的董事会应该提前确定主要的代理关系，从而能够更加主动地设计和管理这种关系。图 1.3 列示了基金受托人必须考虑和管理的五种典型的养老金计划代理关系：

(1)养老金计划受益人与发起人之间的关系；

(2)养老金计划发起人与投资顾问之间的关系；

(3)投资顾问与(争取到投资委托的)资产管理人之间的关系；

(4)养老金计划发起人与产品被养老金计划发起人选中的资产管理人之间的关系；

(5)资产管理人与实际负责投资决策的投资组合经理个人之间的关系。

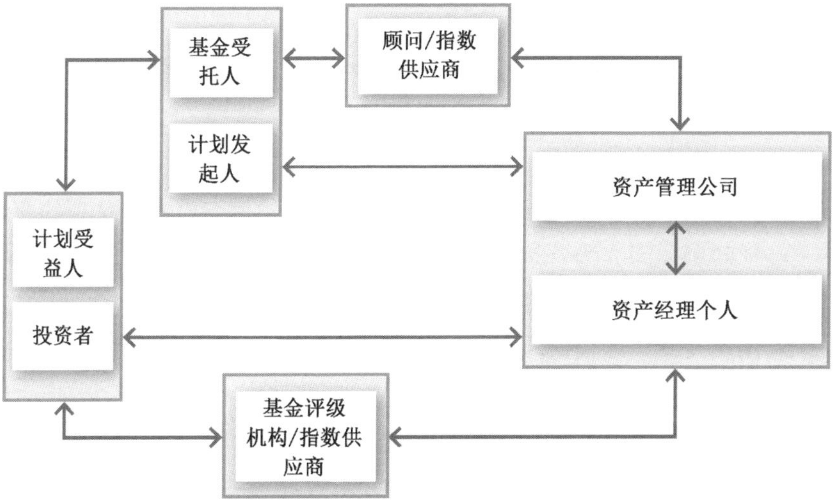

图 1.3　养老基金不同层次的代理关系[②]

在图 1.3 所示的链形关系中，任何关系之间都可能发生利益冲突。虽然这些问题对养老金管理业来说并不新鲜，但是，投资复杂性的加剧和全球金融危机的影响使得我们更加关注如何管理冲突以及如何改善投资者与他们委托的代理人之间的关系等问题。

① 还请参阅 Eisenhardt (1989)。

② Committee on the Global Financial System (2003, p. 1—69)。

随着代理关系数量的增多和复杂程度的提高，投资者及其代理人之间发生利益冲突的可能性也不断提高。因此，不同养老基金可能会做出不同的投资决策，部分是因为不同的养老基金有不同的代理关系数量和组合。例如，缴费确定型养老基金选择的投资可能与待遇确定型养老金计划选择的投资大相径庭，因为前者是由自己投资的家庭选择的，而后者则是在为养老基金受益人群体做事的养老基金受托人指导下选择的。此外，个人客户的投资决策可能会进一步受到投资公司销售网络兜售的建议的影响，而这些网络可能有一定的动机去推销或推荐特定的产品。

代理关系方面的这些区别也可能意味着最佳契约关系方面的差别。投资组合受托管理人的最优（薪酬）契约设计是一个得到广泛研究的课题。这个主题的研究并没有得出非常明确的结论，但得出的基本结论是契约设计对每个代理问题的具体细节高度敏感。多年来已形成不同的策略来处理这些代理问题，这些策略通常涉及下列问题的某些组合：[①]

- 旨在按照投资回报来调整激励的利润分享规定（即收费结构）；
- 为了监控业绩和风险，用参考基准来衡量相对业绩，从而使得投资回报具有可比性；
- 检查冒险程度，如最大允许跟踪误差、报告要求和可选投资选项约束；
- 经常聘用顾问充当基金受托人和服务提供商之间的中介人，根据行业基准评估代理关系的价值和表现；
- 利用相互竞争的金融服务提供商来履行相同的职能，从而利用竞争来控制成本和提高服务质量；
- 与特许服务提供商建立信任关系，从而共享有关服务供需的信息。

基金受托人可采用上述问题的不同组合来处理代理问题，并赋予不同问题以不同的权重，具体取决于基金董事会对成本和效益的评估，有时也取决于在考虑了政治环境和社会关切以后哪个问题可能更加重要。富有成效的董事会不但要注意实际减少代理成本，而且还要敏锐地发现这些问题可能产生的潜在负外部性。

作为董事会成员的职责

养老基金的受托人依据受托责任要在养老基金的董事会里任职，并代表养

① 请参阅 Clark（2000）。

老金计划的参保人履行受托责任。基金受托人委员会或董事会,是养老基金内部代表基金受益人指挥养老基金的机构。

董事会作为一个统一的指挥机构,代表基金受益人履行收费、管理、治理和支付(未来的)养老金福利的职责。董事会首先有制定政策以履行以上这些职责的法定权限。相关立法通常会明文规定职业养老金计划董事会的主要职责。养老金计划或养老基金法规会规定这些职责,并使它们更加适用于养老基金的状况。①

养老基金董事会的主要职责应该是为养老基金确定包括具体可衡量目标(如指数化目标、缴费水平、投资回报目标等)在内的明确使命,制定实现这些目标的策略(如选择种类多样的资产配置、在内部管理和外部管理之间做出选择等),并且监控养老基金(及其工作人员和外部管理人)在实现上述目标方面取得的成绩。我们将在本书第三章里讨论这些问题。养老基金的董事会还必须考虑适合其执行长期战略的治理结构,如考虑应该如何规划、执行、监控投资职能部门和人员配备以及薪酬等问题。养老基金董事会必须设法完成五项本书以下各章将进一步说明的任务。② 这五项任务分别是:

(1)制定政策并进行长期规划:制定长期发展远景,确定基金的使命;

(2)进行战略思考:把使命转化为战略;

(3)设计治理结构,发起养老金计划:养老金管理、投资咨询和保管数据;

(4)监控管理层:监控养老金计划的执行和发展;

(5)承担责任:向利益相关者报告基金运营状况,评估基金的战略并在必要时进行调整。

作为股东的职责

养老基金的董事会除了扮演受托人的角色外,通常还要履行雇主的职责。养老基金董事会可以拥有自己的行政办公室或幕僚机构以及养老金交付机构。从董事会履行受托责任的角度看,这些机构具有非常重要的意义,它们为董事会履行自己的职责搭建了组织架构,从而有利于降低成本和履行监督职责,并为基金受益人谋取最大的利益,但也要承担一些不同的责任,也就是董事要承担的不同责任。一种选择是由董事会任命一名董事负责管理在董事会之外运

① Stewart and Yermo (2008)。

② 改编自 Stewart and Yermo (2008);引自 Garratt (2010)。

营的养老金交付机构；另一种适用于某些司法管辖区的选择是设立一个单层制董事会，由董事会的执行董事负责管理养老金交付机构，由非执行董事负责指导、监控和审查养老基金的战略实施工作。经合组织的公司治理准则对于养老基金董事应该履行哪些职责具有指导意义。我们将在本书的附录“经合组织的公司治理准则”中介绍这些准则。

养老基金董事这些作为股东的职责有许多与本章讨论的受托责任和第十章讨论的董事会的关键任务在内容上有重叠。不过，其中的一些新元素可以保证正式、透明的董事会提名和选举程序得到执行，监控和管理管理层、董事会成员和股东之间可能发生的利益冲突——包括滥用基金资产和关联方交易——并确保包括独立审计在内的基金会计和财务报告制度的完整性。

如何平衡三种角色

在养老基金董事会的成员要扮演受托人、董事和股东三种角色的情况下，平衡这三种角色需要承担的责任就成了一个严峻的挑战。这三个角色之间的许多互动是合理的，并且有助于目标的实现。如果基金受托人是基金董事会工作人员和行政办公室的雇主，那么就要扮演开发专业人力资源的角色，并且要以信任的态度来对待工作人员，从而建设有助于基金受托人在决策时获得尽可能多的支持以及决策在做出后得到尽可能好的执行的文化。不过，在养老基金是养老金交付机构的唯一所有人同时还要考虑股东角色的情况下，就会出现一种比较困难的情况。譬如说，一方面，基金受托人在其养老金交付机构的投资中推行具有成本效益的解决方案，从而迫使养老金交付机构降低成本和/或利润；而另一方面，基金受托人又要求同一机构支付可观的股东投资回报。在这种情况下，基金受托人应该怎么做呢？由此可见，基金受托人必须扮演不同的角色，有可能会陷入进退两难的困境甚至利益冲突，尤其是在董事会没有确认这些不同角色的情况下。一种常见的应对办法是对这些角色进行优先级排序并分别讨论它们各自的问题。例如，基金董事会先决定投资政策。投资机构的董事会在随后的股东大会上讨论投资政策对投资机构的影响以及为实现投资政策所规定的目标应该进行的调整等问题。

了解和管理利益相关者

了解利益相关者的作用和养老基金的运营环境，是很重要的事情。养老基金既要代表参保人或所有者，又要在一个由监管机构、政治家、非政府组织和新闻媒体等利益相关者组成的更大的环境里开展运营活动。在投资方面，养老基金在金融市场上作为一条很长的价值链上的一个节点开展业务活动，这条价值链上还有资产管理公司、投资基金和咨询公司等代理机构。

了解利益相关者和他们的潜在作用是我们在这一节里要讨论的关键问题。对于养老基金受托人来说，更重要的是应该明白，这些行为主体在什么情况下并且怎样才会与基金受托人的诉求和愿望保持一致，以及在什么情况下可能会发生潜在的冲突。为了帮助读者了解一些可能的利益相关者，下面我们介绍政府、监管机构、金融市场和非政府组织。

政府

政府扮演着至关重要的角色，它决定怎样在国内落实有时被称为"支柱讨论"的养老金规定。此外，政府还决定如何对养老金缴费、投资回报和领取的养老金征税。不过，政府还有许多内容更加广泛的目标。例如，政府可能希望养老基金把资金投在国内，如国内的基础设施建设项目；或者，可能希望刺激养老基金把资金投向更具可持续性的未来。通常，政府的想法能反映社会很多阶层的想法。由于最终主要是政府决定是否颁发养老基金的运营许可证，因此，养老基金有必要了解这个利益相关者并与其保持建设性对话（直接或通过行业组织）。

监管机构

对养老金行业的公共监管和监督，是任何司法管辖区塑造市场的两种最有力的工具，它们的作用是把社会向往的质量要求告诉商业机构。监管就是制定标准并监督执行标准，而且与立法密切相关，因此也要承受政治和市场的压力。

对养老金行业的监管有许多目标，试图促进对以就业为基础的养老金计划的有效管理，并通过保护计划参保人的利益来提高民众对这种养老金计划的信心。为了实现这些目标，养老金计划监管机构越来越多地采用注重风险的监管方法，并且把它们的资源集中用于监管那些对参保人利益安全构成最大风险的养老金计划。这种注重风险的监管方法的一个关键要素是，根据养老金计划的投资风险和负债来确定养老基金必须按规定持有的资本金或备付金。

与监管相比，监督倘若确实存在的话，也只能算是涉及标准制定活动的非常基本、务实的外围工作。监督主要侧重于养老基金和养老金行业监管规定的执行,因此更加接近业务的技术方面,并且更多地关注微观维度而不是宏观维度。监督机构促进养老金计划管理采用高标准,并努力确保参与养老金计划运营的人员具备必要的技能和知识。

为了确保监督的客观性,一般建议监督工作独立于政治、政府和行业干预。尽管监管和监督具有这些根本的区别,但在实践中它们就像植物和动物,两者相互依存。一方面,监管离开了执行机制就会无能为力;而另一方面,监督机构需要主要由监管机构构建的法律框架才能开展工作。监督机构由于处于市场一线,并且每天与市场机构打交道,因此能够为监管过程传递重要的警示信号,并提供监管所需的依据。监督机构的专业素养越高,就越有可能形成适当的监管重点和标准。同时,监督机构设定监管框架的范围,因为由它们确定被监督实体和监督系统都必须遵守的标准的适用性和可行性。

在全球金融危机之后,我们见证了金融和保险业的监管日益严厉以及监管文化的扩张。只要想想最近出台或争论不休的偿付能力、公司治理、适当的内部控制、透明度、金融集团、保险集团、财务报告等的标准,就能注意到这一点。此外,监管标准已经扩大运用到以前基本上不受监管的行业,如金融中介、再保险和个人索赔咨询业。相应地,自律却越来越被边缘化。

金融市场

养老基金要在金融市场开展业务活动。如果基金受托人加入董事会,那么就成为组织机构生态系统的一部分。这个生态系统的某些组织机构可能对养老基金有所帮助,但如果不充分了解它们的动机,也可能会给人留下这样的印象:基金受托人并没有尽职。毕竟,养老基金坐拥巨额资金,是一个庞大的产业,并且要养活很多人。

证券在金融市场上卖出和转售,实现这种交易的手段是资产价格——基于供求关系的证券估值。其实并不存在所谓的单一金融市场,世界上有数不清的金融市场,满足不同地区和不同证券交易的需要。业内人士有时把金融市场说成是有生命的机体。金融市场有时积极乐观,有时会变得举止反常或者欣喜若狂。在现实中,金融市场并非如此,但在市场上交易的投资者有可能会这样。同样,金融市场只是登记买卖交易的平台。在过去的几十年里,金融市场已经发生了巨大的变化,并将继续发生变化,而且已经产生了一些影响。

整个20世纪90年代，即便是最大的养老金计划也越来越难以维系内部的资金管理职能部门。养老金计划内部管理人员的薪资、奖金、期权和职业前景，总的来说，都赶不上主要投资银行同等人员的水平。此外，鉴于计算机系统对于经常性投资日益重要，大型服务提供商的规模经济促使许多养老基金把必要的金融服务外包出去。

与养老金相关的金融服务市场情况截然不同，而且还因国家而异。例如，荷兰已经发展了与养老基金发起人密切相关的混合金融服务集团，两者的董事会相互重叠。荷兰许多大型养老基金既是金融服务的消费者，又是金融服务的供应商。荷兰与养老基金有关的金融公司同时提供托管、保险和投资管理服务。但是，荷兰人设法从伦敦和华尔街购买的专家建议和先进的金融产品，可能比其他任何欧洲大陆国家都要多。相比之下，对于德国和瑞士的养老基金来说，与它们保持着长期关系的银行和相关精算公司主导着养老基金管理服务的供应。因此，直到最近，许多欧洲国家的金融服务市场仍然是某种内部市场，不是直接相关的“公司”之间的内部市场，就是管理层中有大量交叉代表的长期合作伙伴之间的内部市场，因此与英美世界特有的去中介化服务市场形成了鲜明的对照。[①][②]

非政府组织

非政府组织是致力于实现为数有限的社会目标的典型非营利性组织，它们通过养老基金的受托人、受托机构和广告宣传等方式对养老基金产生影响。养老基金如果没有参保人支持和利益相关者理解的明确的愿景、宗旨和战略，那么就有可能要面临成为有利于保险业特殊利益集团或者保险业外竞争对手、客户、供应商等的规制俘虏的危险。就像最近的例子表明的那样，非政府组织正在争取一些大型养老基金投资于（譬如说）禁烟项目或非石化燃料开发项目。与政府一样，非政府组织也经常会就社会关心的重要问题发表自己的看法，因此，对于养老基金来说，倾听它们的意见，注意它们传递的信息，与它们进行公开对话，都是很重要的事情。但是，养老基金最好能更进一步，因为有些非政府组织传递的信息对于基金董事会来说，可能具有指导意义，能够告诉他们养老基金今后可以或应该如何投资或者调整。

---

① 请参阅 Dufey (1998)。

② 请参阅 Edwards and Fischer(1996)。

案例研究　南非政府雇员养老基金

双重委托困境

背景

南非政府雇员养老基金(Government Employees Pension Fund,GEPF)是由曼德拉(Mandela)政府在1996年5月创建的,[①]目前是非洲最大的养老基金。2017年3月,这只养老基金受托管理的资产超过16 700亿兰特,约合1 500亿美元(具体取决于汇率)。[②] 南非政府雇员养老基金是为南非政府雇员设立的,有120多万在职会员和40多万养老金领取者和受益人,它采用负债驱动的方法来实现投资回报最大化和风险最小化[③]。

南非政府雇员养老基金的董事会按照法律规定任期4年,由16名董事(受托人)组成,由选举产生的主席和副主席领导。由于南非政府雇员养老基金致力于建设更加美好的社会,因此,在"推动企业部门采取能提高长期投资回报的可持续商业实践方面发挥了重要的作用,并对南非社会经济产生了积极的影响"。[④] 南非政府雇员养老基金为自己制定了采用投资发展四支柱法的投资发

---

① 请浏览:http://gepf.gov.za/index.php/about_us/article/who-is-gepf。

② 请参阅 Saklatvala (2014)。

③ 请参阅世界银行的文章"Governance and Investment of Public Pension Assets"。

④ 请参阅 England and Cotterill (2016)。

展政策：

(1)经济基础设施投资；

(2)社会基础设施投资；

(3)可持续性项目投资；

(4)企业发展项目投资。

“其中的许多发展项目都位于南非极其贫困的地区。南非政府雇员养老基金相信，对这些项目进行投资，非常有助于创造就业机会、减轻贫困程度、提高贫困社区的经济参与度、帮助和支持技能开发和转移。”[①]南非政府雇员养老基金的目标就是成为面向南非全社会的可持续发展基金。

面临的挑战

南非是世界上最不平等的国家之一，正面临巨大的挑战。在穷人与富人之间、黑人与白人之间存在极端差别的情况下，对公共部门雇员采取的养老金政策确实值得关注。社会政策的效率在很大程度上取决于它能降低不平等和解决贫穷问题的程度。具体而言，对于南非政府雇员养老基金来说，这就意味着必须在对发展的考虑与投资回报之间进行权衡，而这又与以下这个事实有关：“有些利益相关者把这只养老基金看作是开发金融机构或慈善机构”，而另一些利益相关者则把它看作是“给南非公务员退休后支付养老金的机构”。换句话说，南非政府雇员养老基金要面对双重任务的挑战。

南非政府雇员养老基金90%的资产位于南非国内：“南非经济增长受到的任何约束都会对该基金产生类似的影响”。由于受限于南非关于基金的立法，因此，这只基金不能更多地投资于国际资产。南非财政部为该基金参保人的利益提供担保，而他们的资产配置过程则是在与政府密切协商的情况下进行的。南非政府雇员养老基金无法在南非以外地区进行大量的投资，这可能会限制该基金的增长能力。此外，这只基金的业绩高度依赖南非国内的经济福祉。在该基金剩下的10%的资产中，有5%配置在非洲其他地区，而另外5%则是投资于非非洲国际债券和股票。由于南非政府雇员养老基金的资产高度集中在国内股票上，因此，它拥有约翰内斯堡证券交易所几乎所有上市公司很大比例的股份。这也意味着，南非政府雇员养老基金没有“您可能会说的那种选择投资于

① 请参阅 Riley (2012)。

在环境、社会和治理(ESG)标准上有优势的公司或从那些不具备这些标准的公司那里撤资的奢侈”。因此,与其他养老基金相比,撤资,对于南非政府雇员养老基金来说,确实是可以动用的终极手段。

过程

南非政府雇员养老基金不会“夜不能寐”,因为它把大部分资产配置在南非国内。据该基金预计,南非有巨大的经济增长潜力。例如,南非政府雇员养老基金投资于教育贷款。它认为,由于南非失业率高企,这种投资既有分散化的好处,又能提高南非未来的产出潜力。南非政府雇员养老基金固执地看好非洲10亿人口的消费市场,因为他们中的许多人正在成为中产阶级。这只基金坚信非洲有巨大的长期收入潜力,并且对未来15年进行了展望,旨在给非洲各地的合作伙伴提供资金,并从它相信的非洲经济增长潜力中获益。

南非政府雇员养老基金已经达到资产占南非国内生产总值1/3的规模。由于该基金有90%的资产投在国内,因此,南非的许多基础设施、消费需求或任何其他类型的活动都与该基金的投资有关。南非政府雇员养老基金也认识到自己对南非经济和社会的巨大影响,并表示:“我们的投资方式必须在一定程度上让南非经济和我们自己受益,这一点至关重要。”

为了应对在南非进行环境、社会与治理投资的挑战,南非政府雇员养老基金及其投资管理机构PIC开发了一个环境、社会与治理矩阵,用它来分析约翰内斯堡证券交易所的前100家上市公司。“南非政府雇员养老基金及其投资管理机构PIC都希望,未来几年,约翰内斯堡证券交易所能在环境、社会与治理信息披露和业绩方面帮助证券发行人和投资者的战略发生一些值得关注的变化”。为了应对必须在考虑环境、社会和治理与投资回报之间进行权衡的挑战,南非政府雇员养老基金的发展投资政策正在促进我们在“背景”部分提到的四大支柱的投资。

结果

南非政府雇员养老基金由于致力于四大发展投资支柱的投资,因此被认为“有望为基金参保人和退休人员以及范围更大的南非经济获得长期投资收益”。南非政府雇员养老基金已经在解决具有社会和环境改造影响力的问题:它投资于教育、医疗卫生设施、住房、企业发展和可再生能源融资项目。通过在这些领域的投资,南非政府雇员养老基金还能创造大量新的就业机会。“当您踏上南非的土地,无论是乘飞机到达机场,驱车行驶在公路上,在商店里购买食品,还是下榻宾馆,您能看到的任何东西都有一部分属于我们。”[①]因此,重要的是,南非政府雇员养老基金必须采取有利于南非经济和基金自身的方式进行投资。“南非政府雇员养老基金的资产规模实际占南非国内生产总值的1/3。因此,我们认为,如果南非的经济表现不好,那么,我们的基金也不会有好的表现,因为我们拥有南非的部分经济,”这只基金的前首席执行官约翰·奥列芬特(John Oliphant)如是说。此外,南非政府雇员养老基金能对南非的企业政策和实践施加有效的影响。[②] 这也意味着,这只基金持有重仓的公司股票交易活跃,有可能导致价格大幅波动,结果有可能弄巧成拙。因此,南非政府雇员养老基金是在被动投资。

对于实现卓越投资可总结的经验教训

- 双重使命需要强有力的治理,因为很难在两个目标之间找到并保持适当的平衡,而且难免会顾此失彼。
- 投资过分集中在一个国家,会导致风险集中和次优的国际分散化。
- 养老基金规模过大,有可能是一个不利因素,会限制基金的自由。所以,养老基金会因此而付出代价。养老基金必须在“能够不对市场产生重大影响的情况下转移自己的资产”与“希望对自己的投资产生影响”之间进行平衡。

---

① 请参阅 Riley (2012)。

② 请参阅 Viviers (2013)。

第二章　确定养老基金的宗旨、使命、愿景和目标

关键结论

- 养老基金应该有自己的宗旨、使命、愿景和战略目标;养老基金的宗旨、使命、愿景和战略目标应该由基金董事会来制定和维护;养老基金的宗旨、使命、愿景和战略目标应该能够回答以下问题:为什么要设立养老基金?养老基金想要实现什么目标?应该怎样来实现?
- 养老基金的宗旨应该根据基金各种不同职能的特殊组合来确定。因此,只有了解养老基金的各种职能,才能规定养老基金履行宗旨的最有效方式,并明确如何为参保人创造尽可能大的增加值。
- 确定养老基金的使命,既需要了解它的宗旨,又要确保它的使命符合其参保人的利益。
- 明确养老基金的价值观和愿景,有助于构建养老基金和投资机构的相容性,并且通过确定明确的发展路径来实现基金的战略目标。

本章重点考察养老基金的战略发展过程,投资就是以养老基金的名义进行的。确定养老基金的宗旨和使命以及阐明养老基金的重要价值观,是实施旨在履行基金使命的投资的工具性步骤。养老基金参保人有哪些短期和长期的需要?养老基金的投资怎样才能满足他们的这两种需要?如果参保人的需要发生变化,那么,养老基金是否仍能继续提供增加值,或者是否仅仅是因为基金组

织依然存在而继续运营？养老基金使命的涵盖面是否大于受益人的纯经济利益？它包括集体目标还是社会目标？基金受托人应该以陈述使命的方式来分享这些问题的答案，然后再着手制定战略目标，并根据宗旨、使命等来设计投资职能部门。

凡是花时间制定战略计划的养老基金董事会都应该能够为它受托管理的养老基金及其参保人指明战略方向并确定战略重点。没有明确制定和实施战略的养老基金会发现，面对金融、经济和监管变化，自己只能一次又一次地做出被动的反应；在出现意外的压力时，自己只能疲于应付，并且处于竞争劣势。养老基金的董事会必须采取并驾驭以下六个步骤才能有效地实施战略，从而取得战略发展。具体来说，养老基金的董事会必须：

(1)确定基金的宗旨——我们的基金为什么要存在？

(2)确定基金的使命——一般而言，就是确定基金如何践行自己的宗旨以及有什么抱负。

(3)确定基金的愿景——在未来的 5～10 年里，基金希望自己成为什么，并且希望实现什么？

(4)明确基金应该持有的价值观。

(5)确定基金的战略目标——如何从现状出发实现自己想要达到的目标？

(6)促进并监督战略实施过程——实现已经确定的目标，制定行动方案、措施和计划。

图 2.1 对上述战略发展过程的六个步骤进行了图示。本章要传递以下这个重要信息：养老基金的投资方式有可能甚至很可能会受到其使命、愿景和战略目标的影响。我们将探讨如何确定养老基金的宗旨、使命、愿景和战略目标，怎样才能使养老基金的价值观成为其宗旨和使命不可分割的组成部分以及怎样才能使养老基金的价值观对于基金制定战略目标变得至关重要等问题。本章要传递的主要信息是，养老基金的董事会如何把自己受托管理的养老基金从目前的状况提升到它想要达到的高度。本章要传递的另一个主要信息是，确定并维护养老基金的宗旨、使命、目标和战略，是养老基金董事会的重要职责，一个不能委托给工作人员或咨询顾问履行的职责。

了解养老基金实际要开展的活动，是确定其宗旨和使命的一个重要组成部分。在接受调查时，养老基金的受托人很可能会直观地提到养老金管理和资产投资是养老基金工作的核心内容。虽然他们这样做没错，但关注的焦点未免有

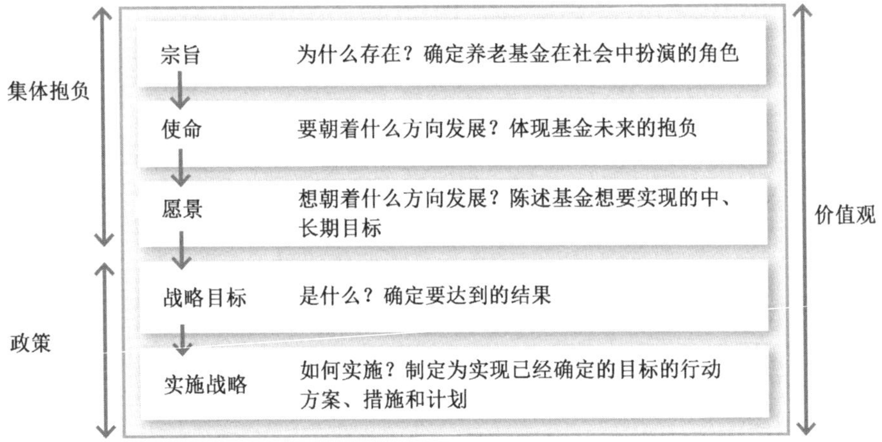

图 2.1　战略发展过程

点狭窄:基金受托人从更大的视角看待问题,只有利而没有弊。了解养老基金的一般职能,有助于受托人确定基金的使命和战略。由于这个原因,我们在这一章里增加了考察养老基金一般职能的内容。

养老基金的价值观会明显影响它的使命、愿景和战略,特别是在关系到投资时。养老基金都有自己的 DNA,养老基金的 DNA 与它的宗旨有关,并可能反映养老基金的所属行业。例如,荷兰皇家航空公司(Koninklijke Luchtvaart Maatschappij,KLM)的养老基金对风险性质的看法截然不同于一般投资职业人士,可以反映航空业对风险的理解。另一个例子是荷兰医疗系统养老基金,它从不对与烟草相关的企业进行投资。

为了能够制定有效的战略目标,养老基金必须了解自己的现状以及自己有哪些优势可用来开创未来。养老基金可以通过 SWOT(优势、劣势、机会和威胁)分析来确定自己当前的优势和劣势以及外部世界存在的机会和威胁。读者可以在本书的附录中获得更多的相关信息。

养老基金的职能

确定养老基金的宗旨和使命,需要深入了解养老基金组织真正的增加值来源。毕竟,养老基金参保人虽然确实需要养老金,但并不一定需要养老基金。

因此，养老基金的董事会必须思考以下这些问题：养老基金有哪些关键职能？其中的哪些职能对参保人最为重要？哪些职能能够创造最多的增加值，以至于把这些职能作为确定基金宗旨的依据是明智之举？

养老基金的业务已经发生了变化，而且仍在迅速变化，因此，必须甄别并明确养老基金仍然稳定的基本职能及其具体形式以及组织随时间和技术进步而变化的职能。[①] 养老基金的基本职能有：

- 把缴费集中起来，以降低管理成本并获得更多的可投资资产；
- 根据风险、期限、面值或币种来转换资产以赚取风险溢价，并确保投资的风险水平与参保人的目标和风险胃纳保持一致；
- 进行风险管理以确保基金只承担有回报的风险，并且尽量规避或分散无回报的风险；
- 代表参保人受权履行监督职责，以确保融资和交易当事方履行自己的承诺；
- 受托履行监督职责，以支持和指导参保人进行理财选择；
- 通过帮助把经济体的储蓄和投资集中在一起的方式来改变市场，并创造投资回报和正的附带效应。

养老基金的第一个职能就是把参保人缴纳的保险费集中在一起，这是养老基金的一个基本特征。在投资方面，规模经济是有利因素，它有助于养老基金减少管理和运营费用。因此，养老基金能够负担得起更加专业的咨询服务，并且获得更多的专业化投资机会。最后，把参保人的缴费集中在一起，有助于通过扩大资产配置范围和实施不同的策略来分散参保人面临的风险。把个人的资金汇聚成基金，创造一种促成大规模不可分割事业以及为促进分散化而细分企业股份的机制。

把参保人的缴费聚集成资金池，开辟利用新投资机会的途径，而且还能逐渐改善投资回报/风险选择。虽然近几十年来投资成本有所下降，但证券市场的交易费用、买卖价差以及一些投资的最小规模，仍使散户投资者难以通过直接持有证券来实现最优分散化。造成这种情况的一个原因是，部分基于固定成本的大规模交易具有规模经济优势。这就意味着散户投资者无法进行另类投资，如私募股权、房地产和基础设施投资。一般来说，分散化不足的风险并不会

---

① 请查阅 Merton(1995)。

得到高投资回报的补偿,因为,只要有资源,就能分散这种风险。[1] 历史地看,这就意味着个人要么承担过高的风险,要么不得不持有像银行存款这样的低收益资产。养老基金能够提供投资于不可分割的巨额资产(如房地产)的机会,而散户投资者则无力投资于这种不可分割的巨额资产。此外,养老基金有能力通过谈判来降低交易成本和托管费用。专业资产管理成本也由许多参保人分担,因此显著下降;获得投资于不同资产所需的信息和知识的直接参与成本也会减少。此外,养老基金还能降低进行有风险的复杂交易和风险管理的成本(但仍要承担监控资产管理人的成本)。总而言之,通过提高投资效率,把参保人缴纳的保险费汇聚成基金,有助于养老金最大化。

养老基金的第二个职能是根据风险、期限、面值或币种转换资产,以赚取风险溢价,同时确保投资风险与参保人的目标和风险胃纳保持一致。

资产转换也是养老金组织的一种重要职能。从本质上讲,养老基金董事会的职责就是把今天参保人缴纳的保险费转化为养老财富和未来几十年的养老金。这些需要在不同时间满足的要求所产生的影响可以通过资产转换来消除:养老金组织发行在未来可以兑现养老金支付的金融债券;对于储户来说,持有金融债券比抓住保费不放或储蓄本身更有吸引力。养老基金必须把这些养老金合同记在它的资产负债表上,直到它们到期,因为这些合同一般不能流通。

任何的资产转换都可以分解成以下一种或多种类型转换的组合:期限、流动性、面值和国别或币种。期限转换对养老基金具有最深远的影响,因此通常被说成是养老基金的资产负债管理。从宏观经济的角度看,期限转换与企业和个人持有期限偏好的差别有关。个人有令人信服的理由不向企业提供他们的全部超额储蓄。例如,为了防止意外事件发生,个人可能有预防动机,持有多于当前交易所需的现金。对于养老基金,董事会有责任确保基金的资产不存在投资不足的问题,并承担与长期目标和相关风险胃纳相符的风险。

养老基金的第三个职能是管理风险。如果养老基金打算转换风险,那么,只有在预期有投资回报的情况下才会同意这样做,这似乎是有道理的。但是,为了转换风险或者兑现未来的财务承诺而购买金融工具,就可能会产生意想不到的副作用。在本国以外的其他国家投资,可能会带来汇率风险和国家风险。养老基金可以选择规避不必要的风险,与参保人分担风险,把风险转移给金融

---

① 请查阅 Sirri and Tufano(1995)。

市场的其他参与者，或在本组织内部消化并控制风险。避免不必要的风险，需要遵守严格的尽职调查标准和/或投资组合分散化。[①] 首先，养老基金必须避免承担与自己想要的特点或特征不合的风险。

养老基金也能把风险转嫁给金融市场的其他参与者。例如，养老基金要在未来支付养老金，因此有受到利率变动影响的风险。不过，养老基金可以通过利用利率互换等衍生品来降低这种风险。如果养老基金没有应对这种风险的明显优势，或者没有能力承担这种风险，那么，利率互换显然是一种防范利率变动风险的工具。最后，养老基金需要或希望消除的风险依然存在。一份量身定制的养老金计划的参保人有可能要承担以下这样的养老基金专有风险：养老基金的合约无法方便地交易或出售给其他市场参与者，因此被保留在养老基金的资产负债表上，长寿风险就是这方面的一个例子。养老基金也能让不同代的参保人来分担投资风险，从而平衡投资回报的波峰和波谷，使参保人能领到稳定的养老金。

养老基金的第四个职能是代表参保人在金融市场上履行受托监督的职责。支付养老保险费的参保人会遇到收集信息成本高的问题，个人在购买证券后必须对自己的投资进行及时、全面的监测。个人不能对自己的投资进行监测，就要承担代理成本，也就是说，公司所有人或者管理层可能会采取违背最初承诺或者契约或协议规定的行动。在作为金融交易当事方的公司管理层掌握了个人不知道的信息，或者前者是后者的代理人，合同的控制和执行成本很高时，情况就很可能是这样。

我们可以把养老基金看作是一种信息分享联盟和代表存款人行事的受托监督者。[②] 一旦保费用于投资，就应该进行投资后监督，至少要保证收回投资本金。任何个人储蓄者都必然会花相当多的时间和费用来收集足够的信息用以跟踪被投资企业拿他们的钱在做什么，如果把这样的监督工作委托给专业人士并分担交易成本，那么，既能节约成本，又能提高监督效率。养老基金是受托监督的必然选择，因为养老基金比个人掌握更多有关被投资企业的信息，也能很好地利用自己积累的其他投资经验。因此，养老基金可以成为搜集信息的专家，能够甄别风险小、回报高的优良投资项目与风险大、回报低的不良投资项目。

---

① 请查阅 Allen and Santomero (1997)。

② 请查阅 Saunders (1994, p. 54)。

养老基金的第五种职能就是充当参保人财务选择的受托监督者。任何对养老金计划负责的人都知道雇员需要帮助,向养老基金缴费的责任日益部分或几乎全部从雇主这一边转移到了雇员这一边。鉴于许多雇员可能没有做好承担这项责任的准备,因此,要对他们进行善意的教育。退休计划发起人和服务提供商都在退休计划参保人教育项目上花费了大量的时间和费用。正如这方面的研究文献所显示的那样,在养老金等问题上,个人理性做出复杂的理财决策的能力是有限的。现在,我们越来越依赖心理捷径(或行为经济学家所说的启发法)。遗憾的是,这种方法会导致次优退休计划。养老基金可以作为参保人理财选择的受托监督者,使他们知道何时应该做出理财选择,并提供关于如何进行理财选择的信息。养老基金的受托责任可以扩展到帮助参保人避免行为偏差并促成最佳选择,当然这具体取决于基金董事会或监管机构的愿景。

最后,养老基金的第六个职能是充当市场参与者。养老基金已经成为相当重要的金融市场参与者,彼得·德鲁克(Peter Drucker)在 20 世纪 70 年代就指出过这个重要现象:它们形成了能对企业施加影响的重要投资资金池。[①] 从宏观经济的角度看,养老基金在把个人储蓄转化为企业投资进而保持经济增长方面发挥着至关重要的作用。养老基金就如同银行和保险公司,是金融中介机构。金融中介机构为那些拥有剩余资金、想要放贷(投资)的经济主体和那些缺少资金、想要借贷的经济主体牵线搭桥。在这样做的过程中,它们提供了期限和风险转换的好处。金融中介机构在提供金融服务方面具有相关的成本优势,这不但使它们赚到了利润,而且还提高了经济的总体效率。因此,养老基金作为金融中介,具有有效匹配储蓄和投资以及支持经济创造长期福祉的作用。养老基金在匹配储蓄与投资的过程中可以瞄准特定的市场:它们可以选择运行欠佳的市场,也可以开辟新的市场。前一种市场是,譬如说,需求很大但供应商很少的市场。养老基金能够很好地进入这样的市场,因为它们秉持长期观,可以提高这种市场所在行业的供求比率,并且改善定价行为。

养老基金都是以某种方式根据以上这些职能来确定自己的宗旨的,但每只养老基金的侧重点和倚重不同职能的情况大相径庭,具体取决于养老基金的行业背景以及参保人和董事会的文化。

---

① 请查阅 Drucker (1976/1995)。

宗旨

任何充当养老基金受托人的人士都要思考养老基金的组织宗旨是什么的问题，接下来可能要考虑养老基金作为一个组织为什么要存在、存在的理由是什么、必须做些什么才能保持存在的意义等问题。[①]

第一个问题的答案似乎显而易见——获得投资回报，以便能够在未来几十年里兑现支付养老金的承诺。但是，在这个竞争激烈的时代，这个答案并不充分。获得投资回报只是一个必要条件（如果投资没有正回报，养老基金就会逐渐萎缩，并最终资不抵债），而不是充分条件。随着时间的推移，养老基金会发生巨大的变化。在西欧国家，养老基金曾经历过几十年的增长，规模大幅度扩大。但现在，有些养老基金正在解散、改变运营范围或与其他养老基金合并。发起人的合同在变更，参保人在变化，因此，对养老金的需要也在变化。

了解养老基金的实际作用，是确定养老基金宗旨的重要一环。除了简单地管理养老金和投资资产外，扩大关注范围有助于确定养老基金的宗旨。美国教师退休基金会（TIAA-CREF）的宗旨是“争当为服务他人的人士提供终身财务安全的头号供应商”[②]，这只基金专注于履行受托监督职能，帮助信息不对称的参保人。挪威基金（Norwegian Fund）的宗旨是“努力为未来几代人保护和积累理财财富”[③]。挪威基金的宗旨表明，这只基金在资产转换和风险管理——以及市场转换——方面都扮演着重要的角色，因为未来几代人都被指定为它的这个宗旨的受益者。美国另一个养老金供应商加州公务员退休基金（CalPERS）的宗旨是“努力成为因为我们的诚信、创新和服务而受到参保人和利益相关者尊敬的值得信赖的领导者”。加州公务员退休基金的宗旨也强调了受托监督的职能。换句话说，对于养老基金董事会来说，了解自己受托管理的基金的职能有助于确定基金的宗旨。

① 请查阅 Garratt (2010, p. 98)。

② 请查阅 TIAA Code of Business Conduct (2014)。

③ 请查阅 NBIM's Mission and Values (2017)。

使命

基金受托人必须清楚，宗旨与使命之间有一个微妙的区别。[①] 宗旨是组织存在的根本原因，是用于回答“组织为什么存在”的问题。组织阐明的宗旨具有无时限性、概念性和指导性等性质。宗旨不是营销口号，也不应该成为营销口号。使命与宗旨截然不同，根据定义，使命应该切实可行——在给定的资源条件下和特定的时间框架内应该达到的特定目标，是用来回答“朝着什么方向发展”或者“如何践行宗旨”等问题的。养老基金的董事会和参保人一起，必须确定本组织全体成员都能够履行的使命。那么，这样的使命应该是怎样的呢？下面，我们来举四个例子：

- 伦敦养老基金管理局（London Pension Fund Authority）的使命是“提供成本效益比高的优质养老金服务，以满足我们不同客户的需要”。[②]
- 南非政府雇员养老基金的使命是“确保基金的可持续性，富有成效地提供养老金；同时，通过有效的沟通，让我们的受益人受益”。[③]
- 美国教师退休基金会的使命“自 1918 年以来从未改变，就是为那些为服务他人的人士提供服务。主要关注学术界、医疗界、文化界以及研究和政府部门的机构和个人，向他们提供有助于在尽可能好的条件下秉承我们的非营利传统，确保他们终身财务安全和福利的解决方案”。[④]
- 第二 AP 基金（Second AP Fund）的使命是最大限度地提高基金受托管理的养老金资产的长期投资回报。[⑤]

以上四只养老基金的使命都有一个或多个能使基金制定切实可行的战略目标的元素，无论客户需要、基金可持续性还是长期投资回报最大化——最直接的目标。基金董事会的任务就是以稳健的方式给组织定位，以便基金作为组织能够适应不同的未来环境，包括政治、经济、环境和社会等方面的未来环境，并且利用可利用的菲薄资源建立定期监测趋势和变化的系统。基金董事会还

① 还请参阅 Garratt（2010）。
② 请查阅 LPFA's Strategic Policy Statement（2013）。
③ 请查阅 GEPF's Vision and Values（2014）。
④ 请查阅 TIAA-CREF's Code of Business Conduct（2014）。
⑤ 请查阅 AP2's Mission（2018）。

应该收集和分析与未来环境相关的信息，以便自己能够做出关于未来战略的明智决策。

养老基金的受托人在为基金确定使命的时候应该考虑以下这个重要因素：自己是否把参保人看作是投资者或委托人/客户。这个区别很重要，因为它会引导基金受托人做出以下选择：他们受托管理的养老基金是按照共同基金的模式还是像保险公司那样来运营？人寿保险和退休年金等金融服务机构通常会根据时间和事件向客户支付特定数额的保险金或者退休金。所承诺的未来服务无论从经济还是从会计的角度看都是服务机构的负债。由于服务机构的投资者也持有它们的债务，因此，客户和投资者之间的区别并不总是那么清晰。默顿(Merton)[1]认为可以对它们做出如下区分：

- 持有中介机构债务的客户具有这样的特点：特别希望合同规定的付款对中介机构自身的财富尽可能不敏感。因此，在被保险人死亡的情况下，寿险公司向受益人现金支付保单规定的保险金，而退休金服务机构则从预定的退休年龄开始定期现金支付(名义)养老金保单规定的养老金。
- 相比之下，投资中介机构发行的债务凭证(如股票、债券或共同基金份额)的投资者明白，自己的收益可能会受到盈亏的影响。中介机构的职能是通过把承担风险和资源投入的负担由客户转嫁给投资者的方式，更好地为客户服务。投资者希望因为自己提供了这种服务而能获得适当的投资回报。

为养老基金确定使命，需要了解养老基金的宗旨，并且清楚参保人是客户还是投资者。只有这样，才能为养老基金确定与基金宗旨和参保人身份相符的使命。

价值观

我们在这里说的价值观是支撑养老基金宗旨和使命，塑造其文化并反映它看重的东西的是非取向。养老基金的价值观是基金身份认同的核心，能在把基金受益人的利益捆绑在一起以及把工作人员凝聚在一起等方面发挥重要的作用。养老基金的领导人喜欢谈论价值观，他们把养老基金的价值观挂在网上，

---

① 请查阅 Merton (1995)。

还把它们框起来,在接受媒体采访时大肆宣传。价值观的概念已经变得如此普遍,以至于很难找到不宣扬价值观重要性的董事会。[1] 对于养老基金来说,由于要与基金参保人和金融市场打交道,因此,在组织层面确定价值观是有意义的。

在组织层面,基金董事会努力表达这些对于基金参保人至关重要的价值观,而养老基金则可以解决有可能在早期以一种开放的方式出现的潜在矛盾。在养老基金都表达自己的价值观的情况下,许多养老基金可能会表达许多相同的价值观。但很可能是,在某些价值观脱颖而出,或者某个价值观受到重视的情况下,养老基金的董事会和养老金组织就会花很多时间考虑这些或者这个价值观,帮助养老基金使自己不但在产品质量上,而且在文化特征方面也不同于同行或竞争对手。

在与养老基金参保人/客户打交道时,明确阐述价值观至关重要。养老基金的价值观是养老基金据以设计养老金产品的基础,如把环境、社会和治理概念融入养老金产品。此外,明确自己的价值观,有助于养老基金与自己的财务利益相关者结成联盟:明确表达自己愿意与什么样的组织和人发生关系以及真的不想做哪些事情。

养老基金几乎总是有自己的一整套价值观,哪怕是并非明示的价值观。因此,重要的是要发现这些已有的价值观。管理学作家吉姆·柯林斯(Jim Collins)提出过这样一种观点:组织的价值观不能"设定",而应该是发掘出来的。[2] 换句话说,凭空选择核心价值观并试图把它融入组织,可能是错误的做法。养老基金一般都希望"把参保人放在首位",或者"自己被看作是高度讲诚信的组织"。进行或采用这样的价值观陈述而不是对它们进行内化,似乎是一条捷径,但会造成长期风险。养老基金参保人或公司员工可以用这些价值观来对抗基金董事会或公司董事会,尤其是在董事会明确或隐含地不遵守这些价值观而导致令人失望的结果时。但是,这正是价值观的作用所在——塑造组织的行为。从这个意义上讲,不会产生结果的价值观根本就不是价值观。

在养老基金业,核心价值观既不是"万全之策",也不是"最佳实践"。但是,您可以与您的竞争对手持有相同的核心价值观,只要这些价值观对您受托管理的基金、它的工作人员和参保人来说真正是自己的价值观。我们已经讨论了为什么说核心价值至关重要的问题以及一些确定核心价值的策略。以下是政府

---

① 请查阅 Collins (1996)。

② 还请参阅 Collins (1996)。

全球养老基金（Government Pension Fund Global，GPFG，即挪威基金）[①]制定的核心价值观：

- 卓越。我们始终在努力追求卓越：我们承诺发扬高度的敬业精神。我们基于分散化和专业化的投资理念引导我们专心致志、始终如一地运用各种投资风格和策略。准确、彻底是我们的企业文化的核心。
- 诚信。我们致力于做正确的事情：作为个人，我们主张诚实、正直和忠诚。我们认识到声誉的重要性。作为组织的代表，我们会保持谦虚的形象。我们的文化以开放、宽容和负责为特点。
- 创新。我们鼓励创新：为了成功，我们愿意冒险，我们有一种支持变革的企业文化。我们鼓励采用不同的方法和发表不同的观点。创造性和灵活性对于发展新的投资机会和适应不断变化的市场环境至关重要。
- 团队精神。我们在一起像团队一样工作：作为同事，我们互相尊重和支持；我们相信合作和互动有助于创建强大的组织；我们永远不会低估热情和幽默感的价值。

养老基金在确定价值观的过程中必须正视一些挑战，应该考虑多套价值观，如基金董事会机构内部的价值观、基金参保人的价值观和基金投资者的价值观，并且确定它们之间是否存在矛盾以及解决矛盾的方法。

基金参保人能否共享一套价值观，取决于参保人职业身份的性质和同质性。对于一些行业来说，发掘行业价值观是简单的事情。医疗卫生部门的从业人员几乎肯定都有提高人民健康水平的愿望，并且希望看到这一点能反映在自己参加的养老金计划的价值观中。类似地，冶金业养老金计划的参保人会觉得他们的工作条件很重要，教师养老基金可能会提出承载教育前景和平等机会的价值观。从理论上讲，养老基金的价值观理应反映其参保人的价值观，而基金董事会则必须考虑内涵更加丰富的价值观：

- 养老基金的董事会必须考虑到基金参保人基础可能过于分散化，无法提炼出共同的价值观。在这种情况下，董事会必须接受最大的“公分母”。
- 养老基金的董事会可以更加广义地解释自己的受托责任，因此倾向于接纳诸如有家长作风色彩的价值观：应该更加耐心地听取参保人的需要和愿望，但必须抵制对参保人的全部需要和愿望采取后续行动的诱惑。

---

① 请查阅 NBIM’s Mission and Values (2017)。

• 如前所述,有些养老基金的董事会也负责养老金发放机构,并且非常了解这些机构的价值观。投资者认为能体现好的投资方式的价值观与参保人的价值观之间可能存在很大的分歧。这通常会导致紧张的关系,如在把环境、社会和治理理念落实到投资过程中去时。了解和解决这种紧张关系是很重要的事情。

从概念上讲,养老基金董事会面对的挑战如图 2.2 所示。这个挑战就是以透明的方式对重叠的价值观进行管理。养老基金董事会的职责就是为参保人谋取最大的利益,但可能会出现参保人觉得董事会没有充分考虑他们的价值观。例如,参保人有可能对投资化石燃料企业持非常批判的态度,尽管这种投资有可能为他们带来最大的利益。这种情况会导致不易缓解的紧张关系。投资管理机构的报酬以及选择明显有争议的投资项目等,都是导致"生产性紧张关系"的例子。追求对参保人的特点和关切几乎不会产生影响的环境、社会和治理目标以及投资,就是一个养老基金董事会与参保人之间几乎只有太少一致性的例子。

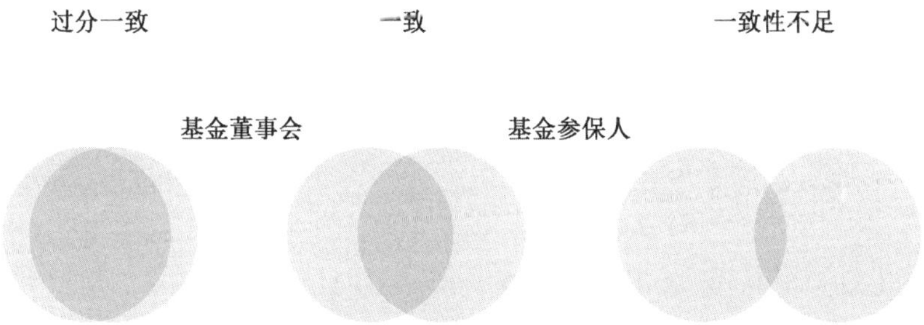

图 2.2 养老基金董事会与参保人之间不同的价值观一致水平

确定价值观会引出两个需要考虑的后续问题:价值观真的能指导决策?董事会应该如何让整个组织接受并且体现价值观?

价值观应该能够指导选择或决策,但有时,这样的选择是有代价的。管理专家帕特里克·伦西奥尼(Patrick Lencioni)在他发表在《哈佛商业评论》的一篇文章里写道:"如果我们不愿意接受真正的价值观带来的痛苦,那么就不要费心做价值观陈述。"[1]在价值观确定以后,接下来的问题可能是:"这些价值观会

---

① 请查阅 Lencioni (2002)。

要我们付出什么代价?”这种代价可以是金钱代价,也可以是非金钱代价,但更重要的是,这意味着我们必须明确表示这种代价。例如,自20世纪90年代末以来,这个问题一直是一场辩论关注的焦点:当时,养老基金侧重于围绕自己的参保人和自己所在的社区制定价值观。从20世纪90年代起,养老基金的受托人开始把社会责任投资的价值观融入投资过程,于是又产生了以下这个棘手的问题:这种价值观是否可以并且应该被认为“会导致需要付出代价的决策”?在这个例子中,金融工具的选择是由养老基金参保人的价值观决定的——例如,他们是否同意把自己的养老金投到兵器工业?有些养老基金把这个问题看作是一个投资选择问题:客户偏好一种把某些投资项目排除在外、从理论上讲有可能导致次优结果的投资战略,还是一种包括一些有违客户价值观的投资项目的最优投资战略?

愿景

养老基金的愿景可用来阐明养老基金如何在目前和未来变化的情况下能够践行或者持续践行自己的宗旨。好的愿景应该可以延展,但首先要有现实可行性:如果养老基金的愿景与它当前的定位相去甚远,那么,相关人员或人士就会对基金失去信心,而养老基金就无法实现自己的愿景。在提出愿景时应该注意两个问题:首先,您要为自己预留实现愿景所需的时间。比较理想的做法是预留5~10年的时间,因为我们需要一定的时间才能进行战略变革,但要注意没人能够或愿意展望10年以后的未来。其次,愿景的可实现程度。就本书而言,您的愿景可以是在未来五年提高卓越投资的水平。在通常情况下,只要愿景是可实现的,我们就能有享受的感觉。

战略目标

战略制定过程的下一步要求董事会为明确规定的目标确定业绩指标。战略有很多定义,但通常包括确定目标、制定实现目标的行动方案以及调动资源来实施行动方案等内容。战略就是如何使用手段来达到目的。战略可以是通过规划(有意)制定的,也可以是在组织适应环境或开展竞争时被作为(应急)行为模式观察到的。有意制定的目标可能包括市场定位或相对于竞争对手的地位、提高养老理财产品的质量、改进客户服务、养老金交付机构的企业化扩张、技术进步和增加受托管理的资产。

为了确保成功,战略目标必须告诉养老基金的全体员工和利益相关者。必须让组织的全体成员认识到他们在这个过程中的作用以及他们的努力如何有助于实现组织的目标。此外,组织成员应该为发挥自己的作用制定一套目标和绩效指标。在制定着眼于投资的战略目标时,我们可以区分:

- 投资和财务目标:注重改善长期养老金和健康福利的可持续性。
- 组织目标:打造成适应环境的高绩效、有防风险智能、高成本效益的组织以及善于扬长避短的组织。
- 集体目标:养老基金的许多重要集体目标,如监管、公司治理和信息披露目标,只有通过采取集体行动才能实现。这些都是旨在提高养老基金和金融市场长期效率和效能而制定的目标。为实现这些目标而采取行动,是养老基金必须做出的选择。养老基金的规模、通过投资管理影响结果的能力以及利益相关者(政府或游说团体)施加的压力决定基金为实现集体目标采取行动的能力。我们建议,如果可能的话,应该为避免充当搭便车者做出贡献。“搭便车”可能是一种成本效益比很高的行为,但也是一种令人精神贫乏的行为。

一只养老基金全部战略目标所涉及的范围要比以上三个目标大得多,但这个问题超出了本书的讨论范畴,它包括如何与基金参保人沟通,或者如何把最新的技术引入基金治理,等等。我们鼓励基金受托人更加深入地研究这个问题。了解基金的职能和宗旨是履行使命的基础。基金受托人通过明确表达基金的价值观和愿景,就可以比较容易、有效地实现基金的战略目标,而所有这一切都是为了践行基金的宗旨。

第二部分

设计流程

作为养老基金受托人，您要负责设计一种能确保参保人未来几十年养老金安全的投资策略。不过，这并不意味着您要负责决定是否购买具体的股票和债券，这是投资管理人需要完成的任务。养老基金董事会的任务是构建为在规定的范围或界限里实现基金所寻求的投资结果所必需的框架。这个框架由三个关键部分组成：理性的投资信念、明确的投资流程和合适的投资机构。在第二部分里，我们把养老基金和董事会这两个范畴与投资范畴结合在一起讨论。本书的第二部分是建立在第一部分的基础上的，但也可以单独阅读。

第二部分的主题包括：

- 阐明使您能够理解最重要概念的投资方面的关键概念；
- 解释如何根据风险溢价来构建投资组合，并区分投资组合的主要模块和附加模块；

- 讨论投资信念的定义以及在投资过程中如何考虑并应用投资信念；
- 阐明投资管理流程的结构和主要模块；
- 介绍安排投资管理流程的不同方法——它们各自的优点和缺点以及它们适应投资信念的方式——以及养老基金要面对的投资挑战的性质。

第二部分对卓越投资的贡献

第二部分把注意力放在投资规划的基础性工作上。这种基础性工作通常被认为是必须做的工作，或者是标准的投资知识体系的一个组成部分，而它的重要性很难得到应有的重视。有关投资选择的解释或隐含假设的微小变化，都有可能对长期结果产生显著的影响。有关投资选择的假设一旦做出，就很难改变。想要追求卓越投资，就必须用心做好投资规划工作。通过就投资方面最重要的事情达成共同的理解，并能秉持深入人心的投资信念来开展工作，养老基金就能在实施投资时消除许多谈判桌上的噪音。通过周密安排投资流程和投资模式，养老基金就能确定驱动其长期业绩的最重要因素，包括授予工作人员或投资管理人多大权力这个重要的问题。因此，这一部分对于实现卓越投资的贡献就在于，它认为应该舍得为养老基金的投资规划和规划修订工作花费时间和治理预算。

第三章　掌握投资要领

关键结论

- 对基金受托人来说，重要的是，要了解关键的投资概念和眼前真正重要的问题；或者，比如，用驾车术语来说，我们是在谈论刹车还是车内照明问题？我们说的是战略风险还是执行风险？
- 把衡量指标和数字应用于概念，通常会对精确度产生误导性错觉（虚假精确度）。投资通常是一个粗略的问题。我们在展望未来时必须明白，投资就是要以稳健的方式大致正确地做事情。
- 投资者应该能够使用明了的语言来沟通这方面的问题，但并不是很多投资者能做到这一点。有些投资者甚至有滥用术语的倾向：犯“烟雾和镜子”综合征（“smoke and mirrors” syndrome）。对于基金董事会来说，就投资概念达成共同的理解至关重要。
- 我们经常会混淆概念和衡量指标。例如，波动性是一个风险衡量指标，而不是一种风险。

基金受托人之间或者他们在与资产管理人交谈时经常使用“投资”“风险”和“投资回报”等术语，而在投资政策、监测报告和投资评估中也经常使用这些术语。但是，对这些术语没有共同的定义，可能会导致混淆。正如我们已经注意到的那样，由于在养老金投资中，基金受托人要关注投资过程中的许多环节，因此，很容易混淆不同的环节。那么，我们是否会一方面关注投资组合设计（效能或者“我们是在做正确的事情?”)的问题,而另一方面则关注投资组合的构建质量(效率或者“我们是在采用正确的方式做事?”)? 在对投资目标或过程制定任何有意义的政策之前,我们必须就投资和风险管理的基本概念达成共同的理解。共同理解投资要领并确保这些要领在整个组织中得到共享,便对就这些基本概念达成共同的理解具有非常重要的意义。

养老金投资的目的就是在某个规定的时界或时间范围内以承担可接受的风险为代价,创造未来为支付所承诺的养老金所需要的(扣除成本后的净)投资回报。养老金投资就是要通过用分散化的资产组合构建稳健且有效的投资组合来实现这个目的。这两种表述凸显了养老金投资的关键概念。本章将详细说明这两种关于投资回报概念、风险概念和投资组合构建方法的常见表述。具体地说,我们将讨论:

(1)投资目的;

(2)投资回报概念:投资回报计算和投资回报预期;

(3)风险概念:什么是风险、什么不是风险,风险和波动性之间的区别,选择哪种风险衡量指标,如何容纳风险行为;

(4)如何构建投资组合:基准,分散化的本质、传统资产与另类资产在分散化中扮演的角色以及主动投资与被动投资。

投资目的

为了有能力支付未来的养老金,养老基金必须从自己的投资组合赚到一定的(最低)投资收益,这就是养老基金的投资目的。养老基金今天收取的保险费将在日后很久,通常是在30～40年以后用于支付养老金,这就是养老金投资是长期投资的原因。在其他条件相同的情况下,支付养老金的承诺越明确,投资方面犯错的余地就越小。这里需要在确定性和溢价(预期结果)之间进行权衡。选择确定性的代价通常从大到极大不等,这是一个在设计或规划养老基金或调整养老基金规划时应该非常认真考虑的问题。

养老金承诺通常都是按实际价值来表示的,这就意味着应该把这种承诺与工资或通货膨胀挂钩。那么,应该设定哪些合理的投资目的呢?①

---

① 请参阅 Ennis and Williamson (1976)。

- 投资目的应该在不改变投资组合构成的情况下允许有养老金支出指数化的灵活性；
- 投资目的不应该危及养老基金的永续运营，例如，目前的超支会影响未来的支出；
- 投资目的不应该引发顺周期行为；
- 投资目的不应该被用来利用或掩饰监管漏洞；
- 应该遵守合理的投资原则（如赚取股权风险溢价所需的期限）来实现投资目的；
- 投资目的应该简单易懂。

这些投资原则为设定未来指导养老基金的行为准则奠定了坚实的基础，并且在有关决策的文献中也能找到可靠的依据。决策者往往关注短期，并且不成比例地赋予其行动的短期结果以高权重。从个人的角度看，这样做是有它的道理的。基金受托人能够控制和监督自己在董事会任职期间采取的行动，但养老基金要存续数十年，因此有可能推迟自己要做的艰难决策，如应对预期投资回报下降的影响。

理解投资回报的概念

养老基金的最终目的就是创造足够多的投资回报。至于怎样的投资回报或多高的投资回报才算是足够多，这个问题的答案因基金而异。这一节为达成对投资回报概念的共同理解奠定基础。我们并不准备在这一节里讨论全部有关投资回报概念的文献，而只限于介绍有助于理解本书讨论的所有主题的知识，并为对投资回报要点进行富有成效的讨论奠定基础。

投资回报

这里的投资回报是指养老基金的资产组合或投资价值在某个时期实现的收益或遭受的损失。投资回报包括债息、股息、租金等投资收益以及资产溢价产生的收益。这个总和也被称为“投资总回报”。在投资管理理论和实务中，投资回报是指“按市值计价”的回报，也就是从计算期开始到结束按市场价格计算的投资回报。这种市值计价法的可靠性因不同投资而异。在流动性很强的市场上，如大盘股市场，这种方法能提供很好的衡量指标。然而，在许多其他市场,如企业信贷市场,价格往往只是因为最近没有交易而被确定的。对于非流动资产,投资进行点和投资实现点之间基本上没有价格信息。在试图从详细和短期的业绩报告中得出结论时,认识到这一点十分重要。关于投资回报,以下两个概念十分重要:

(1)净回报:对养老基金的受益人来说,净回报,即扣除全部成本后的回报,才是重要的回报概念。

(2)实际回报:实际回报是扣除通胀因素后的回报。发放养老金的目的就是要让退休人员能在退休后过上体面的生活。实际回报考虑了生活费用的问题,因此是一个衡量实际资本增加/减少的指标。这个指标很重要,因为通货膨胀会降低货币的实际价值。例如,连续10年5%的通货膨胀会导致购买力下降40%。

投资回报预期

我们总是根据预测来构建投资解决方案或投资组合。因此,养老基金董事会及其下设委员会有关投资的会议始终要有前瞻性和时间观念。这听起来似乎是很容易的事情,但实际上很难做到。我们有大量关于过去的非常准确的事实和数据可以参考,对于会计人员和业绩衡量人员来说,它们都是很好的工具。但是,未来再美好也是有风险的,而且往往是不确定的。在投资方面,过去发生的事情,甚至是最近发生的事情,对于预测未来会发生什么,通常是一种非常糟糕的指南。例如,在我们撰写本书时,利率和债券收益率都在持续下降,在世界很多地方已经接近零。通过推断过去来预测未来的做法是非常危险的。同样,譬如说,管理人的历史业绩是预测他们未来业绩的非常糟糕的指南。不过,这并不意味着我们就不能从历史中吸取教训。我们总能找到可以参考的模式,也总有值得吸取的经验教训。

投资顾问一般会根据以下某点或几点来预测预期回报:

(1)"风险溢价"的概念。股票和债券的回报差异都是根据长期趋势来计算的。由于没有理由假设未来的回报会与过去有任何不同,因此,这被作为未来的风险溢价来预测。

(2)关于一项投资的当前估值+"合理"的长期估值的评估。基本的投资信念是价值会回归到长期平均水平,购买价值被低估的资产更加有利可图。因此,基金董事会在购买价值被高估的资产时应该多加斟酌,原因就在于这些资产的价值有可能会随着时间的推移逐渐趋同于“合理”的长期估值。不过，这并不是一种没有争议的方法。在 1998～2018 年期间，投资咨询师和策略师总是预测，利率水平会恢复到较高的长期平均水平，但事实并非如此，根据这一预测做出的糟糕利率风险规避决策显然让全球基金付出了代价。

(3)了解促成回报的基本经济因素的不同分量，如预期利润、利润增长率、租金等。这种方法在现有估值法的基础上进行了扩展，并假设资产回报率由长期基本经济因素驱动。

使用聚合法有助于计算预期回报。如果我们观察一家公司的业绩，那么几乎就不可能知道 10 年后这家公司是否还能维持现在的业绩水平，更不用说预测这家公司 10 年后的财务状况了。如果我们观察整个股市，那么就能得出不确定性小得多的结论，这就如同预测某个国家居民平均身高要比预测某个人的身高容易。因此，我们应该根据主要资产类别的聚合总量来预测未来的资产回报率。

预测要求基金董事会多阅读和讨论，但许多基金的董事会错误地理解和进行预测，致使大多数预测一次又一次地落空。有大量证据表明，基金董事会充其量只能预测短期趋势，但在金融市场或经济发生重大变化时却总是预测失败。因此，基金董事会不应该把太多的时间花在讨论和调整预测结果上。使用预测结果的方法是比较，那么，如果我们比较公司股票和债券预期回报/风险的变化，是否就能因回报/风险的相对差异而得到充分的补偿？我们又如何把比较结果用于构建投资组合呢？

有一种常见的错误认识认为，总回报与风险成正比。例如，预期年标准差为 10%的投资预期总回报应该是预期年标准差为 5%的投资的两倍。[①] 虽然与风险相关的回报确实呈上升趋势，但这两者远非一种机械的关系。图 3.1 说明了这种关系，原因就仅仅在于：投资者通常会因为承担风险而获得补偿，并不意味着养老基金也愿意这样做。两者的差别有可能很大。如果在上述例子中假设现金回报率为 4%，年标准差为 5%的投资预期回报率为 6%，而年标准差为 10%的投资预期回报率则是 8%，而不是 12%。基金受托人要考虑的另一个问题是：有哪些风险溢价与他们有关？

---

① 请参阅 Polbennikov et al.(2010)。

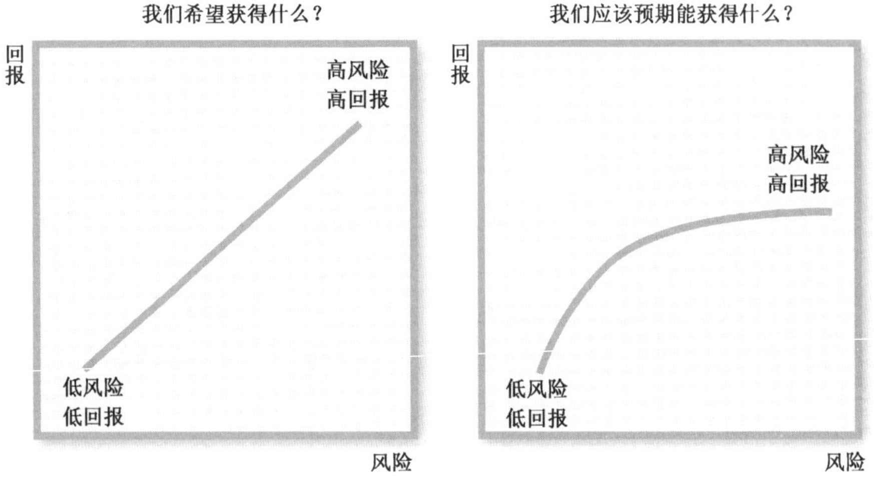

图 3.1　风险与回报权衡

理解风险概念

我们还没有就风险的正式定义达成共识。在大多数情况下，风险与我们人的期望有关。它意味着给定投资过程或未来事件对资产产生的潜在负面影响。例如，许多人认为，世界已经变得更加危险。政客们把矛头指向"9·11"事件；而经济学家则可能会剑指各经济体之间的相互依赖关系，并且认为，在 2008 年的信贷危机中，各经济体没有留下任何安全的避风港。应对不确定性和风险，是基金受托人职责的重要内容，有效监控风险是基金董事会的主要职责之一。基金董事会的成员必须在日常风险和意想不到的灾难面前保护盈利活动。①

投资风险管理就是投资者和养老基金试图确保他们认为自己面临的风险和他们愿意承担的风险是他们实际要承担的风险而做出的反应。在制定审慎管理风险的框架之前，应该免受下列基本谬误/观点的影响：②

- 只有一个风险概念。对于某个经验丰富的投资者来说，风险可能仅仅意味着市场波动；而对于基金受托人来说，风险则可能意味着资本的永久

① 请参阅 Andersen et al.(2014)。

② 请参阅 Culp(2002)。

性损失。这是对风险的不同看法，但很可能产生不同的影响。量化这些他们认为的风险可能只有部分助益；重要的是，应该在信息充分的情况下讨论并且给风险下一个大家都能接受的定义。

- 风险总是坏事。对风险的普遍态度是把风险看作是一种威胁。风险本身既不是威胁，也不是机会，它只是一种存在。风险管理专家卡尔普(Culp)用包括南卡罗来纳州业主在内的很多人来说明这一点。对于南卡罗来纳州业主来说，飓风就是一种巨大的风险。但是，对于沙袋供应商和气象预报商业电台来说，情况就显然不同。对保险公司来说，飓风是一种潜在的可保事件；而对于购买巨灾债券的机构投资者来说，这可是一个真正分散风险的机会。
- 有些风险非常严重，必须不惜一切代价消除它们。准确地说，情况正好相反：任何风险都不会大到必须不惜一切代价消除它们的地步。卡尔普告诉我们两点：首先，必须根据风险的发生概率，而不仅仅是根据风险可能造成的后果来评价风险。其次，风险与成本和收益有关。养老基金可以通过权衡发生意外通货膨胀可能造成的成本与降低保险成本可以带来的好处，来选择完全或部分对冲通胀风险。换句话说，我们必须管理风险，而不是一定要消除风险。
- 谨慎行事确实是最安全的做法。基金受托人和投资者也都是人，因此也容易做出下意识的行为反应。当股市遭受重创时，有哪个投资者没有考虑过抛掉手中的股票，改做债券？然而，这种厌恶风险的行为看起来很安全，但从长期看有可能造成更加严重的后果。

就风险概念达成共同的理解，有助于免受谬论的影响。为了帮助形成对风险的集体看法，我们来讨论有关风险的其他几个方面，也就是：风险和波动并不是同一个概念；风险与风险溢价是什么关系；如何选择正确的风险衡量指标；明白风险影响投资决策的方式。

风险并非波动(率)

风险是指发生损失的可能性：投资组合或投资的回报低于预期或目标回报的几率。在日常投资术语中，“高风险”通常是指“高(短期)波动(率)”。然而，风险和波动(率)是两种不同的东西，而把风险等同于波动(率)实际上是很危险的。在养老金投资中，我们觉得“风险”有两个重要意思。在我们看来，风险的最重要意思是:养老基金能否合理期望在相关期限内要兑现的明示或暗示养老金承诺?如果兑现承诺的概率小于预期概率,那么就说明存在缺口风险。风险的另一个意思是在努力实现长期目标的过程中发生短期变化的可能性。这是养老基金受托人和监管机构倾向于赋予风险的日常含义。根据这两个风险概念可以得出截然不同的结论。例如,政府债券一般被认为是"无风险"的投资品种,因此,这就意味着,养老基金投资政府债券,就能兑现支付它们承诺的养老金。但在我们写这本书的时候,20 年期德国政府债券的预期名义回报率大约只有 1%。您能非常肯定地确定,养老基金能依靠这么低的回报率来兑现它们的承诺,因此,这种德国政府债券是低风险投资品种?与此同时,未来 20 年的预期通胀率至少要达到 1.5%,而且实际通胀率最终有可能会比这个预期通胀率高得多。也就是说,购买这种德国政府债券,就是购买某种肯定不会有助于产生合理养老金的东西,因此,就缺口风险而言,这是一种风险很大的资产。

风险溢价

风险溢价是指投资预期能产生的回报率高于无风险利率,而资产的风险溢价则是指投资者因在给定投资中相对于无风险资产承担了额外风险而获得的一种补偿。例如,由盈利丰厚的著名企业发行的高质量债券只有很小的违约风险,因此,这类债券的利率要低于那些不那么知名、盈利能力不确定、债务水平相对较高的企业发行的债券。投资顾问和研究人员都热衷于发现新的风险溢价。

在表 3.1 中,您可以看到被最普遍接受的风险溢价以及当前被接受的风险溢价量级概念。通常,高质量债务人(中央政府或中央银行)发行的钞票或短期流动性工具被视为风险最低的资产,因此是我们进行比较的依据。

表 3.1　　四种主要风险溢价及相关资产类别

风险溢价	哪种风险溢价	溢价幅度	资产类别
期限溢价	政府长期债券对短期债券	相对于现金溢价 1%～2%	政府债券
信用溢价	低质量债务(BBB 级)相对于高质量债务(国库券)	信贷溢价 0.5%～1%;高收益债券溢价 1.5%～2.5%	信贷、高收益债券
股票溢价	股票相对于政府债券的预期回报	3%～4%	股票
非流动性溢价	非流动性资产相对于流动性资产的预期回报	2%～3%	非上市股票、房地产和基础设施等私人资产

表 3.1 列示的各种风险溢价为构建投资组合提供了主要的理论依据。如果基金董事会了解这些风险溢价，那么，投资组合的预期长期收益/风险结果有 80％可望兑现。

风险溢价是基于风险与回报成正比例的假设，也就是预期风险每增加 1 个单位就会导致预期回报增加 1 个单位的假设。更具体地说，我们假设“超额回报”与风险成正比。这里所说的超额回报是指超过现金等无风险回报的回报，而衡量风险的指标是回报的年标准差。因此，譬如说，如果一项预期年标准差为 5％的投资预期回报率比现金高 2％，那么，一项预期年标准差为 10％的投资预期回报率就会比现金高出 4％。

有这样一种错误的认识认为，冒险自然能够得到回报。其实，冒险本身并不是一种有回报的活动，这就是为什么冒险需要风险溢价作为回报的原因——实际上，冒险的作用正好相反。真正的问题是：首先，哪些风险通常会有回报，哪些风险通常没有回报？其次，预期有回报的风险与预期超额回报是否成正比；如果不成比例，那么，是否能够规避风险？于是，就有了在做投资规划时进行战略选择的问题，如降低汇率或利率风险。

正确衡量风险

基金受托人要寻找衡量不同风险的合适指标。把各种不同风险聚合成几种操作方便、基金受托人可用来影响基金业绩的可比衡量指标，会有很大的帮助。在观测值是大量的独立行为主体的平均值或极端值的情况下，随机风险分析被广泛用来估计误差和小概率事件。风险衡量指标已经在精算学和管理学研究中得到了成功的发展和应用。

标准差、风险值（VaR）和支取频率等是养老基金业的典型风险衡量指标。在报告和风险管理系统中，这些指标通常被用来进行回顾性衡量，但目的是要描述未来的情况。基金受托人应该明白这一点，因为值得怀疑的假设是过去的信息可用来指导未来时期。譬如说，如果股票市场当前的波动幅度很小，其实并不能说明股市的未来波动幅度。

有一个问题比数据是否正确更加严重，那就是基金受托人没有接受过处理随机衡量指标和概率问题的训练。克里茨曼（Kritzman）举过一个令人不快的例子来说明“损失”多少取决于如何界定损失。[①] 假设投资委员会要决定战略性资产配置，并且掌握了以下信息：预期年均回报率是 10%，标准差为 20%。那么，投资组合会有多大程度的安全保证呢？根据这些信息，克里茨曼提出了五种不同的损失似然率：

- 单年损失似然率：14%；
- 平均年损失似然率：0.03%；
- 累积损失似然率：3%；
- 一年以上的损失似然率：77%；
- 某个时点上的累积损失似然率：54%。

那么，我们在与基金受托人讨论时应该使用哪个损失似然率呢？关于这个问题，基金受托人可能越来越觉得自己不知道该怎么做。他们可能已经获得了全部需要的信息，用简洁的表格列出了百分比，那么，他们怎样才能确定 4%的损失似然率是否比 2%的损失似然率更加糟糕呢？如果他们能够确定，那么，是否应该假设 4%的损失似然率要比 2%糟糕 2 倍呢？[②] 在没有扎实的统计数据支持的情况下，基金受托人会给出截然不同的答案，这种情况对决策无益，而且在某些情况下，完全有可能误导决策。

由上可见，基金董事会或其下属委员会必须就某个或多个用于指导投资过程并在整个投资监测和评估过程中需要采用的风险衡量指标达成一致。基金受托人不应该只处理抽象的数字，而应该接受培训，以应对现实生活中出现的不同情况，尤其是糟糕的情况。换句话说，基金受益人应该学会怎么使用风险衡量指标。

我们可能还必须明确说明一些潜在或额外的信念，例如，基金受托人情绪化的损失厌恶特征以及养老基金根植于资产负债管理中的理性化损失规避职能。在备付金比率是 150%、105%或 90%的情况下，您会采取什么行动呢？利益相关者会做出怎样的反应呢？您会进行调整还是不做调整？这些都是基金受托人应该熟悉的情况。这种场景心理训练将有助于基金应对未来的危机，而且在两次金融危机或经济危机之间的间隔时间不断缩短的不稳定环境下就显

---

① 请参阅 Kritzman (2002)。

② 4%的损失并不一定就能被认为比 2%的损失更加糟糕，具体要取决于另一个统计指标“不确定性水平”。如果 4%和 2%损失的不确定性水平都很高，那么就有可能无法区分。

得特别有用。[①] 做好准备和接受培训并不是什么新鲜事儿,“我们希望消防队员和救护人员能定期接受应对突发事件的训练,那么,接受养老基金参保人委托到他们年满 65 岁后付给他们养老金的基金受托人为什么就不能这样做呢?”未来的养老金领取者有理由这样认为。

在确定了如何理解风险衡量指标以后,考虑在投资过程的哪个环节使用哪种风险衡量指标也是很重要的事情。图 3.2 对这个问题进行了图示。

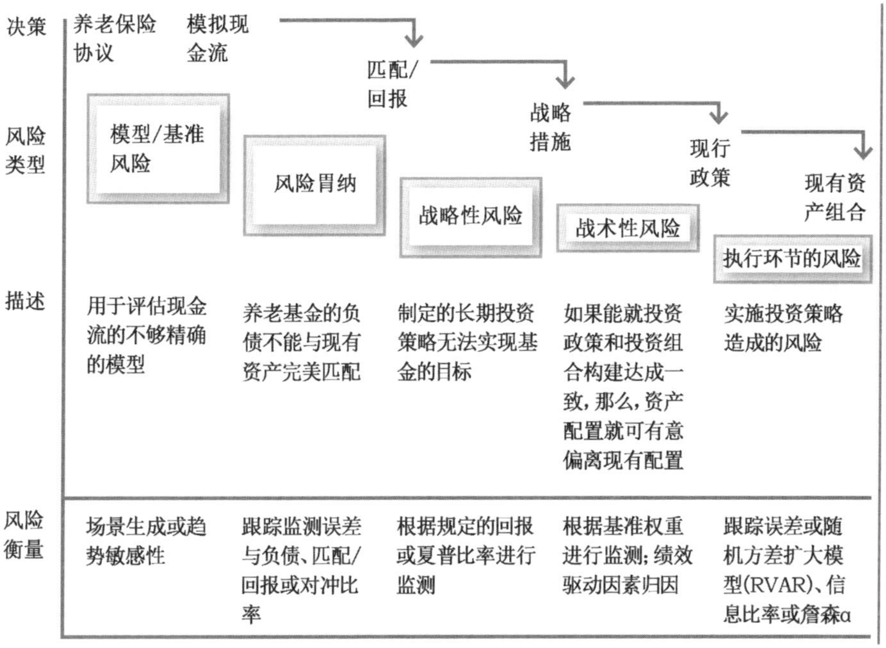

图 3.2　投资过程业绩和风险监测

风险与行为有关

受托人每天都能轻松地做出数百个决定,这是因为最佳行动方案往往显而易见,还因为许多决策由于潜在影响很小而不值得花太多的时间。但是,对于养老基金来说,许多潜在的决策路径可能会产生不同的结果,而正确的决策路径可能还不清楚。有大量的研究考察了决策者或基金受托人的心理状况,这方面研究的一个中心议题是:自然的反应和思维方式倘若没有得到有效的处理,

① 请参阅 Reinhart and Rogoff (2009)。

那么就有可能经常、意外地导致做出结果意想不到甚至不受欢迎的决策。投资组合理论和管理实践都基于以下"理性"的基本准则:

- 总和不同于各组成分量;
- 对有风险的投资进行分散化能提高整个投资组合的稳定性;
- 回报并不是唯一重要的因素——还必须考虑风险和责任问题;
- 长期趋势在短期内可能会被暂时发生的事情所掩盖,如市场下跌、汇率问题和期限不确定性;
- 对短期确定性和稳定回报的渴望会严重损害长期目标,如保护本金免受通胀冲击。

因此,养老基金的受托人、投资委员会和投资顾问必须抵制以下三种诱惑:过分简单化地看问题;在进行判断时无视个人偏好;处理信息走捷径。有必要对投资委员会进行培训,让他们认识并抵制行为诱惑。这方面的诀窍是,确保在决策时采用"慢思维"方式,也就是采用不求速度但理性、深思熟虑的方式,而不是采用"思维快"、凭直觉、情绪化、"走捷径"的模式。① 我们将在第十四章里详细阐述这些行为偏差。

控制投资组合

本章的最后一部分更加深入地探讨如何控制投资组合的问题。也就是说,在接受了前几节传授的知识以后,您已经掌握了有关风险和回报的基础知识。但在进行投资时,还要在投资连贯性、目标和目标实现过程管理方面做出选择。这一节更加详细地阐述基准、分散化、资产选择和投资组合管理的问题。

基准

在养老基金的投资计划中,基准通常表示养老基金想要赚取风险溢价的资产类别。因此,举例来说,如果养老基金想要在股票上赚取风险溢价,那么就会把资金配置到一个或多个股票基准上,譬如说,标准普尔 500 指数或明晟全球指数(MSCI-All World Index)。同时,这里所说的基准也是衡量证券、共同基金或投资管理人表现的标准。通常采用大盘和某个板块的股票和债券指数来衡

---

① 还请参阅 Reinhart and Rogoff (2009)。

量证券、共同基金或投资管理人的表现。那么，应该设立怎样的合理基准呢？我们可以考虑以下理想的特征：[1]

- 基准组合应该聚合成养老基金已经设定的总基准；
- 基准和由此产生的投资风格应该不会触发顺周期性行为；
- 基准不应该被用来利用或掩盖监管漏洞；
- 投资风格和基准应该符合合理的投资原则（如赚取股票风险溢价所要求的期限等）；
- 基准的构成和维护应该简单易懂。

基金受托人选择某个市场指数或市场指数组合作为衡量投资组合表现的基准，用一个指数跟踪一大类资产的表现。由于指数是在“买入并持有”的基础上跟踪投资回报率，并不是要确定哪些证券较有吸引力，因此，它们代表一种“被动”投资方式，并且可以很好地用来与被主动管理的投资组合的表现进行比较。

在把执行投资的工作委托给资产管理公司或者投资管理机构时要签署投资管理协议，在协议中要详细说明基准的选择和允许的偏差。投资管理人在个人受托投资的业绩（或投资回报）与基准之间享有的“允许误差”，被称为“相对风险预算”（relative risk budget）。这个“允许误差”通常被规定为已实现回报率相对于基准回报率的（年化）标准偏差百分比，在这里称为“跟踪误差”。跟踪误差越小，投资管理人受托投资的结果就越接近基准，也就是说，投资风格就越“被动”。在投资管理人以主动的方式管理投资组合的情况下，跟踪误差能够反映对投资组合进行主动管理的投资管理人为了提高投资业绩而做出的投资选择。表 3.2 显示了不同的风险预算及其特点。这里重要的是，这些投资选择背后的原因——投资管理人的投资风格和投资信念。不过，这种信息无法从基准中获得，而是必须进行高质量的对话才能获得。

表 3.2　　风险预算及其特点

跟踪误差（年化）	投资类型	典型的投资策略	年度高于/低于基准的幅度
<0.5%	被动型	大盘股被动受托投资	0～1%
0.5%～2%	增强型	规范型，经常是基于模型的受托投资	1%～4%
2%～6%	主动型	低流动性、基于技能的中小盘、高收益市场受托投资	4%～10%

---

① 请参阅 Ennis and Williamson (1976)。

分散化

投资分散化是一种旨在最大限度地降低投资组合在市场低迷时期下跌幅度的混合不同投资品种的风险管理方式。支持这种风险管理方式的原理是:平均而言,由不同资产类别投资构成的投资组合会产生高于投资组合中任何单一资产类别投资的回报率,并且面对较低的风险。

投资分散化的目的是要消除投资组合中的非系统性风险,使一些资产类别投资的正面业绩抵消另一些资产类别投资的负面业绩。因此,投资分散化——通常——只有在投资组合中的资产类别并不完全相关的情况下才能奏效。但在危机期间,资产类别之间的相关性会急剧提高,因此会影响分散化的价值——或许,唯一的例外是股票和债券之间缺乏相关性。[①] 换句话说,分散化在不需要它的时候最为"有效",而在金融市场陷入危机时则作用很小。基金受托人应该在制定投资政策时注意这些不同的情况(正常时期、危机时期)。投资组合内的资产类别是否具有相关性是影响投资分散化能否奏效的驱动因素。投资理论告诉我们,在资产类别间相关性较小的情况下,进行不同资产类别的分散化是有意义的。由多种低相关性或负相关性资产类别构成的投资组合,比任何单一资产类别的投资组合具有更诱人的风险/回报特征。

近年来,我们对造成资产不完全相关的原因有了更多的了解。证券回报率偶然可能会一起变动,或者它们可能与某个单一共同因素相关,如石油。2008～2009 年的金融危机表明,许多资产和证券之间的共同点比之前认为的要多。在危机变得非常严重的情况下,人们几乎会在短期内抛掉全部有可能贬值的资产。所以,基金受托人在讨论投资分散化问题时应该注意,养老基金的目标在投资分散化在市场低迷时期只能部分奏效的情况下仍能实现,还是要通过采取其他措施——如提高偿付能力(因为资产负债表上的风险随着养老基金偿付能力的变化而变化)——管理资产负债表上不同量级和类型的风险才能实现。

传统资产与另类资产

投资分散化并不会告诉基金受托人应该把哪些资产包括在分散化的投资组合中。那么,基金受托人可能会考虑哪些资产类别呢?基金受托人基本上可

① 例如,可参阅 Ilmanen (2003)。

以从两个主要能反映他们对复杂性和创新工具的偏好的选项中做出选择。第一个选项是选择债券和股票等传统资产来构建投资组合:这类资产虽然完全有可能帮助养老基金实现目标,但不能充分发挥养老基金的潜在长期优势。另一个选项是基金受托人可以在投资组合中增加私募股权和基础设施等另类资产:这类资产虽然有助于养老基金发挥潜在的长期优势,但也提出了一种“产品警告”——另类资产的复杂性和高成本可能不利于养老基金实现自己的长期目标。

我们通常首先是用最少数量的不同类别资产来构建投资组合,从而实现回报/风险目标。股票、债券和现金等传统类别的资产可用来支付养老基金的养老金支出。挪威基金的资产配置只包括债券和股票。但是,如果董事会认为还可以获得更多的分散化收益,那么就会考虑另类资产投资。那些管理着较多资产的养老基金以及那些认为自己拥有经验丰富的董事会和/或员工的养老基金,往往会考虑增加另类资产投资。在这里,另类资产是指那些不属于股票、债券和现金等传统资产类别的资产,具体包括非上市股票、对冲基金、基础设施、房地产、大宗商品和衍生品。另类资产投资还包括高度专业化的奇异物品,如葡萄酒、邮票、古董和艺术品。但对于大多数养老基金来说,这种投资超出了它们的投资范围,实际上很少有养老基金投资于这类奇异物品,因为这些物品的市场并不是十分发达,监管机构和养老基金参保人可能会对这类物品的投资提出质疑。另类资产投资具有以下几个特点:

- *流动性低*。难以迅速买卖,或在某些可能是关键的时刻难以迅速买卖。由于这类资产不在交易所挂牌交易,在养老基金想终止投资时可能很难找到或者根本就找不到买家。
- *难以估值*。有时,理论价格与市场提供的价格(如果有的话)相去甚远,这两种价格之差也被称为“模型确定”的价格和“市场确定”的价格之间的差别。
- *需要开展更加严格的尽职调查*。另类资产投资的监管环境不像传统资产投资那样完善,因此,需要对由谁、如何以及在哪里管理投资进行更加深入、广泛的调查。另类资产通常缺少透明度。

另类资产投资也要占据基金受托人很大一部分的治理预算。另类资产透明度较低,因此,基金受托人必须考虑流动性有限的后果。这类资产无法在市场剧烈动荡时期出售,因此,养老基金必须依靠其他核心资产来提供为养老金支付、衍生品交易等所需的全部流动性。此外,对于许多另类资产投资来说,有关投资分散化的学术争论还远没有结束。例如,非上市股票真的能提供与上市股票互补的风险溢价,还是投资者在为获得与上市股票相似但较低的回报率支付高额费用?

主动投资与被动投资

基金受托人是迄今为止世界上最重要的授予主动管理权的委托人,因此,他们在很大程度上支持了资产管理人的收入模式。关于主动管理的争论始于20世纪60年代末,当时投资者开始把有关投资组合管理的最新想法应用于投资实践,并确定基准来衡量资产管理人的相对业绩。虽然主动管理的投资只占养老基金投资组合已实现业绩的很小一部分,但主动管理费用却占据了为养老基金提供策略和服务的资产管理服务很大一部分的收入。

主动管理是一个宽泛的概念。任何有意或无意构建偏离约定参考框架的投资组合的投资决策都属于主动管理。主动管理的目的就是要在风险调整的基础上创造超过参考框架的回报。因此,主动管理从一开始就被认为是一个奇怪的概念。大多数服务提供商只满足于兑现自己做出的承诺,而主动投资管理人从一开始就承诺他们会超额完成任务。

大多数相关研究基本上都已经证明,基金管理人很难实现超过基准的业绩,因此,有人对养老基金主动管理的价值提出了质疑。他们提出质疑的原因可归纳如下:

(1)无论是按绝对价值计还是按相对价值计,费用都会产生很大的影响;

(2)有太多的聪明投资管理人奉行相同的策略,从而共同降低了投资回报率;

(3)投资管理人的业绩起伏不定,难以预测;

(4)超额回报并不是依靠技能获得的,而是靠“花大价钱利用廉价的基准回报”获得的。

下面,我们给读者比较详细地解释以上这些原因:

- 原因(1):基金受托人越来越多地重新考虑费用这个在很长一段时间里被大多数人认为太小而不重要的变量。原因很简单:高成本会降低任何形式的回报,而在20世纪90年代和21世纪头十年的大部分时间里,成本一直在直接或间接上涨。主动管理的费用通常被说成“只有1%”或者

“不到1%”。但这实际上是说占投资者现有资产的1%。因此，投资管理人提出要交付的是已有投资资产的投资回报率。如果未来股票的平均回报率是7%，那么，1%的费用（如果计算正确的话）确实要高得多：大致是投资回报率的15%。但由于指数基金的市场回报率不会超过市场风险水平，因此，任何经济学家都会认为，主动管理的实际费用是在非常低的指数化费用之上的增量费用，是风险调整后的增量回报率的一个百分比。按照这种合理的方式定义，主动管理的费用并不低，实际上是非常高，而且出乎意料地——直到仔细观察才能发现——平均要超过主动投资可能实现的超额回报。主动管理一次又一次令人失望的业绩，加上人们逐渐认识到主动管理的成本非常高，两者正在促使越来越多的投资者把越来越多的资产转移到低成本的指数基金和交易所交易基金。

- 原因（2）：主动管理投资者人数急剧增加。著名投资撰稿人查尔斯·埃利斯（Charles Ellis）认为，主动管理之所以失败，并不是因为投资管理人糟糕，而是因为有太多受过类似训练的优秀管理人进入市场，[①]奉行类似的策略，因此，总体而言，降低了他们过上体面生活的几率。
- 原因（3）：有证据表明，投资管理人的业绩在较长时期里也会均值回归。“均值回归”是一个投资术语，在这里可用来表示没有一个投资管理人总能业绩优异，他们的业绩常常是有起有落。
- 原因（4）：导致主动管理总体结果令人失望的最后一个原因是技术方面的原因。如果我们更加仔细地观察超额回报，那么就能发现相关研究往往表明超额回报与基础基准高度相关，因此，有人提出了以下质疑：阿尔法收益与投资管理人识别与市场无关的投资机会的技能没有太大的相关性，而是与标的基准的风险相关。换句话说，投资管理人是利用了自己的职位提供的条件才获得了阿尔法收益。

那么，所有这一切对于主动管理来说难道都是坏消息？也不是这样。有研究表明，主动管理有可能取得好于基准的业绩。例如，最近有研究表明，高度集中的投资组合有可能取得比基准好的业绩。这意味着，选择数量有限的股票，而不是投资于基准指数的全部成分股，然后只要稍微改变权重，就能取得好于基准的业绩。但是，我们必须记住，这些都是学术研究得出的结论，因为它们确

① 请参阅Ellis（2003）。

定了一些只有非常特殊的投资者才会利用的角点解:要么投资期限必须很长,要么所投资的证券(如价值被严重低估的证券)必须具有一种需要一定耐心的特点。

总的来说,前面提到的这些原因仍然不能解释为什么今天仍有人进行主动管理。除了一个观念问题——如果这些投资管理人的收入很高,他们一定是取得了成功——以外,一种可能的解释也许是金融业有很大的营销预算。或者,虽然投资管理人的职业生涯可以持续几十年,但基金受托人的任期只有几年,于是有必要引入某种管理人看涨期权的概念:"我知道,总的来说,主动管理是失败的,但如果它确实是失败的,也不是我一个人失败;而如果它能成功,这可是能增加我本人成就的东西。"舍夫林(Shefrin)指出了另一个可能的不利因素:投资委员会可能非常清楚主动管理是一种零和博弈。① 但是,在养老基金有许多主动管理授权的情况下,如果它们都失败了,管理层可以采取果断行动收回这些授权。只有被动授权和资产配置选择才能表明,投资委员会要承担更多的责任——但也更加容易受到攻击。最后,投资委员会倾向于聘请被认为在投资管理方面已经取得成功的外部顾问,而这些投资顾问通常倾向于主动管理。

贝塔收益更高的投资:风格和因子投资

在过去的10年里,"聪明贝塔"(smart beta)投资——一种公开股票市场上的风格和因子投资——受到强烈的追捧。这种投资介于被动投资和主动投资之间。在投资行话中,"贝塔收益"是指可归因于市场或基准的那部分收益,而"阿尔法收益"则是指相对于基准而言持有特别仓位,或者说,因主动管理而赚到的那部分收益。在被动管理中,贝塔收益等于1,而阿尔法收益——根据定义——为0。我们也可以这样来看:贝塔收益是依靠投资计划制定的政策和策略赚到的收益,而阿尔法收益则是由投资管理人通过行使自己享有的自主权贡献的收益。

一般来说,在基金层面,并且对于大多数基金来说,从长期看,贝塔收益至少贡献了90%的投资净收益……如果扣除成本后的阿尔法收益为负,那么,贝塔收益通常要超过100%。因此,对于基金受托人来说,把注意力集中在赚取尽可能多的贝塔收益上是有道理的。

---

① 请参阅 Shefrin (2002)。

我们能够在投资组合的收益中发现一些具体的特点：在长期内可以获得相对于市场而言“系统”的附加风险溢价；在市场动荡时期，这种风险溢价有可能表现为收益增加或风险减小，而这些都被称为“风格”或“因子”。最著名的投资风格或因子有：价值型（增持低价股）和小盘型（增持小盘股票）已经存在很长时间，势头型（增持最近表现不错的股票）是第三种重要的投资风格。通常情况下，现在还会另外考虑三个因子：高质量（增持收益和增长潜力强劲且有弹性的公司的股票）、高收益（增持股息收益率高的股票）和低波动性（增持市场波动幅度小的股票）。这些风格和因子大多有情节相当精彩的故事来支撑它们的存在，至少有一些能证明它们在长期（如一个投资周期）内有可能创造增加值（但执行成本参差不齐）的经验证据。

这些风格和因子可以解释很大一部分传统上习惯称之为“阿尔法”的收益。这就是为什么有些人说“阿尔法收益是有待发现的贝塔收益”的原因。这么说的最大的好处是，这些可归因于这些因子的收益可以系统归因于投资基准和策略，因此可用更有系统性、基金董事会更加可控、通常也比主动管理成本更低的东西来取代阿尔法收益的“技能”特点。这种投资方式通常被称为“聪明贝塔投资”，或者最好是称它为“贝塔收益更高的投资”。这种投资方式正有代表性地成为养老基金股票投资标准模块的组成部分。如今，养老基金通常采用贝塔收益更高的策略来配置它们 20%～40%的公开股票市场投资。

负责任投资

负责任投资或“环境、社会和治理”投资是建立在以下两种理念上的：首先，投资的风险和回报不仅仅受到在评估风险和回报时发挥作用的财务因素的影响，更确切地说，还要受到环境、社会和治理因素的影响。因此，投资者显然有兴趣把这些因素考虑在内。其次，投资者和资产所有者确实对他们自己的投资产生影响，而且并不只限于他们的理财素养，因此有可能在环境、社会和治理方面取得更好的结果。

环境、社会和治理具有很大的全球影响力，特别是自 2006 年联合国推出《负责任投资原则》（Principles for Responsible Investment，PRI）以来。签署《负责任投资原则》的 1 800 名资产所有者和资产管理人代表着大约 60 万亿美元的投资。《负责任投资原则》一共规定了六条原则，其中前两条最为重要。原则 1 把环境、社会和治理问题纳入投资分析和决策过程，而原则 2 则要求我们成为积极的资产所有者，并把环境、社会和治理问题纳入我们的所有权政策和实践。这些原则的高明之处在于，它们采用非常一般化的表述手法，因此可以适用于动机和背景截然不同的投资者。

动机还是使命

资产所有者/管理人考虑环境、社会和治理问题的动机大相径庭，从纯粹的财务原因到对投资结果负有一定的责任等各不相同。我们在此列出一些可能存在的动机：

- 财务动机。如果环境、社会和治理会对投资结果产生重大影响，那么，基金受托人就有义务把它们纳入投资过程。
- 避免可能要付出的代价。许多投资以对社会造成负面影响的形式产生外部效应，如碳排放。我们进行这样的投资，也会隐含地产生这种外部效应，从长期看，我们可能会因此而付出代价。
- 理性的自利。从长期看，在一个关心环境和治理问题的世界上开展运营活动，符合资产所有者（当然是集体）的利益，因为环境和治理是产生长期回报的关键因素。
- 运营许可。养老基金受益人和更广大的利益相关者会对自己托付养老金储蓄的资产所有者/管理人提出不断变化的要求。那么，资产所有者/管理人的投资方式难道就不应该反映养老基金受益人的价值观？资产所有者/管理人是应该把养老基金受益人的要求考虑进他们的解决方案，还是把养老基金受益人的要求看作是问题？如果养老基金不能满足其受益人的要求，那么就很难获得运营许可。
- 使命。解决好环境、社会和治理问题是资产所有者/管理人必须履行的使命，也是养老基金受益人的心愿。

在实际中，许多养老基金兼有以上几种动机。投资管理人（有时也包括基金董事会）开始总是认为，在投资时兼顾环境、社会和治理问题，必然会增加成本。换句话说，进行更负责任的投资，就会降低投资回报，通常是因为考虑环境、社会和治理问题，就会缩小可选择的投资领域。然而，这是一种错误的观点。因为，一般来说，实际情况并非如此。现在有大量且越来越多的证据[1]表

---

① 相关综述，如可参阅 Friede, Busch and Bassen (2015)。

明，总的来说，最低限度的负责任投资不会对投资回报和风险产生影响，甚至有可能会增加回报并减小风险。因此，我们可以同时进行合理的投资和负责任的投资。换句话说，鉴于世界各国的养老基金都要履行受托责任，而且考虑环境、社会和治理问题甚至有可能成为强制性责任，因此有很大的行动空间来进行负责任的投资。不过，我们要提醒读者注意，一般证据并没有证明"任何负责任的投资都会带来回报"，就像投资理论没有说"投资分散化是有益的，把这只股票纳入您的投资组合也会产生回报"。

在确定使命时，注意养老基金对我们提请注意的问题的看法很重要，因为养老基金对这些问题的看法有可能对养老基金向参保人和其他利益相关者展示自己的方式产生深远的影响，而且也会影响到养老基金的投资行为。

负责任投资的实践

在过去的几十年里，负责任投资的实践获得了迅速的发展。最初，养老基金采取生硬排斥的做法，即把一些没有达到最低负责任标准的投资排斥在投资组合之外。例如，有违人权或涉及有争议的武器的投资项目往往会被排斥在投资组合之外。最近被排斥在外的投资项目是碳排放（在长期内对气候变化产生不可持续的影响）和烟草领域。第二种做法是对企业问题进行投票，现在被广泛采纳，但经常采取外包的方式。投票表决的一大好处是它不会影响养老基金投资组合的构成。第三种做法是参与，通常投资者与有关公司就某个特定问题进行对话，如碳排放或工作条件问题。这种做法往往采取投资者之间的合作或结盟的方式，因为这两种方式比单独行动有效。

在过去的几年里，当然是在欧洲出现了一种试图影响现实世界或者构建反映养老基金使命和身份的投资组合的明显趋势；而现在又出现了一种走向包容的趋势，这意味着养老基金只希望拥有那些具有符合其使命和价值观的品质和行为的公司和投资。另外，现在还有一种转向影响力投资的趋势，即资产所有者引导把资金投向对一个或多个与他们的使命相近的主题产生积极影响的领域和公司，如改善医疗保健和食品安全或避免全球气候变暖。

最近，有投资者开始考虑如何把联合国的17个社会发展目标（Social Development Goals，SDGs）融入他们的投资方式。未来的几年有可能构建一个有助于对投资进行分类的有效共同框架，从而方便投资配置，把投资决策委托给内部和外部管理机构，并且发布可持续发展问题的报告。

案例研究　荷兰医疗系统养老基金[①]

在经历了严重的金融危机后控制所有权并重新制定投资原则

背景

荷兰医疗系统养老基金是荷兰医疗系统雇员必须参加的强制性行业养老基金，它是荷兰第二大养老基金，有 240 万参保人。荷兰医疗系统养老基金的一个目标是根据工资上涨幅度对养老金进行指数化。2017 年底，这只养老基金受托管理的资产达到了 1 972 亿美元。自 2008 年以来，荷兰医疗系统养老基金和 PGGM（该基金的养老金交付机构）分开运营，后者负责投资咨询和实施等业务。荷兰医疗系统养老基金的董事会由雇主和雇员代表组成，并有一个独立主席。

面临的挑战

在经历了 2008～2009 年的金融危机后，荷兰医疗系统养老基金遇到了许多问题，但从本质上说，都是一些与“世界发生了重大的变化，我们的投资理念是否能反映这些变化”有关的问题。例如，“有效市场”范式并没有帮助这只养老基金阻止巨额亏损。待遇确定型养老基金不再自然就能获得运营许可。荷

① 本案例研究大量参考了 van Dam(2004)。

兰社会对养老基金的信任处于很低的水平。荷兰医疗系统养老基金认为必须以一种更加深入的方式把可持续性融入基金的发展规划。最后，但并不是最不重要的一点是，在成为独立实体之后，荷兰医疗系统养老基金开始在与服务提供商 PGGM 保持一定距离的情况下发展自己的身份。作为资产所有者，荷兰医疗系统养老基金觉得自己应该制定并执行自己的投资原则。荷兰医疗系统养老基金认为，制定并执行严格的投资原则，对于价值链上的各个合作伙伴采取共同的行动和使用相同的语言，具有重要的意义。

过程

这个被称为“白纸”(White Sheet of Paper)的项目从 2011 年底就开始做准备工作。这个项目在荷兰医疗系统养老基金的董事会内部得到了广泛的支持。董事会的全体成员都愿意在这个持续 18 个月的项目上花很多时间。具体而言，6 名董事(大多数是投资委员会的成员)，包括董事长，都能够并且愿意每周为这个项目安排一天或更多的时间。他们被证明是推动这个项目的主要力量，既激励了荷兰医疗系统养老基金的董事会，也为 PGGM 指明了发展方向。

为了激发新思想，他们采取了所谓的“由外而内”观。这个基金尽职的董事会成员自己承担了在全球范围内征集最佳投资理念的责任。这个最终成就新的投资框架的过程，由基于以下三个支柱的“问题金字塔”构成：“我们如何以一种(1)符合我们的财务目标，(2)能充分整合可持续性并且(3)易懂、可控的方式进行投资?”

在这个过程中，荷兰医疗系统养老基金的 6 名董事走访了遍布世界各地的 30 多名行业专家，其中有 APG 的安吉丽娜・科姆纳(Angelien Kemna)等同行，还有基斯・阿姆巴赫舍尔(Keith Ambachtsheer)等咨询顾问以及安蒂・伊尔曼恩(Antti Ilmanen)等研究人员。此外，一些持有不同理念的人士也应邀参加了荷兰医疗系统养老基金董事会的全体会议，并被要求非常明确地回答董事们提出的问题，如“荷兰医疗系统养老基金应该继续做什么?”“荷兰医疗系统养老基金应该进行哪些变革?”“荷兰医疗系统养老基金应该停止做什么?”结果，引发了一场非常激烈且发人深省的辩论。

在这个过程中，董事会安排专门人员对访谈和会议讨论做了非常认真的记录，并且整理成了书面材料。董事会的每次会议都出了简报，记录下了董事们在会上的发言。以上所说的基于三个支柱的“问题金字塔”，每个支柱的“问题金字塔”都形成了“支柱文件”,并且根据这些“支柱文件”形成了最终文件。

结果

以上这个过程的结果就是荷兰医疗系统养老基金出台了《2013～2020 年投资框架》。这份 12 页厚的文件简要描述了荷兰医疗系统养老基金的身份和目标、已经变化了的运营背景以及规范未来投资的 16 条信念和原则。下面,我们重点介绍由以上过程产生的部分投资原则。

- 可持续性。这几条原则从以下两个方面为进一步的可持续发展奠定了基础:(1)证明了荷兰医疗系统养老基金负有实际促成可持续发展世界的责任的逻辑;(2)可持续发展的世界是在长期内产生充分投资回报的必要条件。换句话说,从长远看,荷兰医疗系统养老基金不能把一个促成可持续发展的系统看作是一种外部性;可持续发展的概念也包括金融体系的健康。这几条原则假设荷兰医疗系统养老基金能够具有重要的影响力,也被称为“对金钱的控制力”。
- 这些原则也涉及该基金与投资管理人之间的委托代理问题。荷兰医疗系统养老基金要求建立长期的合作关系,并承认“已经坐失了许多机会”——一些以代理成本、短视和实际成本等形式出现的必须在与投资管理人的关系中予以解决的漏洞。此外,还要寻求实现目标和实际投资管理之间的直接联系,从而超越“如果我能战胜基准,那么就是出色地完成了投资管理人的工作”的观念。毋庸赘言,我们需要时间才能打造长期观念并把除战胜基准以外的其他目标整合在一起。
- 简单和控制。此外,这些原则所针对的问题是“基金董事会怎样才能对政策制定和执行进行全面的监控”和“必须制定有多复杂的投资解决方案才能实现投资目标”。这些原则再次要求勤俭节约:尽可能保持解决方案的简单性,并且必须十分明确,通过增加投资资产类别或提高投资复杂性来创造预期的增加值。

荷兰医疗系统养老基金的董事会在 2013 年 6 月审议通过了这个投资框架。为能按照投资框架实施投资,董事会又通过了 2014～2020 年战略投资计划。这项计划把投资框架分解为 11 个操作流程,并制定了截至 2020 年的执行路线图。这份计划构建了一个以有控制的方式进行转型性变革的框架,同时为防止分析瘫痪(analysis paralysis)对“干中学”表示支持。

为实现卓越投资可总结的经验教训

- 必须舍得花时间和集体精力来制定需要有关各方共同遵守的投资原则。
- 基金董事会应该制定自己的投资原则，否则与资产管理人总是发生摩擦。
- “由外而内”观有利于激发新思想，也有助于避免对指导当前实践的原则进行轻描淡写的书面总结。
- 必须推动形成文字的投资原则付诸实施。在制定投资方案时，您应该能够自问“这个投资方案是根据您的投资原则制定的，并且符合您的投资原则”。

第四章　把投资信念作为指导工具

关键结论

- 投资信念是方便基金董事会或投资委员会治理投资的有效工具，可用来指导并约束投资决策。
- 好的投资信念深深植根于理论和经验，但同时也应该很好地实际适应秉持它们的基金组织。
- 在我们看来，基金的投资信念应该由基金的董事会秉持，并由基金的董事会和投资机构分享。
- 基金的投资信念要指导基金未来几年的决策，因此不应该只用一个下午的时间就决定下来。基金的投资信念应该有助于基金受托人掌握投资过程的控制权。
- 有些投资信念比其他投资信念更有证据基础。这虽然不是什么问题，但需要明确。
- 简单易懂的投资信念可以帮助我们规避陷阱。

基金董事会在确定了基金的宗旨、使命和目标以后，就可以采取下一个步骤，专注于投资管理流程设计，即开发投资信念。投资信念之所以重要，是因为它们能营造有利于投资创造价值的环境。那么，立志在资本市场上取得成功的投资机构应该构建怎样的核心竞争力呢？机构投资者应该如何看待资本市场？

这是一个看似显而易见的战略问题，但迄今为止很少有文献提到这个问题。[①]克拉克和厄温(Clark and Urwin)的研究表明，奉行最佳实践的基金总是把投资看作是一个建立在投资信念上的核心战略要素，而投资信念则经得起合乎逻辑、明智辩论和发现新证据时进行临时修正的考验。[②]

在这一章里，[③]我们对投资信念进行定义，并且说明投资信念对基金董事会非常有用的原因。然后，我们考察投资信念的用途，并深入讨论如何开发投资信念的问题。

投资信念为什么重要

投资信念比我们知道或者希望的还要重要。每一种投资方式至少都是隐含地建立在一套投资信念之上的。投资信念倘若是在深思熟虑以后形成的，并且得到不折不扣的执行，那么就是迈向卓越投资的重要一步，也是养老基金在金融市场长期存续的重要一步。在金融市场上，基金受托人倘若能够认真考虑"为何"和"如何"之类的问题，那么就会发现自己处于有利的位置。经过深思熟虑发展起来的投资信念以及它们的实施和组织都是有用的，我们可以通过投资信念形成对金融市场如何运行及其对基金的投资策略和组建会产生什么影响的看法来解决"为何"的问题。投资信念虽然隐含在每一项投资决策或策略中，但被明确表达出来的情况并不常见。[④]

要发现投资信念并不难。实际上，投资者和基金受托人每天都在宣示、践行或者忽略投资信念，这有时会给他们带来危险。请想想基金受托人的下列(假设的)陈述：

- 基金受托人1："这是一种非常特殊的情况，最好按兵不动。"
- 基金受托人2："股市跌得如此厉害，我们应该考虑暂时推迟战略性投资组合调整。"
- 基金受托人3："我们应该对股市的长期走势保持信心。"
- 基金受托人4："我们把这类问题委托给投资管理人解决，因为他们能够

① 请参阅 Ambachtsheer (2004)，Ambachtsheer and Ezra (1998)，Ang (2014) or Damodaran (2013)。

② 请参阅 Clark and Urwin (2008b)。

③ 本章部分参考了库代克和斯拉格(Koedijk and Slager，2011)的第3章。

④ 请参阅 Raymond (2008)。

抓住市场机会。"

• 基金受托人5:"可持续性可以改善投资的回报/风险。"

所有这些陈述都代表了不同的基金受托人对金融市场运行方式的不同看法。第一和第二个基金受托人认为,过去的事件不能用来指导未来,而第三个基金受托人可能对股市即使在低迷的情况下也会反弹抱有坚定的信念。第四个基金受托人在他关于委托的讲话中表示,专业化和接近金融市场能够发现其他投资者看不到的额外信息和投资机会。最后,第五个基金受托人认为,同时关注非财务信息能帮助投资者更好地形成大局观,从而做出更好的投资决策。这些例子表明,作为投资者,无论您做什么,您的信念都支撑着您的推理和行动。在关注投资信念的用途之前,我们应该先把目光放远,想想为什么不同的人在投资信念的问题上存在如此巨大的意见分歧。这个问题很重要,因为投资者和投资顾问往往会拿出大量研究结论作为证据,从而极大地影响基金董事会在战略性资产配置、投资风格或风险胃纳等方面的选择。事实上,基金董事会里有谁会出面质疑投资研究的结论呢?不过,投资信念之所以很重要,是因为我们不是在处理传统科学领域的问题,认识到这一点会产生重要的影响:在我们的投资决策中,指导我们的是务实的投资信念,而不是证据确凿的研究结论。

在过去的50年里,投资理论和实践取得了巨大的发展,但仍然没有一个客观或普遍适用的框架可用来观察资本市场,并且把相关见解应用于投资。[①] 在20世纪50年代,投资理念可简单地归结为:在认真分析公司的损益表和资产负债表的基础上选择股票,并决定投资组合中应该包括哪些证券。对于证券分析的鼻祖格雷厄姆和多德(Graham and Dodd)来说,[②]根据公司的会计记录来确定财务比率,是投资决策的一个关键因素。

马科维茨(Markowitz)的研究成果[③]发表以后,从20世纪60年代起,投资领域发生了范式变化。马科维茨专注于研究如何把股票组合成投资组合,从而在可接受的回报率水平上最大限度地降低风险——"不要把所有的鸡蛋放在一个篮子里"的原则。马科维茨的主要研究结论是:构建投资组合比选择个股或把握市场机会更加重要。

20世纪70年代,有人提出了系统风险的概念。在20世纪80年代,主动管

---

① 请参阅 Lo (2005)。

② 请参阅 Graham et al. (1951)。

③ 请参阅 Markowitz (1952)。

理——旨在获得高于基准的超额回报——与被动管理如出一辙，巧妙地把在不同市场上的投资组合在一起，赋予投资者他们想要的系统风险和回报。20 世纪 90 年代，新的投资策略依靠只有 25 年历史的衍生品市场，取得了天文数字般的发展。这些概念后来又获得了进一步的发展。自世纪之交以来，主动管理越来越意味着在不考虑基准的情况下赚取绝对收益，而投资管理人则宣称，他们已经通过利用金融市场的低效率（主动管理）和精巧的金融工程之间的"美满婚姻"把系统性风险控制在适当的范围内。例如，这在因子投资中可窥见一斑。上述各种资本市场观依旧同时并存，有时能和睦相处，但有时则彼此不和。

但是，没有一种资本市场观能被明确认为是正确的。有三个原因导致投资和金融理论根本无法像自然科学理论那样令人信服。[①]

首先，金融学是一门相对年轻的学科。现代金融学大概只有 50 年的历史，而其他学科则历经数百年的发展。金融学的主要理论还没有通过"路考"，它的基本前提（还）没有最终的定论。例如，30 多年来，经济学家们就金融市场能否有效定价的问题展开了激烈的争论，但迄今仍没有得出结论。

这样的争论对基金董事会产生了深远的影响。那么，应该相信谁呢？那些相信市场有效的人士提倡指数化和其他被动策略，如"买入并持有"，以度过价格周期的高峰和低谷。相信市场低效或无效的人士通常会投资于他们认为价值被低估的股票、行业或资产，而且并不忌讳"市场时机投资"。[②]

金融数据有很多"噪音"，我们需要付出很大的努力才能从价格信号中挖掘出有用的信息，而模型预测未来收益的能力通常较低。从本质上讲，投资管理是一门社会科学，因为市场是由人驱动的。真正科学的投资理论应该建立在根据明确规定我们未来如何从 A 点到达 B 点并已经得到证明的自然法则导出的公式之上。[③] 例如，基于这样的自然法则，我们可以相当清楚地知道哈雷彗星何时接近地球，并且也可以准确地预测一辆以 120 公里的时速行驶的汽车刹车后需要多长时间才能完全停下来。模型是根据质量、重力和速度等都可以明确定义和精确度量的元素构建的，因此可用来做出精确的预测。[④] 正是因为我们没有任何得到证明的自然法则可用来支撑社会系统的表现，所以，我们无力创立

---

① 请参阅 Raymond (2008)。

② 请参阅 Brav et al. (2004)。

③ 请参阅 Sherden (1998)。

④ 请参阅 Gray (1997)。

能够解释经济和金融市场的科学理论,而且也不可能对经济和金融市场进行科学的预测。因此,经济学家选择一种次优方法来构建诸如效用或风险容忍度等衡量标准来效仿硬科学。分析师们确实根据理论来预测,但这些理论并不是自然法则,也无法与自然科学可用的科学方法相比。分析师使用的模型适用性有限,因为衡量标准具有其内在的不稳定性,并且难以客观构建。例如,每个人的风险容忍度,或者金融危机前、后的风险容忍度大相径庭。

区分投资管理和经济学与硬科学的第二个因素是,譬如说,物理学可以通过对照实验来检验假设,但在经济学和投资领域却很难做到这一点。[①] 经济学家创造性地通过收集尽可能多的数据并从中寻找"公分母"来规避这种限制(当股票上涨时,债券的平均价格并不会以相同的幅度上涨)。或者,我们关注能让一切运转起来的行为主体——因此行为金融学的研究急剧增加。虽然我们几乎不可能创建通用理论,但对人类结构性的规律行为和结构性的不规律行为进行建模是一种很有前途的方法,因为人类的行为有一种持续很长时期的趋势。但是,即便这样,我们对人类行为也只能是一知半解。关于人类行为,我们对市场反应过度的原因有相当清晰的认识,但我们仍无法回答股市会在多大的程度上,或者在多长的时间里反应过度,而这正是投资管理人渴望得到的答案。

至少,我们仍然不能在受控的环境下进行实验并得出一般结论。我们的一般理论充其量只能进行结果并不比仅仅是天真的猜测更加可靠的预测。[②] 这个发人深省的问题应该能在基金受托人关于投资管理的不同争论中引起共鸣。这就是为什么有那么多的争论从来没有真正得出明确的结论,而是不断纠缠着投资者和基金受托人的原因。主动管理——最终目标是赚到超过基准的收益——的支持者和被动管理的同情者一样,都有足够多的轶事证据或研究形式的"枪支弹药"来反向证明自己对对方的看法。

这就引出了把投资科学与自然科学分离开来的最后一个原因:有些人有能力从根本上影响经济和金融的发展方向。[③] 政策制定者通过货币政策来影响经济增长、通货膨胀以及作为货币政策副产品的竞争力;而在微观层面,雄心勃勃的投资管理人有能力通过套利来消除市场上存在的任何低效现象。随着我们的进步,我们不断积累知识,并且改进模型设计,这样做的一个正面结果是,投

① 还请参阅 Gray (1997)。
② 请参阅 Sherden (1998)。
③ 请参阅 Gray (1997)。

资者和政策制定者可能会采取一种更适应形势的方法。例如，当 2008 年信贷危机的严重性变得明显时，监管机构和政府迅速采取行动。虽然我们可以讨论这些措施的有效性问题，但毫无疑问，决策主体肯定已经从之前的危机中吸取了教训。金融市场及其参与者一直在学习和适应。因此，现代观点认为，金融市场是一个适应性很强、充满活力的生态系统。但是，如果投资者能够影响金融和投资进程，那么也就意味着我们不能想当然地认为，金融市场可以按照同一套静态信念来描述。每一代人对宏观经济政策制定和投资者态度都有不同的心智框架，他们还会从以前的事件中积累知识，从而导致假设历史会重演变得有风险，甚至是非理性的。

投资信念接受无法把经济和金融浓缩成可靠的预测模型的现实，并且反映一种关于市场参与者如何在资本市场上学习或者学习失败的观点。我们认为，投资信念体系或者投资理念由基本信念、与理论有关的信念、与战略有关的信念和与组织有关的信念等四个主要元素构成。

投资信念的基本要素

树立投资信念并不是改写“独立宣言”的竞赛。树立投资信念的目的是很平凡的：形成支持投资过程中重要选择的信念，就支持这些信念的理论或假设达成一致，并确定在投资过程中坚持投资信念会产生怎样的结果。例如，您受托管理的养老基金如何看待投资分散化？投资分散化的真正目的是防范意外的金融冲击、经济下行还是通货膨胀？即使是对待像投资分散化这样相对简单的概念，做好充分准备的基金受托人也应该形成关于投资分散化对基金意义的观点，并且把观点转化为政策或策略。图 4.1 给出了据以确定和执行投资信念的框架。

基本的投资信念通常被表述为观察金融市场上人类行为发生机制的结果。“投资分散化是免费的午餐，但并非总是如此”的观点就是一个例子。投资信念接受经济学和金融学作为学科不能用可靠的预测模型来表示的现实。“信念”一词反映了投资者可以选择以不同的方式来解释观察结果或行为发生机制的事实。

其次，投资信念必须有充分的理论和基本原理支撑。投资信念是不是反映一种会在不远或遥远的将来重新出现的持续现象？这种现象是否有合理的存

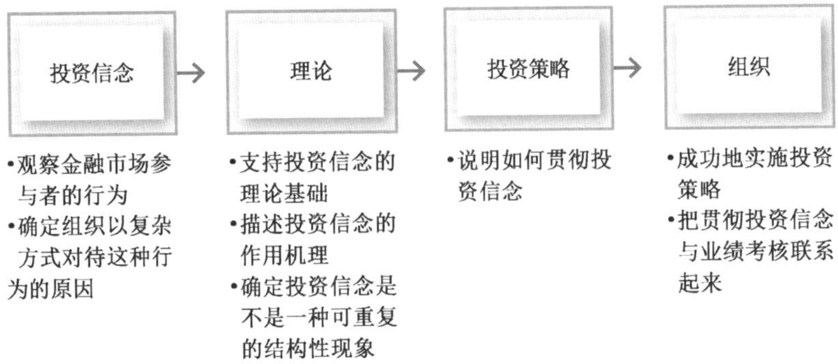

图 4.1 制定和贯彻投资信念的框架

在原因？我们能否预先确定与投资信念直接相关的业绩衡量指标？如果在金融市场上观察到一种机制，但却找不到理论根据，养老基金应该不愿在自己的投资策略中应用这种机制。

养老基金必须制定适合自己的投资策略，具体落实如何贯彻投资信念。投资策略一般具体规定：(1)投资规则；(2)执行投资规则要用的参数；(3)可用的投资工具；(4)适合投资规则的期限。投资规则可以十分简单，通常使用“如果……那么……”的句法。例如，如果一种资产看似价值被低估，那么就应该在投资组合中增持这种资产。投资策略确定以后，就必须有一个机构负责实施，或者选择并监督合适的投资管理人来做这件事。

因此，投资信念倘若是根据某种理论确定的，有支持它的论据，有执行它的投资策略和支持它的投资组织，那么就是切实可行的。那么，投资信念对于基金受托人来说有什么用处呢？树立投资信念首先需要自律，自律对于治理预算很重要，因为能够节省大量的会议时间，并迫使任何复杂的新战略方案都要考虑简单的问题，如“这个方案合适吗？”以及“它能增强投资信念？”投资信念并不需要每年进行重大修改，但金融市场和相关研究是动态、不断变化的。要想让投资信念不断发展，养老基金或投资机构必须为重要的辩论留出空间，以便有时间讨论新的研究结论和观点，在必要时对现有投资信念进行调整。

加拿大阿尔伯塔省的地方政府养老金计划(Local Authorities Pension Plan，LAPP)就是这方面的一个例子。这个养老金计划是阿尔伯塔省地方政府为自己的雇员设立的待遇确定型养老金计划，采取一种实用的方法制表把每种投资信念转化为投资政策。[①] 这个养老金计划的一个投资信念是“资产组合政策是投资风险/回报权衡或为计划筹资可接受的资产/负债不匹配程度的关键决定因素”。为了贯彻这个投资信念，“这个养老金计划的资产组合仍将成为董事会实现其投资目标的主要工具，并采用一种整合资产和负债预测的方法来构建。”

如何形成一整套投资信念

形成一整套投资信念具有重要的意义，而同样重要的是应该有专门的机构来负责贯彻投资信念并监督贯彻结果。如果风险管理是核心的投资信念，那么，您所服务的组织就应该制定风险预算程序，对投资过程各个环节的工作进行考核和监督。同样，只有在您愿意努力弄清真正能够推动投资分散化的因素，并且理解如何制定新的策略才能提高投资分散化质量的情况下，把投资分散化作为一种投资信念才有意义。有几种显而易见的投资管理方法可用来构建——包括一些有牢固的实践和学术文献基础的投资信念在内的——投资理念。

任何投资计划都需要有投资策略与治理资源来配套。与其试图为每项投资计划安排最新的另类资产策略，还不如在执行某些投资计划时坚持购买熟悉的资产类别或跟踪熟悉资产类别的市场指数。重要的是要选择复杂程度最合适的资产组合，而不是选择尽可能复杂的资产组合。之所以会出现从主动投资委托到被动投资委托的转变，不仅仅是因为基金认识到自己所跟踪的指数在长期内击败了大多数主动投资管理人，而且还因为对于那些像许多小基金那样没有能力为选择和监督主动投资管理人以获得最佳收益而进行充分深入的研究的基金来说，这也是一种正确的方法。

在这一节里，我们把上述投资信念总结为“新手的工具包”：如果我是一名新晋受托人，或者正在管理一只基金，那么就需要了解我受托管理的基金怎样才能贯彻这些投资信念。如果我受托管理的基金还没有形成有关投资信念的明确观点，那么应该从哪个起点着手做起呢？我们将介绍八种投资信念，它们应该是所有战略性资产配置评论或讨论的起点。

---

① 请参阅 LAPP’s Statement Of Investment Policy And Goals (2018)。

表4.1介绍了八种投资信念，差不多囊括了许多养老基金董事会开会讨论的全部投资信念，而且每个投资信念都得到了一个或多个有关“这个信念为什么对于养老基金重要”以及“有什么证据可以证明这一点”的理由的支持。此外，我们列出了投资信念一旦被采纳会对养老基金的资产组合管理可能产生的影响。

表4.1　　八种投资信念和采纳它们的理由

投资信念	理　由	可能产生的影响/如何利用这个信念
信念1：战略性资产配置是投资过程中最重要的决策	这可能是投资理论的基础知识，但无论如何都需要重视和理解：资产配置决策是目前基金风险/回报配置最重要的决定因素。这种观点早在20世纪80年代就已经形成，但至今仍然有效。因此，基金受托人和投资委员会应该把重点放在战略性资产配置上，检查资产配置是否稳健，足以适应不同的情况，并且质疑新的投资策略是否真能改善资产配置。这样的简单质疑比其他任何形式的质疑都更加有助于基金的长期健康发展	·确定战略性资产配置构成，进行调整，创建监督治理机制，但不要频繁变更资产配置 ·关注一小部分重要的风险溢价
信念2：主动管理未必能够取得成功	这个投资信念传递的主要信息是：在默认的情况下，我们采用被动策略进行投资。这种策略对养老基金来说枯燥无味，并且令资产管理人感到失望，但却非常有利于养老基金的参保人。只有在我们清楚造成异常情况的原因，并且非常相信（我们选聘的）资产管理人能在未来反复利用异常情况，他们也愿意和我们商定反映他们自己信心的业绩计划的情况下，我们才可以采取主动策略。但即便如此，如果涉及外部资产管理人，我们也必须明白，聘到赢家的可能性非常小。我们要抵制仅仅因为投资于特定地区或资产而授予主动投资权力的诱惑	·除非有充分的理由相信主动管理会带来回报，否则只能采取被动管理策略 ·在这种情况下，选择投资方法极其严谨的资产管理人；宁可选择这样的资产管理人，也不选择业绩最好的资产管理人
信念3：成本决定净收益	关于这个信念的基本直觉是：在其他条件相同的情况下，较低的成本就意味着较高的净收益。成本是确定的，而收益则是不确定的。许多有关未来收益核心驱动因素的研究表明，成本是决定收益的关键因素。如果某个养老基金必须在两个类似的投资项目中做出选择，建议选择成本较低的项目。在实践中，基金受托人通常不可能面对如此明确的选择，但有一点可以肯定：高成本并不能保证高业绩；准确地说，事实可能恰恰相反。因此，养老基金管理人应该始终设法发掘与投资相关的全部成本（尤其是隐性成本），并且尽量避免承担交易成本	·除非有充分的理由相信主动管理会带来回报，否则只能采取被动管理策略 ·在权衡成本与预期增加值时，某种投资策略的预期增加值应该是预期成本的3倍：如果投资策略的预期成本是投资额的40个基点，那么，合理的预期增加值应该是120个基点。如果情况并非如此，那么，基金就不应该采用这种投资策略

续表

投资信念	理　由	可能产生的影响/ 如何利用这个信念
信念4：只有少数几种风险溢价值得追逐	风险溢价各不相同。有些风险我们必须承担(如通胀、利率、参保人长寿)，而其他风险可以选择(如股票，非流动资产)。我们觉得，从长远看，我们并不一定能赚到风险溢价，因此，不要盲目地把均值回归作为基本原则来接受。我们必须评估我们可以承担哪些风险以及我们由于要在多长的时间里承担风险而应该期待多高的最低收益。例如，我们可能会认为自己在赚取股票风险溢价和流动性风险溢价方面处于特别有利的位置，但在赚取外汇风险溢价方面处于比较不利的位置	·只投资于我们认为在适合我们的时间范围内能获得收益的风险溢价 ·要尽可能避免承担我们认为不会有回报的风险，以合理的成本对冲没有回报的风险
信念5：简单有利于取得成功：使治理与策略相匹配	养老基金要用别人的钱来投资。我们是金融机构，而我们的存在则建立在基金参保人长期信任的基础上。无论某项投资有多么复杂、多么有创新性或吸引力，我们都必须对它负百分之百的责任。如果我们事先知道我们不能承担这样的责任，那么就不应该进行任何投资，无论投资建议多么诱人	·在投资策略、投资工具和执行方式方面，我们坚决支持简单，而不是复杂 ·必须有明显的回报才可以提高投资策略的复杂性 ·无论是投资策略、投资工具还是执行方式都不应复杂到基金董事会下设的投资委员会无法理解或控制的程度
信念6：我们只有在达成何时退出的共识就能退出的情况下才能进行投资	我们清楚金融市场和我们自己都会出现行为偏差。我们要通过事先明确我们对某项投资的预期、它如何强化我们的投资信念、我们将如何以及何时评估投资结果，特别是在什么条件下退出投资等问题，来避免在未来重复犯同样的错误。这是我们治理程序不可或缺的内容，而我们这样做是为了从错误中吸取教训，改进我们的治理程序，避免犯人为的错误	·对于每一项投资，我们都会在投资前明确说明我们会在怎样的条件下退出投资，这是一条从外部引入的作用很大、有约束力的决策规则 ·我们有正常的诱惑恐惧感。只有在有非常充分的理由的情况下，我们才能不遵守这条决策规则。实际上，这种情况发生的频率不应该超过1%
信念7：可持续性是机遇，而不是必然性	我们认为，如果养老基金的参保人看重社会、道德和环境标准，我们就应该在投资时极大地关注这些标准。我们是在有共同感的风险管理的驱动下才这样做的。我们能够把(长期持有投资的)未来风险降低到最低程度，从而为基金增加长期价值，并惠及基金的参保人和利益相关者。我们通过正反两个方面的筛选来选择最具可持续性的投资策略。例如，治理有方的市场和公司才会产生高回报	·我们不做治理质量差的投资 ·在约束条件下，我们更喜欢环境、社会和治理评分较高而不是较低的项目 ·我们不做存在重大环境、社会和治理风险的投资
信念8：不采取顺周期行为有好处	对长期资产所有者来说，最大的挑战就是通过调整、构建资产组合，甚至在特殊情况下主动消除风险，来防范顺周期投资行为。例如，想要赚到战略性资产配置预期的风险溢价，就必须定期对资产组合进行调整，即出售已经增值(从而导致预期风险溢价减少)的资产，并且买入已经减值(从而导致预期风险溢价增加)的资产。只有避免采取顺周期行为，这种资产调整才会奏效。与此同时，不采取顺周期行为，有助于发现在市场表现出过度悲观情绪的地方有可能存在的投资机会	·我们制定了由模拟支持的有约束力的投资程序，并且就董事会如何推行其政策的问题交换意见 ·我们定期进行所谓的"预先检验"，识别我们何时会冒险采取顺周期行为，并确定应对措施

虽然不可能每年都发生巨大的变化（在这种情况下，我们可以简单地回到制定来年的书面投资计划或方案的环节），但仍然应该每年对基金采纳的投资信念进行评析。投资信念应该为理性辩论提供依据，而不仅仅是用来装点网站的文字。这就意味着，要想成为自信的金融市场参与者，就必须有彼此完全匹配的投资信念、投资策略和投资机构。能做得更好的话，有时可以摈弃一些投资信念，或者根据基金对金融市场的看法，对已经采纳的投资信念进行调整。

（如果需要的话）在什么情况下应该改变投资信念？

如何才能确保为基金确定的投资信念能够经受住时间的考验，是基金董事会经常要开会讨论的问题。

判断投资证据和建议是复杂的事情。投资证据和随后的建议都会让投资者和基金受托人产生不同程度的信心。证据的来源可以从基于小数据样本或案例报告的研究到利用经过多次重复以减少偏差的大数据集的精心设计的研究不等；或者，在没有太多证据可用来树立信心的情况下，只能进行合理的推理。

在讨论投资信念并决定可在多大程度上信任它们（和根据它们来配置资产）时，与医疗行业进行类比，应该是有意义的。[①] 就如同医疗行业，确定并推行一种对支撑投资信念的证据的质量（也称为“证据确定性”或“效果预估置信度”）和支持投资信念的建议的强度进行评级的通用、透明和明智的方法。这种方法根据对证据的评估把建议区分为强式建议和弱式建议。采纳或不采纳一种投资信念的建议，应该通过比较采纳这项建议后可能会产生的可取和不可取预期结果来评判。与这种比较相关的不确定性将决定建议的强度。表 4.2 中列示了评判建议强度的标准。

因此，现在的问题是，我们如何衡量投资信念的作用？有一条简单的经验法则可以指导基金董事会做好这方面的工作。[②] 支持投资信念的证据质量越高，基金董事会就越能根据投资信念来制定投资策略和配置资产；反之亦然，支撑投资信念的证据质量越低，基金董事会就越不应该根据投资信念来制定投资策略和配置资产。这是检讨和评估的一个有用的出发点。在评估中，基金董事

---

① 请浏览 http://www.gradeworkinggroup.org。

② 请参阅 Guyatt et al.（2008）。

会或投资委员会可以在出现严重偏倚风险，结果越来越偏离预期结果或者预期会出现发表偏倚时“降低”投资信念质量的等级；相反，如果数据集扩容，或者影响似乎比预期更加持久，那么可能就意味着投资信念质量的提升。

表 4.2 支持投资信念的证据和质量①

质量等级	理 由	例 子
高	对提交的证据很有信心；新的研究不会产生新的洞见；可以假设实际结果十分接近估计结果	战略性资产配置的作用，成本的作用，回报/风险权衡；主动/被动策略
中	对提交的证据有一定的信心；实际结果很可能接近估计结果，但也有可能存在实质性差别	因子投资研究；风险溢价；厌恶风险
低	对提交的证据信心有限：进行更多的研究或采用不同的方法，很可能会改变结果	影响力投资
很低	对提交的证据几乎没有信心：只要进行新的研究，就很有可能改变结果	很多较小的因子；简单的阿尔法收益追逐策略；声称掌握投资技巧的投资者

如何(不)利用投资信念

从投资管理的角度看，投资信念是有用的，可以用来为养老基金甄别主要的相关决策并指导投资过程。但是，投资信念也会以消极的方式考验组织的意图和表现。基金组织在它的投资信念和投资过程属于以下一种或多种类型时就会遇到麻烦：

- 基金组织只是从行业引领者那里抄袭投资信念，但并不真正清楚投资信念重要的原因。在许多行业里，这样做可能是一个明智的举动，但在投资业未必如此。乔希·勒纳(Josh Lerner)考察了耶鲁大学捐赠基金取得成功的原因，结果发现这只基金的成功在很大程度上与工作人员具有的特殊素质和资源的特别质量以及他们在配置新资产和制定新策略方面的“先发优势”有关。任何效仿耶鲁大学捐赠基金模式的其他基金，往

① 还根据把建议评估、发展和评价打分法扩展应用于投资的做法。请浏览网页：http://www.gradeworkinggroup.org。

往只有一般水平的工作人员,而且在配置新资产和采取新策略方面也只有“后动”劣势。这种情况可能在某种程度上概括了许多养老基金曾经的处境:它们在 20 世纪 90 年代末采取投资于另类资产和对冲基金的分散化策略,直到金融危机爆发 10 年后,才由于业绩令人失望而逐渐减少这样的投资。

- 注重结果的投资信念。我们可能会遇到这样一种情况:一种想法一开始可能并不好,但如果结果很好,基金受托人和投资管理人会逐渐接受认为这种想法可能是好的想法的观点。统计学家称之为第一类(假阴性)误差和第二类(假阳性)误差。例如,一只养老基金在不加考虑的情况下就把 15%的资金配置在大宗商品上。这是一个很高的比例,可能会被认为是不谨慎之举。大宗商品价格上涨,显然能证明他们做的是对的,并且引发了一场关于这只基金的董事会是否应该在大宗商品上配置更多资金的辩论。这里的问题是:好的结果被误称为好的想法。如果基金董事会不能明确阐述自己的假设,那么,在投资回报发生反向变化时就会迷失方向。
- 没有付诸行动的投资信念。确定投资信念而不执行,有可能造成声誉风险,这对荷兰的一些养老基金来说并不是什么新鲜事儿。2007 年,有些荷兰养老基金因宣称对可持续发展的承诺而受到了诟病,因为有记者轻而易举地发现有些荷兰养老基金并没有履行它们对可持续发展的承诺。有些养老基金确定自己的投资信念,并把它们付诸行动;而有些养老基金虽然确定了自己的投资信念,但没有付诸行动。在后一种情况下,这些基金确定的投资信念起不了作用。
- 简化投资信念有弊无利。我们不能简单而有效地判断投资信念是赞成还是反对主动投资或被动投资,因为赞成还是反对主动投资或被动投资,具体取决于它们在投资过程中的地位、市场和所要求的技能,这里仅列举几个因子。在基金追逐收益的过程中,欧洲和美国被贴上了“老牌国家”的标签,而新兴市场国家则被贴上了“新兴国家”的标签——较有吸引力的国家。新兴市场的确扮演着重要角色,但也有大量关于金融结构、国家治理质量和经济增长的研究文献披露了一些令新兴市场信徒不快的信息。但是,仍然有人认为新兴市场更具吸引力。由此可见,这些人喜欢在简化投资信念的过程中丢弃部分信息。这种情况导致简化变得十分危险。

- “我坚信……”这里引用叶芝（Yeats，爱尔兰诗人、剧作家。——译者注）一段包括以下几行在内的诗句：“最好的人信念全无，而最坏的人激情满怀。”[1]如果信念不坚定，研究和论证就会集中在结果应该是什么上，而不是从一开始就质疑假设。反之，我们也应该以怀疑的态度去对待没有合理假设或确凿证据的信念。养老基金的很多资金就是根据这些投资信念投出去的，因此，规定尽可能客观地讨论和评价投资信念的程序非常重要。

① 引自威廉·巴特勒·叶芝（William Butler Yeats）的诗歌《第二次降临》（The Second Coming）。

案例研究　新西兰养老基金[①]

从一开始就把自己打造成以长期回报最大化为使命并以与基金长期性质高度一致的方式考虑气候变化问题的全球化投资基金

背景

新西兰养老基金(New Zealand Superannuation Fund,NZSF)是 2001 年从头开始创建的,并从 2003 年起开始投资。这只基金对于新西兰来说是一个现在存钱使未来养老金支出更容易负担的工具。从一开始,这只基金就关注并学习全球最佳实践。2018 年 3 月,该基金已经达到 380 亿新西兰元(约合 250 亿美元)的规模。[②] 新西兰养老基金虽然是政府节省未来税收的工具,但由完全独立的实体管理。新西兰政府和该基金明确分离,这就意味着这只基金能够独立进行长期投资决策。这只基金具有真正的长期特点:在 2080 年之前不会达到它的最大规模。自成立以来,这只基金的业绩就远远领先于它为自己确定的基准。它的一个基准是由 80%的股票和 20%的固定收益证券组成的被动参考资产组合(passive Reference Portfolio)。这只基金的董事会把全部投资决策都委

---

① 本书作者在得到新西兰养老基金的善意允许后引用了该案例研究的部分内容。请参阅 Working Group on Climate Change (2018)。

② 请浏览 https://www.nzsuperfund.nz。

托给它的投资团队,但不包括选择参考资产组合成分证券。基金董事会自己决定参考资产组合构成。新西兰养老基金必须以一种不会损害新西兰作为国际社会负责任成员的声誉的方式运行。

面临的挑战

这只新西兰养老基金在过去的几年里遇到了一个重要问题:在进行投资决策时是否应该考虑气候变化问题?如果应该考虑,那么,如何来考虑?通过一种根本上符合其信念的深刻方式来考虑气候变化问题,这只基金成功地创造了一种完全符合其长期性质和财务使命的投资方式。

过程

把气候变化问题纳入投资过程并不是一朝一夕就能做成的事情,关注气候变化的投资策略已经酝酿了很长时间,并且让新西兰养老基金重新关注最基本的问题,开始思考如何把防范气候变化的风险反映在投资信念中,并且把防范这种风险作为投资团队的职责。新西兰养老基金还必须考虑如何尽可能好地执行这项投资策略,是把它纳入被动投资参考组合和基准,还是把它作为主动投资决策。

由于新西兰养老基金的投资团队认为气候变化同时给养老基金带来了风险和机会,因此,实际的投资组合(做出主动投资决策)显然会有所变化。但是,这只基金的投资团队也认为,气候变化是一个如此重大的长期风险,因此,在它作为基金的一个基准和默认配置发挥作用的情况下,设定一个不反映这种风险的参考投资组合的做法是错误的。由于被动股票投资组合也包含了迄今为止最为集中的风险,在这方面首先改变参考投资组合是很自然的事情。在股票投资组合中,也可以较低的成本进行较大的变动。

要想改变参考投资组合,必须在董事会一级做出调整组合的决定,因为这样做,在某种意义上,能使董事会对回报的影响直接负责。

从董事会的角度看,需要时间才能从容地做出非常长期的重大决策。做这种决策的部分困难在于不确定性,因为风险是如此的长期,以至于基金要在并不知道全部答案的情况下制定投资策略并付诸实施。为了降低这种不确定性,投资管理机构会花时间让基金董事会快速进入状态,并明白做出决策付诸实施的重要性。从形成概念到最终付诸实施,投资团队总共向基金董事会提交了五份报告。

为了达成共识,这只基金的运营决策树表达了基金有关气候变化风险、如何应对以及拟用投资方式可能产生的结果的信念。决策树中有这样的陈述:"我们相信气候变化会给投资者带来风险"和"我们也相信市场会对风险做出合理定价"。这种方法也有助于引导基金内部以及与基金董事会的对话。

最终,新西兰养老基金制定了一项明确的投资策略:使基金的资产组合更能抵御与气候变化有关的风险,并针对这项投资策略设定了以下目标:到2020年,碳排放强度(即每美元销售收入的碳排放量)降低20%,基金资产组合中的碳储量减少40%。重要的是,这只基金是在整个资产组合水平上考虑碳排放问题,也就是说,它没有在单个资产品种层面编制碳排放预算。

结果

新西兰养老基金旨在使自己的资产组合更有能力应对与气候变化有关的风险的策略由以下四个方面组成:

- 降低。降低有关碳储量和排放的敞口风险。
- 分析。把气候变化纳入投资障碍和投资决策过程。
- 参与。把气候变化纳入投票表决与社会参与政策需要考虑的问题。参与到企业中,特别是参与披露气候变化对它们的影响的企业。
- 寻找。在向低碳世界过渡的过程中寻找有吸引力的投资机会。

新西兰养老基金立即开始了"降低有关碳储量和排放的敞口风险"的工作。2017年6月,该基金改用低碳被动型股票投资组合,把大约6.7亿美元从碳排放和储量高的公司重新配置到这种风险较低的公司。

新西兰养老基金在这么做的同时继续寻找如何最好地完成气候变化应对策略其他方面工作的办法。随着越来越多地披露关于全球气候变暖速度、政策变化和市场定价反应的信息,随着可用来衡量和管理风险的数据和工具的改进,新西兰养老基金的气候变化应对策略会随着时间的推移而不断演进。

为实现卓越投资可总结的经验教训

- 花时间认真思考并通过集体努力来构建一种符合基金使命和信念的气候变化应对机制。
- 基金董事会必须全力以赴地制定好气候变化应对策略以及在构建参考

资产组合和投资链时实施气候变化应对策略。

- 即使在气候变化等重要因素的长期发展存在不确定性的情况下，也有可能制定由董事会监督执行、指导基金投资决策并为投资决策提供信息的应对策略。通过制定明确的目标，可以很好地监测应对策略的执行情况。

第五章　设计投资管理流程

关键结论

- 投资管理流程应该按照一个从计划到执行和组织反馈的结构化程序来设计，并且把投资目标转化为投资策略及其执行。
- 投资管理流程应该建立在基金董事会确定的使命、投资信念和策略的基础上，并且要与它们保持一致。
- 基金董事会应该详细了解投资过程及其关键组成部分。基金董事会面临的挑战就是不要迷失在细节问题上，而是评估在投资管理过程中做出的决策是否最有利于基金投资目标的实现。
- 投资政策说明书(IPS)是一份明确阐述投资政策及其输入数据的重要文件，能帮助基金及其董事会遵守规定，提前考虑问题。此外，它还能帮助参保人、投资者和更广大的利益相关者进行有效的沟通，并为追求卓越营造适宜的环境。

这里所说的投资管理流程是养老基金为了根据自己的使命实现投资目标而制定的投资管理流程。从长期看，养老基金要在一定的风险预算范围内，至少创造为兑现养老金承诺所需的净收益。通常，硬性名义负债目标与通常不那么硬性的把负债与价格或工资通胀挂钩的目标之间是有区别的。驱动投资决策的主要因素通常有四个：资产与负债的匹配、创造超过在资产与负债匹配条件下可获得的回报的投资收益、通过投资组合分散化来进行风险管理和成本管理。[①] 这些因素的组合路径可以被称为投资过程。

这个过程在形态和规模上差别很大。两只外部看起来相似的基金，内部可能产生不同的投资回报。不过，虽然不同基金的投资过程大相径庭，但它们都有许多具体的共同构件。投资过程可被看作是基金实现目标、贯彻投资信念和执行管理预算的过程，几乎总会遇到约束因素，如关于最大风险或不可接受的结果的约束。

对于基金受托人来说，重要的是应该了解组成投资过程的不同构件、它们一起运作的方式以及有哪些基本假设。了解投资过程，有助于理解收益产生的方式、为创造收益需要怎样的投资治理（见本书第六章）以及管理和培育日常运营成功要素的方式（见本书第七～九章）。

本章旨在介绍投资管理流程的主要步骤。投资组合管理的流程从计划开始，然后是执行，最后是信息反馈。本章的下一节对投资组合管理的流程进行概述，然后深入研究投资过程中要进行的主要决策，即设定目标、形成资本市场预期（CMEs）以及构建投资组合；再接下来考察实施和监督问题；最后讨论投资政策说明书这个能够帮助基金董事会关注并简化投资过程中重要决策的文件。

在计划阶段，制定投资目标和政策，形成资本市场预期，往往还要决定战略性资产配置战略或制定资产配置政策并且安排风险预算。在执行阶段，投资组合管理人实际构建并执行投资组合。在信息反馈阶段，通过与计划的比较来报告、监测和评估产出。信息反馈有可能导致目标、投资组合或过程的变更。基金董事会应该深度参与计划和反馈过程，而把执行的任务交给投资管理机构。在不同的投资模式中，授权程度和基金董事会确定投资目标和委托投资管理人的方式有很大的不同，例如，加拿大（授权大）和荷兰（授权小）模式的情况就是如此。

投资管理流程

基金受托人有三个原因应该周密思考投资管理流程的问题：[②]（1）投资管理流程要反映实现投资目标与为实现投资目标而创造实际回报之间的全部必要

---

① 请参阅 Clark (2000)。
② 请参阅 Damodaran (2007)。

步骤;(2)明确支持这些步骤的假设,使它们能够经得起质疑并得到改进;(3)向基金董事会提供关于哪些选择有用和哪些选择没用的见解,帮助董事会评估投资效果,并在必要的时候调整或改变某些元素。下面让我们展开讨论这三个问题。

问题一。投资管理流程包括陈述委托人的目标和为实现委托人目标而交付投资回报之间的不同步骤。养老基金要按特定的顺序来采取这些步骤,而这些步骤则表示要做出的选择,通常包括制定投资目标,形成对未来金融市场回报和风险的预期或者提出关于未来金融市场回报和风险的假设,进行战略性资产配置、不同资产类别投资委托或构建部分资产组合的委托以及战术性/动态性资产配置,调整资产组合,还有风险管理。风险管理贯穿于整个投资管理流程,用于给有回报的投资风险确定必要范围,并避免、减轻或低成本处理在资产转换时和投资机构并没指望获得回报的业务中出现的附加风险。

问题二。投资管理流程还有助于阐明和质疑支持所有这些选择的假设和信念,并为基金董事会主要根据投资信念(见本书第四章)在多种可行策略中做出特定选择提供依据。

投资管理流程中的有些步骤比其他步骤更加重要。例如,战略性资产配置被认为比战术性资产配置或具体的执行选择(如为授权而聘请特定的管理人)重要得多。

阐明支持选择的假设,并且评估每个分量对总量的预期贡献,有助于基金董事会解决信息不对称的问题:投资管理人往往比基金受托人更加了解金融市场及其运行状况,并且会有意或无意地兜售最符合他们自身利益而不是基金利益的策略和资产。基金董事会如果明白不同步骤背后的假设,那么就会知道可能与这些假设有关的证据及其可信程度,并且能够在更加知情的情况下确定这样的策略是否有助于养老基金实现目标。

问题三。投资管理流程赋予养老基金一种学习视角,让它们了解哪些步骤有用,哪些步骤没用。投资管理流程并非静止不变。金融市场及其参与者实际上都有适应能力,因为他们不断地互动、学习并做出反应。今天是好的投资策略或资产类别,五年后就有可能已经不太适合用来构建投资组合。一项决策在做出时可能是好的决策,但其间情况可能发生变化,因此,基金董事会应该做出相应的调整。要确定哪些决策较之于那些寿命较短的决策,能适用较长的时间,并不是容易的事情。在这个问题上,反馈就有重要的作用。有关实际结果的信息在传递到基金董事会及其下设委员会以后，就能为要做的选择提供反馈信息，从而在限制或界限被打破时能够自我纠正。这种信息在能够改善潜在结果的情况下还允许学习并调整投资管理流程。图 5.1 对投资管理流程进行了图示。

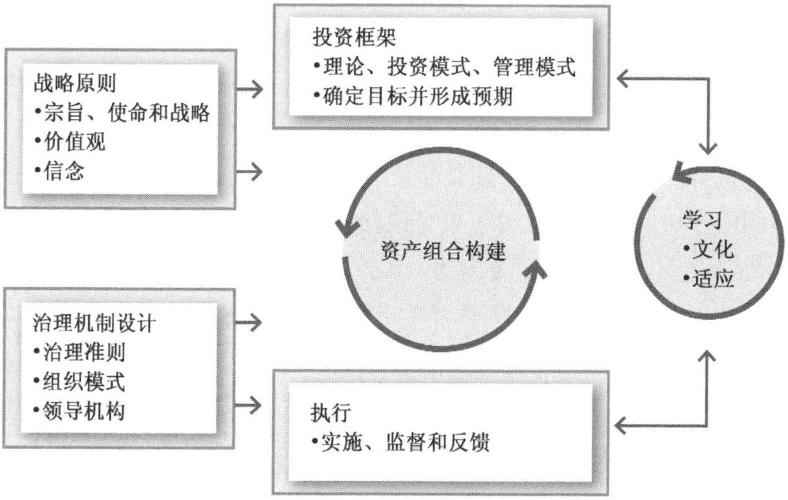

图 5.1　投资管理流程

制定目标：调整目标和风险胃纳

投资管理流程首先从源自养老金计划的目标开始。那么，如何把养老金计划的这些目标转化为养老基金的财务目标呢？为了实现这些目标，我们能够并且应该承担多大的风险呢？然后，把这些有关回报和风险的短期和长期目标和约束条件转化为投资组合决策过程的一组输入数据。

投资目标和风险胃纳必须由基金董事会决定，这个步骤的出发点是确定收益目标和基金参保人在实现投资目标的过程中能够并愿意承担的风险。不过，风险胃纳并不是唯一必须考虑的风险因素，我们还必须考虑养老基金是否有能力承担投资风险，或者是否能够承受承担不起的投资风险。代表基金参保人承担适当的风险，并对风险进行后续管理，是养老基金取得成功的关键因素，但这也是在短期和长期权衡之间的平衡。承担风险，例如，通过增加对股票的配置，一方面有可能给养老基金参保人赚到像样的收益,但另一方面也会使养老基金面临金融市场风险,从而有可能在短期内阻碍养老基金实现其长期回报目标的进程。换句话说,风险预测不但要确定养老基金在实现其目标的过程中要承担多大的投资风险,而且还要了解风险量在不同的经济环境下或随着养老基金的财务状况以及短期和长期风险权衡如何变化。这些选择会深受是否有财力雄厚的养老金计划发起人的支持、养老基金的成熟度和债务性质的影响。

风险预测可以(并且通常)采用定量的方式。许多养老基金的投资委员会也进行资产负债管理研究。证明定量假设的合理性、选择(确定的)场景和风险基准、进行资产配置,是投资委员会背景下的重要元素,而投资委员会的成员要发挥控制的作用以确保假设和结果可以接受。基金董事会需要考虑的不只是利益相关者,也不只局限于财务问题。因此,风险预测涉及面相当广泛,包括三个方面。首先,财务方面的风险预测要测算基金需要承担多大的财务风险以及能够消化多大的财务风险等问题。其次,基金参保人方面的风险预测要采取比财务风险预测更宽的视角,并确定风险预测结果是否符合基金参保人的特征。最后,从养老基金的视角审视组织是否能够、允许和有条件承担从基金财务和参保人视角确定的风险。图 5.2 对风险预测涉及的不同维度进行了图示。[①]

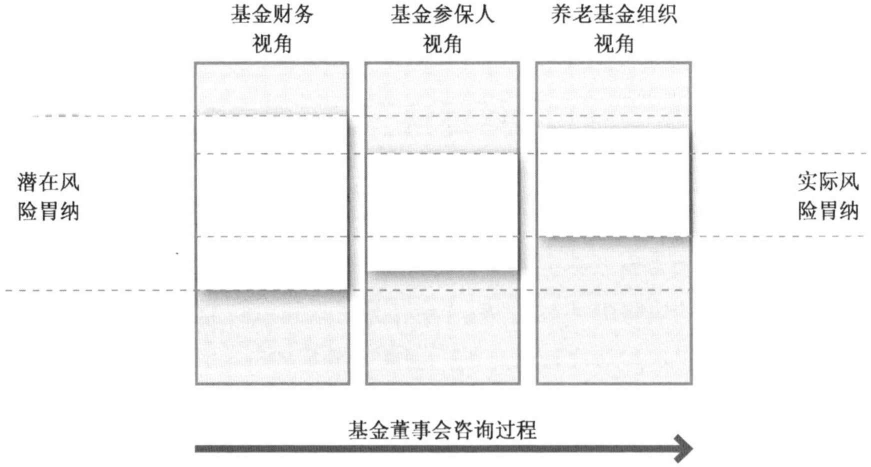

图 5.2　养老基金要承担的风险量的“公分母”

---

① 根据 Oerlemans et al.(2013)的图改编。

对于以上每个视角，基金董事会都必须审议以下各个要素：

财务视角：

- 明确应该由哪些人来为养老金计划承担投资风险以及承担多大的风险。为此，就要确定和量化投资风险"减震能力"，减震能力可能包括预备金、保费、发起人和期限等元素。根据经验，可利用的减震能力越小，能承担的投资风险就越小，或者承诺就越有弹性。
- 用备付金比率或偿付能力衡量的财务健康程度。备付金比率越高，就能提供越多的备付金，因此就有较大的风险承担空间。基金董事会必须考虑不同的备付金比率水平。那么，是不是无论备付金比率如何，养老基金都能承担相同的投资风险？显然不是，譬如说，如果备付金比率提高，就可能意味着投资风险可能会降低。因此，备付金比率可用来编制动态风险胃纳表。
- 保费。实际保费可以高于或低于纯保本型保费，这就意味着可以承担较多/较少的风险。在有相对较高保费流入的成立不久的养老基金，保费可以是一种有力的导向工具。不过，目前世界各地的养老基金正在迅速成熟，而且保费已经很高，从而使得这种工具的价值变得比较有限。
- 养老金计划发起人。基金背后有实力雄厚的养老金计划发起人支持，如国家或实力雄厚的大公司，可以帮助养老基金消解冲击。荷兰皇家壳牌(Royal Dutch Shell)石油公司就是一个例子。在金融危机爆发后，这家公司向壳牌养老基金(Shell Pension Fund)注资帮助后者渡过难关。

基金参保人视角：

- 养老基金在其生命周期中所处的阶段。年轻的养老基金有较长的时间从财务挫折中恢复过来，比已经处于养老金支付阶段、在职参保人较少的养老基金可以承担更大的风险。
- 基金参保人状况。就个人养老金给付而言，养老基金参保人是否能够灵活应对任何意外？例如，为低学历、低工资员工设立的养老基金不能假定它的参保人有任何补充财富，并且在退休后可以使用其他资产来保证他们希望获得的收入。

养老基金组织的视角：

- 社会伙伴的意愿。养老金计划的目标是在讨论就业条件时确定的，它所要求的确定性导致了某种程度的风险。

- 法律法规。风险预测必须遵守现有的法律法规框架以及“谨慎人”的原则,不应该指望“规避监管从中套利”。
- 某些资产(如社会责任投资)的排除,以及与发起人协商决定的指导方针,如他们的商业原则等。
- 基金董事会。专业知识和经验丰富的基金董事会可以(但并不必然)比专业知识和经验不怎么丰富的董事会能够承担更加复杂的风险。
- 董事会对风险的准备程度。基金董事会及其成员个人都要对基金的政策负责。因此,董事会可能愿意承担的风险小于(理论上)它能承担的风险。

我们不应该低估养老基金董事会在确定和维持养老基金风险胃纳方面的作用。“虽然风险管理是……第一要务,但这绝不是意味着过于保守的‘谨慎’。”[①]在这种背景下,基金董事会除了监测和管理短期风险外,还必须一方面通过在经济景气时期降低风险胃纳的方式来规避不必要的长期风险,另一方面通过在风险厌恶情绪膨胀时维持风险胃纳来避免坐失投资机会。

预测风险并编制详细的风险报告,在养老基金业正变得越来越普遍,但对养老基金的董事会来说,这并不是一件容易的事情。编制详细的风险报告的一个重要原因是,这样做不但能在承担风险方面约束基金受托人,而且还能帮助他们在这方面约束基金董事会。

在实现养老基金目标方面,养老基金的董事会可能在以下两种情况下造成问题:[②]第一种情况是过于谨慎,如在参保率下降和金融市场波动加剧之后。保全资本优先对养老基金的影响越大,厌恶风险和谨慎情绪持续的时间就越长,从而有可能导致养老基金不能实现长期目标。第二种情况正好相反,养老基金可能有巨大的风险胃纳,并且为了实现自己的目标而承担比实际需要更大的风险。这种情况主要出现在过度乐观情绪占据上风的市场扩张时期。因此,制定严格的决策程序,在风险预测报告规定的范围内进行操作,是养老基金取得长期成功的关键因素。我们将在本书第十二章里讨论这个问题,并且探讨基金董事会与投资委员会之间的动态互动以及压力下决策的问题。

---

① 请参阅 Ellis (2011a)。

② 请参阅 Ellis (2011a)。

投资目标

在制定投资目标时会涉及四种投资回报，基金董事会应该关注哪个投资回报或回报组合才能最好反映它的投资目标。这些具体的投资回报是：

- 绝对回报（或通货膨胀＋所规定的绝对回报）。这个投资回报是一个特定百分比的投资回报率，但不考虑负债状况。这种目标适用于负债程度相对较低或负债未确定的养老基金，如主权财富基金，或者那些发起人财力雄厚且能保证养老金给付并在出现养老金赤字时进行干预的养老基金。
- 派生于基金需付养老金流的投资回报。养老基金的目的是以某种概率持续支付养老金。
- 投资盈余回报（也称按负债调整后的回报）。养老基金积极管理自己的盈余，这里的假设是，部分资产被用来抵扣负债，因此受到限制。资产和负债在同一张资产负债表上进行管理，而不是在实体上分开。这种回报适用于负债较高的养老基金，抵扣应计负债就成了这种投资目标的重要内容。
- 负债和盈余分开计算的投资回报。负债和盈余分开管理，这样用于抵扣负债的投资组合与负债相抵，而用于赚取盈余的投资组合则必然能产生回报。基金董事会可以规定一套据以把部分盈余转移到抵扣负债的投资组合的规则，或把这个规定权交给投资于负债和盈余投资组合的基金参保人。例如，如果养老基金的盈余达到10%以上，那么一定比例的盈余就转移给用于抵扣负债的投资组合。

无论选择哪一种回报组合，基金董事会都必须确定投资目标适用的时界，并预先确定评价规则。如果在5年内没有达到6%的平均绝对回报率，应该怎么评价？

养老基金通常采用一种回报和风险衡量指标相结合的目标矩阵来管理养老金计划：整个投资组合应该达到或者超过精算回报率；投资组合按风险调整后的回报率应该高于某个阈值，并且在基金主动以保全资本为目的时，就要设定风险限额来保护负债。表5.1给出了欧洲核子研究组织（European Organization for Nuclear Research，CERN）养老基金的实例。

表 5.1　欧洲核子研究组织养老基金的投资目标、衡量指标和基准矩阵[①]

目　标	衡量指标	比较风险
1. 达到或超过精算回报率	• 不同时期的资产回报率	• 绝对精算回报率
2. 实现高质量的回报率	• 夏普比率 • 上行捕获率与下行捕获率	• 绝对回报和/或指数
3. 保全资本	• 养老金支取 • 条件风险值	• 绝对限额和/或指数 • 风险限额

确定资本市场预期

投资过程需要的另一种输入数据是资本市场预期数据。资本市场预期是指资本市场对不同资产类别风险和回报前景以及它们相互影响的预期,资本市场预期数据对构建战略性资产配置十分有用。想要确定资本市场预期,就要确定资本市场对资产组合中主要资产类别短期和长期回报和风险的预期,如资本市场对通货膨胀和利率结构等重要变量以及资产组合中各资产类别相关回报和风险矩阵的预期。

如果基金受托人能认识到资本市场预期的敏感性以及资本市场预期对他们根据资本市场预期构建的资产组合和投资过程结果的影响,那么就应该认可资本市场的预期。资本市场预期对投资结果的影响越大,基金董事会理解并有意识地认可资本市场预期就越重要。关于利率、通货膨胀和股票回报率的假设,通常要决定 80%的拟定资产配置,因此,基金董事会应该认真讨论这些问题。

如前所述,资本市场预期是拟定战略性资产配置的关键输入数据。例如,如果某只养老基金在它的投资政策说明书中具体规定并明确了八种允许投资的资产类别,那么就应该关注资本市场对这些资产类别的长期预期,以便拟定战略性资产配置。养老基金也可以根据短期预期采取行动。在实践中,这就意味着基金董事会至少要给投资组合中的主要资产类别设定风险溢价,即:

• 债券的风险溢价:考虑了期限息差和通胀率的预期收益率;

• 股票风险溢价;

① 请参阅 Economou et al.(2013)。

· 信用风险溢价；

· 非流动资产，主要是房地产的风险溢价。

关于与资产子类别、投资风格等有关的风险溢价的其他假设，应该放手交给投资顾问或投资管理机构去处理。基金受托人的任务并不是预期这些资产的未来价值，投资策略师和投资管理机构的员工更有能力完成这种任务。基金董事会的主要任务是确定一组具有内在一致性并能反映全部当前可获得信息的最佳假设以及有可能影响投资结果的未来假设。

但是，如果基金董事会只选择其中的一组假设，并根据这组假设制定长期策略，那么就是绝顶天真。基金董事会的任务可能不是预测未来，但它的工作肯定是为应对未来可能出现的不同情况做好准备，并在它们出现时采取应对措施。有一种常用的方法是基金受托人拟定几组假设并把它们称为“场景”。基金董事会如果能这样做，就说明它明白：在中长期内有可能出现截然不同的状况，如发生通货膨胀或通货紧缩（见本书第四章）。

构建资产组合

在探讨了投资者在风险预期和投资目标方面的偏好，并利用金融市场上可获得的回报和风险预期信息编制出一组输入数据后，现在是到了转而讨论资产组合构建问题的时候了。我们把投资者的回报率目标、风险容忍度和受到的投资约束与资本市场长期预期的数据整合在一起，用以确定每种可投资资产的允许敞口风险。构建资产组合会产生四种必须提交基金董事会审批的结果（政策性资产组合或战略性资产配置、战略性基准资产组合、资产类别基准选择和再平衡或调整策略）[①]，基金董事会可以把它们作为分开的资产组合构建策略或者合并在一起的资产组合构建策略（如未来几年的战略计划）来处理。

构建政策性资产组合或进行战略性资产配置，就是确定资产组合中不同资产类别的权重。政策性资产组合是战略性资产配置的结果，它允许投资机构选择其资产组合的长期配置。进行战略性资产配置的假设是，这个高层次的资产组合能够捕捉到很大一部分的回报率变化。这个假设是构建资产组合的重要依据，并且反映可接受的风险水平，从而在很大程度上决定资产组合的未来

---

① 请参阅 Maginn et al.（2010）。

业绩。

战略性基准资产组合能够反映政策性投资组合中不同资产类别的权重，详细规定各种资产类别的构成分量，如关键投资风格或者不同信用等级的信贷组合。每种资产类别都包含各种不同的子类别，例如，股票这个资产类别的子类别可能包括大盘股、小盘股、成长型基金股票、收益基金股票和全球股票。由于有这么多的资产子类别，因此，投资管理人可能会采用截然不同的方法来进行投资分析和证券选择。我们用投资风格这个概念来表示这种多样性。我们可以把投资风格（如着重关注成长型股票或价值型股票）定义为对资产组合未来回报离差有一定预测力的投资领域自然分组。[①]

资产类别的基准选择应该反映有关资产类别在金融市场上的预期风险/回报以及它们的投资风格。我们可以构建市值加权、静态倾斜和因子投资等三种基准：

- 市值加权指数基准让养老基金广泛投资于传统的资产类别。由于传统的资产类别流动性大、透明度高，又有相对的风险控制，因此，市值加权指数可以有效地提供以市场出清价格持有所有（或几乎所有）可买到证券的加权平均经验值。对于基金受托人来说，这种大容量的分散化投资池是一个很重要的资产管理起始点。市值加权指数基金提供了一个回报波动性比率中心点，因为它们反映了全体市场参与者的总持有量，而且在现代投资组合理论的背景下，可以认为它们是最优的资产组合，为全体投资者提供了尽可能好的预期风险/回报组合。
- 投资者可能会选择在他们认为有机会在长期内跑赢大盘的市场上进行更大份额的投资。这些选择通常是在资产子类别的层次上做出的。投资向股权类资产的倾斜通常由规模、风格、行业或地点决定，而向固定收益证券的倾斜则往往取决于信用等级、久期或者地点。
- 投资者在构建资产组合时可能不会考虑全球市值，因为他们有不同的风险排序。这方面的一个典型例子是负债驱动型投资，因为这种投资优先考虑的是偿付能力，而不是回报最大化。这种债券投资组合的目标久期可能与市值加权债券指数截然不同。

除了构建战略性资产组合和确定其基准外，养老基金还需要制定再平衡或

---

① 请参阅 Brown et al.（1997）。

调整策略，即根据自己的风险胃纳调整战略性资产组合不同资产类别权重的策略。这种资产权重调整策略应该详细说明政策性资产组合如何根据备付金比率或金融市场的变化进行调整，如何根据战略基准资产组合的权重调整资产以及是否定期或根据触发因素进行调整。

简单地说，这是一个定期调整资产组合的政策性权重并使之保持不变的过程。例如，我们先假设政策性资产配置要求最初的资产组合股票占70%的权重，债券占30%的权重；然后再假设资产组合的股票市值增加了40%，而债券市值只增加了10%。因此，资产组合中股票的新权重约为75%，而债券的新权重下降到了25%。为了使资产组合符合投资政策，因此，必须把资产组合不同类别资产的权重重新调整到长期的政策性权重。此外，权重调整决策必须考虑许多执行因素，如交易成本和税收。按规定调整资产权重，会对投资目标的实现产生积极的影响。

养老基金一方面会规定定期根据固定不变的政策性权重对资产组合不同资产类别的权重进行调整，另一方面可能要执行自己的偿付能力计划。这种偿付能力计划要求根据基金在给定出资比例和金融市场条件下愿意承担的损失风险(量)来调整政策性资产类别权重。同样，偿付能力计划也可能要求根据基金距离实现其长期目标的程度来调整政策性权重水平。有时，养老基金会把政策性权重的部分调整幅度分配给战术性资产配置，其中包括根据不同资产类别的预期短期相对表现对资产类别权重进行短期调整。这样做的假设是，投资者可以在不忘所规定的风险水平的同时利用短期机会来实现让投资组合取得最佳业绩的目标。

有时，养老基金可能会故意允许自己的实际资产配置临时偏离战略性资产配置。例如，如果养老基金的资产配置与正常配置不同，那么就可能会改变资产配置以反映当时的环境。临时性资产配置可能会一直持续到环境恢复到投资政策所规定并在初始战略性资产配置中得到反映的状况为止。如果环境的变化成为永久性变化，养老基金就必须更新投资政策说明，而临时性资产配置计划就会实际成为新的战略性资产配置。一种被称为“战术性资产配置”的资产配置策略也会导致与战略性资产配置的偏差。战术性资产配置对资本市场的短期预期变化做出回应，而不是对投资者所处环境的变化做出反应。

执行与监控

投资过程的下一个重要环节是实际执行,评价取得的结果以及在评价结果表明投资过程中做出的选择可能需要调整的情况下就进行调整。资产组合管理、风险监控和信息收集等工作都由养老基金的有关机构或在养老基金外部完成。这些工作包括实际构建投资组合并委托资产管理人管理资产组合,而且还包括做尽职调查(在要做尽职调查的情况下,养老基金会在签发委托状之前采用一种结构化的方法考查目标受托机构和管理人的既往投资业绩)以及与实际执行投资政策的各当事方签订合同并对他们进行监督。这里的执行是指通过为资产组合遴选管理人和制定策略,并允许管理人代表基金发起交易来执行投资策略。为了管理好这些工作,养老基金应该制定监控程序。

执行

这里的执行是指执行战略性基准资产组合和资产再平衡或调整策略的过程。在这个过程中,资产组合管理人要把养老基金规定的资产配置和投资风格具体化为投资工具和品种,然后代表养老基金进行交易。在执行环节,基金受托人要了解并接触参与基金日常运作的机构和人士。投资管理人根据分析师提供的数据开始进行投资组合决策,然后由交易部门执行这些(投资组合)决策。最后,投资管理人根据投资环境或预期变化对资产组合进行调整。因此,执行步骤不断与反馈步骤交互。我们将在本书第八章里进一步讨论投资管理流程的实施问题。

监控

监控包括利用反馈信息来管理对现有投资机会的持续利用,以便不断实现养老基金的目标并克服约束因素。基金董事会要负责:

- 监控养老基金及其风险状况和目标的隐性和显性变化;
- 评判有关经济和市场输入数据的假设以及它们是否仍然成立;
- 根据基金确定的指导方针对资产组合进行调整;
- 进行分析,目的是要监控基金选聘的资产管理人是否仍然坚持符合基金预期回报/风险状况、投资信念和战略计划概述的其他关键方面的投资风格。

基金董事会必须决定把这些监控问题委托给谁来解决，如委托给投资管理机构、董事会行政办工作人员或董事会下设的投资委员会，并且必须明确如何制定监控程序。那么，基金董事会应该做出哪些选择呢？哪些选择最好由养老基金的其他机构来负责呢？对于基金受托人来说，重要的应该是，通过监控能够发现任何可以避免或减轻的潜在负面副作用，譬如说，能够发现总成本、风险预算执行情况以及投资执行过程中不同步骤责任制的透明水平。

资产组合也可以采用特定的风险模型（如多因子模型）来评估。多因子模型试图根据暴露在不同风险因子中的程度来解释资产回报。考虑到监控是投资管理过程中的一个重要步骤，我们将在本书的第九章里详细讨论这个问题。

业绩评价是一切监控和评价工作的重点。业绩评价在投资管理过程的背景下就是分析投资组合的结果，[①]在进行业绩评价时要注意以下问题：业绩是如何实现的；超额业绩是如何实现的；我们的决策产生了多少增加值。业绩归因把投资回报分解成对应于决策过程各步骤的不同分量，并且能够反映使投资组合表现超过（或不如）基准的主动选择。例如，为了获得更好的投资回报，还可以在投资组合中持有哪些其他资产或证券？投资组合是否过分向特定类别的资产或风险倾斜？业绩归因基于自上而下和自下而上型两种投资过程的假设：

- 自上而下型过程包括养老基金试图确定相对于养老金负债投资风险而言或者超过养老金负债投资风险的投资风险总量的风险分配；
- 选择战略性资产配置的基准是在养老基金能承担的投资风险既定的前提下选择能使投资回报最大化的资产类别；
- 养老基金可使其资产组合中的每种资产向特定货币、地区和投资风格倾斜；
- 从自下而上的角度看，一旦确定了投资风格和授权对象以后，就可以要求投资管理人创造优于基准或保持接近基准的业绩。

在投资过程的所有这些步骤中，我们都可拿基金的业绩与基准进行比较，并通过业绩归因来确定相对于因在这些步骤中做出的增持或减持决定而承担的额外风险所获得的额外回报（所谓的“阿尔法收益”或“超常业绩”）。如果基金董事会在投资管理过程中确定了明确的步骤并做出了明确的决定，并且能对

① 请参阅 Brinson et al.（1986，1991）。

业绩和风险进行归因,那么就能在掌握充分信息的情况下讨论这些步骤是否都能为基金目标增值,并且确定(1)是否有明确的理由能够说明某些决策能为基金目标增值的原因;(2)这个增加值是否与必然会产生的额外交易成本成比例;(3)这个增加值是否没有不成比例地消耗基金董事会或投资委员会花在监控和管理上的时间。

采用不同的方法界定投资过程的各个步骤或对各个步骤进行业绩归因,有可能会产生非常不同的结果。重要的是,基金董事会必须清楚结果差异及其产生的原因。以下是解读业绩归因报告时需要注意的一些关键问题:[①]

- 根据投资过程不同步骤进行业绩归因的报告是相关性最大的业绩归因报告。如果基金没有执行行业配置决策,那么,行业业绩归因报告就没有什么用途。
- 深入探究从高层到个体管理者的能力是最有利于搞清结果来源的方法。
- 业绩评价肯定会涉及某种程度的近似,因此,数量级比实际数字更加重要。
- 编制业绩归因报告的频度非常重要。与年度报告相比,季度报告有可能会披露更多的波动性信息,并有可能引发不必要的反应或选择。
- 业绩归因必须使用相同的衡量指标,因此要尽可能坚持使用标准差、跟踪误差并与基准或负债相比。
- 业绩评价在评估,而不是监测时需要使用多种关键的衡量指标。评价频率较低,一年一次或三年一次;而监测频度则从每日到每季一次。

投资政策说明书

制定一般投资政策是养老基金董事会的职责,而养老基金的投资政策应该反映董事会想要解决的问题,并且主要是重点反映养老基金的预期结果。

投资管理过程中的关键选择,特别是那些战略层面的选择和指导执行的选择,通常在投资政策说明书中正式加以明确。投资政策说明书是一份重要的文件。把这些选择写下来可能看起来有很浓的官僚化色彩,但对于把握长期成功的机会至关重要。这显然表明基金董事会以审慎和可行的方式解读养老基金

① 例如,可参阅 Damien Laker (2001)。

参保人的愿望。投资政策说明书还能给为实现基金目标而开展各项活动的各参与方提供指导。有时,投资政策说明书还能为基金董事会决策提供非常必要的一致性参考。基金董事会的新老董事都必须在投资政策说明书确定的框架内开展工作,允许养老基金事先进行艰难的选择,从而避免行为偏差。投资政策说明书不但为投资委员会明确了实现基金目标的战略方针,而且还能帮助基金与投资回报有关的各方——基金参保人、养老金计划发起人、监管机构以及没有参加投资委员会的基金受托人——打交道。

养老基金的投资政策说明书要具体说明基金的风险容忍度、投资回报目标和预期、流动性需要和其他约束条件。我们可以根据基金的总体财务状况,也可以只针对拟议中的投资组合起草投资政策说明书。传统上,投资政策说明书的一个重要内容是规定战略基准投资组合——规定投资组合包括哪些资产类别以及每种资产类别各占多大的比重。现在的投资政策说明书也越来越多地包括解释基准选择、投资限制条件和资产类别权重调整策略的内容。这样一份内容完整的投资政策说明书为投资管理机构提供了一份指导基金设定长期系统性风险暴露程度以及决定聘用投资管理人、战术性(即短期)资产配置变更和其他投资执行方面选择的实用指南。

现在,许多国家都要求制定并维护投资政策说明书。根据英国的养老金法,养老金计划必须有自己的投资原则说明书(statement of investment principles,SIPs)[①]。英国的投资原则说明书基本上就是我们在这里所说的投资政策说明书。欧盟要求其成员国的机构投资者根据《欧洲投资指令》(European Investment Directive)制定自己的投资政策说明书。不过,美国并没有全国性的投资政策说明书要求。在美国,养老基金通常受到各州法律的约束,而各州的有关法律可能有所不同。近年来,美国的养老基金出现一种向其他地区养老基金看齐的趋势,不管怎样都要有自己的投资政策说明书或投资原则说明书。

投资政策说明书通常包括:[②]

- 制定投资政策和指导方针的宗旨;
- 有关各方的职责和投资责任,特别是与受托责任、沟通、运营效率和责任制有关的责任(这里所说的有关各方包括基金董事会、投资委员会、负责

---

① 关于有关投资原则说明书的养老保险规定,请浏览 http://www.thepensionsregulator.gov.uk/guidance/guidance-for-trustees.aspx。

② 请参阅 Anson (2004)。

执行的投资管理人和托管人）；

- 投资的战略使命：目的、目标（基金的目标通常用所要求或者预期的回报来表示）和约束条件；
- 为实现收益可能会涉及的风险承受水平和投资风险以及必要的投资期限；
- 把核心投资信念和由此形成的投资"理念"转化为管理资产组合的行动指南；[①]
- 在制定战略性资产配置方案时要认真考虑的与构建资产组合有关的任何问题；
- 投资组合中的不同资产类别构成；
- 在比投资策略和投资风格更一般的层次上说明资产组合中要包括的资产类别；
- 挑选投资管理人的愿景；
- 根据反馈信息调整资产组合构成的指导方针和方法；
- 评价投资业绩时要用的业绩指标和基准；
- 审查投资业绩和投资政策说明书的时间安排。

我们应该定期审查投资政策说明书，以确保投资政策说明书适合基金的运营环境。通常每三年要对投资政策说明书进行一次审查。其间，如果投资目标、期限或其他基金特点发生重大变化，那么就应该对投资政策说明书进行一次审查。

投资政策说明书应该根据基金的具体情况量身定制，这实际上并不像听起来那么复杂。我们只要观察基金现有的资产组合，便能发现它们隐含的投资信念，把这些信念写入投资政策说明书就能指导下一步的工作：您是否赞同这些投资信念？您受托管理的基金是否有把它们付诸行动的资源、技能和风险胃纳？同样重要的是，您应该弄清它们确实是您自己的信念，还是仅仅反映您聘用的资产管理人的意思。资产管理人的目的可能只是基金达到目的的一种手段。例如，养老基金并不一定非常想要"阿尔法"收益，就像我们大多数人并不真正非常想要锤子和钉子一样。锤子和钉子只是把画框挂在墙上必不可少的工具，而把画框挂在墙上才是您真正想要的东西。因此，投资政策的问题是，您

---

① 请参阅 Terhaar (2010)。

真正想要什么(提高稳定的回报率)、您需要什么工具以及您可以不需要什么工具。

投资管理人的作用是说服我们接受新的投资策略或工具,这在大多数时候是件好事。与10年前相比,现在我们有更多的信息并使用更好的工具来管理资产组合。但我们要重申,投资管理人的利益与基金的利益并不一致。所以,您应该自问,如果您把预期报酬削减一半,那么还能聘请到新的外部投资管理人吗?如果他们预计每年能实现0.6%的超额投资回报,您会满足于他们只实现0.3%的超额回报而仍然雇用他们吗?换句话说,您应该对您对投资管理人的期望进行管理,这通常意味着降低对他们的预期。

虽然我们每年都要审查投资政策,但变化往往——并且应该——是逐年递增。行为金融学研究表明,投资者的决策必然会出现偏差。在追求回报的背景下,投资者非常容易受到羊群行为的影响,因为他们在决策时往往会把最近的经历放在最重要的位置。在没有资产配置决策框架的情况下,投资者就会随波逐流,更容易被困在羊群中。

因此,基金董事会和投资委员会在很大程度上要根据投资政策说明书来指导他们的长期投资决策,从而避免一些行为金融学所说的重大行为陷阱。许多投资者都有相当短视的投资眼光,特别是在动荡的投资环境中。许多人会为了避损而抛售有风险的资产,在市场接近底部时变现。投资政策说明书通过为投资理念和资产调整提供指导来消解投资管理人短视性行为造成的负面影响。

最后,在没有正确选择投资期限的情况下,编写投资政策说明书本身并不能阻止上述羊群行为和推断。如果经常调整构建投资组合的假设,基金受托人可能会以一种微妙的方式成为"羊群的一分子"。21世纪10年代初,科技股泡沫破裂,许多机构投资者发现自己配置了太多的股票。从基金在它们的投资政策说明书中表达的投资信念的角度看,这些机构投资者的发现是有道理的:在目标是使投资组合的预期回报最大化,而资本市场对股票的预期很乐观的情况下,股票往往会被过度配置。实际上,就在股市低迷之前,许多知名投资管理人和基金在他们的资产组合中都增加了股票配置。①

① 请参阅Terhaar(2010)。

第六章　组建投资职能部门

关键结论

- 上一章介绍的投资过程并非某只养老基金独有，世界上每只养老基金都要经历这种投资过程的类似步骤。准确地说，只有目标、投资信念、实施方法和组织文化组合才可能是养老基金特有的。我们称这个组合为“投资模式”。
- 投资模式的选择受到基金目标的性质和时界、投资信念和监管机构的影响，但也受到很大的文化影响，如董事会看待养老基金组织的方式。
- 可供选择的投资模式数量有限，总共不超过六种。仅仅复制某种成功的模式可能会在短时间内奏效，但不可能长期奏效。
- 每种投资模式都会给基金受托人提出一些问题，基金受托人在决定向某个战略方向发展前应该认真思考这些问题。
- 创建一种成功的模式需要时间和决心，但最重要的是需要了解养老基金的 DNA。并没有什么现成的方法可用来确定采用某种特定的投资模式，基金往往需要对不同的元素进行组合才能确定采用哪种投资模式。
- 选择某种投资模式会对基金治理和基金受托人的关注重点产生影响。

养老基金有必要认真考虑如何设计投资职能和组织的问题。2004 年，基斯·阿姆巴赫舍尔[①]对哈佛管理公司(Harvard Management Company,HMC)和加拿大安大略省教师养老金计划委员会(Ontario Teachers' Pension Plan Board,OTPP)这两个以推行创新性投资政策和实现高回报而闻名的投资机构进行了分析。哈佛管理公司受托管理着哈佛大学捐赠基金。2017 年 6 月,哈佛大学捐赠基金的资产规模达到了 370 亿美元,[②]已经超过了哈佛大学设定的总回报目标和内部基准。该基金在过去的 20 年里实现了 10%以上的年回报率。加拿大安大略省教师养老金计划在 2016 年底拥有 1 756 亿美元的资产,自 1989 年成立以来实现了 10.1%的年平均回报率,[③]与它的市场基准相比多创造了 190 亿美元(几乎要占到该计划名下的基金增幅的 1/4)。阿姆巴赫舍尔[④]得出的结论是,这两只基金的成功有一些共同的关键要素:有明确不同利益相关者利益并最大限度地减少潜在代理冲突的法律基础,以及明确组织使命和建立在理解为履行组织使命所需要的关键要素基础上的治理程序。这两只基金的这两个共同关键要素使它们获得了明确的授权并安排了缜密的治理程序,因此也是这两只基金取得成功的两个关键。

公共养老基金在更大的背景下受益于较低的运营成本,因为它们享有规模经济,并且不用花费高额的营销费用。但是,如果投资业绩跟不上,那么,重要的成本优势就会消失。治理结构不健全、由于政府干预而缺乏独立性、透明度低和公共受托责任等,都有可能导致投资业绩低下。

投资模式概述

基金的投资模式是由基金的投资目标、风险胃纳、投资信念和投资执行管理等要素以独特的方式组合形成的。对于基金受托人来说,重要的是要记住有多种模式可以选择。基金受托人常常会发现自己在无意中已经在遵循某种已有的投资模式,因此很难做到"由外而内",或者思考"我们能否采用不同的模式并且把事情做得更好"这样的问题。目前最明显的两种投资模式是加拿大模式

① 请参阅 Ambachtsheer (2004)。

② 请参阅哈佛大学捐赠基金的年报。可浏览网页 http://www.hmc.harvard.edu/docs/Final_Annual_Report_2017.pdf。

③ 关于 OTPP 的业绩,请浏览网页:https://www.otpp.com/investments/performance。

④ 请参阅 Ambachtsheer (2004)。

和挪威模式,但还有一些其他模式,如许多基金为自己量身打造的模式。[①] 我们可以按以下方式对现有的主要投资模式进行分类:

(1)传统的资产配置模式(traditional asset allocation model)。这是一种全球大多数养老基金,尤其是美国养老基金都在使用的投资模式。战略性资产配置决定了基金的总体风险胃纳,而基金董事会差不多保持这个风险胃纳不变。资产组合采用简单的资产类别和投资策略来构建。

(2)捐赠型基金模式(endowment model)。这种模式被美国的捐赠基金和慈善基金所采用,但规模更大的欧洲养老基金往往也借鉴这种模式中的许多理念。旨在赚取非流动性溢价的非流动性长期投资策略和/或选择创新型主动管理策略是这种投资模式采用的最具特色的投资策略。采用这些投资策略的理念是,养老基金要最有效地利用自己的时间和智力资源。

(3)因子配置模式(factor allocation model)。这种模式是由华盛顿州投资委员会(Washington State Investment Board)和丹麦劳动力市场补充养老金计划(Arbejds markedets Tillaegs Pension,ATP)开创的。分散化的核心是分散风险,而不是分散资产。资产组合的构建以及由此产生的资产组合权重和权重调整方法都明显不同于传统的资产配置模式。

(4)机会成本模式(opportunity cost model)。这是加拿大养老基金采用的一种模式。这种模式试图通过把捐赠型基金模式与传统的资产配置模式结合在一起,来构建一种可复制并可投资的参考资产组合;参考资产组合之外的投资由参考资产组合中的代理资产"出资",并根据杠杆倍率和非流动性进行调整。

(5)战略/运营双重基准模式(dual strategic/operational benchmark model)。这种模式由挪威基金首创,并被许多欧洲养老基金采用。基金董事会制定总体基准来反映基金的风险胃纳,而把旨在反映可投资资产宽度和投资管理人技能的细化工作交给投资管理机构。

(6)风险平价模式(risk parity model)。与其他投资模式相比,这种投资模式含有更多的不确定性。我们无法确定资本市场预期,因此,根据成分

① 请参阅 Cheng Chih (2014)。

资产对资产组合总风险的贡献度，把资产平均配置在不同的场景结果上。

表6.1列示的上述每种投资模式都可用一些基金董事会应该考虑的问题来表示。例如，基金董事会主要关注的是负债/风险还是回报产出、基金董事会主要关注的是取得基准回报（“被动”）还是创造价值（“主动”）、基金董事会授予投资管理人多大的权力等问题。下面，我们将更详细地讨论这些模式。

表6.1　　　　最常见的六种投资模式概述

投资模式	关注负债/风险	董事会授权程度	资产组合构建	执行	例子	决策者要考虑的问题
(1)	回报或者回报/负债	视情况而定	把资产负债管理驱动型战略基准转化为资产组合构建授权	外部/内部，并选择许多授权对象	规模较小的基金和传统基金	阿尔法收益、成本和监督问题
(2)	回报	非常高	根据收益目标或简单的参考资产组合	外部/内部的深层关系以及长期关系	耶鲁大学、哈佛大学和麻省理工学院的捐赠基金	过度自信、被部分或小部分人控制等问题
(3)	风险/回报	高	按因子而不是资产类别构建	经常会出现高衍生内容	丹麦劳动力市场补充养老基金	了解投资过程的概念和操作问题
(4)	风险/回报	授权给投资管理机构	根据最佳可构建资产组合来确定资产负债管理驱动型战略基准	机会型投资由政策性资产组合“出资”	加拿大养老金计划	了解投资过程的概念问题
(6)	回报	授权给投资管理机构	在不同场景中平均分配风险权重；资产配置就是这个过程的结果	非常规范并且基于场景	布里奇沃特对冲基金和AQR基金	需要考虑平均分摊风险所需的杠杆倍率

模式1：传统资产配置模式

基金受托人应该清楚：

- 以准静态资产性资产组合（“政策性贝塔收益”）为主，由基金受托人控制，每个资产类别实现适度的增加值（“阿尔法收益”）。
- 规定了为获得股票和流动性风险溢价所需的较长投资期限，而政策性资产组合与实际资产组合之间的紧密联系则会造成刚性。
- 缺少有关基本风险驱动因素和基于技能的价值创造来源的透明度，尤其缺少有关私人交易资产基本风险驱动因素和基于技能的价值创造来源的透明度。

· 各个单独序贯步骤容易执行和外包;基金董事会授权有限,容易监控。

我们把这种模式称为"中间路线"(the middle of the road),或者"让我们做邻居在做的事情"(let's do what the neighbor does)模式:这种模式不重视投资信念,而且常常通过总是承诺优异业绩但很少能够兑现的外部管理人来执行。在有效执行的情况下,成本可能相对较低;如果成本较高,通常说明存在治理问题。这种情况表明养老基金委托了一般合格的基金受托人,只有很小的投资管理机构,但却聘用了过度活跃的投资顾问。

传统的资产配置模式是一种养老基金旨在实现自己的收益目标而履行各种程序的模式。养老基金的目标通常是在承担尽可能小的风险的情况下创造所规定的负债净收益。因此,通常有以下四方面的行动会驱动投资决策:①(1)资产和负债匹配;(2)通过投资组合分散化来进行风险管理;(3)除资产负债匹配收益外,还要创造投资收益;(4)成本管理。通常在决策层次采取各方面的成本管理行动。养老基金通常是在不同的决策层次采取这个序列的行动。

在这里,战略资产配置的选择至关重要:它的基本假设(虽然并非没有争议②)是,政策性投资组合的选择(资产配置和由此产生的基准)是导致收益变化的主要原因。③

决定战略性资产配置的重要因素首先是高风险资产与低风险资产的比例。基金董事会必须表达基金参保人的偏好,并把他们的风险厌恶转化为风险胃纳说明——他们愿意承担多大的风险?在怎样的情况下承担这么大的风险?这些问题讨论的结果反映在资产负债匹配收益与投资回报或债券与股票的比例上。其次,把风险胃纳转化为可量化的指标,从而形成战略资产配置的框架,进而根据投资风格进一步加以明确,并明确可授给内部或外部投资管理人的权力。一般来说,养老基金、捐赠基金或慈善基金的董事会决定主要资产类别的战略性资产配置。因此,战略性资产配置反映这些机构投资者的投资政策。④

模式 2:捐赠型基金模式

基金董事会应该清楚:

---

① 请参阅 Clark (2000)。

② 请参阅 Kritzman and Page (2003)。

③ 请参阅 Brinson et al. (1986, 1991)。

④ 请参阅 Anson (2005)。

- 集中关注由为数有限的核心资产类别组成的简单政策性投资组合。
- 以企业家精神和人文关怀为本，以技能为基础。
- 治理质量和投资委员会的素养似乎是捐赠型基金取得成功的一个作用因子。
- 基金董事会向投资管理机构广泛授权；高技能的投资委员会为保持对投资管理机构的控制所必需。
- 核心信念——流动性是有代价的，表现形式就是回报率下降，从而导致私募股权等另类非流动资产类别敞口风险的相对扩大。
- 捐赠型基金的优异表现可能不仅仅是源自资产类别配置，而且还取决于类别内的资产选择和交易取向。①
- 另类投资需要技能高超、经验丰富的员工参与早期的战略制定工作，并进行严格的自我评估。
- 基金的典型规模是 100 亿到 250 亿美元：大到足以负担得起非常称职的员工；小到足够灵活，在市场和交易中有回旋余地。

捐赠型基金模式可被大致描述为一种利用长期投资者天然优势的投资模式。这种模式是在 20 世纪 80 年代由耶鲁大学捐赠基金（Yale Endowment）发展起来的；②后来，一些养老基金从捐赠基金用来构建和实施投资组合的不同方法中受到了启发。捐赠基金是学术界和投资界的重要机构。在学术界，他们在资助科研方面发挥作用，从而保证大学能够开展学术研究并且追求卓越；而捐赠基金在投资运营方面比养老基金受到较少的监管约束，在投资管理方面比养老基金更早地开拓和采纳新的观念。最近，捐赠基金因为投资回报优于其他机构投资者而受到了更多的关注。③ 我们也注意到，捐赠基金的优异投资回报是其他机构投资者难以复制的。下面，我们简要回顾一下造成捐赠基金投资回报高的几个原因。

与传统的资产配置模式类似，捐赠型基金投资模式是通过在具有不同风险和收益特征的资产类别之间进行资产配置来实现其大部分业绩的。投资可以分为五大资产类别投资：股票、固定收益证券、房地产、另类资产（包括对冲基金、石油和木材等大宗商品以及私募股权基金）和现金。20 世纪 70 年代和 80

① 请参阅 Lerner et al.（2008）。

② 请参阅 Swensen（2009）。

③ 请参阅 Lerner et al.（2008）。

年代,机构投资者的投资逐渐从固定收益证券和现金转向股票,而在20世纪90年代和21世纪头十年,机构投资者的投资又从股票和固定收益证券转向往往缺乏流动性的另类复杂资产。

其次,捐赠型基金模式的优异业绩可能不但源自不同资产类别的配置,而且还取决于类别内资产的选择。投资管理人的技能和经验似乎对捐赠型基金模式取得成功具有重要的作用,而基金工作人员能在早期阶段识别并确定投资策略和资产类别也很重要。成功的学术捐赠基金的工作人员都有丰富的经验,往往已经在一起工作多年。最后,成功的高校捐赠基金的工作人员具有会导致周期性自我评价过程的学术取向。许多捐赠基金的工作人员有时会静下心来思考是什么程序导致他们做出了被证明特别成功或有问题的投资,而且还会与同行进行积极的对话。

第三个与捐赠型基金模式业绩优异有关的识别指标是投资治理。业绩最优的捐赠基金拥有工作积极、通常由校友组成的投资委员会。这些机构认为自己的作用不是对投资人员的决策进行微观管理,而是制定宽泛的政策,并充当消息灵通的决策顾问。捐赠基金在这方面与公共养老基金形成了鲜明的对照。

由于耶鲁大学捐赠基金和哈佛管理公司取得了成功,因此,有咨询顾问建议许多基金董事会采用捐赠型基金模式的元素,并对各种类型的对冲基金、私募股权、房地产、风险资本等的“另类”投资做出重大承诺。一些主要捐赠基金创造的长期业绩纪录似乎令人信服,但养老基金在最好的情况下也难以复制这种成功。在某些情况下,养老基金采用捐赠型基金模式取得的业绩甚至还不如传统的债券/股票资产配置基准。

模仿最成功捐赠基金的资产配置策略有可能无法取得同样出色的结果,原因非常简单:市场具有自适应性,模仿的红利会逐渐被侵蚀。[①] 成功的捐赠基金所依靠的另类投资市场对资本流入特别敏感。新的或利基另类投资市场通常机会有限,因此资本流入往往会导致要按更高的价格购买证券,并且最终导致回报率下降。这种影响之所以变得特别重要,是因为精英捐赠基金的投资策略正受到前所未有的研究和模仿。另类资产投资可能会被证明有风险,因为这些资产类别通常缺乏透明度,而且更难了解。最近关于捐赠型基金模式业绩的争论也可以用捐赠基金的投资组合与股票市场的相关性来解释。发生金融危机

---

① 请参阅 Lerner et al.(2008)。

时，捐赠基金的业绩就会恶化。例如，捐赠基金在2008年金融危机期间受到了沉重的打击。最后，基金规模也可能会影响投资回报率。自有记载以来，在资产不足10亿美元的基金中，91%的捐赠基金业绩不如简单的60/40持有策略。[①] 先锋(Vanguard)基金管理公司对此做出了解释，它表示，规模较大的捐赠基金拥有更好的人脉关系，可以通过谈判来降低费用。[②] 捐赠型基金模式是一种长期投资模式。没有做好充分准备坚持长期观的机构和投资委员会最好能认真研究这种投资模式，只有在它们具备了必要的工作人员能力、财务纪律并且内部达成理解以后才采用这种模式。

模式3：因子配置模式

关于因子配置模式，基金董事会应该明白：

- 因子配置模式基于这样一种投资信念：资产回报在很大程度上可以用一组为数有限的共同因子来解释，如实际利率、经济增长率、通货膨胀率、信贷息差和波动性等。
- 因子配置模式由于设计结构的原因具有较高的系统风险透明度，但存在可投资性和稳定性的问题。
- 这种投资模式由于其自身的复杂性，因此只能适用于董事会技能水平很高的基金。
- 采用因子配置模式，也会导致与利益相关者的沟通变得复杂。因此，即使在这种模式的"皈依者"中，它的采用率也很低。
- 据我们所知，或许除了资产定价理论(Asset Pricing Theory，APT)主张的以外，还没有哪只基金在自己全部资产组合中认真实施这种投资模式。

传统上，投资组合分散化是投资者应该做出的直观、明智选择，而研究人员不断提出均值方差优化模型、资本资产定价模型(CAPM)和资产定价理论等重要理论思想，并且形成了我们对投资分散化的理解。今天的投资组合可能看起来与十年前的投资组合大不相同，但它们仍然以投资分散化为核心原则。因子配置模式对分散化这个传统资产配置模式的核心原则采取了不同的处理方法。在一些各种资产可能有的共同风险因子上的投资分散化要比在资产上的投资

---

① 请参阅Stewart(2012)。

② 请参阅先锋集团的文章(Vanguard Group，2018)。

分散化重要得多。

20 世纪 90 年代,机构投资者对新的投资分散化形式产生了兴趣。当时,资产负债管理等先进管理工具和风险管理方面新的创新概念,允许投资者扩大可能投资的范围。之前只有少数精明的投资者才能利用的资产类别,虽然也慢慢被一般投资者纳入自己的投资组合,但直到 21 世纪头十年才真正取得进展。投资者也越来越意识到,过度依赖传统的股票和债券这样的资产配置,容易受到高波动性和分散化不足的影响,尤其是在危机期间。在 2001～2002 年金融危机之后,资产配置加速转向私募股权、对冲基金和大宗商品等另类资产类别。然而,这种新型资产配置只实现了部分的预期分散化。事实证明,另类资产类别与传统股票和债券的相关性要比之前认为的高。如果私募股权由高阿尔法收益基金构成,那么就可用于投资分散化,但高阿尔法收益基金的很大一部分收益取决于股票和债券。同样,大部分采用股票多空策略的对冲基金的回报率与股票市场高度相关。[①]

事后来看,基金董事会是在捐赠型基金模式取得成功的启发下才运用许多新的另类投资策略来构建投资组合的,但它们遇到了两个问题。首先,许多新的另类投资策略也是在低利率和经济增长势头强劲等同样的因子的推动下才取得了成功。有些另类投资受到了更多因子的驱动。私募股权虽然要投资者面对与公开交易股票相同的敞口风险,但却提供了更高的杠杆倍率。在前景恶化时,受到流动性约束的投资者被迫同时出售手中持有的另类资产。其次,有些资产类别相当小。对于有些投资者来说,非流动性可能很有吸引力,因为它可以提供更高的回报。然而,随着越来越多的投资者参与进来,市场变得更具流动性,因而增加回报无望。但是,在人人都想抛售自己手中持有的资产时,流动性不足又会卷土重来——找不到买家,价格暴跌。这种情况在养老基金必须按市值对自己的投资进行估值时尤其令人不快。

机构投资者在掌握了这些有助于提高认识的知识以后,会开始重新考虑在投资过程中分散化的目的是什么以及驱动投资组合回报的最重要因子是什么。[②] 图 6.1 列出了一些资产类别的回报驱动因子。根据这个植根于 20 世纪 70 年代末发展起来的资产定价理论的框架,任何资产都可以被看作是一组反映不同风险和回报的因子。因此,关注这些因子非常有意义,可以让投资者发现

① 请参阅 Bender et al.(2010)。
② 请参阅 Ilmanen and Kizer(2012)。

这些因子，并且了解真正推动资产回报的因子。这些洞见有助于不仅在波动期之前，而且在波动期里，根据所要求的风险状况调整资产组合。

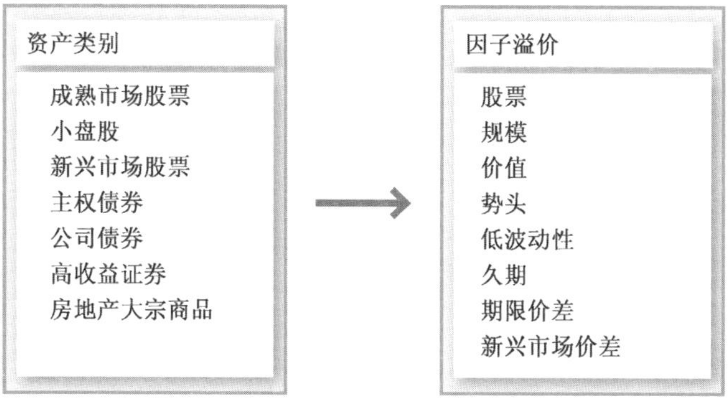

图 6.1 资产类别与因子溢价[①]

有一种新的主张要求投资者考虑重新设计投资流程，直接按照因子溢价来进行战略性资产配置。传统的投资组合首先要进行资产类别分散化，然后再进行配置，如按地区和行业进行配置，接着求助于（外部）基金管理公司来配置资产。按照回报驱动因子配置的投资组合是根据溢价来进行分散化，如根据低波动性、小盘股、价值和势头溢价来进行分散化。投资管理实践已经开发出一种或多种可以通过发展投资策略来赚取其中某种溢价，或者尝试把它们嵌入整个战略资产配置的方法。挪威基金把这看作是“从多个来源收割风险溢价，并且还认为这大致类似于风险平价投资模式，因此认为这种方法应该有助于进行更加有效的投资分散化，并且避免严重依赖股票溢价”[②]。

模式 4：机会成本或参考资产组合模式

关于这种投资模式，基金董事会应该清楚：

- 构建由流动资产组成的参考资产组合是一种现实可行、可低成本复制的被动型替代投资模式。
- 参考资产组合以外的投资（如房地产、私募股权和基础设施）由参考贝塔资产的最佳代理资产（“推测资产”）提供资金，而参考贝塔资产经杠杆倍

① 请参阅 Koedijk et al. (2016)。
② 请参阅 Chambers et al. (2011)。

率和流动性不足调整后能提高风险和回报的透明度。

- 剩余风险通过主动风险预算来控制,并能说明进行另类资产投资的理由。
- 投资管理机构的目标就是创造一定量的超过参考投资组合回报的超额回报,通常是在3到5年的滚动时界里。
- 根据风险预算的规模,基金董事会赋予投资管理机构相当大的自由度。加拿大养老基金的运营方式通常颇具企业家精神,它们把大量资金投到私募股权、房地产和基础设施等私人交易资产类别。
- 为了有效控制风险,应该做好风险预算和监控工作,基金董事会应该重视这些工作。

机会成本模式的参考投资组合概念是由加拿大养老金计划投资委员会(Canada Pension Plan Investment Board,CPPIB)在2006年提出的。新加坡的一只主权财富基金新加坡政府投资私人有限公司(GIC Private Limited)、新西兰养老基金和其他一些基金在根据本国情况进行一些变革后已经采纳了这种投资治理模式的主要元素。在确定战略基准时,基金董事会可能会遇到一些尴尬。如果基金董事会把基准细化为各种各样的资产子类别或投资风格,虽然能牢牢掌握控制权,但会有"设计过头"的风险,并忽视基准应有的作用,即最佳地反映为实现目标必须做出的风险/回报权衡。此外,无论参考投资组合有多么详尽和完整,总有一些可能适合基金总体状况但没有包括在参考组合中的投资,而投资管理层则处于发现这些机会的有利位置。因此,实施机会成本投资模式的出发点是,基金董事会决定采用在交给养老基金的保费既定的情况下可被合理预期能满足养老基金负债的被动投资策略或参考投资组合。

机会成本模式没有具体规定可投资的资产类别,投资组合的构建始于具体确定能以简明的方式反映为实现基金目标所需或必要的系统风险水平。然后,投资管理人根据在参考组合中捕捉到的影响因素驱动因子来考虑每个投资品种。基金董事会还要具体规定"主动的"风险胃纳,也就是基金可以通过限制背离基准的偏差(传统的"跟踪误差")、再平衡要求和其他风险衡量指标等手段偏离参考组合构成的程度。此外,资产管理人负责确定资产配置,并在确定的风险胃纳约束范围内审批投资计划。在实践中,基金管理人可能要确定一个政策性投资组合,以反映他的资产配置决定和对投资计划的认可。

机会成本投资模式的一个特点是,基金管理人可以自由投资于不包括在参考组合中的资产类别，但所有的投资都以参考组合为基准。基金可以设立一个10～12人的小组，几乎无成本地按照参考组合进行投资。如果基金管理人实现的投资回报超过成本，并击败参考组合的回报，那么，他就会被认为创造了增加值。例如，加拿大养老金计划投资委员会的参考资产组合包括85％的全球股票和15％的加拿大债券，[①]并且进一步细分为国内和国际资产。新加坡政府投资私人有限公司的参考资产组合也由65％的股票和35％的固定收益资产组成。这些固定收益资产非常简单，变现性强，而且交易成本很低。

机会成本投资模式的一个基本原则是，单个资产类别的风险和回报属性可以用参考组合（股票和债券的敞口头寸）的一些不同因子组合来表示。现金流的性质和确定性程度以及每种资产类别的资金结构，决定用来为该种资产类别融资的资产类别敞口头寸组合。房地产、私募股权、高收益债券和基础设施等投资可能具有不一定在融资资产中得到体现的具体特点，因此有可能反过来为投资组合提供按风险调整后的有利回报。[②]

机会成本投资模式最吸引人的特点，或许就是职责分明。资产所有者通过批准参考组合构成并具体规定其他风险胃纳参数，来做出有关收益目标和需要承担的系统风险水平的最重要决策。基金董事会确保基金管理人在开始执行投资计划前已经具备必要的能力，监控投资计划的执行和结果，并且审批适当的内部基准。然后，基金管理人享有进行投资决策的自主权，并根据资产所有者确定的主动风险管理指标来决定投资组合的实际构成。我们可以认为，这种投资模式把责任交给了最有能力、占据最合适做出明智决策的职位的当事方。基金管理人有责任证明主动管理成本的合理性，并且取得好于参考组合的业绩。因此，参考组合的机会成本可以作为全部可选资产类别的基准，而不必为每个可选资产类别单独规定基准。这种模式由于没有规定固定的资产类别配置，因此也赋予基金管理人更大的自主权来考虑风险溢价随时间变化的性质。基金管理人有充分的动机以对整个投资组合风险和回报的最大边际贡献率来进行投资，而不是进行每个资产类别内的最佳可做投资。

机会成本模式只适用于长期投资者。例如，在任何短时间内，房地产与用

---

① 请浏览网页 http://www.cppib.com/en/how-we-invest/our-investment-strategy/investment-frame Work。

② 支持全投资组合观的经济学理论主要是资本资产定价理论的重述以及罗斯（Ross，2013）的多因子套利定价理论。

于为房地产投资融资的股票和债券组合之间必然会有业绩差异。事实上，根据全组合(Total Portfolio)投资论，譬如说，房地产投资可能需要7～10年的时间才能完成。

机会成本投资模式在基金治理方面提出的最后一个挑战是，基金董事会——或者投资管理公司的类似治理机构——必须具备监督、评估和监控投资管理人创建的投资体系的能力，才能实施全组合投资观。基金董事会还必须熟悉参考组合构建，并且理解参考组合的概念。

模式5：战略/运营双重基准模式

关于战略/运营双重基准模式，基金董事会应该明白：

- 基金的一般战略基准由资产所有者养老基金确定。这种战略基准应该能够体现养老基金的总风险胃纳，并且充分反映养老金协议中确定的风险承担水平。
- 然后，投资管理机构设定更具体的政策基准，以提高投资分散化水平并从价值股和小盘股等系统性回报来源中获益。战略基准与政策基准之间的差别反映投资管理机构提出的战略建议的价值。
- 接下来再确定运营基准，把政策基准细化为可执行的投资任务。政策基准和运营基准之间的差别反映确定投资任务和监督执行任务的价值，包括内部管理投资任务的价值。
- 战略基准的决定权属于基金董事会，而政策基准和运营基准也应该由董事会审批或确定。

运营性参考组合(Operational Reference Portfolio，ORP)是一种在不放弃参考被广泛接受的标准基准的前提下改进投资分散化的工具。运营性参考组合是挪威基金在2001年作为一种内部基准构建的。它是一种按挪威财政部设定的非市值权重量身定做的基准组合。挪威基金利用了它自身的特点，即没有固定负债和即时流动性要求且不受本币因素约束的大投资者的特点。①

挪威基金把运营性参考组合用于以下三个用途：

(1)实现比标准基准更加广泛的投资分散化；

(2)进行具有系统因子风险的投资；

---

① 请参阅Ang et al.(2009)。

(3)进行巧妙的投资组合调整。

下面,我们依次讨论以上每个用途,并且说明每个用途为什么需要不同的风险管理验证期限。运营性参考组合对内由挪威银行投资管理部(Norway Bank Investment Management,NBIM)持有,只接受财政部规定的为数有限的风险因子。不过,挪威银行投资管理部部分体现财政对主权债券投资组合干预力度的投资并没有在现有的基准中得到量化表达,而是被挪威银行投资管理部纳入了运营性参考组合。

另类资产投资可能已经成为主流投资,但在挪威基金的运营性参考组合中并非如此。在这方面,挪威政府全球养老基金(Government Pension Fund Global)把60%的资金投资于交易所上市股票,35%投资于债券,而投在房地产上的资金最多只占5%。对冲基金、私募股权和风险资本都没能在挪威基金的运营性参考组合中找到立足之地。换句话说,挪威基金的运营性参考组合是一个特点明显、侧重于主要资产配置选择并且只进行有限主动管理的资产组合。

这种做法有一个务实的原因:挪威基金规模太大,无法执行投资另类资产的策略。构建非流动资产投资组合以达成任何有意义的结果,都将是非常麻烦并且成本很高的事情。此外,这只基金在很大程度上是在公众监督之下运营。因此,投资策略清晰明了,只有有限的利用"令人兴奋的"新投资机会的回旋余地。但是,挪威基金在过去的几年里取得了相当不错的业绩。正如有人预料的那样,它表面上的简单有可能会被误解为"任何人都能做到",也就是说,只要放弃主动管理和另类投资就能做到。不过,基金董事会应该认识到,要想规范决策和防范行为偏差,投资"规则"就变得十分重要。挪威基金在资产配置方面受到纪律的约束。在股票下跌时,该基金购买足够多的股票,以重新达到持股60%的目标;而在资产组合中的债券占比跌破40%的情况下,它就会买进债券。挪威基金就是通过这种方式来调整资产组合构成,从而消除决策中的情绪因素,并且购买估值较低、风险溢价预期回报较高的资产,或者抛售估值过高、风险溢价预期回报较低的资产。

"流动性"仍然是个长期指标。因此,选择和构建旨在实现正确投资的指标,就成为一个重要的问题。那么,在具有长期流动性的市场上可以赚到哪些风险溢价呢?挪威基金吸纳盘子较小的股票和价值型股票,因为这些股票在短期内也许能以较低的价格交易,但这能为它们的长期表现打下基础——有研究机构认为这里所说的长期是数十年,而不是几年的问题。

模式6：风险平价模式

关于风险平价模式，基金董事会应该知道：

- 根据风险平价模式，不同的收益来源，如股票风险溢价、信用风险溢价和期限溢价，都应该以它们对投资组合贡献相同风险的方式来衡量。
- 我们可以通过把财务杠杆应用于风险较低的收益来源来做到这一点。
- 结果，每单位波动风险的预期收益会增加，因为不同收益来源的分散化比传统的投资组合要好得多。
- 要想成功实施风险平价模式，就必须不断调整投资组合中不同资产类别的头寸。这在操作上具有挑战性，并且需要有深度和流动性的市场。
- 现实中(即使有，也)只有很少的资产所有者把这种投资模式作为自己的投资治理模式。

支持风险平价模式的观点认为，从资本配置的角度，而不是从风险的角度看，采用传统资产配置技术构建的投资组合有可能看起来大致均衡。例如，股票对全组合波动的贡献度远远大于股票配置所显示的贡献度：1997年1月至2017年7月，由60%股票和40%债券构成的投资组合93%的波动幅度可归因于股票。[①] 解决这种不成比例的股票风险配置问题的方法，就是按照风险平价来降低股票在投资组合中所占的权重，并增加债券的权重，从而使股票和债券对投资组合产生相似的波动性影响，但投资组合的总体波动性会下降。如果投资者对"60/40"投资组合的初始波动性感到满意，风险平价的支持者建议，应该用财务杠杆来达到所需的风险水平。总体而言，平均回报会随着风险的降低而增加。根据风险平价构建投资组合的过程，从为使投资组合中每个资产类别都有相同的潜在损失——即所谓的"风险平价"——贡献度这个意义上讲，是不可知的。

风险平价模式的假设是，投资者由于承担风险，而不是持有现金，因此，从长期看总能得到回报。养老基金可以通过两个步骤来确定风险平价或"全天候组合"(all-weather portfolio)。首先，把风险预算分为四个部分(低增长、高增长、低通胀和高通胀)。然后，在每个风险预算分区，根据经济增长—通货膨胀

① 请参阅 Uijting (2017)。明晟世界股票指数(MSCI World Equity index，年波动率14.65%)被用作股票的代理变量，而美银美林全球债券指数(Bank of America Merrill Lynch Global Bond index，年波动率5.37%)被用作债券的代理变量。

维度的敞口风险，重新配置投资组合中的资产类别（也是以均匀的方式）。在这里，资产类别或策略越“纯粹”，最好是基于某个因子溢价，那么，这种方法就越有效。

养老基金越来越多地采用一种回报匹配法（matching-return approach）。这种方法把投资组合分成用以下这种固定收益工具构建的回报匹配型投资组合，即部分或完全复制养老金负债造成的现金流的固定收益工具。此外，这种回报匹配型投资组合可用来建立监管储备和指数化基金化解投资风险。从理论上讲，风险平价模式也可采用回报匹配法。①

采用回报匹配法的最知名先驱是雷·达利奥（Ray Dalio）的布里奇沃特（Bridgewater）对冲基金，这只基金秉持这样一种理念：根据风险分布构建的投资组合应该比传统的投资组合更有抵御市场低迷的能力。对于养老基金及其基金受托人来说，这是一种很有吸引力的理念。GMO 公司资产配置主管本·印克（Ben Inker）对这种方法提出了三点批评意见。② 他的主要反对意见是，波动性和风险并不是一回事。例如，杠杆投资允许投资者提高回报，但也会导致路径依赖。虽然非杠杆投资者可以等待估值趋同过程，但杠杆投资者有可能无法受用这种奢侈。杠杆投资者在高波动时期不能指望维持相同的杠杆倍率，而是被迫降低杠杆倍率和出售手中持有的证券——在金融危机过后，由于市场反应过度和均值回归，存在不得不放弃未来正回报的风险。另一个问题与因子选择有关。虽然风险平价可能是一种估值中性的方法，但实际上并非中性，投资者有可能在没有获得相关正回报的情况下就终止对风险的杠杆化利用。例如，期限结构溢价是固定收益工具的一种因子溢价。风险平价模式应该会显著增加暴露在这个因子上的敞口头寸，但是，在今天的货币环境下，这样做是否还有意义？投资者并不能通过观察风险分布馅饼图来获得关于自己的投资组合是否实现了最优分散化的信息。例如，虽然可以通过分散风险来应对国家险，但把哪些国家的违约风险考虑进去仍然很重要。换句话说，对于考虑采用风险平价模式的养老基金来说，可能应该考虑这样一个问题：风险平价模式可以提高投资者对投资组合风险的洞察力以及对各种场景的敏感性。此外，我们仍然需要深入洞察自己的投资组合，并且了解杠杆投资和风险胃纳之间预料之中或预

① 请参阅 Peters (2011)所举的例子。他认为，即使在构建投资组合时没有把基金的负债考虑进去，风险平价模式也能给养老基金带来更好的业绩。

② 请参阅 Inker (2010)。

料之外的相互影响。

发展自己的投资模式

基金受托人几乎不会有机会从头做起,设计一种最适合实现他们受托管理的基金的目标的投资模式。拥有这种机会的基金就具有了比较优势,因为它们可以——而且应该会——向其他基金学习。国家就业储蓄信托(National Employment Savings Trust,NEST)和未来基金(Future fund)等例子[①]表明,这种情况确实发生过。如果您受托管理的基金没有这种奢侈的机会,通常还是会有渐进变化的机会。

我们认为,"选择自己的投资模式"是一种很容易回避的战略性选择,或者说,只有在回旋余地有限的危机时期才会认真对待战略性选择的问题。在没有投资管理机构的情况下,由董事会审视养老基金的投资模式,并提出一些"正确"的问题:养老基金的背景是什么?养老基金需要多大的抱负?董事会希望实现多大的抱负?此外,有哪些基本假设和信念支持养老基金实现抱负的行动?每种投资模式都会产生影响,如对于投资治理、计划发起人、可能取得的结果和参保人之间的沟通。最后,不同的投资模式对基金规模、治理预算、董事会的知识资产以及投资机构等都有不同的"要求"。我们可以把这些要求转化为一些具体的问题:

(1)基金负债的性质和投资期限。负债定义是否清晰?用于制定长期策略的投资期限有多"确定"?

(2)基金的投资信念。基金的投资信念是否已经确定?影响是否明显?要成功地贯彻基金的投资信念需要具备哪些条件?

(3)可用的治理预算,是一个同时关系到规模和选择的问题。需要给基金董事会多大的预算?这个预算是限制还是扩大了对投资模式的选择?

(4)基金受托人和资产管理人的投资知识和经验水平。养老基金应该怎样配置基金受托人和资产管理人的投资知识和经验水平?

---

① 国家就业储蓄信托和未来基金是相对较新的养老基金。国家就业储蓄信托是一个缴费确定型工作场所养老金计划,是在2008年为了促进自动参保而成立的,它是政府工作场所养老金改革的一个组成部分。澳大利亚政府未来基金(Australian Government Future Fund)是一个独立管理的主权基金,成立于2006年,旨在为退休公务员支付退休金。

(5)监管环境往往起到重要的作用。监管会限制选择，那么，在既有的限制条件下，在现有的监管框架内有哪些利用投资信念的机会?

在一个极端，对于一个规模相对较小(譬如说 20 亿美元)，董事会的治理预算、知识资产和资源有限的基金来说，应该采用非常简单的投资模式：我们建议采用“模式 1”，极端关注成本并只执行“被动管理”策略。在很大程度上，这种基金不得不进行外包。即使它在理论上确实相信“主动管理”策略，但也可能没有时间或能力来区分优秀和蹩脚的管理人。因此，像这样的基金应该努力追求运营卓越、极低的成本和“无悔”的投资模式。这样，只要避免犯(由董事会高估自己的智商造成的)代价沉重的错误，这样的基金就能取得比可比基金好的业绩。

在另一个极端，如果一只确实规模很大(假设有 1 000 亿美元)，因此——理论上——治理预算充盈的基金决定愿意把其 10 个基点的资产作为它自己的治理预算，那么，这个预算就是 1 亿美元，足够设立一个正规的投资运营部，并且可以雇用 100～400 个薪酬优厚的专业投资人士。

然而，在这种情况下，基金的负债性质和投资期限对基金的选择会产生很大的影响：负债越多，投资期限越短，就越需要规定投资解决方案，因此不会有很大的选择自由度。

案例研究　挪威主权财富基金

如何在坚实的学术规范和循证基础上打造长期、负责任的基金

背景

政府全球养老基金(GPFG)通常被称为“挪威主权财富基金”或“挪威基金”,[①]由挪威银行投资管理机构(Norges Bank Investment Management,NBIM)管理,[②]并且由挪威油田收入出资。挪威基金的投资政策由挪威财政部制定,并且要通过议会审批。2017 年 2 月,该基金大约拥有价值 9 000 亿美元(约合 73.79 万亿挪威克朗)的资产,由于基金规模大,因此平均持有欧洲以外所有上市公司 1.3%的股权和欧洲所有上市公司 2.3%的股权。这只石油基金的主要目标是为挪威的子孙后代储蓄:“石油资源总有一天会枯竭,但基金的回报将继续造福于挪威人民。”

挪威基金在分享支撑其战略的研究成果方面高度谨慎和透明。洪等人(Ang et al.,2014)[③]研究发现,该基金 99%的回报是执行政策驱动型决策的结果。此外,这只基金所有的政策变化和投资都可以在它的网站上找到。自 1998

① 请浏览网页:https://www.nbim.no/en/the-fund。

② 请浏览网页:https://www.nbim.no/en/the-fund/governance-model。

③ 还请参阅 Ang and Kjaer (2012), and Ang et al.(2009)。

年以来，挪威基金实现了5.6%的年回报率。扣除通胀和管理费用后，实际年化回报率为3.7%。[①] 挪威基金统筹考虑长期和未来如何进行投资决策的问题。一般来说，挪威基金采用的是被动投资策略。在低预期回报的环境下，2017年挪威基金以债券的配置成本增加股权配置。这只基金以极具成本效益的方式实施它的被动投资策略，2016年总成本只占其收益的0.05%。

面临的挑战

挪威基金面临两大挑战：(1)在平均拥有全球上市公司股权1%～2%的情况下，如何保持和提高资产分散化的收益，限制市场影响；(2)如何把挪威人民的共同价值观融入基金的投资策略？钱伯斯等人（Chambers et al.，2011）在“挪威模式”（The Norway model）中指出：“挪威基金是专业的金融投资机构，它不可能维护挪威的全部道德承诺。但是，它的资产属于挪威人民，因此，它必须考虑挪威人民重要的共同道德价值观。”

过程

长期以来，挪威基金只投资于上市股票和债券。最近，它开始发展房地产投资。该基金目前的战略资产配置是上市公司股票65%、上市债券30%和房地产5%。偏离这一战略配置的余地非常小。因此，99%以上的基金业绩反映了基金基准的回报。从这个意义上说，挪威基金可以被看作是一个真正的政策驱动型投资者，以一种理性的方式避免主动投资可能会设下的陷阱，并确保每一项战略决策都有深邃的学术洞见支持。一方面，挪威基金的做法形成了一种变化非常缓慢且令人厌烦但却听起来不错的战略；另一方面，更重要的是，以变化缓慢、理性、学术和循证的方式来制定和实施战略有两大优势：

(1)为挪威基金对它的所有人挪威人民负责奠定了坚实的基础；

(2)在挪威基金存续期很长的情况下，基金内部领导人更迭不至于造成很大的风险。

以上两大优势很可能是挪威基金能够相对容易地长期生存并远离公共危机和政治动荡的必要条件。

挪威基金正处于一个很难实现额外规模经济的阶段。一方面，以房地产为

---

① 请浏览网页：https://www.nbim.no/en/the-fund/return-on-the-fund。

例，把 5%的资金配置在房地产上，大概就有 450 亿美元。如此庞大的规模使得在市场影响和交易成本都可以接受的情况下很难让资金流动起来。因此，通过房地产投资来实现资产分散化的可能性比较有限。根据多份学术研究报告，在进行资产配置时应该更加关注，譬如说，资产配置对分散化收益、盈利能力、流动性和波动性等的影响。①

另一方面，通过一些学术性投资研究就能发现规模约束问题。虽然这方面的研究详细论述了因子投资的问题，但挪威基金的故事实质上就是：挪威基金由于规模太大，因此不适合主动管理——或者，挪威基金必须寻求其他方式来提高分散化收益。2018 年 1 月，达尔奎斯特和奥德加德（Dahlquist and Odegaard，2018）考察了挪威基金的主动管理风格，并建议坚持当前的做法，而不是改用比较被动的管理风格。在一项相关研究中，斯托姆伯格和多斯克兰德（Stomberg and Doskeland，2018）建议挪威基金应该向私募股权投资开放。

结果

挪威基金的长远目标是成为负责任的投资机构。该基金认为自己是一个全球资产所有者，这意味着它基本上持有全球所有上市公司的股份。因此，基金的目标是致力于发展有利于其自身长期利益的市场实践，而公司治理标准、可持续商业实践和金融市场运作都属于这样的市场实践。例如，挪威基金是一个积极股东，并且通过行使自己的投票权来保护自己的投资，包括投票促进可持续发展和规范的公司治理。挪威基金作为重要的长期投资者，直接与一些上市公司的董事会和管理层打交道。

关于共享道德价值观的问题，挪威基金在 2004 年制定了《挪威基金道德基础指南》。第一版的《挪威基金道德基础指南》写道："政府全球养老基金不应该从事有可能造成风险不可接受的投资，即有可能导致挪威基金促成不道德行为或忽视（如违反基本人道主义原则、严重侵犯人权、严重腐败或严重破坏环境）风险的投资。"②

因此，挪威基金可以把一些公司的股票排除在其投资组合之外，也可以把一些公司列入观察名单。被列入观察名单的公司也有可能在未来看到自己的

---

① 如可参阅 NBIM（2017）的文章《房地产的分散化潜力》（"The Diversification potential of Real Estate"）。

② 请参阅《挪威基金道德基础指南》（2004）。

股票被排除在该基金资产组合之外。从 2015 年 1 月 1 日开始，改由挪威基金执行委员会决定把哪些公司的股票逐出基金的资产组合。在这之前，是由挪威财政部行使这项决定权。无论是挪威财政部还是挪威基金的执行委员会，都是根据基金道德委员会的建议做出有关决定。挪威基金根据公司产品制定的评判标准是根据基金投资管理部门的建议制定的。股票因为公司产品而被逐出挪威基金资产组合的公司有：(1)煤炭生产或煤基能源公司；(2)核武器制造公司；(3)烟草公司。此外，股票因为公司行为而被逐出挪威基金资产组合的公司有：(1)侵犯人权的公司；(2)严重破坏环境的公司；(3)严重腐败的公司；(4)在战争或冲突状态下侵犯个人人权的公司；(5)其他严重违反基本道德规范的公司。①

为实现卓越投资可总结的经验教训

- 挪威基金的长远观、规模和对子孙后代担负的责任，自然要求该基金把重点放在管理和可持续发展上。
- 挪威基金的政策由挪威财政部制定，与政治力量和战略执行都保持很大的距离，从而确保了一种理性的自上而下的战略观。因此，挪威基金的战略及其结果独立于该基金的掌舵人。
- 挪威基金的战略制定和执行都得到了深刻、全面的学术研究支持，从而有助于该基金向它的所有人挪威人民负责。
- 挪威基金的规模限制了它的操作和分散化空间。挪威基金是采用一种严重依赖政策的僵硬方式成立的，因此有可能会丧失一些其他机会。挪威基金的这些成本必须与这只基金的透明度和坚实的学术基础等积极方面进行比较。

① 请浏览网页 https://www.nbim.no/en/responsibility/exclusion-of-companies。

第三部分

实施投资

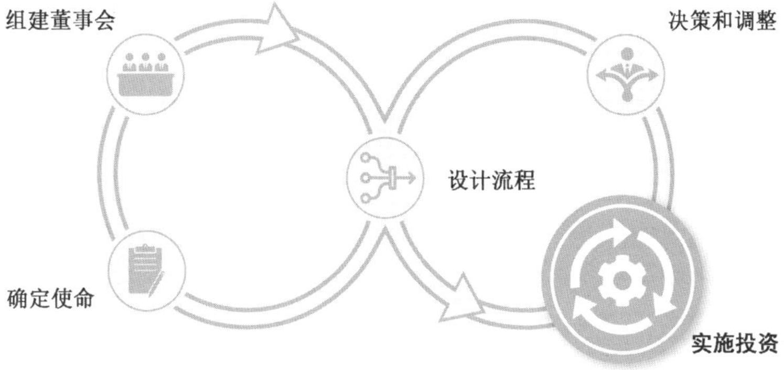

第三部分讨论实施投资的问题。第一部分和第二部分已经做了铺垫工作，对养老金计划的宗旨、使命和战略进行了定义，并且讨论了如何构建风险和回报框架来实施战略的问题。这部分着重讨论对于基金受托人来说是贯穿整个投资周期的战略执行问题。投资计划逐年制定，包括资产配置、投资风格和基准等内容，投资计划也要定期重新审视，需要关注“我们是不是在做正确的事情”的问题；而对投资计划的执行情况，要每季度、每月甚至每周进行检查，在持续执行投资计划和检查计划执行情况的过程中，要关注“我们是不是在正确地做事情”的问题。

我们将按照投资周期的执行顺序来安排第三部分的内容，并且与本书的其他部分一样仍然从基金受托人的视角来讨论问题：基金受托人需要做哪些工作才能制定战略并控制局面？需要关注哪些重要的问题才能实现基金的目标？

在本书的前两部分里，我们对那些能产生80%收益的有限选择与有可能让基金受托人获得80%以上收益但需要大量技能和精力的潜在附加选择进行了区分。

第三部分将讨论以下主题：

- 如何确定和评判资本市场预期；
- 如何根据目标和预期构建资产配置和制定投资计划；
- 如何确定主动管理与被动管理；
- 如何进行有效的选择，并避免授权和管理人任命陷阱；
- 如何看待管理费用的重要性；
- 如何发现执行过程中的不足；
- 如何采用正确的方式（即以有效地服务于监控过程的方式）来报告结果；
- 如何关注过程结果检测期间出现的重要问题；
- 如何忽略噪音并从结果中读取正确的信号，并利用正确的信号来为未来做出改进并进行学习。

这部分内容对于实现卓越投资的贡献

这部分将把重点从思考转向行动，要讨论的核心问题是如何执行投资计划。在投资计划的执行过程中，基金受托人可能会犯许多代价沉重的错误，从天真地相信主动管理到实施松散的成本管理、没有按规定进行调整以及过度雇用和解雇管理人等不一而足。每项考虑不周或执行不力的决策都可能产生轻微的负面影响，但是，这些轻微的负面影响聚合在一起，就真的会葬送董事会旨在为养老金计划参保人创造相当不错的投资收益而制定的计划。在投资计划的执行不能达到目标或期望时，就会导致缺口的出现。这种缺口通常是由于知识贫乏和无法控制董事会和投资管理人的人类行为错误而造成的。本书这一部分对实现卓越投资的贡献显而易见：纪律严明的董事会能够循证做出务实的选择，从而可以大幅度缩小缺口。

第七章　实施投资策略

关键结论

- 这里所说的实施就是为了实现目标而把计划和策略付诸行动的过程。
- 在实施投资策略的背景下，缺口被定义为计划结果和实际取得的结果之间的差距。一个理论上可能很好的想法在实践中并不一定是好的想法，我们应该最大限度地缩小这种缺口。
- 基金董事会应该具备理解和管理这种缺口的知识和技能。具体而言，许多咨询方的利益可能不同于基金董事会和受益人的利益，从而有可能增加费用和提高复杂性。
- 有效的成本管理可以实质性地增加净收益。
- 主动管理往往令人失望，并有可能导致成本很高的外部管理人更替和管理人员的高流动率。
- 基金受托人可以通过制定明确的实施计划、预先发现有可能出现的隐患、建立明确的基准和监控系统来跟踪实施情况，从而缩小缺口。

这里所说的实施就是为了实现目标而把投资计划和策略付诸行动。一项投资计划倘若没有被付诸实施，那么就会被遗忘。这里所说的实施意味着要让养老基金计划产生结果。[1] 在投资策略制定以后,就应该进一步明确资产类别、投资风格、管理人和监督方式变化的目标,接下来就应该进入实施阶段,这就涉及编制通常为期1～3年的运营预算。实施工作做得好坏对基金的成功至关重要,实施工作涉及为达到预期的目的和目标确定"由谁""在何处""何时"和"如何"运营的问题;而实施投资策略就是评估资源、量化目标,然后把它们整合纳入灵活的计划。

组织实施工作

对于基金董事会来说,实施是决策的一个重要方面,它的重要性显而易见:如果基金董事会清楚地知道应该做哪些工作,而负责实施投资计划的机构缺乏实际这样做的意愿或者能力,那么几乎就没有取得成功的可能。为了评估实现目标的进度,基金受托人必须清楚自己想要实现的目标以及实现目标的方式,也就是说,必须清楚自己的目标和为实现目标而计划从事的活动。因此,有必要首先明确投资政策说明书中确定的目的和目标,然后规划董事会和其他行动主体为实现这些目标要开展的活动。

实施缺口是指投资政策说明书中明确的投资政策与实际执行之间的差别。

因此,基金董事会应该以尽量缩小实施缺口为己任,因为董事会有所有权、成本预算和治理预算这三种资源可以利用。

所有权。养老基金拥有资产的所有权,但把资产管理权委托给专业机构或资产管理人。养老基金把自己的资产分成或大或小的份额,并把每个份额的资产委托给不同的资产管理人管理。养老基金授予资产管理人的基本上都是决策权:资产管理人并不拥有他们受托管理的资产,但可以在他们认为适当的情况下启动交易——当然,在他们获得授权的框架内。基金董事会必须确保授予所有必要的权力,没有任何遗漏。授权应该是相互排斥、毫无保留。在实践中,要做到这一点并不容易,倒是可能会存在协调问题。例如,在两项授权中,资产管理人可能会根据他们各自的风险限额开展业务活动,但他们的持仓量加在一起,有可能会导致风险过度集中。此外,董事会必须决定把具体的投资工作委托给谁,这是一个会对基金的整个投资组合产生影响的问题。例如,关于战术

[1] 关于战略实施,例如,可以浏览网页:http://smallbusiness.chron.com/strategic-implementation-5044.html。

性资产配置、调整或对冲的决策，应该由投资管理机构、执行人员还是投资委员会来负责？董事会还应该清楚如何循序渐进地推进投资实施过程，自己应该负责哪些决策，哪些决策最好留给养老基金的其他机构负责。董事会通过认真审视自己的决策权框架来明确这些受托责任，重点当然是明确投资和风险管理决策责任。诸如责任分配矩阵（即 RACI——Responsible，Accountable，Consulted，and Informed——法）这样的一种正式方法，不但在明确角色和责任方面，而且在考虑讨论和检讨决策权方面都是非常有用的。[①] 表 7.1 列示了“RACI”责任分配矩阵。

表 7.1　　　　责任分配矩阵

	基金受托人	执行董事	投资委员会	投资管理机构	投资顾问/精算师
目的					
投资理念	A	I	I	I	C
投资信念	A	I	I	I	C
战略性资产配置的资产类别确定	A	I	C	C	C
资产组合构建	A	I	C	C	C
授权对象选择	A	R	C	R	
投资实施	A	R	C	R	
监控授权对象	A	R	C	R	
评估	A	R	C	R	C
监控投资管理部/机构	A	R	C	R	C

注：R(Responsible)：谁负责执行；A(Accountable)：谁承担责任；C(Consulted)：向谁咨询；I(Informed)：告诉谁。

管理成本。成功的实施需要从一开始就对成本进行有效的管理。瑞典第三国家养老基金（Third Swedish National Pension Fund）的实践就证明了这一点。这只基金的年管理费用相当于资产的 0.03%，或者相当于 1%的新缴保险费。换句话说，在扣除了全部费用以后，养老金领取者可保留 99%的新缴保险费。这可以与 0.3%的成本相比较，就相当于少收了 9%的保险费。在扣除费用以后，养老金领取者只能保留 91%的养老金资产。如果一个养老金储蓄者向

① 请参阅 Ghai et al.（2011）。

一只每年收取1%管理费的基金购买一份养老金,那么,他或她的养老金就会减少到占其全值的72%。在这种情况下,成本就耗费了1/4以上的本金。瑞典第三国家养老基金的这些数据反映了投资实施过程低资产成本和低行政管理费的重要性。[①] 这只基金的例子清楚地表明,必须认真对待投资解决方案成本增加的问题;而且,只有在确信成本增加会实际增加净收益的情况下才可以增加成本。

基金受托人和管理人在投资成本管理方面扮演着重要的角色。在评估公共养老金实践的过程中,我们可以确定五种在投资实施过程中有助于成本管理的方法[②]。首先,基金受托人可以明确把成本管理作为执行投资政策的优先事项。基金董事会可以把限制交易费用(如经纪费用,或者规定管理人扣除费用后的业绩的正式衡量办法)的问题写入投资政策说明书,并且明确把限制交易费用作为选择授权对象的一个条件。

第二,被动管理具有重要的成本优势,对于规模较小的养老金系统来说尤其是这样,因为它们无法实现规模较大的养老金系统可实现的规模经济。被动管理的成本优势主要源于较低的投资研究成本和较少的证券交易。我们将在本章后面更加详细地讨论主动管理成本和被动管理成本的影响因素。

第三,基金董事会也可以决定基金自己开展投资管理活动。对于规模较大的养老基金来说,这样做可能具有真正的成本优势。不过,多年来,外部投资管理和内部投资管理之间的成本差,特别是股票和固定收益证券等流动性资产类别的外部管理与内部管理成本差一直在缩小。对于流动性较小的资产类别投资来说,继续内部管理的一个理由可能是提高一致性,并且使它们更加接近基金已经持有的资产,从而提高风险管理标准,并且规避机会成本。

第四,由于内部员工通常要与第三方进行合同谈判,然后对第三方进行日常管理,因此,内部员工可以在确保成本得到控制的问题上发挥关键的监控作用。内部员工可以与投资管理人就按比例降低(用基点表示的)投资成本的合同进行谈判,因而能使(用基点表示的)投资成本随着管理资产的增加而减少。

有一种方法基金董事会可用来在知情的情况下确定这些成本指标是否得到有效的执行,这种方法就是进行调查研究以便对自己的成本与"同行"的成本

---

① 关于瑞典第三国家养老基金,可浏览网页:http://www.ap3.se/en/about-ap3/kostnadseffektiv-forvaltning。

② 请参阅 Greifer (2012)。

进行比较。

基金董事会的治理预算对于基金选择要遵循的投资策略实施方式具有决定性的意义。治理预算可以说是基金决策者的时间、专业知识和组织效率的组合。对于大多数基金来说，治理预算是包括基金董事会和全体工作人员的时间、专业知识和组织效率的组合，但由基金董事会决定治理预算的用途和使用方式。有一种方法基金可用来“设置”治理预算，这种方法可以准备尽可能少的治理资源，并把治理预算作为“控制”全部成本并侧重于容易实现的投资回报的安排。那么，这种方法实际意味着什么呢？例如，为了实施投资策略，基金董事会可以同意持有尽可能少的为投资分散化所必需的不同资产类别；每种资产只用一种投资风格，最好是被动投资风格；采用基于规则的静态方法来调整资产配置。这种设置只需要极低水平的治理预算就能实施投资策略，但却是一个有效的起始点。董事会可以基于这个起点进行推算：如果增加治理预算，对实现基金目标会有怎样的预期贡献？是否值得增加预算？

成本管理基本原理

在关系到投资策略实施的问题时，我们需要更加广泛地讨论成本问题。全球有很多养老基金都要接受某种形式的监管，大型养老基金都是按职业或行业建立的。因此，行业从业人员必须参加，这让他们没有真正的投资选择。这种强制性规定有很多好处，但也有不利的方面，例如，董事会只受到有限的市场约束，或者根本就不受市场的约束。即使这种行业养老基金以较高的成本交付养老金，基金参保人也无法选择成本较低的养老基金。高成本会吞噬未来的养老金收入，也可能是基金董事会管理养老基金效率低下的一个表征。虽然我们对养老基金的投资成本知之甚少，但我们有大量的共同基金投资成本文献可以参考。养老基金的投资运营类似于共同基金，许多养老基金把自己的部分资金投在共同基金上。因此，有关共同基金投资成本的文献也可以为养老基金的投资运营提供有益的见解。经验证据表明，共同基金业存在很大的与成本有关的规模经济。[①] 然而，随着基金规模的不断扩大，这种规模经济会逐渐减小；一旦基金达到最优规模，这种规模经济就会归零。[②]

---

① 请参阅 Malhotra and McLeod (1997)。

② 请参阅 Indro et al. (1999)；Collins and Mack (1997)。

当然，由于共同基金追求更高的回报，因此有可能会发生更高的成本。不过，有越来越多的研究表明，按照风险调整后的收益率计，高成本并不一定与高业绩相关；[①]倒是有证据表明，一般而言，共同基金发生较高成本，并不会产生较高的回报。由于养老基金和共同基金的投资运营方式相似，因此，我们似乎有理由认为养老基金也会产生同样的结果。换句话说，参保人可能从投资成本较低的养老基金那里得到较好的服务，因此，养老基金董事会应该以此作为决策指南。

当然，投资界也有人表达了一些反对意见。成本很重要，但不应该过分降低成本或拘泥于成本。有人可能会争辩说，成本可能会像回旋镖那样回过头来打击基金受托人，而基金受托人则有可能错过重要的投资机会。也有人认为，“几分耕耘，几分收获”；对成本的过分关注意味着整体质量的下降，并且可能会减少用于构成许多投资策略基础并确保投资质量的研究的经费。换句话说，养老基金正在“自讨苦吃”。基金受托人应该认识到，过分关注成本会聘请不到优秀的管理人，并且导致养老基金丧失赚取阿尔法收益的实际可能性。毕竟，按照投资界的说法，重要的不是成本，而是净收益。

如果我们汇总主动管理的研究成果，那么，事后的结果大都令人失望。我们将在这一章里更加深入地讨论这个问题。某个理论上看起来不错的想法，实际未必就是好的想法。投资成本和投资策略实施的问题有可能成为养老基金取得成功的障碍。

那么，我们是否可以通过限制与业绩相关的费用来控制成本呢？我们可以再次引用前面提到的那句话来回答这个问题：“真正重要的毕竟是净收益”。如果投资管理人赚到了 15%的收益，那么，还有哪位参保人会为 5%的成本操心？换句话说，如果投资管理人能在激励之下赚到比他们的成本更高的收益，那么就不会有问题。这种想法看起来很好，但实际上是有缺陷的，原因有二。首先，有研究[②]表明，适度的绩效费可能有它的作用，但过高的绩效费肯定不行。在投资业，大多数合同的绩效费并不适度。其次，投资管理人在考虑潜在的回报时，有可能为了赚取绩效费而试图承担更大的风险。我们之所以雇用投资管理人，是因为他们有炒股“技能”，是为了让他们选择表现最好的股票。但是，投资管理人有时可能会想“我运气好吗”，并且只是增加股票数量，而并不怎么关心标

---

① 请参阅 Jensen (1968)；Malkiel (1995)；Malhotra and McLeod (1997)。

② 请参阅 Pfeffer (1998)。

的股票的质量。基金受托人可以抵制投资管理人的这种做法，比如，要求投资管理人提交详细的定量报告，这样，基金受托人就能确定投资管理人是通过利用自己的炒股技能赚到了绩效费，还是仅仅因为冒了更大的风险，因此不应该得到绩效费。这其中的真相值得探究，因为我们无法区分技能和运气，除非经过很长一个时期。这第二个原因证实了我们之前得出的结论：参保人有可能从投资成本较低的养老基金那里获得较好的服务，而基金董事会则应该把这作为决策指南。

挑选投资管理人

聘用和解雇投资管理人是养老基金投资策略实施过程中的重要一环。市场为了帮助处于这个环节的养老基金，已经发展起了一个完整的投资咨询服务业，专门提供投资管理人选聘、跟踪投资管理机构和投资风格的数据库以及协助合同谈判等服务。标准的投资管理人选聘过程主要有以下步骤：

- 确定目的和目标；
- 起草拟聘人名单；
- 发出搜集信息委托；
- 起草一份简短的名单并发出征询委托；
- 确定聘用期；
- 签订聘用合同。

从基金受托人的角度看，正确做好第一步工作，对于实施基金的投资策略以达到基金董事会期望以及在后续阶段构建明确的评估和监督框架，十分重要。选聘和监控主动管理投资管理人，会给投资顾问和工作人员增加很多工作。在过去的几十年里，投资管理人的流动率有所上涨，而任期则有所缩短。更换投资管理人的成本很高，会给基金造成相当大的机会成本。

选聘投资管理人是基金受托人的一项重要职责。基金受托人可以参与选聘过程若干阶段的工作，如参与做好准备工作，委托咨询顾问物色人选，或确定选聘标准。这个阶段的参与取决于基金受托人打算为选聘工作投入的时间和资源。基金受托人最起码要为选聘过程设定目的和目标，而把选聘过程其他步骤的工作交给基金聘请的顾问和自己的工作人员。选聘投资管理人的目的和目标必须符合基金确定的投资信念。例如，如果“主动管理会带来回报”是基金确定的一个投资信念,那么,根据这个投资信念设定以选聘尽可能好的资产类别管理人为主的选聘程序,是情理之中的事情,而前来应聘的投资管理人会强调他们击败基准的能力。选聘工作结束后,基金受托人可能会告诉基金参保人,他们已经聘到最有潜力击败基准的投资管理人。

虽然选聘投资管理人被认为是养老基金实施委托管理的一项核心职能,但令人惊讶的是几乎没人收集经验证据来证明养老基金履行这项职能的效率。机构投资者日益缩短用于评估外部管理人的期限,从而加大了在短期内取得良好结果的压力,进而给位于这根链条末端的基金也造成了压力,迫使它们也关注短期业绩。如上所述,外部管理人的任期趋于缩短,而负责同一资产类别的投资管理人人数则有所增加,从而导致基金更加频繁地聘用和解聘投资管理人。这种现象也佐证了那种认为投资管理人要承受更大的业绩压力的观点。有一项大型研究①对 1994～2003 年 3 400 个机构投资者选聘和监督投资管理人的做法进行了分析。这项研究显示,新聘外部管理人是在业绩大大超过现任管理人一段时间后才雇用的。但在他们被聘用后,业绩就有所逊色;被解雇的管理人的平均业绩要高出新聘管理人 1%。据这项研究的作者估计,如果把物色和招聘新管理人的成本、更替管理人的成本以及由业绩差别造成的机会成本加在一起,那么,更替投资管理人的业绩损失高达 5%～10%。如果机构投资者主要根据既往业绩来决定聘用和解雇投资管理人,那么,业绩损失就会进一步扩大。这项研究提出了这样一个问题:目前的投资管理人选聘和监督程序是否引入了一种实际与委托人的目的背道而驰的授权激励机制? 盖亚特和卢孔尼克(Guyatt and Lukomnik)②采访了一些咨询顾问。这些咨询顾问表示,他们也明白过度的人事变动有可能对委托人造成危害,但他们并不愿意改变现状。他们现在这样做的主要原因包括市场波动、对冲基金活动、委托人的意愿以及短期激励等他们无法控制的因素。因此,在这方面,同意延长管理人的任期,并商定管理人流动率的上限,似乎是一种明智的做法。

投资管理人选聘和监督受到行为因素的影响要比基金受托人认为的严重得多。如果忽视这方面的影响因素,那么就会对投资战略的实施产生负面影响。例如,请想想养老基金委托外部机构管理资产的情况——很多养老基金都这么做。委托外部管理人管理资产的激励因素是超过基准的业绩表现,而外部

---

① 请参阅 Busse et al. (2010)。

② 请参阅 Guyatt and Lukomnik (2010)。

管理人可以在证券A和证券B之间进行选择。证券A的预期收益与市场一致,但风险相对而言低于市场;而证券B的预期回报高于市场,但风险也大大高于市场。即使持有证券A,对于养老基金来说实际情况会更好,但外部管理人仍可能会选择证券B,因为证券B更有可能给他带来优异的业绩和绩效提成。因此,所有的授权加在一起,可能也无法达到养老基金的总回报/风险目标。因此,要用心设计授权并且监控不同授权之间的这种交互作用。

与个人投资者一样,养老基金对收益风险的态度可能截然不同于它们对损失风险的态度。① 在对几个盈利机会进行选择时,我们往往会规避风险。而在面对有可能造成损失的选择时,我们往往会选择有风险的项目,采取"要么赚双倍,要么分文不赚"的态度。虽然前景理论已经问世几十年,但对于养老基金和机构投资者来说,仍有许多领域有待探索。我们根据前景理论提出一些需要探讨的假设:

- 阿尔法收益为正的主动投资管理人会变得厌恶风险,倾向于锁定他们的利润,而阿尔法收益为负的主动投资管理人则情况正好相反。② 在选聘和监控主动投资管理人时,这应该是一个必须牢记在心的关键因素。
- 同样,养老基金的受托人在面临资金不足的问题时也会变得偏好风险,而不是厌恶风险。因此,按照备付金比率与风险预算成反比关系的规则来构建养老基金董事会的风险预算,是有它的道理的。但是,按照这种规则编制养老基金董事会的风险预算仍是例外,而不是普遍现象。
- 在某些情况下,选聘主动投资管理人可能也没有什么不那么光彩、不可告人的动机。通过选聘主动投资管理人,养老基金的投资委员会在业绩令人失望时就有机会把责任推在外部管理人身上,把人们的注意力从主要属于投资委员会职权范围(如战略资产配置)的选择上移开。相反,投资委员会可以把外部管理人的主动投资结果归功于它自己高超的选聘技能。③

---

① 请参阅 Tversky and Kahneman (1992)。

② 请参阅 Elton et al. (2003)。

③ 请参阅 Shefrin (2002)。

主动管理与被动管理

基金受托人通常严重依赖外部管理人来实施他们制定的投资计划，而且是投资行业目前最重要的委托人，在全球范围内进行主动管理委托。此外，养老基金也在很大程度上支持资产管理人的收入模式。选择主动管理还是被动管理，有几个原因对于投资计划的实施非常重要。首先，主动管理成本的增加有可能导致养老基金的净收益减少。其次，主动管理的净收益难以预测，而且近几十年来一直令人失望。最后，高成本意味着在实施投资计划过程中出现了另一个不同的问题：养老基金没有能力或议价能力把成本降低到适当反映增加值的水平。这就是为什么采用主动还是被动方式管理投资计划实施的决策应该由基金董事会做出的原因，而且应该把这提前写入投资计划。

主动管理的目的是在调整风险的基础上创造超过参考框架或基准的回报。在实施投资计划的背景下，主动管理的目的会实际导致主动管理的想法变得很吸引人。大多数服务提供商如果能兑现自己的承诺，就会令客户感到满意；而主动投资管理人往往都是从一开始就承诺他们能超额完成任务。

基金受托人越来越认识到，总体而言，主动投资管理人无法完成他们一再重复的“跑赢市场”的“使命”。[①] 多数相关研究基本上都证实，投资管理人很难一直跑赢基准，从而引发了关于主动管理对养老基金的意义的质疑。主动管理业绩欠佳的原因可以总结如下：

(1)无论是按绝对值还是相对值计，费用总会产生很大的影响。

(2)现在有太多的聪明投资管理人在奉行同样的投资策略，从而共同降低了投资回报率。

(3)投资管理人在投资风格一致性和业绩方面波动不定，但在现实中无法预测这些波动何时会发生。

现在，我们进一步阐述上面提到过的造成主动投资管理人业绩不佳的原因。

• 原因(1)。基金受托人正越来越多地重新审视费用这个大多数人一直认

---

① 虽然基金跑赢大盘的事前概率可能很小，但总体而言主动管理可能会为金融市场增加价值。如可参阅彼得森(Pedersen，2018)所举的例子。彼得森认为，总的来说，由于新股发行、回购或指数重构，主动管理管理人能够获得补偿，从而有助于经济体内部的资源有效配置。

为太小而无关紧要的变量。现实是残酷的:高成本会降低任何形式的回报,在20世纪90年代和21世纪最初十年的大部分时间里,成本一直在上升,无论直接还是间接上升。例如,主动管理的费用通常被说成"只有1%",但这实际上是指投资者已经拥有的资产的1%。因此,投资管理人承诺的是创造这些资产的回报。如果未来股票的平均回报率是7%,那么,这个1%的费用(如果计算正确的话)确实要高得多:大约是投资回报率的15%。但由于指数基金的市场回报不会超过市场风险水平,任何经济学家都会认为,主动管理的真正费用实际上是在非常低的指数化费用之外的增量费用,也就是经过风险调整的增量回报的一个百分比。[①] 按照这种合理的定义,主动管理的费用实际上并不低,而是非常高,而且令人惊讶的是,在细算之前就已经平均超过了主动投资潜在超额回报的100%。屡屡令人失望的业绩,加上人们逐渐认识到主动管理的成本非常高,正导致越来越多的投资者把更大比例的资产改投到低成本的指数基金和交易所交易基金。

- 原因(2)。主动投资的玩家正在急剧增加。著名投资作家查尔斯·埃利斯(Charles Ellis)认为,主动管理之所以遭遇失败,并不是因为投资管理人有多么糟糕,而是因为有太多的优秀投资管理人进入了市场。这些投资管理人接受过相同的专业训练,正在奉行相似的投资策略,因此,聚合在一起,正在减少持续实现高于基准的超额业绩的机会。
- 原因(3)。有证据表明,投资管理人在较长时期里都会"均值回归"。"均值回归"是一句投资行话,在这里的意思是没有一个投资管理人可以一直做得很好,他们往往有起有落。

那么,以上这些原因难道对主动管理来说都是坏消息?我们认为不是。也有研究发现了主动管理取得优异业绩的可能性。例如,最近的一些研究表明,高度集中的投资组合,即投资者选择有限几只股票的组合,比投资于基准的全部成分股、只稍微改变权重的策略能取得更好的结果。但必须记住,这些都是学术研究,从某种意义上说,它们发现了一些需要非常特殊的投资者来执行的解决方案:要么投资时界很长,要么证券类型具有独有的特征,需要一定耐力才能发掘出来(如价值被严重低估的证券)。

---

① 请参阅Ellis(2014)。

因此，总的来说，以上原因仍不能解释为什么依然有人选择主动投资。不管怎样，被动投资也是趋势十分明显，据估计要占到标准普尔500指数投资的15%～20%，并预计在未来几年将会大幅度增加。与此同时，对主动投资管理人和主动投资策略的需求显然不会很快消失，主动投资与被动投资的争论也不会很快平息下去。这很奇怪，因为大量的学术研究提供了反对前者的证据。如果主动投资管理是一种药物，那么，负责健康和安全的联邦监管机构在早期就会把它撤出市场，或者至少会向这种药物的生产商提出一些非常棘手的问题。那么，为什么联邦监管机构没有对主动投资管理这样做呢？为什么它仍然是一种普遍的投资管理选择呢？我们可以认为这是由以下一些原因造成的：

- 基金受托人可能根本没有意识到这场有关主动和被动投资管理的争论，他们在知识积累方面落后于投资管理人。就在基金受托人想接受这方面的培训时，主动投资管理已经成为一门标准课程，因此很容易给人留下这样一种印象：它应该是投资过程的一部分，这样才能体现谨慎投资等理念。
- 故意“装傻”。虽然主动投资管理可能不会为其他养老基金产生所要求的结果，但有些养老基金的工作人员和外部顾问会认为，他们服务的养老基金已经具备了取得主动管理成功的全部条件。这种情况可以与汽车司机的情况相比较——接受调查的司机总认为自己的驾驶水平要比一般司机高。[①]
- 被动投资并不是应该向基金受托人推销的东西。为养老基金提供咨询服务的投资管理人和顾问不愿提出被动投资策略，原因很简单：主动投资策略让他们有机会充分炫耀自己的知识，表明他们无所不能，从而能让基金受托人感到欣慰。此外，被动投资策略无形中被认为是可怜的人的选择，“跑赢指数”被认为是不可能的，所以，只有“没有远见”的基金受托人会屈从于这个选项。当然，主动投资管理会产生比被动投资管理大得多的费用。
- 人类的天性。基金受托人也许非常了解这场有关主动投资管理的争论，但他们就是仍然无法控制自己。这种现象与经济心理学有关，我们在经济心理学那里发现了如下解释：试图降低决策不确定性的投资者往往更

① 也被称为“优于平均结果”。例如，可参阅 Brown (2012)。

加喜欢交易，通过多做交易来增强自己的控制感。这是一种有利于主动投资管理的行为偏差。

- 乐趣和娱乐。被动投资被认为是一种无聊没劲的投资方式。基金受托人甚至可能认为被动投资不利于他们职业生涯的进一步发展。毕竟，从直觉上看，主动投资管理往往是与积极主动、理解力强、有悟性的投资者联系在一起的，而被动管理投资者则正好相反。

投资的内部与外部管理

规模较小的养老基金出于需要，也就是出于对成本、规模和范围优势的考虑，会把很大一部分投资活动外包出去。在养老基金外包大部分投资计划实施活动的情况下，基金受托人就要做出关键的决策——哪些投资活动应该委托给基金以外的人管理以及基金董事会应该如何做出这项决策？考虑到外部投资管理人有可能给养老金计划投资决策带来丰富的专业经验和高超的专业技能，因此，资产管理外包应该能够增加投资回报。此外，资产管理外包具有允许养老基金比较容易地更换业绩不佳的投资管理人的灵活性以及缩小投资结果与投资计划之间差距的可能性。养老基金可能会发现，驱逐业绩不佳的内部管理人要比因类似原因而解雇外部管理人困难得多。最后，外部管理人可能有更强的抵抗政治压力的能力，从而可以选择对州和地方企业进行投资。一项对20世纪70年代末和80年代初内部人管理的养老基金与共同基金进行的比较研究表明，前者取得了较低的按风险调整的回报率，从而表明外部人管理在过去取得了更好的结果。①

养老基金可以把自己的投资活动外包出去，同时通过指导自己的员工来保持对战略决策的控制。这种方法的主要优点是，董事会密切关注投资策略的制定、监控和评价；投资策略的实施由基金工作人员来协调，并委托给不同的资产管理人具体负责。如果把投资策略制定工作也外包给外部人，那么就成了委托管理(fiduciary management)。资产管理人接管投资策略实施工作，包括在战略层面只把基本的投资策略制定工作留给基金受托人。虽然这看起来是一种不错的外包交易，但它并没有像资产管理人所希望的那样迅猛发展。这在一定

① 请参阅 Berkowitz et al. (1988)。

程度上是因为基金受托人担心他们将无法维持对养老基金的控制。此外,考虑到在投资管理人和基金董事会之间建立了需要支付报酬的另一个管理层,因此,费用会趋于增加。除了这些问题之外,还可能出现委托代理问题,投资信念的制定对于投资治理过程比以往任何时候都重要。例如,质疑外部管理人是否能够贯彻基金受托人持有但无法在基金内部实施的投资信念,这一点至关重要。另一个问题可能是,外部管理人秉持的投资信念是否会截然不同于基金持有的投资信念。

规模较大的养老基金倾向于组建专有团队由内部人来实施投资策略。它们的规模经常使得这样做成本效益比很高。养老基金的规模要求基金安排治理预算,从而使得有效建立和控制内部团队成为可能,进而能够用不断改进的内部治理过程来部分取代招聘和解雇外部管理人,并且能够制定更加符合养老基金目标的投资策略。有研究表明,内部管理资产比例较高的基金,扣除成本后的业绩也比较好。成本下降是业绩提高的主要驱动因素,比没有扣除成本的增加值增加更为重要。不过,拥有内部大机构的养老基金还会遇到其他潜在的节支难的问题。它们可能会在失败的投资策略上坚持更长的时间,因为董事会知道终止贯彻投资策略会对员工产生的影响。另外,如果内部投资管理机构变得过于庞大,那么,基金董事会最终就有可能被投资管理机构管理,而不是管理投资管理机构。

处理与供应商的关系

对于成功构建投资组合来说,一个经常被忽视的重要因素是基金董事会对投资管理人的预期,而不仅仅是投资策略的实施。有一个问题十分重要,那就是基金董事会倾向于与外部投资管理人发展战略伙伴关系,还是采用客户—供应商模式。在战略伙伴关系模式中(如图 7.1 所示),基金董事会会认为,对于具体的授权委托,不能一开始就规定得太细,因为确定授权委托需要一个有利于结果的协作过程。这就意味着授权委托的目标和限制条件应该是比较开放式的,但授权对象的选择过程并不那么标准化。在养老基金大胆尝试创新投资或长期非流动性投资策略,或有投资解决方案但却发现没有最佳的可执行策略时,这些都是选择合作伙伴关系模式的典型激励因素。

客户—供应商关系处于养老基金与投资管理人关系中的另一个极端。在

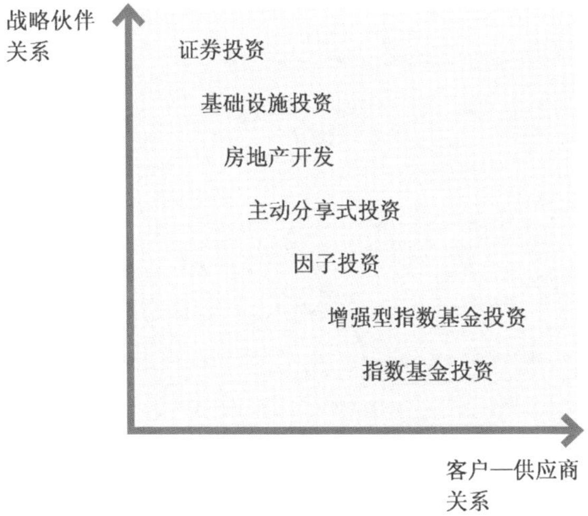

图 7.1 投资管理人选聘过程中的战略伙伴关系与客户—供应商关系

这种关系中，养老基金把投资策略看作是一种“大宗商品”。它的特点众所周知，执行起来十分容易，而且有成熟的市场，收费一直保持在低水平。同样重要的是，根据这种观点，资产管理人可以替换，他们自己几乎也成了一种大宗商品。把投资信念集中建立在战略性资产配置，而不是执行上的养老基金，或者认为最好采用便宜但有效的方式来收割风险溢价的养老基金，倾向于采用客户—供应商模式：有定义明确的目标和限制条件，并且采用统一的投资管理人选聘程序。确定外包关系是合作伙伴关系还是合同关系，是一个不断发展的过程。规模较小或投资过程相对容易管理的养老基金会倾向于选择客户—供应商关系（图 7.2 中的选择 A）。这种关系有利于养老基金董事会最有效地执行治理预算。资产规模较大或投资链较长的养老基金会花较多的时间考虑应该把哪些投资流程外包给别人以及为什么要把这些投资流程外包给别人的问题。选择外包部分投资流程能否增加价值？如果内部完成这些投资流程，能否增加相同的价值（图 7.2 中的选择 B）？最后，一些有规模和投资期限问题需要考虑并且要适应投资行业发展的养老基金可能会认为，投资行业的某些发展会造就新的资产类别或投资策略，如关于气候变化或影响力投资的某些变化。由于必须制定这些投资策略，因此，基金董事会要为这方面的发展设定参数，并且寻找能够对他们的发展产生作用的合作伙伴（图 7.2 中选择 C）。

关系类型	说明	养老基金
客户/供应商	把投资服务作为"大宗商品"来采购	定义并使用被认为是市场实践的标准化"构建模块";结果和过程已知
外包/协作	把内部活动外包给外部供应商	基金董事会需要决定哪些投资流程/在什么时候由内部人来完成,哪些投资流程/在什么时候外包给外部人;注重服务水平协议(SLA)管理
战略伙伴	集中有利于从互补型专业知识中获利的便利	共同创造;董事会设定总体目标;共同制定联合产品开发/研发计划;过程已知,结果未知

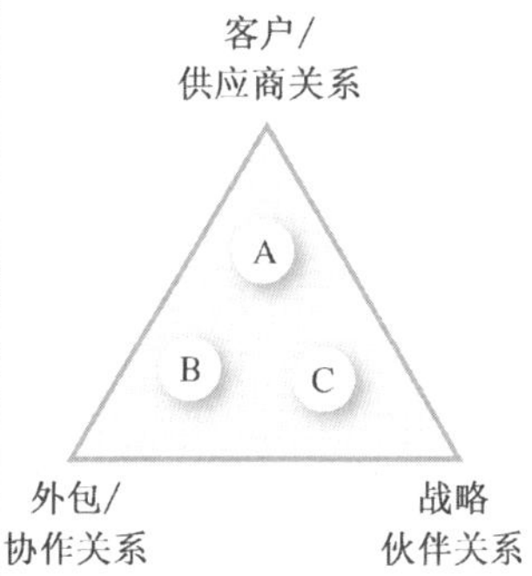

图 7.2　养老基金在与供应商建立什么关系的问题上要做的选择

缩小实施结果与计划结果之间的差距

好的投资政策也许有很多,但要执行好好的投资政策可能就很困难。为什么有些养老基金能比其他养老基金更好地完成这项任务呢?在这里,我们就为什么有些养老基金的表现优于其他养老基金的问题做一些解释:

- 有计划。这一点显而易见,但也至关重要。执行通常需要一份直指业绩关键因素的明确计划。这些关键因素包括资金、市场、运营环境、业务、人员和合作伙伴。这份计划必须明确规定可交付的结果,而基金董事会必须跟踪监督计划的执行。
- 有承诺。要想成功执行计划,就必须明确规定负责计划执行的领导人(如首席执行官),由他们传达组织愿景、激励措施以及为取得成功所必需的行为。组织的每个成员都应该参与计划的制定和执行工作。绩效评估指标有助于激励员工,并为后续工作提供支持。
- 有资源。要想成功实施投资策略,就必须安排"正确"的人员,让他们用自己特有的技能和能力来帮助组织。管理层的设置必须有利于沟通,并且是开放型的,而且还要预先安排好汇报最新情况的会议时间。管理和技术系统必须做好跟踪实施过程的准备，而工作场所的环境必须让每个员工感到舒适，并能激励他们积极工作。

- 有同行学习和评比。基金董事会必须清楚可比基金的最佳实践，并定期审查自己可以做些什么来改进自己受托管理的基金的实践。
- 防止重犯经常会犯的错误。基金董事会应该事先讨论成本管理以及内部和外部管理的作用，最好是把它们放在投资信念这样的高度来讨论。这种讨论应该成为养老基金政策的一个组成部分。如果把这些问题放在较低层次上讨论，那么就是在浪费资源，并且会导致不能令人满意的结果。
- 基金董事会必须自己掌握对投资策略实施的控制权，或者把这个控制权授予他人。通常，投资策略实施计划太过模糊，没有什么具体和潜在的意义。董事会通常只是每年关心一次投资计划的执行情况，让管理层和员工埋头于日常业务，而忽视长期目标。董事会经常会犯的另一个错误是没有要求员工对投资计划的各个方面都负责，或者没有授予他们充分的权力在必要时专断地进行变革。
- 最大限度地限制导致资源枯竭的活动，避免外包或“一包了之”的做法。授权对象的选择十分重要，但可能涉及巨额人员开支，评价潜在的投资管理人既耗时又费力。投资顾问擅长做这种事情。对任何基金来说，做这种事情都是相当痛苦的事情。因此，解雇投资管理人的障碍应该不只限于业绩不佳一个方面。

案例研究　丹麦劳动力市场补充养老金计划

通过明确目标和有力且透明的风险管理来创造增加投资增加值的空间

背景

丹麦劳动力市场补充养老基金（Arbejdsmarkedets Tillaegspension，ATP），是1964年由丹麦国家出资设立的第一支柱养老金计划的补充计划。设立这只补充养老基金的目的是提供有保障的名义养老金，除此之外，还打算利用其相对较小的收益导向型投资组合创造的投资收益来使养老金水平与通胀水平保持一致。

丹麦劳动力市场补充养老基金是丹麦最大的养老基金。截至2017年12月，它受托管理的净资产接近7 680亿丹麦克朗(约合1 180亿美元)；[①]自1997年以来，这只补充养老基金的年化收益率平均高达8.8%；参保人数已超过500万。据估计，到2050年，丹麦超过50%的养老金将由劳动力市场补充养老基金和国家养老基金支付。这只补充养老基金一直致力于最大限度地降低成本，2016年它的总成本占其资产的0.18%。

---

① 请参阅丹麦劳动力市场补充养老基金2017年的年报。

面临的挑战

2010 年，时任丹麦劳动力市场补充养老基金首席执行官的拉尔斯·罗德(Lars Rohde)和首席精算师克里斯滕·邓索(Chresten Dengsøe)撰文介绍了该基金面临的一些挑战和实施的一些改革。他们认为下列因素给这只养老基金造成了压力：(1)预期寿命延长；(2)风险水平过高；(3)金融市场低迷导致财务业绩下降；(4)利率下降。2001 年，丹麦金融监管局(Danish Financial Supervisory Authority，FSA)颁布的新金融法规显著改变了丹麦的投资格局。发布强制性养老基金负债公允价值报告是这只养老基金改革的一个标志性结果，而其他改革措施的结果是提高了一些信息的披露透明度以及风险评估和管理标准。

丹麦劳动力市场补充养老基金面临的关键问题是，相对于偿付能力而言，风险水平太高，导致这只基金无法度过金融危机。因此，它要应对的挑战是“改进自己的风险管理”。

过程

为了执行丹麦政府新颁布的金融法规，丹麦劳动力市场补充养老基金重新评估并调整了自己的投资策略。这个过程持续了几年的时间，涉及投资和负债两个方面。

这两方面的主要改革都旨在改进风险评估方法和创造更多的价值。由于丹麦金融监管局在 2001 年推行新的监管法规，丹麦劳动力市场补充养老基金有无法通过丹麦金融机构压力测试的危险。从本质上讲，这表明，这只养老基金过于虚弱，无法应对极端的市场冲击：“在 5 年内，丹麦劳动力市场补充养老基金有 30%的风险会耗尽全部储备。”①

因此，这就是为什么风险是这只补充养老基金需要关注的最重要问题的原因。首先，丹麦劳动力市场补充养老基金重新确定了自己的目标，一方面是保证名义养老金的发放，而另一方面是把重点放在收益最大化上。因此，丹麦劳动力市场补充养老基金把它的资产组合分为负债对冲型资产组合和收益追逐型资产组合。前者旨在保证名义养老金的发放，而后者则旨在创造与通货膨胀挂钩的补充收益。支付给该基金的保费 80%投资于负债对冲型组合，20%投资

① 请参阅 Rohde and Dengsøe (2010)。

于收益追逐型组合。

其次,丹麦劳动力市场补充养老基金决定通过安排"动态风险预算"来加强对收益追逐型资产组合的短期风险管理,目的是要防范损失风险。丹麦劳动力市场补充养老基金基本上是在一个事先根据偿付能力确定的风险容忍区间("交通信号灯系统")内运营。该基金在临近其风险容忍区间下限时就会多承担风险,而在接近其风险容忍区间上限时则会少承担风险,直到重新回归对基金参保人负责任和基金参保人能够承受的风险水平。丹麦劳动力市场补充养老基金在创造收益的同时还会对冲尾部风险,这只补充养老基金必须这样做,因为它没有计划发起人。[①] 对防范风险的关注帮助这只基金度过了金融危机,主要原因就是这只养老基金廉价购买了防范极端尾部事件的保险,从而限制了风险和资产组合的损失。

此外,丹麦劳动力市场补充养老基金还采用一种风险因子法来制定其收益追逐型组合的投资策略:"这种方法的理念是,所有的投资都由一些基本模块——因子——组成,而基本模块可采用各种方式进行组合,从而构建具有预期风险状况的投资组合。"[②]在这只基金2016年收益追逐型投资组合的战略性资产配置中,股票因子占49%,利率因子占22%,通胀因子占11%,其他因子占18%。丹麦劳动力市场补充养老基金采用相同的风险因子法来进行全部的投资,因此能够承担回报率最高的风险。

结果

丹麦劳动力市场补充养老基金以一种非常透明、可控的方式制定了非常明确的使命和目标,并且确定了风险管理取向和有力的执行程序,从而构建了一个可持续的长期发展框架。该基金以一种透明、明确的方式规定了可承受风险的上下限,因此,投资管理机构可以在风险的上下限范围内实施并坚持采用高度复杂的投资策略。这种风险控制方式兼具复杂性(董事会不需要了解全部细节)和灵活性,因此有利于基金建立并保持自己的竞争优势。

为实现卓越投资可总结的经验教训

- 丹麦劳动力市场补充养老基金根据不断变化的监管环境和令人失望的

---

① 请参阅 Rajkumar and Dorfman (2011)。

② 请参阅丹麦劳动力市场补充养老基金2016年的年报。

结果，敢做截然不同于其他养老基金的事情，从而构建了一个以负债和风险管理为导向的按市值计价的牢固的投资框架。

- 丹麦劳动力市场补充养老基金确定了非常明确的使命和目标，再加上一个透明度很高的短期风险管理框架，把自己打造成了一个高度可持续的基金组织。
- 明确的目标和有力的风险管理的结合，使得基金的监事会能够把投资政策的制定和实施委托给投资管理机构。
- 结果反过来又使投资管理机构能够树立和坚持非常高端的投资观念。

第八章　构建投资组合

关键结论

- 本章介绍了一种根据养老基金的全部资产负债业务安排投资、进行资产配置和实施投资策略的结构化方法。
- 基金受托人的投资组合构建观应该尽可能不带偏见:(1)从最低限度的分散化开始分析,创建只有几种主要资产类别的投资组合,以体验分散化的本质,从而避免被许多不同的资产类别分散精力。进行股票、债券和房地产投资就足够了。(2)分析已构建的资产组合在哪些经济和金融场景下可以持续下去或者不能持续下去。(3)确定您是否能够轻松面对分散化失败的极端场景,如果不能,是否需要采取其他措施。(4)遵守资产组合调整准则,以便在情况恶化时纠正基金董事会的行为偏差。
- 应该根据以下几个关键假设来构建投资组合:资本市场假设、投资组合构建方法假设和分散化方式假设。基金董事会应该不要浪费精力试图提出“更好的”资本市场假设。

本章将向读者介绍构建投资组合的过程,构建投资组合就是在把养老基金的财务目标转化为未来时期可切实执行的投资解决方案。虽然投资管理人和策略分析师有可能会认为这一过程非常高端和复杂、需要特殊的专业知识,但从基金受托人的角度看,这个过程可以分解成为数不多的几个步骤。这样,基金董事会就能专注于重要的问题。

在这一章里，我们将讨论一个好的投资组合具有哪些性质、利益相关者在基金确定投资组合时扮演的角色、如何选择投资组合来实现基金的目标以及需要注意的主要假设等问题。

创建投资组合有以下七个步骤：(1)制定投资目标，并确保目标表述清楚且能够实现；(2)确定可投资领域(即可把投资配置于哪些资产类别)及其评估方法；(3)说明配置每种资产类别的实施方式(要配置资产子类别和采用的投资风格也在这个步骤确定)；(4)确定用于指导资产配置和作为评价依据的基准；(5)确定调整投资组合中资产的程序；(6)书面规定受托管理机构或投资管理机构的具体目标，通常采用超基准业绩的方式；(7)编制风险预算，具体规定允许投资管理人偏离基准的误差。基金董事会要把这七个步骤写入战略投资计划，而这七个步骤则是基金董事会对投资管理机构进行正式授权的依据。

我们先简要讨论谁有权进行某项决策的问题。这个问题很重要，因为在投资过程的这个阶段，基金董事会下设的投资委员会与负责执行投资计划的机构之间有大量的互动。

投资组合构建框架

投资组合只能在基金董事会之前做出选择的框架内构建，本书第六章讨论了投资政策说明书这个基金受托人设计和指导执行投资管理流程的重要文件。通过回顾投资政策说明书的主要内容，我们就能识别那些构成投资组合框架的要素——基金的任何投资组合都应该符合并坚持基金的投资信念、风险胃纳和投资策略以及基金董事会已经制定的投资目标。

- 宗旨、使命、战略、目标。投资的战略使命：目的、目标和约束条件。基金的目标通常是根据所要求或预期的回报来确定(见本书第三章)；
- 风险胃纳。风险容忍水平以及为在所规定的投资期限内实现回报可能要承担的投资风险(见本书第四章)；
- 投资信念。核心投资信念和由此产生的投资“理念”为如何管理投资组合明确了指导方针①(见本书第五章)。

如果基金董事会事先没有做出这些选择，或者只是以多少有点隐含的方式

① 请参阅 Terhaar (2010)。

做出了这些选择,那么,投资组合的构建和执行将会取得次优结果,并且通常会导致董事会漫无目的。董事会倘若没有明确的目标,那么就可能热衷于跟其他养老基金比结果,而不是讨论自己的目标是否正在实现。董事会倘若没有明确、考虑周全和充分告知的风险胃纳,那么注定会在金融危机期间做出不利的选择。如果董事会没有坚定的投资信念,那么就会根据资产管理人,而不一定是根据基金参保人的偏好来选择投资风格。

如果基金董事会已经建立了投资策略、投资目标、风险胃纳和投资信念的框架,那么,构建投资组合包括以下明确的步骤:

- 投资目标的确定和审核。从实施的角度看,投资目标是否充分明确,是不是能够转化为投资授权?从投资政策的角度看,情况是否发生了变化,以至于必须调整投资目标?
- 资产类别数量。投资组合中各种资产类别的资产组合范围。
- 实施。在投资策略和投资风格这些较具体的层次具体说明资产类别中要包含的资产。例如,“股票”是一个宽泛的概念,基金受托人应该具体规定发达市场股票、美国股票、被动股票基金,等等。
- 目标。具体规定受托管理机构或投资管理机构的目标,通常采用超基准业绩的方式。
- 基准。确定一套指导投资策略实施过程并被作为结果评价依据的基准。
- 风险预算。详细规定允许(受托)管理人偏离基准的误差。
- 调整。确定重新调整投资组合的指导方针和方法。
- 评估。确定用来评估业绩的指标和基准。
- 监控和评估的时间表。应该事先确定投资业绩和投资政策说明书的监控和审查时间表。应该定期审查投资政策说明书,以确定它是否仍然适合基金。通常每三年对投资政策说明书进行一次审查,在基金的投资目标、期限或其他特征发生重大变化的情况下,就应该对投资政策说明书进行中期审查。

投资组合构建过程通常要持续一年,其间基金董事会必须做好三件重要事情:

- 重要事情1:审视和质疑。审视外部环境,以检查据以构建投资组合的主要假设是否仍然成立。任何投资组合都是建立在一组为数有限的假设之上的。例如,在我们写这本书的时候,构建投资组合的主要假设可能是:利率正在逐渐接近较高的平均利率水平;炒股风险会带来回报;由于经济环境的原因，实体经济的违约率仍将保持在较低水平，这表明信贷息差保持稳定。审视外部环境，就是为了质疑这些假设是否仍然成立以及董事会是否能够发现有可能极大地改变这些假设有效性的新风险或者情况变化。通常确实会出现一些质疑当前假设的经济情况。实际上，这些情况不必是定量的。阅读相关文献并分享有关资产在经济滞胀、萧条或增长时期如何表现的经验，可为讨论奠定有价值的基础。对这些文献和经验进行分析，可产生不少建议，例如，如何减持某一资产类别过大的敞口头寸，或者何时考虑添加新的资产类别。不管怎样，基金董事会都必须集体决定应该采纳哪些建议。

在审视外部环境并质疑据以构建投资组合的假设的同时，要评估投资组合的内部业绩。使用比较长期的数据序列，有利于确定趋势。挑出表现低于预期的投资策略和资产类别。在分析投资策略时，应该先考虑资产类别内部的选择。如果糟糕的业绩可归因于资产类别内部的选择，那么就应该考虑之前的投资风格是否仍有意义、之前的驱动因素是否仍然存在、仅仅是投资管理人没有取得好的业绩还是投资风格本身正在失去它的合理性和吸引力等问题。此外，还应该在更高的层次上评估资产类别本身。我们应该考虑资本市场对不同资产类别的预期是否仍能证明把它们保留在投资组合中的合理性，或者新的资产类别是否正在变得越来越有吸引力，因而应该被纳入投资组合等问题。认真思考这些问题，有可能获得保持或更改资产类别数量及其实现形式的洞见。在这方面，也是由基金董事会最终决定采纳哪些洞见。

- 重要事情 2：分析。在选择了新的资产类别和投资风格的情况下，就应该构建各种符合基金目标、风险胃纳和目的框架的投资组合。因此，分析的重点就应该放在预期回报和风险与当前投资组合的差异上。如果差异太小，那么就应该把这些投资组合逐出选择集合，并且通过思考以下因素或问题来认真考察剩下的投资组合：首先，回报和风险改善的预期收益是否大于转换成本；其次，哪些投资组合不成比例地增加了对基金董事会的时间和资源要求（即所谓的"治理预算"）；最后，基金董事会可以考虑潜在的投资组合是否能够提升基金的环境、社会和治理水平等问题。
- 重要事情 3：决定和实施。基金董事会决定最终的投资组合。董事会可以采用以下几种做法，具体取决于它的偏好：

- 做法1:从头开始创建新的投资组合。假设基金只有现金资产,那么,董事会在不用考虑现有资产就创建新的投资组合的情况下会构建怎样的投资组合?董事会表达自己的偏好,并由投资管理机构根据董事会的偏好来创建最佳投资组合。接下来,董事会就应该考虑现有投资组合,并且确定把现有投资组合转换成最优投资组合的路径。非流动性资产和另类资产不易买卖,因此,基金董事会为了平滑投资组合的转换成本而确定一条多年完成转换的路径。
- 做法2:把现有投资组合视为可构建的最佳投资组合,除非出现更好的替代方案。基金董事会通过比较相关的潜在投资组合与现有的投资组合,来决定是否值得对现有的投资组合进行增量变化。这是一个简单而又迅速的决策过程:董事会应该事先说明自己的偏好,即它认为哪些因子最重要,然后就某个首选投资组合达成一致。但也有一些问题需要考虑。首先,重点在于增量差别。把现有的投资组合作为基准,很容易忽略对基准本身进行批判性审视:是否因为我们对当前投资组合的选择过于满意而忽略了可行的替代方案?因此,基金董事会自然倾向于喜欢并选择自己熟悉的资产配置。在现有的投资组合中添加新的资产类别需要克服一个很大的障碍,即:如果当前的投资组合表现良好,就没有必要进行改变。
- 做法3:对新投资组合进行盲测。这种做法可以克服一些行为缺陷,从而提高评价的客观性。为什么不让可能的投资组合匿名,并且不列明资产类别,而只列出预期收益、风险和其他关键指标呢?按照这种做法,基金员工提出几个在投资目标、风险胃纳和目的方面都符合养老基金确定的框架的投资组合,然后采用另一种方式展开讨论:鉴于基金当前的备付金比率和预期的金融环境,我们是否应该选择一个投资风险较大或较小的投资组合?再来看看投资风险,我们应该选择正常时期波动较小而在极端时期波动较大的投资组合,还是恰恰相反?一旦通过讨论减少了可选投资组合的数量,就应该确定基本资产配置,并让董事会在做出最终决定之前考虑有关实施的问题(如成本、复杂性)。这种做法的主要优点是,决策是根据某个指标(如投资额)做出的。董事会的偏好和决策不会因董事个人对资产类别的好恶而产生偏倚。不过,这种做法要求基金董事会知道如何解读波动性等统计指标。我们已经在本书第四章里指出,即使对于经验丰富的基金董事来说，采用这种做法也是挑战，因为这种做法要求提前做好充分的准备。

无论基金董事会选择哪种做法来确定投资组合，最好是提前讨论各种选项，包括找出问题并提出避免问题的措施。最后，董事会决定最佳投资组合，并且要求保证执行工作能够跟上，减轻由执行工作没有跟上造成的潜在收益损失。然后，要把这些要求写入投资政策说明书，因为它们可用来修改对投资管理机构的授权。

基金董事会在投资组合构建方面的作用

基金董事会负责制定投资政策，董事会的任务是持续纵览不同的步骤：它们如何相互作用以及董事会成员在不同步骤中应该扮演什么角色。董事会成员很容易屈服于诱惑，形成有关资产类别、利率或投资机会的"宠物"理论（指不管对错，提出者偏爱的理论。——译者注）。也许可以这样说，这表明他们参与讨论了董事会必须解决的问题。但是，基金董事会的职责不是用计谋来打败金融分析师或投资策略师，而是要质疑他们的假设，以检验分析和随后的建议的可靠性。下面，我们再次回顾投资政策说明书中规定的投资实施步骤，但现在增加了一个具体的问题：基金受托人关注什么？表 8.1 列出了投资组合构建框架依据的因素以及基金受托人的关注重点。

表 8.1　　投资组合构建框架和基金董事会应该关注的问题

投资组合构建框架	基金董事会在制定投资政策时应该关注的问题
· 宗旨、使命、战略、目标 投资的战略使命：目的、目标和约束因素；基金的目标通常用所要求或预期的回报来表示	在制定投资政策时还不需要讨论这些问题
· 风险胃纳 风险容忍度和为实现回报可能要承担的投资风险以及投资所要求的期限	
· 信念 把核心投资信念和由此形成的投资"理念"转化为管理资产组合的行动指南	投资政策（变更）是否符合投资信念？
· 投资组合构建 在确定战略性资产配置时应该考虑的任何因素	董事会如何决定投资组合（如对照现有投资组合进行盲测）？

构建投资组合需要进行一些决策并采取一些步骤。表8.2列示了构建投资组合时应该采取的步骤以及基金受托人应该关注的问题。

表 8.2　　投资组合构建与基金受托人应该关注的问题

构建投资组合	基金受托人应该关注的问题
资产类别数量 投资组合中各种资产类别的组合范围	• 资产类别的任何变更方案是否真的能改善基金的回报/风险状况和目标? • 对于资产类别的变更方案,我们是否有可用的治理预算?
实施 在投资策略和投资风格等比较具体的层面上确定应该包括哪些资产类别	• 我们是否达成了适当的平衡? • 在什么程度上具体规定资产和投资工具,能否清楚地说明预期分散化状况?
目标 通常采用超基准业绩的方式来规定受托管理机构或投资管理机构的具体目标	• 目标是否有充分的挑战性? • 目标是否符合现有的管理人选聘依据? 我们是否在避免授予只有很小成功机会的授权?
基准 确定一组指导实施并可用来评判结果的基准	• 基准是否透明——由基金董事会,而不是管理人制定? • 它们对于主动投资管理人是否有充分的挑战性? • 基准聚合在一起能否充分表示基金的总体预期回报/风险权衡?
风险预算 详细规定允许(受托)管理人偏离基准的误差	• 风险预算的总和能否充分代表基金的总体(主动投资)风险? • 风险预算是否充分适合每种投资风格?
调整 调整投资组合的指导方针和方法	• 董事会是否清楚调整投资组合需要的规则? • 我们是否考虑过在什么情况下调整投资组合最具挑战性以及我们应该如何采取行动?
评估 业绩评估使用的指标和基准	• 能否分解业绩指标,以便我们监控投资计划的主要驱动因素和选择?
监控和评估时间安排 投资业绩和投资政策说明书执行情况检查时间安排	• 我们是否会定期审查投资政策说明书,以确定它仍然适用? • 我们是否就在发生怎样的重大变化的情况下,董事会应该重新审查基金的目标、投资期限或其他特点这个问题达成了共识?

怎样的投资组合才是好的投资组合?

基金董事会负责制定基金的投资计划。从理论上讲,这份投资计划是在考虑了风险、时界、流动性和任何其他约束因素后实现基金目标的最佳可能选择。前面的讨论集中在构建投资组合需要采取的步骤上,这些步骤有可能掩盖董事会关于投资组合的真正目的。那么,到底怎样的投资组合才可能是最好的投资组合呢?我们现在详细介绍衡量最佳投资组合的标准(并且还用图8.1进行了图示),用于判断投资组合的质量和对不同投资组合的质量进行比较、评分或排名。

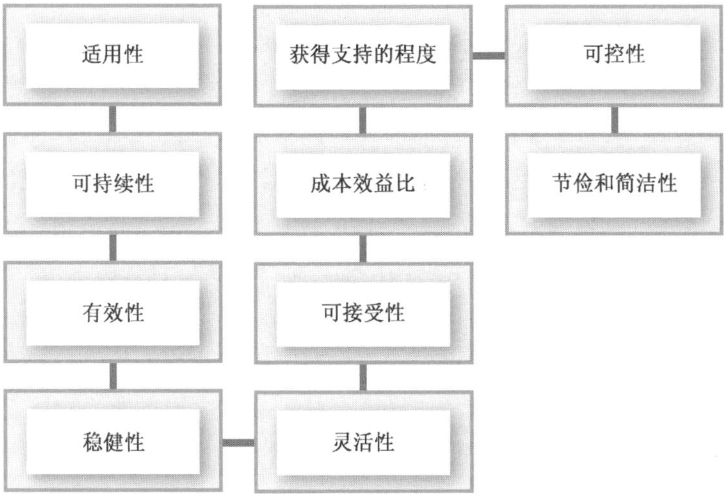

图8.1　投资组合质量评分标准

好的投资组合有助于基金董事会:

- 在相关时界内以高概率来实现主要的投资目标(适用性)。投资组合在相关时界内实现主要投资目标的概率是否很高?它是否适用?如果情况并非如此,那么就应该重新考虑投资目标或投资组合。例如,挪威基金由于投资组合不符合目标,因此,为了实现基金确定的长期回报而增加了股票投资。
- 实现潜在的次要目标,如环境、社会或治理目标;也可以是实现其他投资目标(可持续性)。例如,南非政府雇员养老基金(South African Government Employees Pension Fund,GEPF)有实现投资回报和促进当地经济增长的双重目标。

- 以尽可能少的初始投资来实现所有这些目标（有效性）。是否在设定的风险胃纳内实现了尽可能高的回报？风险预算是否得到了充分利用？如果风险预算没有得到充分的利用，基金可能设定了低效的保险费率，即保费高于必要水平。
- 在尽可能多的不同环境中保持稳健（稳健性）。投资组合在不同的经济和金融场景中是否都表现稳健？许多风险溢价只要有时间就能赚到。如果投资计划把大量的资金配置在需要很长时期才能赚到风险溢价的股票上，然后在短短的几年内又改变资产配置，这样做就没有意义。因此，从一开始，就应该不是基于一种，而是多种不同的场景来确定投资计划中的资产品种数量和由此产生的资产配置。
- 有尽可能大的灵活性，以便在需要时进行调整（灵活性）。投资计划在相对较短的时间里是否具有灵活性？如果一项投资计划建议对股票和债券配置进行调整，这些调整通常可以在几个月内轻而易举地完成。但如果这项投资计划要求把大部分资产转移到调整需要较长时间的非流动资产上，那么，基金董事会确实需要讨论如何实施这样的未来投资计划。
- 就驱动因素达成共同的理解（可接受性）。投资计划是否明确说明主要驱动因素和选择？风险溢价有多少？为赚到这些溢价可以接受多大的风险？投资风格是什么？如果董事会没有就主要的驱动因素达成共同的理解，基金董事会和投资委员会的新成员就会不断质疑并考虑这些驱动因素，特别是在结果令人失望的情况下。这样就会大大缩短投资计划的适用时界。
- 尽可能降低成本（成本效益比）。成本（是指包括有形和无形成本在内的所有成本）总是备受关注。有一个学派认为，净结果最为重要；而另一个学派则认为，成本是一个可以管理的因素，我们应该始终关注成本效益问题，因为高于必要水平的成本可能被认为是浪费参保人缴纳的保费。我们支持这个学派的观点，有相当多的证据可用来证明低成本管理是一种增加长期回报最有效的方法。[①]
- 获得关键利益相关者的持续支持，从而在短期内即使投资工作没有按计

① 例如，可以参阅采用成本效益测量数据库（Cost Effectiveness Measurement Database）的数据进行的研究。

划发展的情况下也能坚持下去(获得支持)。在投资工作进展不顺利的情况下,基金董事会还会坚持投资计划吗?假设遇到一个金融动荡时期:股票和债券之间的分散化投资可能会起作用(股票下跌,债券上涨),但是,所有其他资产或多或少都会朝着同一方向下跌。换句话说,在实际中,有关相关性、分散化和投资风格的定量假设常常不能成立。即使这些假设不能成立,基金董事会仍会认为投资计划可靠吗?

- 以最透明、最容易理解、最容易控制的方式来陈述投资计划(可控性)。基金董事会能检测投资计划中的主要选择吗?投资计划的驱动因素应在检测和报告方面具有可归因性和可见性。如果投资计划的潜在成功取决于信贷息差,但这一点没有报告,那么,基金受托人就不能对他们自己的选择进行检测和评价。
- 以尽可能透明、易懂、可控的方式采取最节俭、简洁的方式(节俭和简洁性)。对照目标,投资组合是否尽可能简单?还能更加简单吗?复杂性往往需要付出巨大的代价,并且降低透明、监控和理解程度。在其他条件不变的情况下,简单总比复杂好。

在实际给投资组合的质量打分时,一种好的办法是赋予每个指标一定的权重,这样可以帮助董事会确定最符合其预期的投资组合,并为严格评估投资组合提供基准框架。例如,有些养老基金的董事会很看重投资组合的易控性,而其他养老基金的董事会则可能最看重主要投资目标的实现。

基金董事会肯定要对指标进行取舍。例如,有些董事可能希望以执行一些复杂并难以控制的投资为“代价”使年预期回报率增加 0.5%。

资本市场假设

基金董事会的职责并不是预测金融市场或经济。然而,投资组合的构建在很大程度上取决于一些假设,尤其是有关资本市场预期的假设。随之而来的问题是:我们在未来这个时期能在股票上赚到多少收益?是否足以补偿我们必须承担的投资风险?利率会发生怎样的变化?这些问题是金融理论中风险和回报权衡基本假设的核心内容(见本书第四章)。资本市场假设(CMAs)常被世界各地的投资者和顾问用来指导他们的战略性资产配置和设定不同时间框架的实际风险和回报预期。这些假设可以帮助投资者制定符合他们具体投资需要的解决方案,可以涵盖预期(超额)回报、风险和不同时界的相关性。一组合乎逻辑的资本市场假设就是一种经济场景。关键在于,提出不同的经济场景来质疑目标能否实现,或者迫使基金受托人考虑不可想象的事情。

因此,为一大组资产类别确定资本市场假设,要涉及分析风险、回报和相关性的相互作用。我们采用经济学家所说的“均衡模型”来反映这种相互作用。这里所说的均衡是指一种所有的预期资产回报都是其风险和相关性的公允反映并且不涉及任何具体时界的场景。这种场景实际上就意味着,对于彼此适度相关的资产类别,超过现金的预期收益与风险大致成比例;而对于彼此相关性较低的资产类别,预期收益按比例计有可能略低于风险。

资本市场假设可用不同的方法来提出,最常用的方法是把资本市场假设分解成不同的分量。例如:[1]

股票收益=无风险利率+实际收益增长幅度+股息增长幅度
+平准通胀率+重新定价(常指涨价)

同样,债券收益也可被分解为其分量之和:

债券收益=无风险利率+期限溢价+平准通胀率+信贷息差+流动性

资本市场预期可能看起来像是一种相当客观的方法,但我们不应该上当受骗。如果我们估计预期无风险利率和期限溢价,那么就要对预期回报进行预期。但是,我们也知道,无风险利率的水平或变化幅度与期限溢价的水平或变化幅度相关。确定资本市场预期需要做相互交织在一起的选择:确定据以进行资本市场预期的经济和金融场景以及所要求的时界。历史地看,做出无风险利率高、期限溢价低的估计对应于一个央行一直积极加息以降低预期通胀率的时期。

投资分散化

投资分散化是养老基金业常用的一个术语,对于基金受托人来说,有两个问题很重要。首先,关于投资分散化的含义,养老基金的受托人是否与养老基金观点一致?其次,为了投资分散化而选择的资产是否经得起时间的考验?其中的一些资产可能只有暂时的吸引力,还是它们真的是新的投资品种,并且确实能使风险溢价多样化?

---

① 请参阅 Illmanen(2011)。

养老基金显然喜欢投资分散化。自2002年以来，它们涉足信贷、新兴市场股票、基础设施、对冲基金和私募股权等投资品种；而近年来，因子投资或影响力投资在养老基金投资组合中的占比有所上升。本书第四章讨论的投资分散化对于不同的人有不同的含义。基金受托人应该考虑怎样的投资分散化目的或目的组合与他们受托管理的基金有关的问题，因为每种投资分散化会导致不同的投资组合：

- 旨在降低整个投资组合风险的投资分散化。两种不完全相关的资产只要被配置在一个投资组合中，就都有机会以相同的风险获得较大的回报，或以较低的风险获得相同的回报。新资产与投资组合中的资产之间的相关性应该反映出一种完全不同的回报模式，而新资产的配置应该有相当大的规模，足以产生影响。
- 旨在对冲不利的资产定价冲击的投资分散化。如果金融市场出现极端的价格波动，那么，新资产缺乏相关性的现象是否会消失？投资分散化是否就应该就此作罢？还是说，新资产是一个事前不太可能与其他资产同步的真正新的、独立的经济回报来源？这个问题看上去像是个简单的问题，但实际上很难回答。例如，有研究表明，国别股票市场在下跌时的分散化效应小于在上涨时的分散化效应。全球行业回报、个股、对冲基金回报、国际债券等的情况也是如此。同样，国际分散化好像会在经济景气最不需要它的时起作用，但在市场下跌最需要它的时候不起作用。这里唯一说得清楚的原因也许是，在市场动荡时期，一国内部的资产相关性会下降。①
- 旨在获得绝对高回报和按风险调整后的高回报的投资分散化。相对于投资组合中的主要资产类别，新的资产类别是否能够增加投资回报？可用来回答这个问题的合适衡量指标是夏普比率，因为夏普比率可衡量每单位风险高于无风险利率的超额回报。②
- 旨在抵补意外通货膨胀或通货紧缩风险的投资分散化。传统观点认为，房地产和长期债券等资产可用来抵补通胀风险。然而，除通胀挂钩债券外，许多资产与通胀有着复杂的关系。通胀会引发不同的反应。房地产合同能够订立租金可根据通胀率进行调整的标准条款，从而创造一种足

---

① 请参阅 Chua et al.（2009）。

② 请参阅 Sharpe（1994）。

以对冲通货膨胀的工具。根据定义，许多资产都有部分对冲通胀风险的作用。通货膨胀可能会增加未来的现金流，但通货膨胀的这种效应会部分被抵消，因为通货膨胀也会提高名义利率从而减少折现后的现金流，从而降低资产的总估值。此外，资产与通货膨胀的历史相关性，并不能作为推断未来的充分理由。没有预见到的结果总会影响未来，例如，由于沃尔玛取得了巨大的成功，因此，很少有零售连锁店能把通胀加剧造成的影响转嫁给消费者。20 世纪 90 年代，只有沃尔玛因每年把美国的通胀率降低一个百分点而受到称赞。[①]

- 旨在反映整个投资领域的投资分散化。一个由 50%股票和 50%债券组成的投资组合可能会被称为"平衡投资组合"，但它绝对不能反映整个投资领域。这意味着——从理论上讲——任何不包括私募股权的投资组合都是在暗中赌没有私募股权的投资组合会产出更好的回报。
- 旨在给投资者带来稳定现金流的投资分散化。养老基金非常看重流动性，养老基金的一个重大关切就是创造用于支付大部分养老金的现金流。旨在创造源源不断的现金流的投资为养老基金提供了一种对冲养老金负债的天然工具，因为养老金负债基本上是一些未来必须支付的现金支出。
- 旨在捕捉驱动资产回报的基本经济和金融因素的投资分散化。根据一种定量观，并不应该把股票或债券看作是公司发行的证券，而应该把它们看作是风险因子束。根据这种观点，把这些资产"分解"成风险因子，可以让投资者更加有效地进行投资分散化。

那么，进行投资分散化需要多少资产呢？在就分散化达成共识以后，为进行投资分散化而选择的资产是否经得起时间的考验，是否应该扩大资产规模，还是只需少量的资产就足以进行有效的投资分散化？监管者都希望基金受托人在配置资产时能对全部资产进行分散化，而且是谨慎操作。换句话说，基金受托人不应该把赌注押在投资组合中任何风险太大的资产上。[②] 但是，在过去的几十年里，关于投资分散化的看法发生了巨大的变化。在 20 世纪 70 年代，养老基金只满足于债券和房地产投资，因为它们被认为是"安全"的资产。不过，债券和房地产投资回报率很低，因此，养老基金逐渐转向股票、商业房地产、

---

① 请参阅 Basker (2005)。

② 请参阅 Ellison and Jolly (2008, p. 25)。

外国证券和金融衍生品投资。新技术使得养老基金做这样的投资成为可能，20世纪90年代，养老基金业经历了一次大变革，资产负债管理（ALM）技术、放松监管和投资组合优化方法都获得了发展，从而扩大了资产投资范围。与此同时，投资也面临更大的风险，而收益也变得更高。此外，收益的增加还降低了养老基金的相对运营成本。

从事后看，似乎只有少数分散化策略取得了突破，并有助于有效实现投资分散化。换句话说，基金受托人应该批判性地询问他们的投资管理人和顾问，因为采用新的策略未必就能实现投资分散化。另类资产投资策略会碰到两个问题：首先，许多新策略的成功都是由相同的因素促成的：低利率和经济稳定增长；而低利率和经济稳定增长反过来又鼓励投资者利用财务杠杆来提高投资回报。进行某些另类资产投资可以利用更多的促进因素，例如，投资者投资于私募股权虽然只要承担与投资公开上市股票相同的风险，但可以提高财务杠杆倍率。在前景暗淡时，投资者被迫同时出售所有这些资产类别。其次，有些资产类别规模很小。这种缺乏流动性的资产类别很有吸引力，因为它们的投资回报比较高。随着越来越多的投资者投资于这类资产，这类资产的市场就会变得更有流动性，而投资回报则有所下降。但是，在投资者都想出售这类资产时，它的流动性不足的问题又会显现，因此找不到买家，导致价格暴跌。养老基金必须按市场价值来评估自己的投资，遇到这类资产价格暴跌当然非常令人扫兴。尽管如此，投资管理人还是越来越多地寻求增加新的另类资产投资，以增强有可能大大降低这类风险的分散化优势。[①] 但是，如果投资不能成为真正不同的回报来源，或者资产已经被高估，那么，采用新的投资策略就没有什么意义。换句话说，新投资被作为真正的“分散化投资”的门槛已经大幅度提高，如果这些投资是真正的分散化投资，它们在投资组合中的相对规模就会受到限制。

在另类资产投资被作为分散化来源的同时，因子投资也获得了发展的动力，有人认为因子投资可以替代目前的分散化方法。洪、高兹曼和舍费尔（Ang, Goetzmann and Schaeffer）率先在他们受委托调查挪威基金主动投资回报令人失望的原因的研究[②]中表达了对因子投资的兴趣。他们的一个主要发现是，大部分的主动投资回报可以归因于一些系统因子。5年后，阿拉斯加捐赠基金（Alaska Endowment Fund）、荷兰医疗系统养老基金和丹麦劳动力市场补充养

① 请参阅 Hudson-Wilson et al.（2003）。

② 请参阅 Ang et al.（2009）。

老基金等大型养老基金都进行了某种形式的因子投资。因子投资似乎从一开始起就获得了理性发展。资产回报可以归因于一些代表系统风险和回报来源的不同基本因子，如宏观经济、公司属性或风格因子。这种投资方法能够相对精确地定义暴露于可以解释资产回报差异并在很大程度上解释主动管理投资组合超额回报的因子的程度。因子投资法创造了根据对基本因子的了解来选择资产构建投资组合，甚或是利用因子而不是资产来设计投资组合的机会。[①]根据这个植根于20世纪70年代末发展起来的套利定价理论（APT）的因子投资框架，任何资产都可被看作是一个反映不同风险和回报的因子束。因此，研究这些因子是非常有意义的，可以让投资者识别它们，并了解真正驱动资产回报的因子。有关这些因子的洞见有助于动态调整不但在波动期之前，而且在波动期内实现所要求的风险状况的投资组合。

调整投资组合

投资组合调整被认为是投资组合计划实施过程中一个技术性很高的环节。投资组合中不同资产的权重要根据基金的风险胃纳进行调整。投资组合调整政策具体明确何时和如何根据基金的备付金比率或金融市场变化来调整政策性投资组合、如何根据战略性基准组合的权重来调整投资组合中的资产以及投资组合调整是经常定期还是在出现特殊触发因素后进行等问题。

投资组合调整的一种可能出现的极端情况是，根据固定不变的政策性权重来调整投资组合；而另一种极端情况则是，养老基金可能制定了自己的偿付能力计划，根据自己在给定资产负债比率和金融市场波动程度的情况下愿意接受的下行风险量来调整政策性权重的水平。同样，养老基金也会按照偿付能力计划，根据基金偏离实现其长期目标的幅度来调整政策性权重的水平。有时，基金会适当偏离政策性权重来进行战术性资产配置（TAA），而后者通常是根据资产类别间的短期预期相对表现对资产类别权重进行的短期调整。这种调整的基本假设是，投资者可以考虑短期机会，目的就是要在牢记已经确定的风险水平的情况下实现投资组合的最佳业绩。

有时，养老基金可能会故意让自己的实际资产配置暂时偏离战略性资产配置。例如，养老基金在资产配置偏离正常情况时可能会调整资产配置，以反映

---

① 请参阅 Ilmanen and Kizer (2012)。

基金的当前状况。而且,临时性资产配置可能会一直存在到基金恢复投资政策规定并反映在战略性资产配置中的状况为止。如果基金发生变化后的状况变成了永久性状况,那么,基金董事会必须更新投资管理人负责执行的投资政策说明,而临时性资产配置则会实际成为新的战略性资产配置。战术性资产配置也会偏离战略性资产配置,并对短期资本市场预期变化做出反应,而不是对投资者所处的环境做出反应。

案例研究　加拿大安大略省教师养老金计划委员会

安大略省教师养老基金是“加拿大模式”养老基金的起源，并且启发了加拿大乃至全球养老基金。安大略省教师养老基金的核心就在于它有力的治理模式及其养老金计划应该像企业那样运营的明确信念

背景

安大略省教师养老金计划(OTPP)是加拿大安大略省在1990年为教师设立的养老金计划。截至2017年12月，在该计划名下管理的资产已经达到1 900亿加元(约合1 470亿美元)的规模。[1] 这个养老金计划是建立在明确的使命、有力且独立的治理、像管理公司那样管理基金的愿景以及聘用和留住顶尖人才的策略这四大支柱之上的。

实际上，安大略省教师养老金计划和加拿大其他重要养老金计划基本上都具有以下关键特点：

- 以收益为导向，注重创造可持续的高回报；
- 本着企业家精神进行主动投资；

---

① 请浏览网页：https://www.otpp.com/investments/performance。

- 倾向于自营投资；
- 把大量的资产（超过 40%）配置于私人资产。

安大略省教师养老金计划是一种待遇确定型计划，它的目标是养老金指数化。近年来，该计划把灵活指数化，即条件指数化，作为一种应对基金因日趋成熟而灵活性下降的手段。该基金日趋成熟的一个表征是，养老金净支付额已经超过了参保人缴纳的保费，两者几乎达到了 2∶1 的比例。该基金在职参保人与养老金领取者的比例已从 1990 年基金成立时的 4∶1 上升到了目前的 1∶1，领取养老金的预期年限也从 1990 年的 25 年延长到了现在的 32 年，从而对该计划的创收能力产生了很大的压力。

面临的挑战

安大略省教师养老金计划主要面临两大挑战：一是创建和保持强有力的董事会；二是为必须履行的养老金承诺创造高投资回报。

安大略省教师养老基金的董事会有 11 名成员，分别由基金发起人、安大略省教师联合会（Ontario Teachers Federation）和安大略省政府选派。董事会的职责就是监督由首席执行官罗恩·莫克（Ron Mock）负责的基金管理层。重要的是，董事会成员都有很硬的金融和公司治理职业背景。他们一般都有会计、精算、银行、企业、经济、教育和投资管理等的职业经历。董事会的全体成员都是投资委员会的成员，这足以反映安大略省教师养老金计划非常重视基金的投资工作。

过程

关于董事会对管理层的授权，安大略省教师养老金计划在 2017 年通过了所谓的“一项教师战略”（OneTeachers strategy）[①]。这项战略的核心就是董事会具体确定符合基金养老金承诺并且切实可行的长期回报目标。这个投资管理机构要实现的目标把实际回报率定在了 4%左右。这个投资管理机构必须在 4 年滚动风险预算内实现这个目标。重要的是，“一项教师战略”具体规定了一个绝对投资目标，而不是基准相对投资目标。这样，这只基金就无法知道它的回报是通过收割基准（贝塔）收益获得的，还是来自相对于基准的业绩（阿尔法

① 请参阅 White（2017）。

收益)。这是董事会授权的一个重要部分:它赋予管理团队巨大的自由度,因此也要求他们承担相应的责任。同时,这也意味着董事会下设的投资委员会必须具备高素质才能评判和支持管理团队和投资策略。在经济低迷时期,情况更是如此。因为,在经济低迷时期,基金董事会很容易指责管理层,并造成不安全的环境,从而导致基金难以长期坚持下去。

如上所述,投资管理的内部化是安大略省教师养老金计划投资管理方法的一个重要内容,而安大略省教师养老金计划决定内部管理投资的原因有二:一是降低投资管理成本,尤其是降低私人资产投资的管理成本;二是可以密切控制投资质量。这个计划80%的投资组合由内部管理。内部管理或外部管理的选择是在投资管理机构内部做出的,外部管理的投资主要是对对冲基金、上市股票和私募股权基金的投资。[①] 在私募股权投资方面,合伙是一种高质量进入市场的方式。但是,安大略省教师养老金计划既没有人脉关系,也没有直接投资的专门技术。这个养老金计划与许多全球领先的私募股权公司建立了所谓的"战略关系"。此外,在公募股权市场上,这个养老金计划与高附加值的外部管理人合作的时间较长,甚至还设立一个专门负责建立和管理合作伙伴关系的部门。

安大略省教师养老金计划把大量的资金极其成功地配置于主要是房地产、基础设施和私募股权等的私人资产,为该计划取得长期成功做出了主要贡献。为了夯实成功的基础,特别是在私人资产投资领域取得成功的基础,安大略省教师养老金计划在英国伦敦和中国香港开设了办事处,以便建立战略关系和确定投资机会。

结果

为了专注于私募股权投资,私人资本集团(Private Capital Group)直接投资于私人公司,或是自己投资,或与合作伙伴一起投资,或者通过私募股权基金进行间接投资。这个集团通过帮助被投资公司进行长期战略规划、建立高效的管理团队和董事会以及建立有效的治理机制,为资产被用来构建其投资组合的公司创造了增加值,从而也为安大略省教师养老金计划创造了增加值。在截至2016年的25年里,私人资本集团的私募股权投资(扣除所有费用后的)年回报

① 请参阅 Rundell (2017)。

率高达20%。

为实现卓越投资可总结的经验教训

- 要想以创业型企业的形式运营养老金计划,基金受托人需要高效的治理机制和具备所有相关能力和经验的董事会。
- 安大略省教师养老金计划的投资管理机构有多种自主权,从而既创造了提高投资回报率的机会,也造成了董事会授权过度的潜在风险。每只基金都应该做出自己谨慎的判断。影响这种判断的关键因素是:投资管理机构的素质、董事会的素养和治理安排的力度。
- 世界上没有多少养老基金拥有像安大略省教师养老基金那样充盈的治理预算、强烈的意愿或高超的能力来建立投资运营部。具备这样的能力需要几十年的时间,其间既能取得成功,也会遭遇失败。因此,如果某个养老基金的董事会想要朝着这个方向发展,那么就必须做好坚持到底的准备。

第九章　监控与评价

关键结论

- 监控和评价能帮助基金董事会获得关于投资策略实施情况的反馈信息，从而改进它的前瞻性思维。
- 虽然监控被认为是一个关键的问题，但很少有人花时间讨论监控的目的或理念。
- 监控是一个持续不断的过程，基金董事会只需寻找实际执行情况与预算规定或预期的情况之间的差别；而评价就其本质而言则是不连续的，但却具有投资策略意义。
- 对政策的监控应该是整个政策过程的一部分，对政策的监控与对执行的监控是有区别的。
- 与监控相比，评价更具战略性质。评价应该关注之前制定的战略是否达到了最初的目的和预期、我们在哪些方面可以完善我们的战略、有没有比我们的战略更好的选择等问题。
- 在监控和评价中，适当的高度、距离和时界都是重要的维度。基金董事会和投资委员会应该对从组织视角的“尽在掌控之中”和从投资管理层视角的“正在执行过程中”进行区别。

基金受托人的一个重要责任是，在实施投资策略的整个过程中，监控和评价他们确定的投资策略的执行和他们选聘的投资管理人的表现。一旦基金董事会确定了投资策略，并且做出由谁来负责投资策略实施过程中的不同步骤以及如何执行不同步骤（如授权、编制风险预算）的决策，就开始了投资策略的实施过程。在这个阶段，基金受托人需要跟踪他们受托管理的基金是否有像他们预期的那样的表现，以便在必要的时候调整投资策略或实施过程。这可不是一项容易完成的任务，主要是因为资本市场结果在短期内有很多噪音：很容易把运气不佳（短期表现不佳）误认为技能不济，并据此做出解雇和更换投资管理人等成本很高的决策。很多行为陷阱——从投资委员会出现行为偏差、解雇业绩不佳的外部管理人，到基金受托人因为花费大量的时间选聘后来表现不如预期的外部管理人而感到失望——就在这个阶段开始产生作用。投资管理人的高流动率是反映投资委员会不称职的一个表征。

养老基金要挑选授权对象，从而会导致投资顾问和基金自己的工作人员有大量的工作要做。然而，一旦选定授权对象，养老基金就要把大部分时间用在监控、评价和决定何时更换管理人的工作上。养老基金在挑选授权对象方面的业绩记录通常都很糟糕，久而久之，养老基金就缩短了授权的平均持续时间。但由于养老基金现在更加频繁地更换授权对象，因此要承担导致机会成本从而有可能导致长期业绩恶化的风险。

授权对象选定后，投资委员会往往会把监控投资业绩作为自己的首要任务。监控过程是选聘过程的延伸，那些在选聘过程中考虑过的问题与监控过程仍有关系。持续不断的评审需要信息，以便按照选聘依据的标准来监控重要的问题。虽然监控被认为是一个关键的问题，但很少有人花时间考虑监控的目的或理念。近年来，资产管理人越来越多地向基金董事会和投资委员会提供信息，帮助他们详细回答各种问题，这应该有助于养老基金做好监控工作。不过，信息多也有可能不利于改善监控工作。

这一章旨在帮助基金董事会以有序的方式安排监控和评价工作。我们把监控定义为在投资进行过程中分析有关投资项目或投资授权对象的信息，也就是分析他们是否在做之前规定的事情、是否有迹象表明情况并非如此。本章所说的评价是指由内部人员或外部独立评价机构对某个授权对象或投资项目进行的定期追溯性评价。评价比监控更具战略性质，因为我们在评价时必须考虑我们能否改进我们的战略以及有没有比我们的战略更好的选择等问题。

在这一章里，我们还要讨论是否有基金董事会或投资委员会应该从监控转入评价的时间点，也就是要讨论从监控转入评价是一个渐进过程还是需要明确决定的问题。

监控

这里所说的监控是在投资进行过程中收集和分析有关养老基金投资的信息。养老基金可以全程监控投资过程;而且,即使在基金受托人任命投资管理人以后,在基金受益人的眼里,基金受托人仍对基金资产的投资负有责任。

基金受托人负责监控他们任命的投资管理人或其下属机构在他们管理期间的表现。毫无疑问,养老基金好的投资业绩有助于提高兑现养老金承诺的可能性,而糟糕的投资业绩则不利于这个目标的实现。在缴费确定型计划下,参保人的养老金福利甚至直接取决于用缴费赚到的收益。重要的是,受托人要明白他们受托管理的养老基金要在目标和限制条件的约束下提供必要的投资回报。因此,养老基金的董事会要监控基金组织内部不同层次的发展情况(见图9.1)。

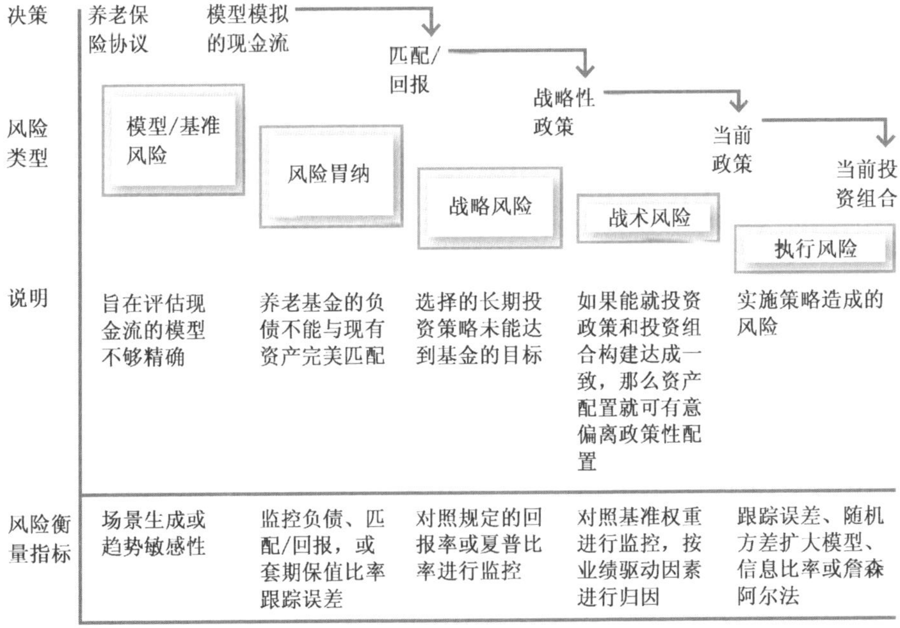

图 9.1　投资过程中的业绩和风险监控

在资产负债表层面,基金董事会要考虑基金的目标是否(仍然)可以实现。

整个投资组合的投资收益以及相对于负债收益的投资收益，是否在董事会设定的风险胃纳和其他指标的允许误差范围内？基金董事会要对以下方面进行监控：

- 模型风险，是指由于采用不够精确的模型评估为实现养老保险协议确定的目标需要生成的现金流而造成的风险。这种风险包括无法正确预测影响现金流的因素（如养老金受益人的寿命，折现率等错误的金融市场假设），或者由医疗保险协议规定的复杂多选性和养老金领取触发因素造成的现金流规模的不确定性。
- 风险胃纳风险。在养老基金的负债不能与其现有资产完美匹配时就会产生这种风险。基金董事会可以通过监控偏差并酌情进行调整来管理这种风险。
- 战略性投资风险，是指基金确定的长期投资战略未能达到为实现基金目标所必需的预期收益或风险特征水平而造成的风险。基金董事会必须定期监控这种风险，观察基金目标的实现是否偏离根据风险胃纳确定的长期和短期风险指标和风险限度。
- 战术性投资风险，是指在资产配置有意偏离长期（战略性）配置时，而且是在投资政策和投资组合构建允许的情况下发生的风险。这种风险可能会出现在投资管理人或团队认为，这样的配置在短期内可以提高基金风险调整后的收益。不过，这种配置有可能会造成损失，或者（因为它们的规模）扭曲基金的投资策略。基金董事会通过在偏离期内监测风险和业绩水平来控制这种风险。

在运营层面，基金董事会应该对因执行投资策略而造成的执行风险进行监控。执行风险包括：

- 资产与负债不匹配造成的其他风险。这类风险包括交易对手风险、外汇风险、流动性风险或资金集中风险。基金董事会要检测这些风险的水平以及它们是否在董事会规定的范围内波动。授权违规风险是指一种与根据投资和风险准则确定的单项授权和策略有关的风险。基金董事会在任命管理人时还会设定绩效基准、跟踪误差预期值和其他准则，然后根据董事会认为支持管理人实现它制定的目标的各种定性因素来监控管理人。
- 投资管理机构风险。这种风险与投资管理机构（或外部咨询顾问）的尽职表现有关,基金雇用他们(投资管理机构或者外部顾问)来选择和监控各个授权对象,并按照既定的指导方针执行总体战略性政策。

监控是一个“向前看”的过程。监控就是要跟踪观察所有的关键决策是否规定了有关时界的目标。关键是要避免“向后看”的偏差。监控要坚持以下四个方面:

(1)监控什么、如何解读和分析数据;

(2)基金董事会或投资委员会可以通过监控了解多少情况;

(3)基金董事会或投资委员会应该避免哪些偏差;

(4)基金董事会或投资委员会应该在什么时候从监控转入评价,即确定已经做出的授权对于基金来说仍然是最佳选择还是应该更改。

监控什么?

如果监控被认为是基金董事会的关键职责之一,那么,基金董事会花时间研究监控的目的和方法,就会有很大的帮助。监控应该根据事先确定的标准来进行。监控过程中收集的信息应该反映事先确定的标准,而不是与标准无关的噪音,因为噪音会分散基金董事会的注意力,使它无法对重要的事情给予适当的关注。如果基金受托人考虑确定基金的投资策略,那么,这些事先确定的标准应该代表一整套规划和实施的决定,而且很可能要关系到多个层次。例如,基金受托人已经采用由上而下的方式做出了以下五个步骤的决定:战略性资产配置、调整方法、投资风格、不同资产类别的基准以及通过一系列授权来实施战略性资产配置。这五项决定的执行应该受到监控。基金董事会应该能够在监控报告中看到已经分解成步骤的投资组合回报和备付金比率的变化以及每个步骤业绩不应该超过的目标风险或收益允许误差。总而言之,10~15 项关于投资策略及其实施的决策将决定 95%以上的结果,而其中的少数决策则将决定 80%的结果。把所有这些决策列在一份单页概览文档中,有助于基金董事会开展监控工作。

决策(如股票和债券在投资组合中的比例)越具有战略意义,对风险和回报的影响就越大,因此对基金目标的实现也越有影响。与此同时,决策越具有战略意义,获得投资策略反馈信息所需的时间就越长。如前所述,我们鼓励在全球范围内监控关键决策的结果,以便持续进行监控。我们可以把基金董事会做出的全部战略决策比作一台为实现目标提供结果的庞大机器。因此,监控报告的第一行是在相关时界(如年)内实现目标的总体情况(如资产增加4%)。

这样就会迫使基金受托人把精力集中在重要的事情上,避免把精力浪费在无关紧要的授权上,因为这些授权不会对基金目标的实现产生实质性的影响——只会使基金受托人产生他们正在努力工作的错觉。

监控是一种"例外管理":只应该检讨那些偏离既定业绩和风险标准或者偏离投资管理人预期行为的授权和投资策略,并且必须快速解决检讨发现的问题。在决定投资策略某个组成部分及其实施时,基金受托人要做的基本上就是预测这个投资策略组成部分及其实施对实现基金目标的贡献度。与此同时,基金受托人会对某种资产(譬如说)在某个时界的特点产生一些看法。如果这部分投资策略及其实施偏离了既定业绩和风险标准,就会产生这样的问题:投资管理人是否真的取得了他们的预期业绩,因此,这部分投资策略及其实施是否会对实现基金的目标做出预期的贡献?事前明确业绩和风险标准,是进行高质量监控的关键,因为:(1)这就会迫使基金受托人考虑关键的问题;(2)一旦基金受托人就关键的问题做出了决定,那么就可以对关键的问题进行监控,并且忘记很多可能会分散关注真正重要问题的注意力的琐碎问题。

监控是一个多维过程

监控应该是一个多维过程。一般而言,监控往往主要关注已经取得的业绩。但是,业绩只是实施过程的结果,而且在很大程度上具有一定的偶然性,尤其是短期业绩更是如此。因此,我们很容易得出错误的业绩结论,从而可能会犯"假阴性"和"假阳性"错误。在犯"假阴性"错误的情况下,基金受托人错误地(如根据令人失望的短期结果)判断某项投资策略是糟糕的策略。在犯"假阳性"错误的情况下,基金受托人错误地(如根据历史结果)判断某项投资策略是好策略。已经有学术研究发现,这两种错误会产生很多影响:假阴性错误会导致过度解雇投资管理人,而随后聘用的管理人通常近期表现良好,这也是他们被咨询公司列入候选人名单的原因。请记住,决策应该始终具有前瞻性,而历史结果是关于未来的糟糕指南,这就是监控过程的"多维性"发挥作用的地方。基金受托人一旦意识到已经取得的结果只有非常有限的意义,那么就应该关注投入、过程和负责产出的人,以便寻找有关他们的战略决策未来可行的线索:一杯香气扑鼻的卡布奇诺是原料、咖啡机和冲咖啡的人共同作用的结果!

监控政策

对政策的事前监控应该关注“我们是在做正确的事情”,换句话说,应该关注会出什么问题、是否会影响基金履行使命、这些风险是否会减小或者基金能否适应、基金怎么才能适应、出现风险时基金如何应对等问题。做好适当的准备可以防止糟糕的业绩。因此,基金必须对履行使命的关键驱动因素进行监控。为了做到这一点,我们必须采用前瞻性的预案,避免照抄过去的东西。区分短期和长期风险是有意义的,短期风险通常源自金融市场的短期波动,并会对基金的偿付能力或流动性构成威胁。但是,如果我们不能在短期内生存下来,那么还谈什么长期。长期风险是行动缓慢的杀手,有可能导致资金短缺,因此,我们应该考虑保费和长期预期回报是否足以兑现养老金承诺以及“如果养老金承诺按工资指数化,而工资通胀导致每年比预期高出 2%……那么,10 年后会出现怎样的情况”等问题。一般来说,人类由于本能的行为方式,因此会赋予短期风险比长期风险更多的关注。在下文各段中,我们将分短期和长期监控来讨论监控问题。无论是短期监控还是长期监控,基金董事会都要关注关键的问题:风险是否可以接受?能否减小(至少部分减小)?如果风险真的发生了,我们应该如何应对?我们预期外界会如何反应?我们如何与外界沟通?我们应该清楚,必须在房子失火前给房子投保。通常,风险发生时,为时已晚,我们将因此而付出沉重的代价。此外,规模越大,回旋余地就越小。

对于短期政策,监控偿付能力和流动性是最重要的问题。许多基金受托人对 2008～2009 年的金融危机记忆犹新,或许还记得 21 世纪初更早发生的互联网危机。下一场危机肯定会有所不同。然而,我们知道,金融市场危机,不管它的根源是什么,也不管是由什么事件触发的,都会导致股票和相关资产价格暴跌以及暂时的流动性枯竭。资产之间的相关性通常会增强,因此,基金可以忽略短期分散化。在过去的几次危机里,我们都看到了利率下降,因为中央银行采取了宽松的货币政策。因此,未来我们还应该关注利率和债券收益率是否会上涨。流动性会下降(至少在一段时间内),未来似乎会被笼罩在一片不确定的云雾中。我们应该花时间弄清楚已经发生了什么和还会发生什么。因此,监控的关键就在于:为 1 年内可能会发生什么,设想一些场景以及在这些场景中基金的偿付能力和流动性是否仍在可接受的范围内;或者,应该考虑金融市场必须发生什么情况,基金才能达到可接受的偿付能力或流动性下限;而且还应该考虑，金融市场的这种情况与它的历史走势有什么可比性。这些压力测试很有帮助，切勿在这类监控中使用概率，因为概率总会提供这样的信息，譬如说，基金最终的偿付能力低于X的概率是0.05。当市场处在危机模式中时，概率毫无意义。

对于长期监控，最应该关注短缺问题。监控不能兑现长期承诺的风险是政策执行过程中的一个重要环节，也应该成为资产负债管理框架的一部分。我们建议用5～15年的时间来监控政策执行过程。这个时界已经充分长，足以利用现有的工具来赚取预期溢价，并且也足以抑制资本市场的短期波动；如果分析的时界太长，我们往往会要么不关心，要么期待某种神奇的事情发生。好的分析能够发现往往是全球通用的关键变量，这样的变量可能会引发这样的问题：如果回报率最终明显低于预期，我们该怎么办？如果折现率进一步下降，该怎么办？如果出现严重的通胀冲击，该怎么办？如果参保人的寿命长于预期，又该怎么办？

在这四个问题中，只有一个与投资有关；其他三个问题与负债相关。我们常常倾向于希望甚至期望，投资收益能解决问题，从而有可能导致基金董事会推迟采取其他可采取的措施。这里所说的其他可采取的措施有两种，也可以同时采取这两种措施：一是提高参加养老基金的保费；二是降低养老金承诺，例如，提高开始领取养老金的年龄，采用更加灵活的指数化方式，关闭待遇确定型基金，把它们转变为缴费确定型基金，等等。由于养老金具有滞缓的性质，因此，我们越早发现潜在的风险，就越能够温和地把它引向正确的方向。

关于监控的频度，我们建议每年至少对短期和长期风险分别进行一次正式的监控。除了年度监控外，投资管理机构还可以为基金构建一个"例外管理"式的监控框架，一种危险信号发送系统：只有发生了重大事件，才有理由重新审查结果。对于这样一个危险信号发送系统，有必要事先明确规定这些危险信号的含义，如"如果股市跌幅超过15%，我们将重新考虑偿付能力风险"。

监控在投资委员会议程中的地位

很多养老基金把监控和评价工作委托给投资委员会。投资委员会应该全面了解已经批准的投资策略，并且确保自己对投资策略在什么情况下和在多长的时界内有望产生怎样的结果有一个实事求是的看法。投资委员会应该不但监控结果，而且还要监控导致这些结果的关键投入和过程。

鉴于基金董事会和投资委员会的时间总是有限的,因此,我们建议先应该把战略问题安排在它们的议程的首位,然后再考虑监控问题。我们的建议是把持续性监控列入议程的后半部分,这是一种旨在发现早期警示信号的例外管理。出现特殊情况(如投资过程的某个环节出现令人担忧的迹象),有可能会引发应该被优先提上议事日程的战略问题。如果工作做得好,那么,在 1 年内就应该向投资委员会或董事会提交一些有关这种特殊情况的预案。

怎样的监控频度才是最佳频度?

监控要紧跟战略。有人担心,虽然养老基金本质上都是长期基金,并且为实现参保人和委托人的长期目标服务,但很多养老基金的“管理”时界越来越短。从这个角度看,监控最多应该是每季度一次,而不应该更加频繁。您作为基金受托人可能会自问为什么不是半年监控一次。您不妨想想以下这个问题:如果您觉得自己不能等半年再看结果,那么,您决定的投资策略真的有充分牢固的基础?您想要微观管理?您是否相信自己授权的人?您是否相信自己的战略决策?强迫自己采用这种“慢思维”模式,十分重要。

监控应该采用合理的方法,而绝不应该是机械的操练

对于负责监控工作的投资委员会来说,一种切实可行的避免偏差的方法是,规定若干监控指导原则传达给行政办公室或受托管理人,要求他们按照这些原则进行监控和报告。表 9.1 列示了这样一套监控指导原则。

表 9.1　　监控指导原则举例

- 我们注重投资理念与投资策略是否一致。它们是业绩的先行指标,而不是相反
- 为了避免视野狭窄,我们将始终对基金采用自上而下的方式做出的全部相关战略决策的执行情况进行监控,并且承认战略决策权最终归属基金董事会
- 我们不会仅凭少量的观察结果就下结论
- 我们要质疑的不是投资管理人,而是据以制定投资策略的假设。我们每年都会这样做
- 我们将根据资产负债总体状况,而不是根据某项资产或者负债来评估风险/回报
- 我们的目的是在监控过程中学习,并且不断改进监控过程。我们力图解决造成问题的根本原因,而不是解决问题的症状

澳大利亚政府未来基金(Australian Government Future Fund)的首席执行官戴维·尼尔(David Neal)提倡一种另类的监控方法,支持他所说的“浸入式监控”(immersed monitoring):“这种监控有助于促进信任,增强长期投资信心。

它通过把注意力从短期业绩转向决策过程、行为和一致性等方面来做到这一点。……未来基金有意谋求参与和共同理解投资决策，内容包括定期审查以确定并缩小在理解目标和信念方面的任何差距，并且不断为董事会创造审查整个投资组合并把它纳入其战略定位的机会。为了在内部投资团队内达成共同的理解并构建控制权，我们提出了'单一投资组合'的概念。……未来基金追求数量相对较少的重要且密切的关系，从而通过参与来扩大监控范围。"①

监控过程中应该注意的问题

制定监控办法要求基金董事会清楚投资过程中有哪些步骤和目标需要监控以及应该采用哪些限制条件或准则。不然的话，监控信息只是一些数据和方法。不过，话又得说回来，监控是一项具有挑战性的任务。虽然许多基金董事会和投资委员会要求上报监控信息，但他们只花很少的时间来讨论监控中发现的问题。

好的监控从设定正确的期望开始。监控养老基金投资业绩的通常做法是与等效基准投资组合或与性质大致相似的其他养老基金进行比较。随着时间的推移，养老基金的业绩可能会等于、高于或低于基准。这样的基金业绩仅仅是观察结果，并不会实际告诉基金受托人有关基金业绩的真实信息。在基准选择阶段，基金董事会应该就与授权目的有关的业绩衡量指标达成一致。例如，授权投资于所谓的价值股需要 10～20 年才能完成所要求的回报/风险权衡。任何短于 10 年的评估周期都有可能贬损这种投资策略的潜在价值，甚至可能导致错误的结论：报告的标准差可能高于其他投资策略，并且有可能得出这种投资策略根本没有增加价值的结论。因此，事先应该明确在风险和回报方面对某项投资策略能有什么预期以及在选择投资策略时应该设定多长的时界，以便日后进行有效的监控。确实，有人可能会争辩说，投资授权的理想时界就是无时界限制。

"能有什么预期"部分也与业绩和风险衡量指标直接相关。基金董事会在以 2%的跟踪误差委托投资管理人进行股票投资的情况下，就会预期投资业绩每年围绕基准波动。基本统计数据告诉我们，基金董事会 10 次中有 7 次会预

① 请参阅 Neal and Warren (2015)。

期投资业绩位于基准的－2％到＋2％之间，20 次中有 19 次预期投资业绩在基准的－4％到＋4％之间。因此，在投资管理人最初几年的业绩低于基准的情况下，基金董事会虽然希望实际情况不是这样，但也不应感到意外。基金董事会必须对照风险指标进行监控，并牢记它似乎觉得适合这种投资策略的时界。耐心是一种必要的美德，因为我们并非总能始终如一地实现超额正收益，即使长期表现出色的管理人也是如此。①

基金董事会和投资委员会在业绩监控方面遇到的第一个挑战是，业绩报告通常是(譬如说)每季度发布一次；如果报告显示接下来的三个季度投资业绩将低于基准，那么，他们应该如何应对呢？他们很可能会对这几个季度的投资业绩进行推断，并提前得出结论：投资管理人将达不到预期业绩，他们可能会提前结束授权，从而产生机会成本。因此，重新审视投资风格、投资时界以及根据短期业绩和风险指标进行的预期，是监控和监控报告的关键组成部分，并能够为阻止采取不必要的行动设置障碍。

跟踪误差示例凸显了基金董事会和投资委员会在监控过程中可能遇到的第二个挑战。在每月或每季度对投资管理人或投资策略的业绩与基准进行比较时，结果往往是他们的业绩高于或者低于基准。基金受托人和一般投资者对收益风险的态度可能与他们对损失风险的态度截然不同，投资委员会和投资管理人也是如此。在选择获利机会时，规避风险的态度会占据上风；而在面对有可能会遭遇亏损的风险时，人们往往会选择冒险。阿尔法收益为正的主动投资管理人会变得厌恶风险，锁定自己的利润；而阿尔法收益为负的主动投资管理人则情况正好相反。② 因此，在监控投资管理人时，基金董事会应该克制自己的初始反应，以便向投资管理人施加压力，要求他们在业绩低于基准时提高业绩。相反，他们可以把注意力集中在监控的业绩指标上，以洞察投资管理人的一贯表现，如业绩优异时期超出基准的百分比，并辅之以有关投资风格的其他指标。

基金董事会在监控过程中会遇到的第三个挑战是，如果把对投资管理人的监控委托给投资委员会，基金董事会就应该明白，投资委员会的成员也会产生行为偏差。例如，有投资背景的投资委员会成员会把股市下跌看作是低价买入股票的机会，想通过买入价格便宜的股票来赚钱，随后会建议基金董事会这样做。而养老基金的受托人，在面对备付金比率下降时，可能会得出不同的结论，

---

① 请参阅 Wallick et al.(2015)。

② 请参阅 Elton et al.(2003)。

即出售更多的股票，以便尽量保护养老金领取权。投资委员会是代表基金董事会的受权监控者。这意味着董事会应该明确自己对监控工作的期望。确定正确的投资信念、适当的风险胃纳和明确的投资指导方针，将有助于投资委员会从董事会的角度监测市场动向，并在需要时提出建议。因此，如果董事会和投资委员会都能做好自己的工作，那么就能定期对投资策略和授权执行情况进行监控，并且以很低的频率进行变更。避免人员过度流动仍是董事会的最佳表现选择之一。

重要的是，董事会或投资委员会应该考虑更加广泛地利用监控收集到的信息。例如，监控收集到的信息是否可以用来提供反馈？当涉及监控时，反馈循环尤其有效。如果我们分配到一项目标明确的任务，并且能收到有关我们相对于目标完成任务的表现的反馈信息，那么，我们就能利用反馈信息来调整自己的行为，以更好地完成任务并实现目标。反馈循环包括几个不同的阶段：①

- 收集监控信息。行为必须按照标准来评判。对于养老基金来说，这方面有三种监控信息：(1)投资管理协议商定的业绩和风险指标；(2)养老基金的投资、资产和负债数据；(3)关于投资风格和一般投资策略的外部信息和意见。
- 把监控收集到的信息与监控目标联系起来。监控收集到的信息必须传递给投资委员会，但不是以捕获信息的原始数据形式，而应该是在有意义的上下文语境下由投资顾问、受托管理人或员工汇编的信息。制作一个监控面板用来显示受托管理人是否坚持所选定的投资风格并在预设的限制条件下工作以及之前选定的投资风格是否仍然大致有效。
- 提供反馈信息。投资委员会可以把监控的反馈信息反馈给投资管理人，让他们有机会调整自己的行为，并确保他们采取适当的行动。例如，投资委员会可能在监测报告中看到，观察到的或经历过的风险水平与预先确定的风险限度不符，因此，要询问投资管理人是否改变了投资风格或操作方式。如果投资管理人已经调整自己的行为，那么就应该对照标准来评判他们调整后的行为，并且继续对他们进行监控。换句话说，投资委员会或董事会必须能够调整选择，以确保投资管理人在做正确的事情。

① 请参阅 Cooper (2012)。

有效的监控需要好(真实)的报告。报告应该告诉决策者正确的关键目标，并能帮助他们做出正确的决策。每一份报告都应该以事实和经过核实的信息为依据。投资委员会不应该质疑或怀疑数据的质量,报告应该没有错误和冗余的内容。最后,应该时常讨论报告的格式。以下因素很重要:

- 报告应该记述在选择委托对象时确定的关键因素,即投资风格和衡量其一贯表现的关键指标。如果委托被认为是一种价值委托,那么,在监控过程中是否选用了账面市值变量来明确表示这种投资风格?
- 相关的投资时界。我们回过来再看看前面所举的例子,一种价值投资风格很可能需要 15～20 年才能见效,它需要的投资时界要比只需要 5～8 年的投资级委托长得多。要想避免短期行为偏差,重要的是应该记住报告中设定的投资时界。
- 最相关的归因报告是符合投资流程的归因报告。这种报告应该根据基金受托人在业绩归因中关注的(事前)风险和(事后)回报细分不同的投资决策。理想的情况是,外部管理人在应聘时已经表示他或她认为自己在哪些投资决策上具有竞争优势。这样,就能检测外部管理人是否真正具有他们在应聘时宣称的竞争优势。
- 业绩归因也包括风险归因。业绩归因和风险归因需要绝对/相对风险/回报指标[这类指标既能反映风险信息又能反映回报(归因)信息],以及可向基金受托人通报“最坏情况”场景下的下行风险衡量指标(特别是压力损失估计指标)、现有的压力缓解指标以及反映如何在其他市场下行场景下准备更充分的指标。
- 自上而下地深入了解投资管理人的能力,是一种对于理解结果极其有用的能力。
- 业绩评估要涉及某种程度的近似,数量级比实际数字重要。
- 确定报告频度。与年度报告相比,季度报告的波动性较大,并且有可能会引发不必要的反应或选择。

在董事会或投资委员会的会议纪要中明确说明已经做出的监控决定,特别要尽可能明确地说明有关决策的依据,并且在较长时间里对它们进行评估。譬如说,是某个因子,如相对业绩,驱动了许多关注和决策?这是否与跟外部管理人达成的协议一致?

基金董事会何时从监控转入评估工作?

在授权对象和投资策略确定以后,监控工作应该根据授权无期限的思想来安排。如果授权对象和投资策略自做出最初决定以来没有发生过任何变化,那么,通常就不需要进行评估。因此,有一个在监控过程中定期要回答的好问题,那就是自做出初始决策以来,决策所依据的假设条件(如果已经发生了变化,那么)发生了哪些变化。当初决策所依据的假设条件有可能发生以下三方面的变化:

(1)需要。养老金计划及其参保人的需要是否发生了变化?例如,养老金计划参保人的人口统计数据的变化(如参保人群的老龄化)可能要求重新考虑养老金计划的风险胃纳或战略资产配置。如果养老金计划的规模(拥有的资产或参保人数)大幅度增加或减少,也可能要求重新考虑授权的类型及其方式。

(2)投资风格和策略。投资风格或策略是否发生了变化?投资基金/管理人/服务提供商或其业绩是否发生了变化?投资管理人是否坚持既定的投资风格?投资管理人是否更换过?质量目标是否已经实现?业绩目标是否在可接受的误差范围内?既定的投资策略是否还能执行下去?随着时间的推移,专注于某个特定股票利基市场的主动投资策略可能会吸引很多投资者,从而会降低取得优异业绩的可能性。在这种可能性下降到某一点时,收益甚至有可能无法抵偿成本。因此,事先应该考虑在构建投资组合时是否应该实施这样的投资策略,因为现在监控这样的策略的执行情况要耗费更多的资源和时间。

(3)市场。市场是否发生了变化?例如,如果实施一种投资策略的市场平均成本下降,那么可能就应该考虑对养老金计划为这些服务支付的费用(对照新的市场条件)进行评估。

如果董事会或投资委员会决定进行一项或多项变更,那么就有必要计划对既定投资策略是否仍然适用或是否应该变更进行评估。在决定从监控转入评估之前,董事会应该想到聘用和解聘投资管理人总是成本很高。应该对更换管理人的成本有可靠的估计,这个成本可能非常可观,包括寻找成本、市场影响等。

一项颇有创意的研究分析了1994～2003年3 400家机构投资者选聘和监控投资管理人的情况。[①] 新任命的外部管理人都是在有一段时间里业绩优于现任管理人后被雇用的。但是，在受聘后，他们的业绩优于现任管理人的差额有所缩小。相反，被解雇的管理人的平均业绩要高出1%。据这项研究的作者估计，如果把寻找和选聘候选人的成本、更换管理人产生的成本以及业绩差异产生的机会成本加在一起，那么就要占到业绩的5%～10%。如果机构投资者主要根据既往业绩来聘用和解聘投资管理人，那么，业绩损失就会进一步增加。

在了解了以上情况以后，现在我们明白，我们并不能确定新管理人会比老管理人好。因此，我们认为，如果可能的话，我们应该与现任投资管理人一起不断改进他们的投资策略。

评估

上文把监控说成是在投资进行过程中收集并分析投资项目或授权的信息，而评估是对投资项目或授权进行评判。评估工作可以由内部评估机构或外部独立评估机构来完成，许多养老基金的董事会和投资委员会认为评估是监控工作的一部分。虽然监控和评估工作在实践中可以并在一起做，但在理论上还是应该把这两项活动区分开来，因为它们实际上有不同的作用。强调评估和监控之间的关键区别不无助益：

- 评估在本质上具有战略性质，而监控则是操作性的；
- 评估重在回顾和吸取教训，学会在未来做出更好的决策，而监控是一种"实时"活动；
- 评估重在学习，而监控则注重投资达标。

评估是对授权或投资项目进行系统评定，包括评定监控工作是否取得成效、选定的授权对象是否符合投资计划、哪些决定是正确或者是错误的，以及董事会和投资委员会是否有经验教训可以吸取等内容。评估的目的在于确定投资策略的相关性、影响力、效能、效率和可持续性以及投资决策和风格对所取得的结果的贡献。[②]

评估工作根据授权的目的和目标以及正在制定或实施的策略和活动的范

① 请参阅Busse et al.(2010)。
② 请参阅Gage and Dunn (2009) 和Frankel and Gage (2007)。

围，在若干不同的层次上开展。例如，评估看起来不同于同行比较、根据基金总体目标评估结果的资产负债法、与事先确定的基准进行比较的独立基准法以及环境、社会和治理观。评估应该提供可信、可靠和有用的基于证据的信息。在采用定量指标评估管理人时，我们建议：①

- 考虑使用若干不同的指标，因为每种指标能提供不同的信息。
- 弄清不同指标之间的相互影响。
- 要使用不同期限的指标，在讨论时应该主要关注较长期限(3～5 年)的指标。除非是出于遵守规定的原因，否则就不要在很短的期限里使用这些指标。在很短的期限里使用这些指标，会导致董事会采取不必要的行动。
- 要认识到所有的指标都是回顾性的。

以下衡量指标是评估工作的逻辑起点，它们包括：

- 信息(或夏普)比率：用来表示根据相对收益标准差调整的基金管理人业绩高于基准的超额收益。
- 索提诺比率(Sortino ratio)：用来表示根据相对收益下行标准差调整的基金管理人业绩高于基准的超额收益。
- 输赢比率(Win-Loss ratio)：基金管理人的平均正相对收益除以他的平均负相对收益。
- 命中率(Hit ratio)，亦称“平均成功率”(batting average)：基金管理人相对收益为正时期所占的百分比。
- 相关系数：基金管理人的超额收益与其他现任(或未来)基金管理人的收益的相关性。
- 阿尔法收益与贝塔收益的相关性。阿尔法收益是通过选择证券、战术性资产配置或依靠其他投资技能获得的收益。阿尔法收益比较“稀缺”，因此，成本应该较高；而贝塔收益是衍生于被动指数或风险溢价的收益。贝塔收益较易获得，因此，成本应该较低。弄清主动型基金管理人的收益是真正的阿尔法收益，还是通过追踪成本较低的贝塔敞口投资复制的收益，这一点至关重要。阿尔法收益与贝塔收益之间的高相关性是“危

---

① 请参阅：International Forum of Sovereign Wealth Funds. IFSWF Subcommittee ＃2. Case Study ＃1：Selecting and Monitoring External Fund Managers。可登录以下网页查阅：http://www.ifswf.org/sites/default/files/Publications/oslocs1.pdf。

险信号”,它表明阿尔法收益不是靠技能创造的,而是利用贝塔敞口投资获得的。

评估的结果、评估人员提出的建议和通过评估总结出来的经验教训应该可用来为日后有关授权的决策提供信息。评估应该基于证据,因为对于任何给定的投资策略,都有大量的数据可供学习参考。此外,基于证据的评估有助于确定比较客观的评估程序,而客观的评估程序对于资产管理人的强势观点和意见可能会影响决策者的投资领域来说是非常重要的。令人惊讶的是,我们几乎没有找到关于选择和监控有效性的经验证据;大部分基金刚开始开展评估工作。

许多基金把评估工作委托给投资委员会。在开始评估前,投资委员会应该对已经批准的投资策略有一个全面的了解,并确保投资策略是客观看待根据环境和投资时界做出预期的结果。投资委员会不但应该监控结果,而且还应该监控导致这些结果的关键投入要素和过程。了解关于聘用和解聘基金管理人以及相关行为偏差的最新学术研究成果也会有所帮助。如果投资委员会确定更换投资管理人的总成本要占到投资管理人业绩的10%～14%,那么,这就是在决定评估和可能聘用新管理人时要考虑的最低预期回报率。解雇一些投资管理人并指责其他投资管理人是要“设法控制”的症状,而不是有效的治理方式。评估绝不应该只有一种结果。理想的情况是,投资委员会应该有投资管理人或选定的授权对象参加,并且应该关注他们如何根据董事会制定的标准对结果进行自我评估以及他们会觉得自己应该怎样把结果归因于投资信念和投资理念等问题。最后,重要的是应该询问投资管理人以了解他们如何看待市场环境以及是否有任何事态发展可能导致他们改变自己的投资风格。

第四部分

组建董事会

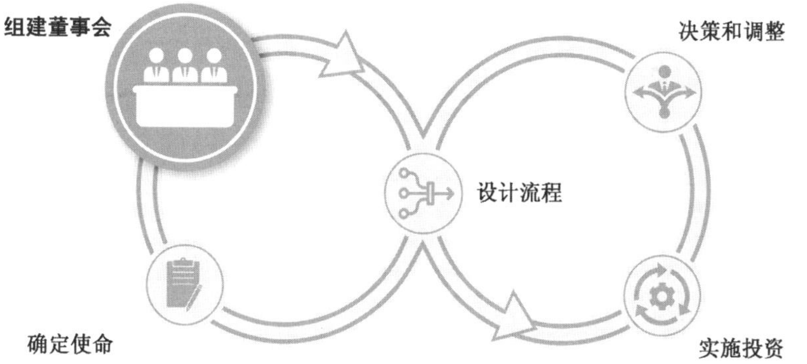

这个部分从以下不同角度来审视养老基金的董事会:董事会及其成员有哪些特征?养老金计划参保人应该对他们有什么期待?董事会成员如何在董事会中履行职责?董事会成员需要具备哪些特质?他们如何开展工作?

就像养老基金新的受托人也会做的那样,我们先通过审视养老基金董事会的作用和职责与董事会成员的特点以及识别成功的董事会及其成员的特点来考察养老基金的董事会。这一部分的讨论主要围绕如何保持"适当的高度、距离和时界"来制定战略和监控战略实施这个问题展开。

我们研究了董事会作为集体发挥的作用以及董事会成员个人扮演的角色。董事会成员在董事会无论作为个体还是作为集体的履职方式,都会决定结果的质量。董事会成员具备的能力和掌握的知识显然都是宝贵的财富,而董事会成员的遴选过程也凸显管理或代表不同利益相关者群体也是董事会成员的一个必要属性。当然,我们也要在这一部分讨论董事会成员应该怎样平衡不同利益相关者群体的利益的问题

其次,我们要讨论董事会工作人员或行政办公室的职责和组织结构,因为他们与董事会关系密切,并且帮助董事会成员制定和评估他们制定的战略。董事会工作人员要在考虑董事会制定的目标和框架的情况下确保董事会制定的战略能以切实可行的方式付诸实施。此外,董事会的工作人员还要收集信息,以便董事会能够在适当的高度上进行有效的监控。

然后,我们将考察投资委员会这个负责处理投资事务的养老基金董事会重要的下属委员会。

最后,我们将考察负责实施(战略性)投资计划并经常密切参与投资策略咨询的投资管理机构(或养老金交付机构)。养老基金与投资管理机构之间的合作需要做好某种事先筹划工作才能确保角色和职责明确以及相互信任和为维持适当的平衡所必需的制衡力量。

第四部分的主要议题包括:

- 一个有效运行的养老基金董事会具有哪些关键的特征?
- 何谓"治理预算"?
- 如何发现董事会的不足,并随着时间的推移逐渐弥补董事会的不足?
- 如何筹备并组建运行良好的投资委员会?
- 您作为董事会成员以及董事会作为集体怎样才能掌控投资委员会?

第四部分对卓越投资的贡献

第四部分着重关注养老基金的董事会。董事会成员个人以及董事会作为集体的贡献往往被忽视,因为有关他们的讨论和选择往往本质上是"软性"的,而投资理论和建议通常把投资看作是一个可以客观解决的"硬性"问题。其次,在可能没有实现卓越的情况下反思自己的问题颇具挑战性。相关人员的素质、知识和能力以及董事会内部的合作方式都是实现卓越的重要驱动因素。养老基金的董事会主席是一种特殊的职务。他可以通过许多方式来追求卓越,首先要了解自己需要应对的各种挑战,并且按照规定召开投资委员会会议。把不同的个人组合成适当的团队,有可能需要花费大量的时间,并且做大量的筹划工作。

第十章　打造卓有成效的董事会

关键结论

- 卓有成效的董事会对养老基金创造长期业绩和获得运营许可具有相当大的积极影响。
- 养老基金对有效运行的董事会的需要似乎显而易见，但要打造这样的董事会，必须注意董事会领导和组织机构的平衡。这种平衡有助于明确养老基金对董事会、董事会成员和主席有哪些期望，并讨论什么样的董事会文化和领导类型最适合养老基金实现自己的目标和打造自己的文化。
- 养老基金的董事会应该事先考虑自己需要在议程上安排哪些类型的决策。全局性和战略性决策及其实施监督的问题应该主导董事会的议程，而战术、运营和具体问题的决策则应该授权他人负责。
- 在实际中，董事会的可能状况与实际运行状况之间往往存在差距。图示养老基金董事会治理预算的用途，是进行相关讨论的很好方式。

这一章着重讨论养老基金董事会的问题，先讨论董事会要完成的任务，然后讨论董事会的组成。我们提出了一个关键的概念，即所谓的“治理预算”。“治理预算”是指决策者们的时间、专业知识和组织效率的组合。这个“预算”在很大程度上决定养老基金是否能够出类拔萃。在这以后，我们详细介绍了一个有效运行的养老基金董事会应该具备的素养，因为它们有助于我们确定养老基金董事会的优势和劣势。然后，我们深入探讨本书前面已经提到的一个应该有助于董事会成员实现正确的平衡的关键概念“适当的高度、距离和时界”。在本章的最后一节,我们提出了董事会不断改进工作的几种方法。

养老基金董事会的责任

关于养老基金的董事会,有不同的定义,但一种有用的定义可能是,养老基金董事会是通过为达成一致的养老金协议创造尽可能好的财务结果来为参保人提供价值的工具。[①] 养老基金董事会的责任被称为受托责任,具体包括制定政策和规划未来、进行战略部署、构建治理机制、监督管理层和承担受托责任。

养老基金董事会的第一个任务,即制定政策和规划未来,是一个必须持长期外向观才能完成的任务,也是一个关系到养老基金为什么存在以及想成为怎样的基金等问题的任务。养老基金董事会可以从利益相关者的角度来考虑如何完成这个任务,并且制定长期目标和实现目标的方式方法,此外还要监测(巨大的)外部变革力量及其可能对基金产生的影响。

完成这个任务的框架是确定使命、目标、信念以及它们在现在和未来的形塑方式。养老基金应该积极探索这些问题。使命往往具有永久性和一般性:荷兰医疗保健部门的荷兰医疗系统养老基金就是以“为医疗保健部门的全体从业人员提供优厚但负担得起的养老金”为自己目标,而挪威基金的目标则是“为子孙后代创造和保护经济财富”。[②]

养老基金董事会的第二项任务是进行战略部署,这项任务要求养老基金董事会把关注焦点从外部转向内部。如果养老基金明白根据其使命和目标以及当前的形势和未来的预期形势,成功意味着什么,并且清楚自己怎样才能对照目标取得成功,那么,这项任务就转化为以下一些战略问题:

- 如何安排投资过程?
- 安排好投资过程需要哪些能力?
- 从以上这个问题出发,如何看待自己的优势和劣势?应该怎样对待自己的优势和劣势?
- 投资过程中哪些环节可以外包出去,外包给谁?

---

① 请参阅 Huse (2007)。

② 请参阅挪威银行投资管理部(Norges Bank Investment Management)的“2017～2019 年挪威银行投资管理战略”(Strategy for Norges Bank Investment Management 2017—2019)。

· 董事会自身是否具备应对未来挑战的能力?

这项任务着眼于未来两到四年,并且要制定可衡量的目标。这些目标应该是具体的结果(例如,被动投资在当前环境下是否可行)以及“软”结果因素(例如,如果投资管理机构或养老基金没有学习文化,那么就永远无法适应快速变化的地缘政治的发展)。

所以,完成这项任务的关键是如何采用实用高效的方式把使命和宗旨有效地转化为战略,而解决这个问题则往往需要对角色和责任达成共同的理解:董事会应该承担指挥的责任,而高管层则应该负起管理的责任;同时还要求董事会与投资管理机构进行微妙的互动:董事会必须掌握全部的相关信息才能做出正确的战略抉择,而投资管理机构则需要董事会给予明确的指导,才能把战略抉择转化为可采取的行动。因此,董事会应该关注“做什么”,而高管层则应该关注“怎么做”。

养老基金董事会的第三项任务是构建治理机制。养老基金的使命、宗旨和战略各不相同,从而使得“一刀切”的治理结构对基金董事会构成了挑战。因此,对于董事会来说,确定如何运用战略原则,是一个关键的问题。养老基金针对自己的员工、投资机构和其他利益相关者的健全的公司治理政策和实践应该有助于养老基金达成共同的理解和形成旨在实现基金目标的共同宗旨。

投资治理框架应该明确规定基金董事会以及投资管理人和顾问等其他受托人的角色和责任,而且还应该明确说明根据投资框架做出的选择和据以做出选择的假设,包括有关投资选择的关键业绩指标,以便对它们进行评估和质疑,并在必要时进行调整。

投资治理框架还应该确定需要由下属机构提交董事会解决或需要董事会审批的治理问题。基金董事会与利益相关者之间的有效双向沟通也很重要,因此,投资治理框架应该规定如何以及何时沟通的问题。最后,基金董事会应该定期重新审视投资治理机制,以确保它们仍然适用。运营和监管条件的变化也可能要求养老基金董事会对投资治理机制做出调整。

养老基金董事会的第四项任务是监督管理层。监督管理层,就是养老基金董事会对整个养老基金和组织的业绩进行监督,使基金组织处于审慎的控制之下。这项任务的实质就是要求董事会对委托给投资管理机构的投资管理工作进行监督。基金董事会应该关注投资管理机构在给定环境下是否取得了充分好的投资结果以及投资管理机构是否还有提升空间等问题。监督包括运用反馈信息来设法持续利用好投资机会，以便在约束条件下继续实现养老基金的目标，并在未来仍能实现目标。养老基金的董事会在完成监督的任务时应该关注以下问题：

- 养老基金的风险状况和目标是否发生了隐含或明确的变化？
- 关于经济和市场投入要素的假设是否仍能成立？
- 当前的投资组合是否符合调整指导方针？
- 管理人的选聘是否反映了与预期收益/风险状况、战略计划中概述的投资信念和其他关键因素相一致的投资风格？

董事会要决定把这些监督问题委托给谁来解决，如委托给投资管理机构、基金高管层或者投资委员会，还要明确监督程序应该如何改进：董事会应该负责哪些决策？哪些决策最好交给养老基金的其他机构？董事会通过详细审视自己的决策权框架来明确这些受托责任，重点是要明确投资和风险管理决策的责任。一种形式方法，如表 10.1 所示的像责任分配矩阵那样的形式方法，不但有助于明确不同的角色和责任，而且还有助于开展针对这些决策权的讨论和审视。[①]

表 10.1　　　　　　　　投资管理监督的决策权框架示例

	基金董事会	执行董事	投资委员会	投资管理机构	投资顾问/精算师
目的					
投资理念	A	I	I	I	C
投资信念	A	I	I	I	C
战略性资产配置的资产类别确定	A	I	C	C	C
资产组合构建	A	I	C	C	C
授权对象选择	A	R	C	R	
投资实施	A	R	C	R	
监控授权对象	A	R	C	R	
评估	A	R	C	R	C
监控投资管理部/机构	A	R	C	R	C

注：R(Responsible)：谁负责执行；A(Accountable)：谁承担责任；C(Consulted)：向谁咨询；I(Informed)：告诉谁。

---

① 请参阅 Ghai et al.(2011)。

还有一个重要的原因要求我们明确说明投资和风险管理决策是投资管理框架的一个重要内容。这个原因就是，这样做有助于编制正确的报告，而编制正确的报告则是有效监督政策执行和投资管理的关键。正确的报告能够告诉董事会正确的关键监督目标，并帮助董事会做出正确的决定。每一份报告都应该注重事实，并以经过核实的信息为依据。董事会不应该质疑或怀疑数据的质量，而报告则应该没有差错和重复的内容。

监督报告有一个日益重要的部分，这个部分就是董事会有责任在投资管理过程中全面监督环境、社会和治理方面的决策，具体的内容包括制定和遵守代理投票准则等问题。此外，由于环境、社会和治理集成已经成为越来越常见的资产管理实践，养老基金更加经常地把旨在应对气候变化和其他环境和社会问题[“气候行动 100 ＋”倡议（Climate Action 100＋ initiative）、“药品可及性”（Access to Medicine）]的活动组合在一起，因此，养老基金的董事会应该把监督这些活动的内容写进报告，并且就监督这些活动的问题与养老金计划的受益人进行沟通。

*养老基金董事会的第五项任务是承担受托责任。*养老基金董事会必须就它所做的一切和它的行为的结果，对最重要的利益相关者和整个社会负责，并且还要对养老金计划的参保人和受益人、它的监管机构（在相关的情况下）和主管部门负责。可以通过任命养老金计划参保人、受益人或其代表组织的成员担任治理机构成员，来更好地承担对养老金计划参保人和受益人的责任。

养老基金董事会的责任范围因世界各地不同的法律制度和文化而异，它们要承担的责任会随着时间的推移而不断变化，但每个养老基金的董事会却可以选择承担责任的水平。

由于养老基金内部和周围的许多不同个体和团体以多种方式促成养老基金的决策和政策，因此，很难确定谁应该对养老基金决策和政策的结果负责。这就是所谓的“多手”问题（problem of many hands），[①]它在养老基金组织内部造成了责任制困境。如果个人要承担责任，那么，那些对决策结果没有起到任何作用的人不是要受到不公平的惩罚，就是以一种象征性的方式“承担责任”，而实际上，他们不会承担任何后果。对于养老基金来说，责任最终要落到董事会身上，董事会必须承担后果。

---

① 请参阅 Thompson (2005)。

换句话说,养老基金的董事会绝不应该采取自己无法负责的任何行动。这看似显而易见,但其实并不一定。例如,如果董事会同意管理一项只有通过创造相对较高的投资收益才能实现其目标的养老金计划,那么,它是否能够承担这个责任呢?于是,董事会在不经意中要为由不受它控制的因素造成的结果承担责任。

董事会的成员构成

养老基金董事会要指导并控制投资计划的实施,而不是对投资计划的实施进行管理。因此,养老基金董事会的任务是确定养老基金的宗旨,并就践行宗旨的战略达成一致。董事会还要负责任命把战略计划付诸行动的执行人员,向他们提供支持和咨询意见,并且在必要时更换执行人员。最重要的是,董事会的作用是提供领导力,我们应该在这种背景下考虑董事会成员构成的问题。①

但是,指导和控制(即战略)以及执行之间的区分并不总是十分明确,对于规模较小的养老基金来说,这也不是一种切实可行的区分。例如,董事会成员可以参与管理人选聘过程的某些步骤,通过咨询顾问寻找管理人选或决定选聘标准。那么,这属于战略还是执行的范畴呢?至少,董事会成员要为选聘过程设定战略目标,而把其他步骤的工作交给咨询顾问和基金工作人员去完成。

单层制董事会是养老基金最常见的董事会结构。这种董事会由执行董事和非执行董事组成,而双层制董事会则把这两种董事分开。养老基金的董事会可以有 5 到 15 个成员。一种被普遍接受的观点认为,养老基金的董事会不应该规模过大,而 7~8 个成员通常被认为是养老基金董事会的理想人数。养老基金董事会必须达到适当的平衡。如果成员人数太少,董事会就会没有足够的能力来完成任务;如果代表性是董事会的一个重要属性,那么,董事人数太少也不会被认为有充分的代表性。但是,董事会规模过大,由于(比方说)会在需要采取果断行动的紧急时刻,如在金融危机期间产生惰性,因此会对绩效产生负面影响。

养老基金的董事会包括董事会成员和辅助董事会工作的人员。董事会成员包括一名主席以及执行董事和非执行董事。他们在董事会里扮演的角色可

① 请参阅 Cadbury (2002)。

以定义如下：

- 董事会主席。董事会主席负责召集董事会会议，区分辩论和决策性会议，并且确保做出前后连贯且可执行的决定。董事会主席可以采取不同的风格来扮演这个角色，每种风格都会对董事会的决策产生自己的影响。
- 董事会执行成员（也称“执行董事”）。养老基金董事会的执行董事也负有具体的管理责任，负责管理部分或整个配备工作人员的办公室或者投资管理机构。
- 董事会非执行成员（也称“非执行董事”）。养老基金的非执行董事不具体负责养老基金的日常管理或运营工作。非执行董事负有与执行董事相同的法律义务和责任，而且两者都对养老基金负有受托责任，必须以基金的最佳利益行事。养老基金既可以选聘非执行独立董事，也可以选聘受雇于基金发起公司或其关联公司的非执行董事。虽然养老基金在这方面是自己做出选择，但发起公司及其关联公司的背景和企业文化所起的作用比乍看更加重要。聘请公司或行业专家担任养老基金的董事是一种确保企业文化在养老基金有所体现的好方法。这样的董事会成员被认为不但知道养老基金“到底是怎么回事”，而且还可以直接在公司讨论养老基金决策的后果，并且在做决策时明白这种后果；而（非专家）非执行独立董事可以为聘请他们担任董事的养老基金带来其他养老基金或行业的外部经验和最佳实践。非执行独立董事（尤其是全职非执行董事）更加关注声誉风险，因为这可能会对他们的职业生涯比对其他董事的职业生涯产生更加直接的影响，所以，他们会专注于风险管理，并且在可能的情况下努力取得更加稳定的结果。① 这些对非执行董事的不同期待和由他们能够创造的增加值应该在非执行董事选聘规范中得到体现。

支持董事会工作的人员扮演的角色

- 董事会秘书。养老基金董事会的秘书协助董事会主席安排董事会的议程，提前准备会议和决策所需的文件和材料，保证向董事会提供完整、及

① 例如，可参阅 Harper (2008)。

时、相关、准确、可靠和可理解的信息,以便董事能在知情的情况下做出决策,与董事会主席一起决定应该授予工作人员或执行董事哪些权力,并且检查相关文件是否支持决策过程中的正确步骤。秘书的任务是确定需要做出的决策、有待通过的解决方案和替代方案,决定替代方案,执行选定的解决方案并评价执行的结果。董事会秘书还要在董事会开会时帮助做记录,并且提交包括董事会如何决策、为什么要做出相关决策以及做出相关决策的依据等内容在内的完整会议记录。

- 董事会聘请的咨询顾问。董事会聘请的咨询顾问在董事会决策过程中并不扮演正式的角色,但肯定可以影响董事会的讨论。在规模较小的养老基金,精算师是董事会会议的常客,因为他们要参与养老金协议的起草工作,并且提供资产负债管理方面的专业知识。或者,投资咨询顾问也可能参加养老基金董事会的会议,因为他们拥有制定投资计划、设计投资流程和实施投资的知识。

养老基金的董事被期待要具备什么条件?

养老基金董事会的成员必须具备一定能力和知识的重要意义已经得到广泛认同,那么,他们被期待要实际具备哪些能力和知识呢?养老基金治理研究人员休斯(Huse)列出了七种养老基金董事应该具备的不同能力和知识:[①]

(1)关于养老基金的职能、组织、监管和养老金产品的特定知识。这些知识通常是通过在其他养老基金担任董事或者以前做过接近养老基金的工作(养老基金的员工、咨询顾问)获得的。养老基金的董事要了解自己供职的基金的优势和劣势、必须正视的战略挑战及其在市场上的议价能力。

(2)董事会成员可以带来职能取向的能力,如财务、会计、战略或综合管理能力。这种能力对董事会完成咨询任务特别重要。养老基金董事会成员很“吃香”的技能包括风险管理、机构投资或实际投资组合管理方面的技能或能力,特别是如果这些技能或能力能反映养老基金投资策略的差别化选择;例如,如果养老基金把大量的资金配置在基础设施投资

① 请参阅 Huse (2007)。

上，那么就可能是非流动性资产投资方面的技能；如果养老基金有广泛的对冲计划，那么就可能是在衍生品交易方面的技能。

(3)过程取向的能力包括关于如何能使董事会有效运行以及董事会应该如何运行的知识。由于养老基金董事会日趋职业化，因此，有越来越多的人寻求以养老基金董事的身份谋生。这些人对养老基金董事会的任务和工作方式有专门的知识。

(4)关系能力把重点放在了养老基金的利益相关者群体身上。这种能力与和养老基金以外的重要利益相关者建立关系并受到他们的影响——如受到监管机构、政治团体或金融机构的影响——有关。与内部行为主体沟通的能力也是一种非常重要的关系能力。

(5)第五种能力与养老基金董事会成员的个性和个人特质有关，这种能力包括创造性、分析性和批判性思考的能力，敢于解决任何问题的勇气以及产生凝聚力的能力。

(6)养老基金董事会的成员需要掌握谈判技巧，因为他们代表养老基金，并且还要管理和监督参与养老金计划实施的各利益相关者群体。养老基金的董事需要以符合基金参保人利益的方式影响决策。因此，养老基金的董事需要掌握的谈判技巧与诚信有关。养老基金的董事必须认识到自己担任这个职务的原因，也就是要关心基金参保人的利益。这可能会导致养老基金的董事要采取独立的立场，既不固执己见，也不与董事会或投资机构过分意见一致。

(7)最后，要有"主人翁"的态度，或对任务承担个人责任，被认为是成为养老基金董事的终极资格能力。养老基金的董事要确保战略制定、执行和监督工作的顺利进行，也要保证对其他利益相关者群体做到信息透明并进行适当的审查，以确保养老基金能够健康发展。

养老基金董事会主席被期待要具备什么条件?

董事会主席对于董事会至关重要，董事会主席的最明显作用是规范董事会的运行，包括主持会议，保证及时做出决策，在董事会成员出现意见分歧时充当调解人——尽管董事会主席有义务适度发挥这种作用，但不能使会议结果偏向任何具体的议程。

董事会主席的主要职能是使自己成为团队领导人，使董事会具有实际领导力，并确保董事会具有高绩效团队的特征。具体而言，董事会主席的主要职能包括确定董事会的议程、主持董事会的会议、发展董事会及其文化，从而为董事会履行职能创造条件。[①②] 与其他任何人相比，董事会主席才是能够并且应该确保董事会在与投资相关的问题上保持适当的高度、距离和时界的更合适人选。

在大多数情况下，养老基金董事会会把自己的一些任务或咨询职能委托给它的下设委员会，而投资委员会就是董事会的一个下设委员会。董事会主席在监督且在必要时改进这些委员会的工作方面具有重要的作用。董事会主席的核心职能可以分解如下：

确定董事会的议程，主持董事会的会议

- 为养老基金及其董事会确定道德基调。养老基金的董事会主席要体现并大力推进董事会旨在发展的价值观（见本书第三章）。
- 赋予董事会整体领导力。
- （与基金执行部门的首席执行官、投资机构和董事会秘书一起）根据商定的目标制定董事会年度工作计划，并积极主持制定董事会的会议议程。
- 坚持严格的会议准备标准，确保向董事会提供完整、及时、相关、准确、可靠和可理解的信息，使董事会成员能在知情的情况下做出决策。
- 主持董事会会议，确保会议时间得到有效利用。
- 确保董事会的决定得到执行。

发展董事会及其文化

- （通过提名委员会）参与挑选董事会成员，并监督董事会的正式继任计划以及养老基金工作人员和其他高级管理人员的任命。
- 充当董事会与工作人员之间以及董事会与投资管理机构首席执行官之间的联系纽带。
- 确保与养老基金的主要股东（如投资管理机构）和战略利益相关者（特别是养老金计划发起人）保持良好的关系。
- 通过量身定制的入门计划，确保董事会全体成员清楚自己的责任，并确保董事会层面采用正式的继续职业教育计划。
- 妥善管理利益冲突，确保角色和决策透明，并创建一种可以公开讨论利益冲突的文化。

---

① 请参阅 Huse（2007）。

② 请参阅 Huse（2007）。

• 监督董事会的集体工作方式，以及董事会成员在会议上的表现和互动。确保董事会成员在基金事务中充分发挥建设性作用。董事会主席还要在裁撤表现不佳或不称职的董事的过程中发挥主导作用。

从以上这些任务中可以明显看出，董事会主席的个性对于他们履行好职责发挥着重要的作用。董事会主席不但要为董事会会议确定基调，而且还会影响董事会成员参与董事会工作的方式以及他们对自身角色的增加值或有效性的看法。在挑选董事会主席时，遴选委员会应该了解候选人的性格类型。许多人有多种性格类型的组合，并且可以根据不同的环境轻松切换。但是，很多人有自己喜欢的性格类型。①

在遴选董事会主席时，应该牢记：(1)不应该指望董事会主席是个"超人"；(2)有必要详细规定希望董事会主席具有的特质，挑选尽可能接近这些理想特质的人出任董事会主席。没有选择到合适的董事会主席有可能产生严重的后果，并且能够对养老基金产生长期的影响。

挑选董事会新成员②

养老基金董事的市场是不透明的，没有明确的供给和需求。不管养老基金制定了怎样的董事选聘政策，传统上，养老基金都是通过已有的专业网络来选聘董事会的新成员。对于养老基金来说，这就意味着员工会在自己的整个职业生涯中经常更换职位；一般从自己的工作人员或投资管理机构中挑选新的董事。养老基金可以通过较大的专业网络来招聘非执行董事。通常，养老基金对董事候选人需要具备的资格只做有限的考虑，在进行选择时往往不会考虑基金董事会目前和未来的需要。在养老基金董事的薪酬相对于(与其他行业类似机构董事会成员相比)他们要承担的(法律)责任而言较低的国家，情况就尤其如此。因此，养老基金董事会往往满足于寻找真正愿意加盟的候选人。养老基金董事会往往只进行渐进式人员变动，通常是在现任董事因某种原因不再担任董事的情况下才会物色新的董事。

不过，养老基金董事会正在采用越来越客观和理性的程序挑选新董事，包括评估养老基金的需要，把基金的需要转化为对董事会成员的要求，开辟比现

---

① 请参阅 Furr and Furr (2005)。

② 请参阅 Huse (2007)。

有专业网络更加广阔的渠道来物色更多的候选人，而提名委员会已经成为一种越来越常见的董事选聘机构。

平均而言，养老基金一个由六到八名成员组成的董事会每年会选聘一到两名新成员。鉴于养老基金对董事会的期望日益增加，因此，董事会的新成员必须做好一上任就能迅速做出贡献的准备。关于参加养老基金董事会对于新董事本人来说是不是上策的问题，他们的疑虑、关注点和关切可以分为以下不同的方面：①

- 本人是否能够做出这样的承诺？鉴于在董事会任职必须满足的要求（董事的任期长达 9 年甚或更长，每年要占用 20～30 天的时间），因此，必须仔细权衡接受董事会任命的利弊。关键的问题是，加入董事会是否对双方都有利——一方面，未来的董事认为这是一个值得关注的有益成长机会；另一方面，他们也可以为养老基金董事会带来有价值的观点。因此，重要的是，应该很好地了解对董事会的日程安排和活动内容——不但要了解董事会下次会议的内容，而且还要了解董事会未来 12 个月会议的主要议程。
- 养老基金董事的职务是否有利于扩大董事本人的人脉关系？本人是否可以把自己的人脉关系贡献给养老基金？其他应该考虑的问题可能是董事会里还有哪些人——尤其值得关注的一点是，担任这个职务是否有机会与优秀的董事长共事，并能接触到来自其他行业的养老基金资深高管——董事会的执行董事和/或工作人员有哪些长处与不同的技能以及董事会成员目前合作得怎样。
- 了解您要加盟的养老基金。请关注您要加盟的养老基金的公开信息，把这作为您自己要开展的“尽职调查”的一个重要内容。要用新的眼光来看问题，虽然养老基金由于养老金协议、投资模式和投资机构而看起来非常相似，但您要加盟的养老基金可能情况完全不同。许多人在实际做之前并不明白自己要做什么，而可能只知道有很多“课前功课”要做以及完全消化这些功课需要很长时间。请关注您要加盟的养老基金的关键业绩指标和领先指标。那么，您作为养老基金的董事应该密切注意哪些问题呢？所有其他问题都源自关键业绩指标。

---

① 请参阅 Anderson et al.（2017）。

- 您要供职的养老基金是否清楚自己所面临的挑战？新的董事必须了解自己要加盟的董事会如何看待养老基金行业和养老基金风险。您要服务的养老基金管理层如何评估、描述和明确表达风险？是否可以明确、自由地讨论和质疑董事会提出的假设？如果新董事希望更加深入地探索某些业务领域，那么就不应该害怕要求根据需要调整工作流程。
- 您的董事同仁认为哪些问题需要优先考虑解决？在第一次参加董事会会议前，新的董事最好与尽可能多的董事会其他成员进行一对一的会晤，这样就能了解董事会希望优先考虑解决的问题以及董事会成员之间以及董事会与执行人员之间的关系。从长远看，新任董事与董事会其他成员会晤所花的时间肯定是有回报的，因为他们通过会晤能了解到原本无法了解的情况。例如，从其他董事那里了解董事会希望优先考虑解决的问题，还有利用会议休息时间请教与会者，都能够了解到很多重要的情况。
- 新任董事可以并且应该从一开始就进入角色：在董事会会议上聆听别人发言比自己发言更有帮助，但是，新任董事应该有参加讨论的意愿，特别是有关自己专业领域的讨论。
- 善于提问。根据定义，新董事缺乏对董事会历史的了解，包括神圣的原则、已经详细讨论过的问题和其他重要背景，因此，很难知道在什么时候可以提问或索要更多的信息。新董事能用新的眼光看问题是好事，但新董事可能犯的一个最糟糕错误，是一走进董事会会议室便提一些不会有结果但董事会已经详细讨论过的问题。这就是即使不是阅读董事会的全部文件，至少也要认真阅读董事会一年前的会议纪要的意义所在。这样，新董事可以了解一些董事会讨论过的重要问题和辩论内容。

养老基金董事会的治理预算

养老基金董事会的治理预算对于推行养老基金选择的投资模式和具体执行投资模式至关重要。投资问题研究专家和投资顾问厄温（Urwin）把治理预算定义为决策者的时间、专业知识和组织效率组合。[①] 我们可以甄别以下三种类

① 请参阅 Clark and Urwin（2008b）。

型的养老基金董事会的治理预算：

- 成本最小化的治理预算。这种治理预算与最少的治理资源相容，并且是一组控制全部成本并专注于容易达到的投资回报的安排。这种治理预算适用于最不复杂的投资策略，采用这种治理预算的养老基金通常只持有共同基金份额或债券和股票，主要雇用被动投资管理人并使用共同基金这种投资工具。
- 开发型治理预算。养老基金在有了较大的治理预算以后就可以寻求更多的价值创造机会，不过是在董事会了解的现有投资范围内寻找这种机会，重点是要提高股票和债券以外的市场投资多样性，增加私募市场股票和债券以及房地产和基础设施等另类资产投资。这些资产被认为是“经过检验和证明”的资产，养老基金可以利用有关这些资产的所谓“共同知识”。通常，投资组合的构建不会包含很多主动管理的敞口风险；阿尔法收益是投资收益谱系中最难赚到的收益，要求编制更加详细的报告和承担更多的责任，并且还要对主动投资收益进行分解。
- 勘探和开发型治理预算。养老基金董事会进一步扩大资源以提高投资分散化程度，但也包括大量把风险嵌入养老基金整个价值链中的资源。现在，养老基金更加重视挑选管理人的技能，即使在难以区分管理人技能和市场回报的情况下也是如此。根据先发优势有助于提高回报率，从而抵消获取、风险管理和率先把资产开发成可投资产品的额外成本的假设，养老基金自然会寻求新的投资策略和资产类别。

我们可以考虑这样一个问题：是否有一种方法可以用来量化治理预算，对治理预算的实际使用与需要进行比较，而且董事会可用它来缩小两者的差距。可以肯定的是，养老基金的董事会倘若每年只举行一次会议讨论投资策略，评估投资结果并为未来几年确定发展方向，那么就会被认为治理预算“支出严重不足”。这样的董事会对于正在发生的事情太过麻木不仁。图 10.1 对养老基金董事会的治理预算进行了图示。

作为一次简单的练习，我们来考虑一个均匀分配其治理预算并且要兼顾养老金管理、沟通、投资、内部组织和总体责任等问题的养老基金董事会。这其中的每个问题都需要董事会 20%的时间和资源。为了继续这个练习，我们来考虑您受托管理的养老基金，对每个要求较高的预算项目增加 5%的时间和资源，而对每个要求较低的预算项目则减少 5%的时间和资源。那么，要求较高和较低

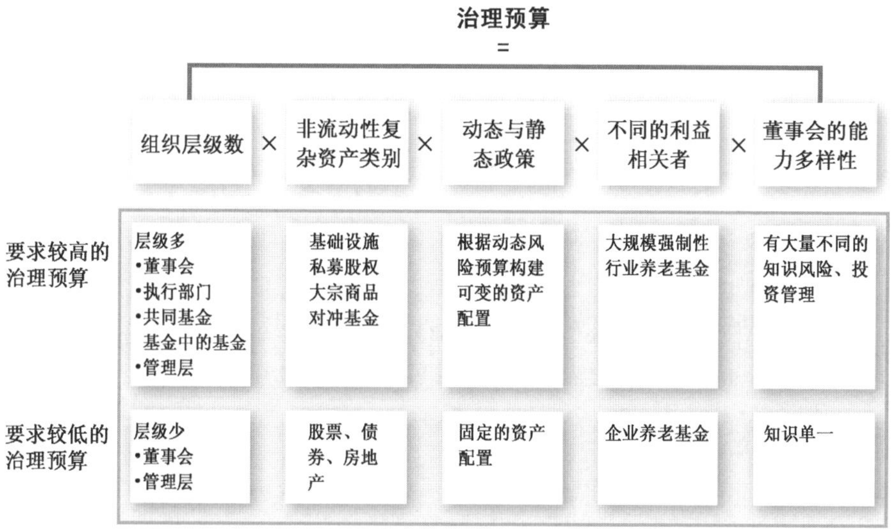

图 10.1 养老基金董事会的治理预算

的治理预算分别需要多少时间和资源呢？对于许多养老基金来说，由于治理预算有一个或多个要求较高的项目，治理预算已经超出它们的承受能力，因此需要增加投入 30%～40%，而不是 20%。这项分析的用处在于强调养老基金董事会应该如何使用自己的时间和资源的问题，同时也为董事会解决以下问题提供信息依据：董事会是否应该增加会议次数（以缓解每次会议的压力，但不是长期的解决方案），把更多的权力下放给其下设委员会和执行人员（考虑在不失去对总体责任控制权的情况下能够实际下放哪些权力），或者简化投资流程（考虑在不影响实现养老基金目标的情况下可以改变哪些选择的问题）。

养老基金董事会的决策文化

养老基金董事会的绩效由综合性决策、战略性决策和临时性决策这三种决策决定。[①] 董事会应该避免战术性决策，而尽可能地授权下属机构负责运营决策以及检查和监督工作。下面，我们来展开讨论综合性、战略性和临时性这三种决策以及监督性决策：

① 请参阅 Clark and Urwin (2008b)。

- 综合性决策。综合性决策是关于确定养老基金宗旨、使命和愿景的决策。外部利益相关者对于养老基金董事会进行这方面的决策发挥着重要的作用,特别是养老基金的发起人和参保人。这类决策并不是养老基金董事会经常要做的决策,只有在续签养老金协议时或者在形势要求对养老基金存续的理由进行批判性审视时,养老基金才会重新审视过去做出的这种决策或者做出新的决策。在进行综合性决策时,董事会面临的挑战是,必须对养老基金进行全面的审视,并且要着重审视养老基金的各种职能。养老基金在重新审视自己的职能时应该考虑养老基金需要哪些职能才能最好地履行养老金协议、养老基金是不是实现这个目标的最佳方式以及本养老基金的运营方式是不是尽可能好的方式等问题。
- 战略性决策。养老基金董事会在进行战略性决策时要确定最适合实现养老金协议财务目标的投资信念和投资模式,然后根据投资政策设定投资机构为执行投资政策所需的各种参数(资本市场预期、资产配置和投资风格)。传统上,资产配置选择被认为是养老基金董事会要做的一个关键选择。为了进行战略性决策,养老基金董事会需要研究收集到的信息(关于哪些选择已经被证明有效并且在不久的将来还会在很大程度上稳定有效的信息)、有关同行的信息(同样是关于哪些选择已经在实践中被证明是有效的信息)和金融市场的信息(关于根据金融市场现状可预期到的未来风险溢价的信息)。
- 临时性决策。在养老基金和金融市场经历了出乎预料的变化,而且这些变化超出了养老基金战略框架的范畴,改变了养老基金在进行战略性决策时提出的基本假设,并且不能等到在计划周期里进行处理的情况下,养老基金的董事会就要进行临时性决策。例如,投资计划可能已经包括把私募股权作为一种新的资产类别纳入投资组合的内容,虽然之前已经进行过全面的分析,但新收集到的信息表明,私募股权的预期回报率将低于投资计划设定的最低预期回报率。我们也可以进行反向推导,例如,如果养老基金董事会已经确定了从什么时候开始一项特定投资的条件,而这些条件现在已经具备,这就意味着现在可以进行这项投资。以上这些决策并不能按照写进基金日历的计划周期进行,但仍然需要做出。不过,为应对金融危机而做出的决策并不属于我们在这里所说的临时性决策。正如我们将在第十四章里讨论的那样,养老基金董事会能够轻而易举地预先想到金融危机期间的选择、影响和反应，因此，这些应该属于养老基金战略性决策的范畴。

- 监督性决策。养老基金要监督它的战略框架的实施情况，因此，养老基金在监督它的战略框架的实施情况时要进行两种决策。首先，养老基金董事会要判断他们在做的事情是否正确。董事会要确保自己有履行这些监督职责的有效机制，从而能够保证自己做出的全部选择都符合既定的投资框架。董事会可以检查不符合投资框架的事件，看看它们是不是有共同的地方，是否应该因此而调整监督框架。其次，养老基金董事会要审查监督结果，以便确定它自身战略框架内的目标和假设是否仍然可行有效，也就是要审视自己是否仍然在做正确的事情、是否能够实现自己的目标、应该进行哪些改进(如果确实需要的话)才能确保目标的实现等问题。如果以上任何一个问题的回答都是否定的，那么，董事会应该如何审视并调整其战略或总体框架。

在养老金管理方面，养老基金董事会要把自己的战略角色和责任与实施和执行分开。实施和执行决策十分费时，需要特殊的专门知识，而且任何单项决策都不值得董事会花时间去讨论或改变与养老基金目标有关的结果。但是，养老基金的战略框架就需要董事会花时间认真讨论，并且因此而明确列入董事会的会议议程。所以，养老基金的以下决策不属于董事会的职责：

- 战术性决策。战术性资产配置就是养老基金的一种战术性决策，它是指先于金融市场变化改变养老基金的投资组合，进行这种资产配置需要预测知识和主动行动。养老基金董事会是养老基金资产所有者的代表，而不是资产管理者。撇开许多战术性决策结果单调乏味不谈，养老基金董事会并没有预测市场周期性变化的能力。
- 运营性决策。运营性决策是指为维持养老基金从现金流管理、投资组合调整、抵押品管理到起草报告等业务流程而需要做出的决策。这类决策应该委托给董事会的执行董事，或者授权给养老基金的执行人员负责。养老基金董事会提供用于促进运营性决策的资源，但不对这类决策进行微观管理。
- 监测和监督决策。这种决策旨在确保养老基金各不同层级总体以及管理人个人达到养老基金的既定目标。这类决策涉及是否要审查投资管理协议、分析业绩报告和构建完整的合规框架。养老基金董事会会把这类决策委托给董事会的执行董事或者养老基金的执行人员负责。

辅助董事会工作:董事会的行政办公室及其工作人员

养老基金董事会有行政办公室及其工作人员辅助工作。规模较大的养老基金有能力建立自己的行政机构并雇用工作人员,而规模较小的养老基金则会聘请投资顾问、精算师或其他专业人士提供这方面的帮助。养老基金董事会明确、果断地对行政办公室进行授权,就能使自己集中精力关注养老基金面临的战略性挑战。

养老基金董事会的行政办公室为董事会和投资委员会的决策做好基础准备工作,因此是董事会和投资委员会的"陪练伙伴",代表董事会作为养老基金行政管理机构的委托人和固定联络点开展工作。养老基金董事会的行政办公室主要履行以下职责:

- 帮助董事会组织安排董事会及其各下设委员会的会议并为会议提供服务;
- 作为董事会主席的协调中心促进对养老基金进行有控制的高效管理;
- 确定需要优先考虑解决的问题并对内部决策进行管理;
- 对董事会决策的执行情况进行监督,并向董事会及其委员会汇报监督结果;
- 作为养老基金与监管机构、基金参保人和新闻媒体等的第一接触点开展公关工作;
- 检查和分析与计划制定有关的政策问题。

养老基金董事会的行政办公室还有另一项往往并不明确说明的职能:行政办公室的工作人员的任职时间往往比董事会成员个人更长,而董事会成员个人在某种意义上只是董事会的"过路人",这就意味着董事会行政办公室的工作人员在"教育"董事会成员和坚持养老基金的长期发展方向方面具有微妙但又重要的作用。

近几十年来,养老基金行政办公室的重要性由于一些常常是出于需要的相互关联原因而不断提升。[①] 20 世纪 90 年代的一个主要趋势是,养老基金把自

---

① 请参阅 Slager (2012)。

己的投资活动或养老基金交付机构剥离出去。这样做的一个重要动机是实现规模经济效益:拥有内部投资管理机构的养老基金发现越来越难以跟上投资在信息技术、合规和风险管理方面快速增长的步伐,而与此同时,降低成本的压力则不断增大。分拆内部投资机构既能创造新的机遇,又会带来新的挑战。首先,养老基金董事会必须在把自己的投资机构剥离出去以后制定自己的政策并发展自己的监督能力,于是就产生了配备专业行政人员辅助董事会应对这些问题的需要。

除了剥离投资活动的经济原因外,养老基金董事会也越来越多地采纳其他行业管理理论提供的洞见。养老基金董事会一个占主导地位的主题曾经(并且现在仍然)是把政策制定和执行分开,专注于承担基金受托人的"核心"责任。直观地讲,养老基金董事会的核心责任就是制定投资框架,实现为履行养老金承诺所需的投资回报。董事会的行政办公室还扮演着重要的"接口"角色,监督投资管理人,并确保政策的执行按照设定的授权来进行。行政办公室的工作人员通常都是高度专业化和技能精湛的行政人员。他们熟悉投资管理方面的工作,但又能对技术性讨论进行过滤和约束,以便明确把战略问题提交给董事会审议,而不让技术性细节问题充斥董事会的会议议程。表 10.2 列示了养老基金董事会行政办公室的特点。

表 10.2　养老基金董事会行政办公室的特点①

基本要求	优　势	劣　势
• 需要组织针对资产管理人或者受托管理机构的制衡力量 • 提高对董事会的知识和治理质量要求 • 董事会需要证明一切都在它的掌控之中,并且妥善管理着风险(或者妥善地把风险管理外包给了别人) • 把战略和政策制定、执行和监督分开 • 帮助董事会成员,少占用他们的时间 • 保证董事会思维方式的长期连续性	• 加强对执行工作的协调和监督 • 把决策准备工作和决策工作做得更好 • 为董事会成员腾出时间 • 董事会对于"掌控一切"游刃有余 • 有利于养老基金树立由专业金融机构进行管理的声誉	• 董事会提升对行政办公室的依赖程度,把政策制定工作实际交给董事会负责 • 行政办公室臃肿,从而不利于决策,给基金受托人造成新的代理问题 • 为董事会成员节省的时间少于预期 • 增加养老基金的治理成本

① 请参阅 Vittas et al.(2008)。

养老基金董事会的行政办公室有多种不同的组织形式。董事会可以决定把董事会主席和首席执行官的职务明确分开。董事会主席负责领导董事会,而首席执行官则负责领导管理层和行政办公室。[①] 养老基金的首席执行官由基金董事会任命。图 10.2 从行政办公室最协调的模式开始,对养老基金董事会的组织架构进行了图示。接下来的几种架构表明,这些模式的行政办公室如何成为养老基金董事会战略制定与执行之间的有效接口。但是,养老基金董事会要应对的挑战是确保行政办公室始终按照养老基金的目标开展工作。也就是说,养老基金存在主次颠倒的风险。如果行政办公室权力过大,那么,董事会就会面临它与投资机构之间的抗衡转变为它与行政办公室之间的抗衡,从而导致董事会距离执行部门太远,因此无法产生影响。

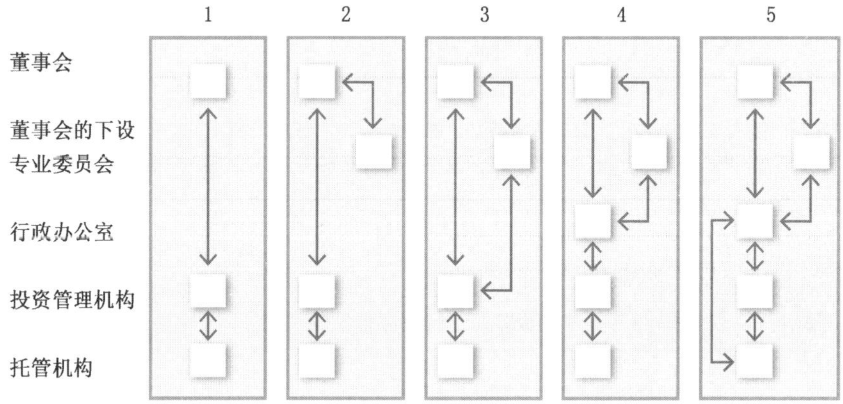

图 10.2 养老基金内部组织几种可能模式示例

卓有成效的养老基金董事会的构成要素[②]

确保董事会有效履行职能的必要性似乎显而易见,但要做到这一点,必须注意领导层与董事会组织结构之间的平衡。董事会的组织结构也会对持续治理养老基金的方式产生最大的影响。建设卓有成效的董事会,让董事会保持效率,是一项艰巨的工作。下面,我们来总结本节讨论的内容,并最后列出董事会

① 请参阅 Stegeman and Doff (2017); Kamerling and Kramer (2017)。

② 例如,可参阅 Ellis (2011a)。

效率低下和卓有成效的特点(见表10.3)。

表10.3　　董事会富有成效和效率低下的特点

董事会卓有成效的特点	董事会效率低下的特点
董事会成员：	董事会成员：
·相互沟通	·互不沟通
·相互学习	·互不学习
·按照之前的决策开展工作，或者了解为什么没有这样做	·一人或个别人主导决策
·有战略意识	·使用晦涩难懂的专业术语
·透过基金的使命、目标、投资信念和原准则来思考问题	·有些成员羞于发言
·善于运用投资理论总结出来的洞见	·决策草率，感情用事
·使用通俗易懂的语言	·以短期为主
·不耻下问，也不怕说出真相	·考虑问题不全面
·明白自己可能存在的行为缺陷	·一厢情愿
·严格代表养老基金的利益开展工作，慎重考虑全体利益相关者的长期和短期利益	·瞻前顾后，患得患失
·每次会议都有明确的议程	·更多是为了自己的利益，而不是代表基金利益相关者的利益开展工作（畏首畏尾，害怕承担法律责任）

董事会成员及其构成

养老基金董事会的成员作为个人至少应该掌握有关本书讨论的全部主题的实用知识，这样才能有意识地从各相关角度考虑问题；而作为群体则应该具有能力多样化的特点。一个好的董事会的群体能力要比个人能力的总和大得多，这意味着董事会成员个人也需要掌握必要的技能才能在一起(很好地)工作。并不是各种类型性格的人都适合充当董事会成员这个角色，我们经常看到一个人或一小群人在基金董事会中占据主导地位，通常是董事会主席或一群专家。董事会主席对于创建和维护运行良好的董事会具有非常重要的作用。养老基金的董事会还必须清楚地了解经常导致糟糕的投资决策的主要行为缺陷。

方法

养老基金的董事会想要从各相关角度和主题看都运行良好,就必须制定涵盖本书讨论的全部主题的议事日程;而董事会主席和秘书则又一次成为董事会执行议程和做好充分准备的关键。养老基金董事会的大部分成员只有有限的时间花在董事会的工作上,因此,董事会必须充分利用好这部分时间。很多时候,我们没有把时间花在真正重要的事情上,常常会把"紧急"事情放在"重要"的事情前面。

视角

养老基金的董事会把时间花在制定政策、规划未来、进行战略部署、监督管理层和承担受托责任等方面。董事会善于从由外而内的视角观察问题至关重要,因为董事会很容易变得自满。养老基金的董事会必须经常自问自己真的竭尽全力地在为基金的利益相关者工作、真的了解养老基金的利益相关者、真的清楚同行在做什么等问题。

适当的高度、时界和距离

养老基金董事会有以下三个视角问题:

- 高度。养老基金的董事会应该注意自己是否从坐在直升机上的视角看待整个基金的设立及其结果、自己能否达到临界高度等问题。
- 时界。养老基金董事会应该关注自己的组织方式是否允许自己在至少5~10年的时界里进行展望和回顾,即使这个时界超过了董事会成员个人担任董事的任期。
- 距离。养老基金的董事会应该注意自己是否能够与投资管理的执行保持适当的距离——是否充分地近,能够充分履行自己的职责;但又不是太近,不会代庖越俎做出应该由管理层负责的运营决策?

权力与授权

养老基金的董事会应该对养老基金的全部过程和结果承担全部的责任,并且不能躲在专家背后逃避责任。董事会成员不能以发表诸如"显然,这就是他们在这里做事的方式"或"我没有权力(或专业知识)来判断或改变这里的事情"

这样的意见的方式来逃避责任。如果他们(尤其是读了本书以后,仍然)这么想的话,就不应该当养老基金的董事。养老基金的董事会必须把许多事务委托给其他机构,如董事会的下设委员会或基金的外部机构,如受托机构和投资管理机构。现在越来越常见的做法是,养老基金与外部和内部当事方设立一个执行机构。这样的受权执行机构可以在投资过程中提供专门化和潜在的增加值,但它也会造成委托代理问题(见本书第二章),从而有可能加剧执行不到位的问题,并且殃及结果。董事会会聘请“专家”或专家组织,但管理好专家或与专家组织的关系是极其困难的事情。这些专家或专家组织往往只掌握狭隘而不全面的专业知识,有时还会偏爱自己的专业知识。因此,养老基金的董事会应该拥有真正的制衡力量,并且清楚地知道这种制衡力量具有什么实际意义(例如,意味着进行更多的检查和监督,或者作用类似于富有成效的董事会的执行董事,等等)。

学习

最后,“运行不错”的董事会与卓越的董事会之间的关键区别就在于是不是学习型董事会。换句话说,学习要成为董事会日常工作不可或缺的组成部分,而不是被看作是压在已经非常繁重的工作日程上的额外负担。

案例研究　加州公务员退休系统(CalPERS)[①]

一旦受损,就很难修复。糟糕且政治化的治理是造成高额养老金许诺无法持续用投资回报来兑现的根源。缺乏高质量的监督导致成本过高,投资过程糟糕,投资机构不能适应战略复杂性,进而造成在2008～2009年金融危机期间和以后的灾难性后果。危机之后,加州公务员退休基金首席执行官安妮·斯陶斯波尔和首席投资官乔·迪尔开始了一个严厉的强化投资管理机构策略和素养的过程

背景

加州公务员退休系统(California Public Employees' Retirement System)是一只加利福尼亚州在1932年设立的养老基金。这个退休系统的受益人是加州的退休公务员和他们的家庭。加州公务员退休基金是美国最大的养老基金,2018年1月大约管理着3 470亿美元的资产。[②] 这是一只具有待遇确定性质的

---

① 本案例研究的部分内容引自洪和艾布拉姆斯(Ang and Abrams,2012)的案例研究。我们感谢洪崇理(Anderew Ang)允许我们引用他们的研究。

② 请浏览网页:www. calpers. ca. gov/page/investments。

养老基金，管理着大约 180 万参保人的养老金、死亡和健康福利。[①] 过去，加州公务员退休基金因其与利益相关者的透明沟通、优异的回报[②]以及“加州公务员退休基金效果”(CalPERS effect)而被视为榜样。这里，所谓的“加州公务员退休基金效果”是指加州公务员退休基金通过关注它投资的公司的治理质量在提高回报方面收到的效果。在 20 世纪 90 年代金融市场表现强劲后，美国的基准利率居高不下，从而导致加州公务员退休系统对受益人做出过分慷慨的承诺和对未来的投资回报表现出不切实际的乐观。折现率预测太过乐观，也就是把预期折现率定得过高，从而意味着折现后的未来债务低于它们应有的水平。

面临的挑战

21 世纪头十年，加州公务员退休基金内部的发展，为如何管理养老基金提供了一些启示。洪和艾布拉姆斯(Ang and Abrams，2012)[③]在他俩的案例研究中发现，这只养老基金存在大量的制度缺陷，因此运行不良，投资过程成本极高，损失巨大。

根据洪和艾布拉姆斯的说法，虽然加州公务员退休基金历史上声名远扬，但它并“不透明”。他俩研究发现，虽然加州公务员退休基金披露了大量的财务信息，但它并没有报告管理费用比率或内部和外部管理的资金比例。[④] 他俩在拿自己计算的这只基金的管理费用比率与同类基金进行比较后发现，加州公务员退休基金的管理费用明显更高。此外，加州公务员退休基金缺少简单的基准，因此很难确定其在投资过程中做出的选择所创造的增加值。例如，房地产投资成本很高，但这些成本的来源无法追溯。管理层根据他们收到的信息来确定资金的投向，但在信息不透明的情况下，就很难确定正确的资金投向。

此外，加州公务员退休基金并没有健全的投资组合调整程序，但在金融危机期间迫于流动性需要，又不得不贱卖它持有的大部分股票，从而威胁到了基金的可持续性。由非专业人士组成的基金董事会缺乏投资知识，但却高度政治化。董事会有时会做出违背高管层建议的投资决策，有时还会做出旨在促进工会利益的投资决策。

---

① 请浏览网页：www. calpers. ca. gov/docs/forms-publications/facts-at-a-glance. pdf。

② 请参阅 Rose-Smith (2016)。

③ 请参阅 White (2012)。

④ 请参阅 White (2012)。

这些因素合并导致加州公务员退休基金的业绩在一个时期里大幅度下滑。该基金的资产负债比率从 1998 年的 130%左右下降到了 2011 年的 74%和 2015 年的 73%,就相当于出现了 850 亿美元的无资金准备的负债。即使在我们做这个案例研究的 2018 年,相对于政策性基准的 10 年期相对回报率仍受到了可怕的 2007 年、2008 年和 2009 年的影响。

过程

多年来,加州公务员退休基金为了应对以上这些挑战而推行了几项改革。这些改革始于 2009 年。这一年,安妮·斯陶斯波尔(Anne Stausboll)被任命为基金的首席执行官,而已故的约瑟夫·迪尔(Joseph Dear)则被任命为首席信息官。斯陶斯波尔表示:"我把重点放在了恢复对组织的信任和组织的信誉上,使它成为透明、公开的组织。"这两位高管都有长远的愿景,并且凭经验明白做长期投资者意味着什么。他俩抓住了重点,再加上改进了风险管理方法,因此成功地引导加州公务员退休基金摆脱了危机。

解决高成本的问题从报告透明且有意义的数据开始。斯陶斯波尔设立了负责监督风险管理的财务办公室,后来又把财务办公室与精算办公室和投资办公室合并在一起。按照时任首席执行官的说法,这次合并允许对资产和负债持一种整体观,从而朝着使"模糊不透明"变成"透明"迈出了一步。

为了改正过去犯下的投资错误,迪尔和斯陶斯波尔着眼于长远,同时强调风险管理的重要性。为了贯彻这种长期观,加州公务员退休基金重新与外部管理人谈判确定费用,以确保激励充分,成本下降。通过减少管理人数量来进一步降低成本,从而得以在截至 2016 年的五年里节约成本 1.35 亿美元(不包括利润分享费)。[①] 为了指导投资选择,该基金明确了自己的投资信念和可持续发展框架。

斯陶斯波尔和迪尔为基金投资办公室制定了 2012～2014 年的路线图,把重点放在业绩、制度和人员三个方面。

- 业绩:致力于实现目标回报率,而不让基金面临不必要的大幅度缩水的风险。
- 制度:发展和实施为确保诚信运营所必需的机制、控制和流程。

---

① 请参阅 White (2012)。

- 人员：确保基金拥有适当数量的具有适当技能的人员，以改善投资业绩和业务控制。

结果

加州公务员退休基金还没有结束它的改革进程，而是仍在顺利地推进它的改革，但已经成功地阻止亏损。在过去的5年里，相对于基准的回报大约为零。坚定不渝的投资信念正在推动它的投资过程和报告工作，也促成了基金董事会和投资办公室之间的共享结构。成本和管理人数都已经减少。到了2015年，每年节约成本已经高达3亿美元左右。[①] 此外，投资组合的复杂性也有所下降，如停止了对冲基金投资。

对于加州公务员退休基金来说，最大的潜在困难很可能是治理，因为董事会仍然由外行组成。此外，由于该基金的薪酬结构存在缺陷，因此，仍然很难聘到合适的工作人员。加州公务员退休系统内部正围绕这个问题在进行对话。

为实现卓越投资可总结的经验教训

- 无论是投资政策还是投资结果，都无法弥补因养老金承诺过分慷慨而造成的缺口——与保费水平相比，养老金承诺已经高到了不可持续的程度。
- 缺乏至关重要的监督会导致本来就不合适的组织不断恶化，并最终导致糟糕的投资结果。
- 基金董事会的素养、独立性和知识结构才是解决这些问题的极其重要的因素。在缺乏以竞争形式存在的市场约束的环境下，情况更是如此。
- 基金董事会应该适当了解重要的业绩指标，并定期拿自己的业绩与相关同行进行比较。

---

① 请参阅 www.calpers.ca.gov/docs/board-agendas/201608/invest/item05a-01.pdf。

第十一章　组建投资委员会

关键结论

- 养老基金董事会设立投资委员会；投资委员会负责提供有关投资政策的建议，并对投资政策的执行和投资管理层或机构进行监督。
- 投资委员会的任务“治理多于执行”，监督投资管理机构的业务，提供旨在制约投资管理机构的制衡力量，并帮助基金董事会营造为有效的投资管理机构所需要的信任氛围。
- 投资委员会必须掌握投资知识并了解投资业的情况，并且具备评估和提高投资管理机构素质的能力。
- 许多养老基金的投资委员会并没能达到适当的高度（过多地关注运营性事务）、距离（过于接近运营性决策）和时界（过分短期取向），并且存在监督不足的问题，因此可能会导致大量的成本和机会损失。

养老基金董事会负有持续不断地对投资进行监督的受托责任，以确保投资始终谨慎和适当。董事会通过成立投资委员会来监督养老金计划的投资被认为是一种最佳实践。规模较小的养老基金有时不愿设立投资委员会，认为这样做太浪费时间。然而，规模在这里并不重要。根据大多数国家的立法，养老基金的受托人是养老基金的受托管理人，因此要为他们的行为承担个人责任。以漫不经心的态度来对待监督为基金参保人做出的投资选择的执行情况这项重要工作，就无法履行好这项职责。投资委员会应该有助于为投资决策及其执行和执行情况监督制定适当的质量标准。

养老基金的董事会可以把很多职责委托给投资委员会来履行。在有些情况下，投资委员会根据代表养老基金进行投资决策的授权发挥非常积极的作用。在规模相对较小的养老基金中，情况往往就是如此。在其他情况下，投资委员会的职责可能仅限于咨询、制定政策和监督等方面。在这种情况下，养老基金通常有一个附属于自己的专业和/或专有投资管理机构。在这一章里，我们先讨论这些类型的投资委员会中哪种类型最适合特定养老基金的具体目标和投资过程，然后考察投资委员会的人员构成及其成员和外部顾问如何有效地开展工作和合作的问题，接着再考察外部顾问有可能造成的潜在隐患，最后考察投资委员会的工作日程、投资委员会主任的作用以及投资委员会与董事会之间的相互影响。

投资委员会的作用和职责

养老基金设立投资委员会的目的，就是要它向董事会提供有关制定战略性投资政策以及监督内部和外部资产管理人执行投资政策的建议和帮助。为此，投资委员会要制定据以定期对投资计划（见本书第八章）、投资策略、资产管理人、咨询顾问和成本进行分析、监督和评估的合理程序。投资委员会应该把工作重点主要放在按照投资目标以及根据投资目标提出的假设进行投资的投资管理过程（见本书第六章）上。投资委员会负责监督投资管理层或者机构以及投资管理过程，但不实际管理投资。

以上这些职责都应该写入投资委员会章程，并经养老基金董事会审批通过。投资委员会主要负责提供有关养老基金长期投资政策的咨询建议或者实际制定养老基金的长期投资政策，并确保养老基金长期投资政策始终得到实际、有效的执行。投资委员会可能要履行以下职责，[①]具体取决于投资委员会只是为完成任务提供咨询建议，还是获得了授权从而要为完成任务负责：

- 制定正确的投资政策：发表或者建议董事会发表投资政策说明书；
- 评估管理人的表现并采取适当的行动；
- 记录投资过程和已经做出的投资决策；

---

① 请参阅 DiBruno (2015)。

- 审批有可能影响基金目标的临时运营性投资变动；
- 定期召开会议讨论投资问题；
- 选聘或裁撤负责执行投资政策的投资管理人；
- 组织并监督专家（咨询顾问、投资顾问、精算师）活动；
- 审核由养老金计划及其参保人承担的投资管理费用；
- 审查自身的工作效能。

投资委员会的以上前三项职责与基金董事会的受托人职责和实现养老基金的长期风险和回报目标有关；而提供投资政策咨询建议、评价投资管理人的表现和记录投资过程，则是投资委员会的主要职责。

向基金董事会提出有关投资政策说明书的建议

投资委员会向董事会提供有关投资政策说明书四个不同主题的建议。第一，投资原则或投资信念。投资原则或投资信念由董事会确定，但投资委员会可以就它们的效度提供建议，并在确定它们的过程中扮演重要的角色。外部资产管理人不应该参与这一过程，因为他们在这个过程的结果中有太多的既得利益。第二，确定据以进行资产负债管理和资产类别选择的资本市场预期和场景。第三，负责资产负债管理，并把它们转化为参考政策或投资组合。投资委员会负责提供在养老基金目标和风险胃纳的框架内优化投资的建议。投资委员会可以对投资管理机构提出质疑，而且还可以就自己提出的政策建议是否可行、是否能够产生所需的回报以及风险是否符合预期等问题向投资管理机构和受托人提出质疑。最后，负责对战略资产配置和投资政策进行评价。投资委员会负责评估根据战略性资产配置构建的资产配置是否符合董事会制定的投资政策、是否可以执行以及是否可以客观地评价结果。

评判投资管理人的表现并采取适当的行动

投资委员会的这个作用经常被低估，这就是我们用一整章的篇幅来讨论这个问题的原因（见本书第十章）。投资委员会的有些成员可能来自投资管理行业，有可能倾向于（过于频繁和详细地）讨论投资过程的结果。因此，采用多指标计分卡来评价投资管理机构的资质，对于投资委员会不无帮助，因为光用业绩这个评判指标是不够的。根据资质标准来评价投资管理机构，与其说是为了便于聘用和解聘投资管理机构，还不如说是为了实现持续改进。

记录投资过程和已经做出的决策

投资委员会也可负责设计和监督投资流程（治理层）及其执行（管理层）。投资委员会应该审查投资过程中是否有有效和务实的组织机构来规范监督、权力、职责及其履行，是否遵循正确的程序来分派任务，以及投资流程从速度、准确度和频率的角度看是否得到了有效的执行。

投资委员会的长期效能会受到短期市场事件的挑战。因此，对投资委员会来说，关键在于了解自己的作用和维护自己制定的投资规则。投资问题专家查尔斯·埃利斯(Charles Ellis)认为，“投资委员会的主要作用并不是管理投资，而是治理好投资管理机构。”[①]大多数投资委员会的主要任务是在优化对养老基金资源和组织的使用的同时帮助董事会确定最适合实现养老基金目标的长期投资政策。投资委员会要面对的挑战是不要太接近或过分介入实际的投资管理过程。相反，投资委员会必须不断监测会影响投资政策的短期和长期外部因素，以确定投资政策和对投资管理机构的治理是否仍然合适或需要改进。

图 11.1 对投资委员会如何在这种背景下运行进行了有用的图示。左边的环路表示调整和基于外部环境的学习行为。哪些外部环境的变化会影响基金的目标，是长期还是短期影响？养老基金应该制定怎样的政策才能预先做好应对这种情况的准备？在这张图中，组织的适应能力才是组织的核心竞争力：投资委员会要想具有组织适应能力，就必须具有长期观和宽阔的视野。在图 11.1 中，我们看到投资委员会是战略制定和执行环路之间的枢纽。

相比之下，图 11.1 中第二个环路表示内部环境。这个环路主要回答怎样才能尽可能有效地制定投资计划，在投资过程的哪些步骤之间可能存在不必要的收益损失，怎样才能防止这种情况发生等问题。这个环路的重点是关注短期。政策、战略和执行之间的持续交互导致了高度的复杂性。为了管理好这个持续交互的过程，必须很好地组织投资委员会要扮演的角色和要履行的职责，并且必须就这个问题达成一致。

养老基金董事会可以决定投资委员会在这些短期和长期环路中主要扮演咨询角色还是受托完成任务的角色，而这个决定反过来又决定投资委员会的治理职责。投资委员会在扮演咨询角色的情况下就侧重于战略性的长期监督。

---

① 请参阅 Ellis (1998)。

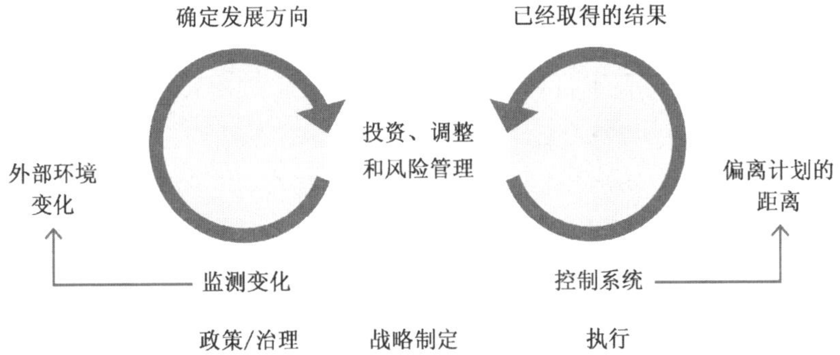

图 11.1　投资委员会在投资过程中扮演的角色

投资委员会对董事会或投资管理机构打算做出的决策提供建议和反馈信息。不过,投资委员会也可以受权在养老基金投资政策说明书和其他准则的框架内负责决策,从而减少董事会花在决策上的时间,但也改变了投资委员会相对于董事会扮演的角色:投资委员会要对某些决策负责。投资委员会到底是扮演咨询角色还是扮演受托完成任务的角色的问题应该在投资委员会的章程中加以明确。

投资委员会是扮演受托完成任务的角色还是扮演咨询/监督的角色,这在很大程度上取决于这两种治理选择的交互作用,显然也取决于董事会愿意委托给投资委员会多少职责,但还取决于投资执行的组织方式,即投资执行工作全部外包还是内部管理。

在加拿大安大略省教师养老金计划的案例中,投资委员会的人员构成与董事会相同。董事会由高素质的人员组成,董事会成员在许多相关领域都有丰富的经验,并被要求监督一个复杂的养老金计划。他们来自企业管理、金融、投资管理、精算、经济学、教育和会计等领域。因此,董事会和投资委员会具有评判和指导投资管理机构的素养。例如,如果董事会成员有政治背景,他们就不应该参与或影响投资决策,以避免政治影响或偏见风险。[①]

投资执行工作的外包程度越高(如外包给受托管理机构或投资管理机构),投资委员会的工作就越不具有运营性,而是越有战略性,而且也越重视监督工作。总之,投资委员会的职责可能因这些因素而异,并应该在董事会批准的投

---

① 请参阅 Andonov et al.(2011)。

资委员会章程或类似文件中明确加以规定。

投资委员会成员

投资委员会成员通常是因为他们担任福利管理、会计、法律或公司财务方面的职务或具有这些方面的经历而被选中的。鉴于可利用的技能和经验水平参差不齐，因此，有必要为投资委员会招募对金融市场有兴趣或基本了解的人士。[①] 投资委员会主任面临的挑战是避免聘用那些有投资或选股嗜好的人士，内中的原因显而易见：散户投资确实是一个与机构投资截然不同的专业领域。对相同证券的认识可能会有重叠，但在讨论投资过程、利益相关者、投资时界、风险胃纳等问题时，投资委员会成员显然需要不同于通过散户投资可以获得的知识和能力。

投资委员会通常有 5 到 9 名成员。为避免投票结果出现僵局，投资委员会的成员人数最好是单数，投资委员会一般由董事会成员、外部成员和投资委员会主任组成。

部分董事会成员根据其在董事会中扮演的角色被任命为投资委员会的成员，而投资委员会往往被认为是养老基金内部最引人注目的委员会。投资委员会主任应该避免把任命董事为投资委员会成员作为奖励的做法，并且确保投资委员会不会变得过分依赖任何一个董事会成员。

投资委员会根据外部人掌握的专业技能任命外部成员。董事会在制定投资委员会章程时，可以规定投资委员会主任为完成或履行投资委员会的任务和职责需要具备的技能和能力。投资委员会的外部成员应该能够带来与内部成员互补的技能。外部成员通常都有在金融市场上打拼的经历，如投资组合管理人、投资策略师、前首席投资官或其他基金的受托人。投资委员会主任应该避免仅仅因为他们的地位或声誉而任命外部成员，但要确保他们能在投资委员会发挥自己的作用，适合参加而不是主导投资委员会的会议；而潜在的外部成员应该充分了解基金最重要的政策文件和投资委员会的章程，以便他们了解投资委员会对他们有什么期待、他们在投资委员会是否只充当咨询顾问的角色以及他们是否也有投票表决权——有投票表决权的话，就会改变他们在投资委员会

---

① 请参阅 DiBruno (2015)。

的责任和义务。投资委员会主任应该透彻地了解基金的特点和目标并据此制定投资委员会的议程。就像董会主席在董事会那样，投资委员会主任在投资委员会也有重要的作用可以发挥。

投资委员会的每个成员都应该对投资和金融市场有相当积极的认识；而投资委员会作为一个集体，则必须在投资理论和实践方面掌握高水平的专业知识以及评判投资管理机构的专业知识。投资委员会的每个成员都需要具备清晰表达自己观点的能力，并且值得信任。投资委员会至少作为一个集体，必须有战略思维习惯，并且善于倾听别人的意见。投资委员会的成员需要有充分的时间来安排准备工作，并能认真思考严肃的问题。他们的报酬应该能够反映他们为做好投资委员会的工作需要花费的时间。理想的投资委员会应该具有长期和多种技能的良好组合，作为集体应该能够提供各种必需的知识和经验。正如投资顾问兼作家埃利斯所说的那样，“（投资委员会的）每个成员都应该表现出良好的评判、观念和组织能力，并且能与他人和睦相处。”①

打造卓有成效的投资委员会

组建卓有成效的投资委员会，就如同董事会治理，是为了制定正确的目标，也是为了防止跌入投资和决策方面的陷阱（另见本书第四章）。对于投资委员会来说，最大的责任就是制定正确的投资政策、确定战略性资产配置以及监督投资政策等的执行是否仍能实现基金的战略目标；为基金创造最大的价值，就意味着要保持适当的视角或高度；而保持适当的高度则意味着总是从大局出发，然后认准方向勇往直前。这里所说的大局就是基金的目标、风险胃纳、投资信念和战略性政策；而认准方向勇往直前则意味着观察金融市场，监测基金是否仍朝着正确的方向前行，或者据以确定方向的重要假设是否正受到根本性的挑战，从而应该启动检讨或评估程序。由于金融市场上有很多选择，因此，投资委员会必须根据自己对金融市场和经济可能会如何发展的解读和估计以及它们对基金目标的影响来进行决策。因此，区分投资委员会优劣的一个核心要素是，它们是否有能力区分事实和舆情。事实上，卓有成效的投资委员会具有以下几段文字描述的一些显著的特点。

---

① 请参阅 Ellis (1998)。

卓有成效的投资委员会始终面向未来，应该总是向前看。这就要求投资委员会高度集中注意力。例如，在市场平静或利好了一段时间以后往往会出现低估风险的倾向，而在市场剧烈震荡或大跌之后则常会出现高估风险的倾向。隐含波动率甚或历史波动率等短期波动率常被用来描述市场的“基本风险”，这种做法确实有它的用处。

卓有成效的投资委员会要牢记基金确定的投资原则和信念。投资委员会应该完全按照投资原则来安排自己的工作日程。例如，如果基金是根据有效市场的概念确定自己的投资原则，那么，投资委员会就应该认为所有有关业绩优异或不佳的言论都值得担忧：应该禁止阅读报纸上关于股市的内容！

卓有成效的投资委员会应该避免使用业内行话。鉴于投资委员会都由专家组成，而且经常有投资管理机构的人参加，因此可能会出现一种用金融市场业内术语说话的倾向，有时可能使用一些具有误导性的行话[如“打赌”(bet)：你雇用了一个赌徒(gambler)来管理你的投资组合？或者“跟踪误差”(tracking error)：偏离基准就是“误差”？我们希望不是！]，但是，这样的行话也会让投资委员会的非专业成员感到困惑。虽然我们确信许多投资委员会的成员不会故意这么做，但使用行话会给人以一种可能让人觉得不可抗拒的专业感。请不要接受这种感觉！

卓有成效的投资委员会要警惕小团体意识。通常，在有专家参加的投资委员会会议上，专家发言后，缺乏专业知识的成员有可能倾向于同意专家的意见，没有胆量(或能力)质疑专家据以说理的假设，尽管这种质疑可能是迫切需要的。根据定义，专家在特定的专业知识领域接受过训练，因此能够说明理由，而投资委员会成员必须审视且平衡不同的专业知识，并在此基础上进行决策。

卓有成效的投资委员会应该规定明确的决策程序：如何决策？采用多数决原则还是一致通过的原则？怎么对待少数人的意见？在必须做出决定的情况下，通常都有时间压力。但是，一项糟糕的决策，甚至是一项糟糕的决策议案，最终都会造成困扰！投资委员会主任应该对决策做出说明，并且明确这实际上是一项通过协商达成一致或以询问成员个人意见的方式做出的决策。更重要的是，投资委员会还需要明确说明决策的结果。一项没有规定结果的决策会导致艰难选择的拖延或低效率的执行。此外，投资管理机构(比方说)会仔细阅读投资委员会的决定和建议，因此，语义含糊会导致大量的精力浪费。

卓有成效的投资委员会会安排好自己的议程。如果投资委员会有其他人参加，无论是外部专家、资产管理人，还是基金自有投资管理机构的人员，每次会议都应该由投资委员会自己安排和控制，而不能让投资管理人安排和控制。投资委员会确定会议议程，从外部获得相关文件，投资委员会成员也要有充足的会议准备时间。

最后，他们应该明白金融市场的概率性质。一个重要的方面是，养老金行业决策的长期性以及金融市场提供的噪声环境，造成了漫长的松散反馈回路。最大的挑战是金融市场的概率性质。就像掷硬币那样，您永远也不知道接下来会发生什么。因此，过程（组织如何做出决策）和结果（决策结果）之间的联系在短期到中期内是脆弱的，而在长期内才能获得实质性甚至某种程度可预测的东西。因此，投资委员会面对的挑战是要关注对过程，而不是短期结果的治理。

卓有成效的投资委员会的上述这些特点，大多涉及投资委员会在进行决策和提供建议方面如何正确发挥作用的问题。因此，投资委员会确切的组织结构被认为并不那么重要，它的最终组织结构更多取决于养老金计划发起人或所属行业的组织文化，并且可以采取正式或非正式的结构。卓有成效的投资委员会的组织结构应该足以在投资过程中发挥自己的作用，但也不至于禁止辩论和讨论，从而使决策变得像是规定了限制条件或"预先安排好"似的。[①]

投资委员会主任的作用

养老基金的董事会主席和投资委员会主任要比董事会或投资委员会的其他成员承担更大的责任，[②]因为他们要引导其他成员就目的和目标达成一致。他们要用自己的领导风格来体现养老基金的价值观，并影响其成员参与决策的方式。投资委员会主任负责制定会议议程，决定投资委员会的人员构成，保证投资委员会具有连续性，并且确保成员做好充分的履职准备和了解自己的职责。最后也是最重要的一点，投资委员会主任要使决策符合基金的目标，并且可以执行和评估。投资委员会主任的高效领导力应该具备下列特点：[③]

- 由于在业内享有声望，并且对基金恪守承诺，因此，本人受到高度的尊重；
- 有组织决策的能力，特别是有确定轻重缓急和为重要决策专门安排时间

---

① 请参阅 Olah and Sturiale (2006)。

② 请参阅 Clark and Urwin (2008a)。

③ 请参阅 Clark and Urwin (2008a)。

的能力；
· 有表达和在董事会不同决策风格之间进行协调的能力；
· 具有管理利益相关者硬、软两方面期望的敏感性；
· 具有安排基金内部人员配备以及设计和执行对外授权的能力；
· 致力于打造董事会运行和高管团队绩效责任制和考核的文化和实践；
· 建设组织文化并向他人推介组织文化的能力。

卓有成效的投资委员会会议模式示例

在这一节里，我们将介绍卓有成效的投资委员会如何组织召开会议。我们主要考察以下五个方面：(1)会议议程；(2)会议筹备；(3)会议本身和不同与会者的角色；(4)会议产出——决策；(5)评价和学习。

投资委员会的会议议程

投资委员会通常每年召开 6～8 次会议，每次会议的持续时间约为 3 小时。因此，每年开会的总时间在 18～24 个小时，这基本上就是投资委员会每年用于指导投资的全部时间。这点时间应该得到有效的利用，如果计划不周全，投资委员会就有可能发现自己在投资过程中遇到瓶颈。因此，认真安排会议议程非常重要。那么，投资委员会的会议议程应该安排哪些内容呢？投资委员会的主要职责是：(1)制定正确的投资政策；(2)聘请管理人执行投资政策；(3)监控和评估投资政策及其执行情况。在一年中对这三种职责进行适当的平衡，是非常重要的事情，而最好的办法是把它们都提上议事日程。我们自然倾向于把更多的时间花在紧急但可能是琐碎的问题上，而不是花在重要的事情上；正确地做事情，而不是做正确的事情。因此，必须加强会议议程管理来限制这些自然倾向。

养老基金投资委员会一年会议的主题通常会有一个可预测的模式可循。例如，第一季度的会议议程会安排评价战略成果、背景和过去一段时间的战略执行情况，确定需要研究的主要问题。第二季度的会议议程会安排对外部环境的深入研究，并考虑现有回报和风险预期会造成什么结果(如果有的话)。第三季度的会议议程安排进一步深入讨论第一季度提出的问题以及这些问题如何影响当前的投资组合构建等问题。根据投资委员会在第二季度讨论的关于回报和风险问题的新见解,可以考虑投资组合策略的替代方案。而第四季度的会议议程则安排,投资委员会总结自己做出的评价和讨论的问题,并决定下一年度的投资政策和计划,并把重点放在投资政策和计划的执行效率上。

有力的会议议程管理非常重要。为了确保投资委员会能够顾及各个方面的不同问题,投资委员会的主任和秘书应该在每次会议召开之前制定会议计划。不过,这种会议计划不应过于死板,以免在出现紧急情况时无法应对。通常,投资委员会有可能在与战略决策毫无关系甚至对战略决策不利的最新"新闻"和"价格"问题上浪费太多的时间,这可是投资委员会应该注意的一个人类通病。有时,投资委员会犯这种人类通病,部分是因为有关重大问题的责任太大,以至于投资委员会的有些成员宁愿做一些无关紧要的决策,从而实际拖延棘手问题的解决,同时又仍希望表明投资委员会做事果断。如果投资委员会的成员都是聪明人,那么就应该意识到这种危险。

我们认为,投资委员会理想的会议议程应该是以下这样的(请记住,每次会议持续时间最多不要超过 3 个小时):

(1)会议开场白;宣布会议议程;宣读上次会议的记录。

(2)新闻动态:有哪些新闻?是否与会议内容有关?如果有关,为什么有关?应该放在本次会议上讨论,还是安排在以后的会议议程中?

(3)对过去一个时期的工作进行评价:是否发生了什么重大问题,以至于亮起了红灯?这里再强调一遍,重要的是应该区分紧迫的问题和重要的问题。无论是迅速解决紧迫的问题,还是把它们放到下次会议上讨论,都应该先让管理层采取例外措施来缓和这些问题的紧迫性。

(4)先讨论战略问题(每个战略问题的讨论时间至少要 1 个小时),明确把重点放在怎么解决的决策上。战略问题应该安排在会议议程的最前面。"如果总有很多紧急问题,那么一定是哪里出了问题。"①

(5)如果绝对需要,那么就再讨论一个战略问题,并就这个问题做出决定。

(6)如果有正式的小决策需要做出,那么,最多花半小时就应该把它搞定。

(7)讨论下次(或以后几次)会议的议程。

(8)每年一到两次,花时间用战略的眼光审视"PEST"(政治、经济、社会文化和技术)或"DESTEP"(人口、经济、社会、技术、环境、政治)等问题。

---

① 请参阅 Ellis (1998)。

投资委员会在审视这些问题时应该注意它们对于投资委员会意味着什么和它们会如何发展等问题。

投资委员会在召开会议前要做的准备工作:会议材料的质量、清晰度、及时性和内容广度

投资委员会的成员应该有自己为参加会议做好充分准备的方法。由于他们常常很忙,因此,会议材料应该至少在召开会议前一个星期准备好。列入会议议程需要做出决定的任何主题都必须以书面的形式提供必要的细节。对于会议上要讨论的主题,不必提供这么详细的信息。

阅读为投资委员会会议准备的全部文件的时间不应超过会议本身的时间。所以,3 小时的会议最多需要 3 小时阅读会议材料的时间。如果以每小时 30 页的平均阅读速度计算,那么对于持续 3 小时的会议来说,每次会议必须阅读的准备材料就很难达到 100 页。我们经常会看到 500 多页的会议材料全是董事会费了好大劲才精选出来的会议主要议题。除了“必读”材料以外,可能还有为专家们准备的技术附件等其他材料。然而,所有相关信息其实都应该包括在必读材料中。

投资委员会的会议材料必须以清晰的语言书写,并分发给全体投资委员会成员,以便全体成员清楚会议要讨论的问题。采用“金字塔”的形式来书写材料目录是一个很好的主意,让投资委员会成员在材料开头就能很好地了解会议的内容:(1)主要议题是什么?(2)要讨论哪些重要问题?(3)提出了哪些备选方案?(4)提出了哪些解决方案?为什么提出这些方案?(5)如何执行并向投资委员会汇报?

投资委员会需要一个强势的“守门人”来严把“投入”(会议筹备)工作这道关:这项工作由投资委员会主任负责,并由秘书协助完成。投资委员会应该明确要求受托管理机构或投资管理机构提供这类会议“投入”要素,并把这项任务写入与投资管理机构达成的服务水平协议中。投资委员会不应该放宽会议文件的相关性和质量要求。如果让投资管理机构或咨询公司负责这些文件的工作人员自行其是,那么,他们可能会倾向于回归到他们最熟悉的技术写作风格,但用这种风格写成的文件并不适合决策,因为采用这种风格很难表述清晰。通常,他们是专家,会从一个非常特殊的角度准备会议文件。对于他们来说,理解自己负责的部分在整张“拼图”中的位置,或者理解如何从董事会的角度去看待

他们面临的挑战,通常已经颇具挑战性。如果他们是技术人员,例如,是负责某部分资产负债管理或风险管理的技术人员,那么就有可能受到条条框框的束缚:他们倾向于通过自己的模型的镜头来看待世界,因此限制了他们观察世界的视野。投资委员会必须能够理解据以构建模型的关键假设及其局限性。投资委员会如有一个好的模板来准备要在会上讨论的文件,那么一定会带来很大的帮助:

- 投资委员会会议的主题是什么?
- 投资委员会应该回答的具体问题是什么?
- 为什么是这个问题?
- 这个问题在投资过程中处于哪个环节?
- 已经提出了哪些答案/备选方案?为什么是这些答案/备选方案?
- 已经提出的答案/备选方案有哪些优点和缺点?
- 怎样才能使答案/备选方案符合现行政策?
- 怎样才能使答案/备选方案符合投资信念?

投资委员会的成员,尤其是那些并不是金融领域专家的成员,很容易被那些行话和报告的表面精确性给蒙蔽。请不要使用行话!如果投资委员会聘用了外部专家,那么就应该确定他们能够以书面方式有效、清晰、一致地传递他们的信息。会议文件篇幅应该受到限制,建议应该意思明确,有事实支持和合理的说理,并且参照具体的目标以及原则和信念。处理可比问题的方法也应该具有可比性。此外,好的建议总是以基金的历史决策为依据。

不同角色

养老基金的投资委员会是连接养老基金和投资管理机构的重要节点,对于两者建立有效的工作关系十分重要。一方面,这种关系有它的战略计划—执行—责任轴线,在这条轴线上,养老基金是委托人,投资管理人必须有效地履行受托责任;另一方面,在理想情况下,投资管理机构应该是养老基金值得信任和重视的合作伙伴,它的投入和想法值得认真对待。投资委员会在会议开始时需要明确首席投资官(CIO)、外部管理人/咨询顾问和委员会同仁等的以下角色:

(1)执行投资策略的任务委托给作为受托人的投资管理机构。投资管理机构的首席投资官/首席执行官可以充当养老基金和投资管理机构之间的桥梁。养老基金的董事会负责战略、治理工作,而投资管理机构则负责执行工作，但两者需要通过投资委员会来建立并保持良好的工作关系。投资委员会可能还需要明白，如果投资管理机构还为其他委托人提供服务，那么，它的首席投资官就可能与投资委员会所属的基金发生利益冲突。那么，投资管理机构的首席投资官在养老基金投资委员会召开的这些会议上可以扮演什么角色呢？

- 投资管理机构的首席投资官可以充当观察员：鉴于投资管理机构在金融市场上开展业务活动，因此，他们对金融市场动向了如指掌；
- 投资管理机构的首席投资官可以通过提示来帮助澄清书面材料上的某些问题；
- 首席投资官是投资管理机构的代表，应该深度参与投资评估工作，从战略高度领导改善投资管理机构的计划工作，并且明确告知这么做对于实现养老基金目标有什么帮助；
- 对于有些问题，投资管理机构的首席投资官可以进行现状核实，弥合投资策略及其实施之间的差距，例如，养老基金董事会希望实现目标 A，目标 A 是否真能实现。

(2)外部投资管理人/顾问通常要扮演不同的角色，并且要考虑很多问题，如他们公司的盈利能力，为许多客户服务，或与相关养老基金只有相对短暂的关系，因此可能会受到“双倍加注或退出”(double or quits)的诱惑。他们可能非常在乎您受托管理的基金是否喜欢他们，所以，总有他们会有意或无意地说您想听的话这样的风险存在。同样，许多外部投资管理人真的很难真正理解养老基金的看法。您的立场常常取决于您站在哪边。外部投资管理人的目光会比养老基金短浅得多，他们习惯于从金融市场的角度，而不是从风险管理或养老基金目标的角度思考问题。他们也可能难以认识到自己对于养老基金来说只是整体的一个组成部分。

(3)其他养老基金的受托人和管理人能够在会上提出非常重要的观点。例如，投资委员会可以时常邀请同行参加会议审查整个计划或战略的部分内容。只要与会者愿意学习，这样做能产生很大的学习效应！

会议结果

投资委员会应该做好会议记录，并且供全体投资管理过程的参与人员查阅。就像法官的判决书,投资委员会的会议纪要具有引导相关人员未来行为的作用,因此是养老基金历史和 DNA 的重要组成部分。理由充分的说理能有效地帮助引导未来的努力方向,因此,投资委员会的会议纪要应该供全体有关人员查阅。

评价和学习

您作为投资委员会的成员在参加了几次投资委员会召开的会议以后,就会用全新的眼光来观察问题。您可能会注意到很多与上述要点有关的问题,应该把这些问题记下来,并给它们打分!这些问题可以在日后作为有用的输入信息供投资委员会主任或同事们分享。投资委员会主任甚至可以决定投资委员会成员定期轮流分享对会议有效性的看法,不断提供反馈信息。

对于身体状况的问题,我们必须观察症状并做出诊断。我们可以采用同样的方式来改善投资委员会相关方面的工作。为了改进投资委员会的工作,有必要弄清怎样的变革能够奏效。没有人愿意做一匹在荒野上嚎叫的独狼,重要的是应该提供证据证明我们不是一个人在观察,并且以某种方式证明我们的观察结果是客观的,而且还应该与他人分享。您可以采用从喝咖啡时的随意交谈到把某个项目列入会议议程等正式程度不一的方式来分享自己的看法;例如,请一位独立咨询顾问评估投资委员会的履职情况。

在某些情况下,这样做可能非常困难,而且可能需要一个漫长的过程。例如,在一个投资委员会主任非常强势、居于绝对支配地位的权力结构中,情况就是如此。我们应该明白,人格类型不适当的人担任某些职务对他们自己也不利,他们不能客观地看待自己,而且也不利于学习。因此,认真考虑投资委员会成员的人格类型,就变得非常重要。

第十二章　管理投资管理机构

关键结论

- 在几乎所有的情况下,养老基金董事会都要把投资过程的重要部分委托给外部或内部代理人。
- 养老基金设计怎样的投资管理流程往往部分取决于它自身的规模。基金规模越小,需要从外部采购的服务就越多;基金规模越大,就越能把投资管理过程的部分环节放在内部完成。
- 养老基金的董事会负责投资管理过程外包部分的设计、对外联系、监督和评估。这是一项养老基金董事会必须完成的复杂而且费时的任务,并且有可能会产生误解和代理问题。
- 在养老基金和投资管理服务提供商的关系中,既有"客户—提供商"的关系,也有"合作伙伴"的关系。前一种关系是关于执行受托任务的关系,而后一种关系则是一种旨在在不断变化的环境中不断改进解决投资难题的手段。
- 为了成功地完成这项任务,养老基金的董事会需要在时间、能力和资源三个方面安排相关的治理预算,但具体要求因基金的复杂性而异。

任何养老基金都必须指定某个个人或实体来负责投资策略的执行工作。很小的养老基金可能由基金的受托人或管理人负责购买一些共同基金并监督这些投资,而规模较大的养老基金可以指定外部机构来执行它们制定的投资策略，具体可以采取多种形式，如外包首席投资官（OCIO）或受托管理人模式。随着规模的扩大和复杂程度的提高，养老基金往往会增加自己的专业投资人员，发展自己的内部投资管理机构或委员会。内部专业投资人员可以在运营的任何层面为投资过程增加价值。养老基金做出自己的选择，包括构建投资组合、挑选并监督授权对象，甚至授权内部人管理。不管怎样，养老基金都必须对内部投资管理机构的作用进行明确的界定。

我们在这一章里先讨论从完全外包到完全内包的不同类型的投资管理机构，然后从养老基金的角度来讨论管理和监督投资管理机构的"治理预算"（即按赋予时间、资源和知识计算的预算）规模这个重要问题。养老基金董事会负责治理预算的决策。在实践中，这种预算通常被认为是给定的。于是，需要考虑的问题就变成了"我们能拿这个预算做什么？"实际上，更加贴切的问题应该是"为了达到目的，我们需要怎样的治理预算？"

治理养老基金投资管理的任务并不是一项容易完成的任务，无论这项任务是在养老基金内部还是部分在外部或完全在外部完成。因此，在本章的后面几节里，我们将重点介绍董事会构建这种通常具有授权、服务水平协议（SLA）、监督和评估等良好合作关系关键元素的机构可用的关键工具。

投资管理机构的作用

为了给养老基金创造尽可能多的价值，养老基金的董事会必须明确投资管理机构的作用和责任。通常，投资管理机构可以发挥以下作用：

（1）负责执行由董事会制定的投资政策或策略；

（2）根据养老基金的要求，负责创造超过参考或基准投资组合的价值；

（3）投资管理机构可能要代表养老基金选聘和监督养老基金授权的投资管理人这种外部代理人；

（4）投资管理机构也可能为养老基金的工作人员和董事会充当咨询顾问的角色。

投资管理机构的首要和最基本作用是在规定的参数范围内执行养老基金董事会制定的投资政策或策略。投资管理机构的这个作用通常在投资政策说明书中被表述为：根据风险预算，在规定的资产权重上、下限内构建投资组合。执行投资政策或策略应该讲究成本效益，并且应该对运营风险进行管理。养老基金的董事会通常也会事先设定费用范围，并且清楚在什么时候可以改变费用范围以反映业绩或资产增加。关于运营风险，养老基金的董事会很可能会进行风险尽职调查，以确定把业务外包给投资管理机构的最大风险，并且与投资管理机构讨论采取哪种减轻风险的措施。

投资管理机构的第二个作用就是为养老基金创造增加值。养老基金可能会提出增值要求，要求投资管理机构在一定的期限内创造高于在构建政策规定的投资组合时参考的投资组合或战略基准的增加值。养老基金的董事会通常通过讨论组织信念和计划的方式来询问投资管理机构为什么它认为有机会创造高于基准的增加值。董事会需要确保投资管理机构的信念至少不会与养老基金的价值观和信念相抵触。如果可能的话，两者的价值观和信念应该完全一致。在养老基金控制或拥有投资管理机构的情况下，做到这一点就要容易得多。然后，养老基金必须确保投资管理机构具备为创造增加值所需要的技能和资源。

投资管理机构的第三个作用是负责管理外部代理人。执行投资策略需要选择和监督投资受托人，并为利率或汇率风险制定套期保值策略。如果养老基金直接与执行这些受托和衍生品交易的各当事方打交道，就会出现信息不对称的问题。除其他费用外，养老基金董事会有可能要承担很高的信息收集费用。在构建投资组合以后，养老基金董事会必须及时、全面地监控自己的投资。一旦监控失败，养老基金就要承担代理成本，即资产管理人可能会采取违反原先承诺或者契约或协议规定的行为。在作为金融交易当事人的资产管理人掌握养老基金董事会不知道的信息，而且契约的控制和执行成本很高的情况下，这一点尤为重要。因此，投资管理机构应该在养老基金董事会与资产管理人之间发挥重要的媒介作用，控制外包活动，并确保资产管理人除了养老基金的利益外，没有任何其他管理投资的动机。把内部管理与外部管理结合在一起会导致潜在的代理问题，因此，投资管理机构可能倾向于选择内部管理。

投资管理机构也可能要为养老基金的工作人员和董事会发挥咨询顾问的作用：投资管理机构可以根据养老基金的既定目标，就资产负债管理、战略性资产配置、资产类别内的配置形式以及关于投资风格（如主动与被动）的讨论提供建议。投资管理机构的这种咨询顾问作用对养老基金董事会来说十分重要。由于更换投资管理机构的寻找和交易费用很高，因此，养老基金最好与投资管理机构发展长期关系。这样，投资管理机构就能深入了解养老基金及其董事会的工作方式,从而能够提供量身定制的建议。投资管理机构会去了解养老基金董事会成员在投资管理方面的风险胃纳、执行方面的偏好和特别不喜欢的事情,而所有这一切都非常有助于投资管理机构提出正确的建议。此外,投资管理机构必须对养老基金董事会的目标和它自己的目标进行平衡。养老基金董事会面临的挑战是要认识到咨询顾问是投资管理机构很难扮演好的角色。一方面,养老基金董事会希望投资管理机构在发挥咨询顾问的作用时,能够尽可能与养老基金的目标保持一致,而不只是反映它自身的特定观点或投资解决方案;另一方面,投资管理机构有受托管理资产和盈利的目标,因此不可能提供完全无私的建议。

最后,投资管理机构需要对金融市场的发展保持警觉,并且具有适应能力。虽然养老基金会以最简单的形式制定长期投资策略和一组资产类别或投资解决方案,以反映其回报目标和风险胃纳,但投资管理机构的作用是严格监督这组资产类别和投资解决方案的实施,其中包括设想它们会如何演变和发展,并且为实现养老基金的目标寻找更好的替代方案。由于经济周期会影响投资收益/风险的假设,或者资产类别的受欢迎程度会发生变化,因此,适合当前投资组合的资产类别可能在几年后就不再适合。投资管理机构如果想要成为外部代理人的有效管理者,那么就必须形成如何最好地组织(从养老基金开始到外部管理人结束的)价值链的看法,以应对机遇和威胁的不断变化,并发展自己的优势。如果投资管理机构自己没有掌握创新技能,那么就必须密切注视资产管理业的发展动向,并在早期阶段就采纳创新成果。

投资管理机构的职能和典型演化

投资管理机构的规模和发展取决于养老金计划的规模和复杂程度。[①] 一般来说,养老基金随着规模的扩大,会有更多的资源可用来明智地决定在投资管理过程中如何安排投资政策制定、执行和监督工作。养老基金在投资管理过程中可获得越来越多的自主知识产权。现在有三种可能与董事会想要花费的治理预算有关的投资组织模式(见表 12.1)。

---

① 请参阅 Russell (2006)。

表 12.1　　投资组织模式

	养老基金的组织特点	董事会的治理预算	养老基金的组织变革
第一阶段	把投资策略制定、实施和监督工作全部外包给外部机构	最大限度地降低成本	董事会： ·雇用一名投资官或投资顾问辅助董事会工作 外部投资管理机构： ·负责投资政策方面的咨询、协调、执行和报告工作
第二阶段	(部分)内部完成投资策略制定工作	设计和监督： 制定投资政策和策略以及监督工作	董事会： ·雇用人数很少的工作人员负责战略(资产负债管理/政策/投资组合构建)、外部管理人选聘和风险管理(专注于风险管理框架和控制面板) 投资管理机构： ·专门负责选聘管理人，如股票、债券和另类资产管理人 ·风险管理、二线监控和风险管理框架 在第二阶段的后期，投资管理机构： ·开始内部完成资金/负债管理。从这时起，养老基金需要设立正规的内部管理系统、后台办公室等 ·扩大风险管理，自己进行深入检查，跟踪事件，提高风险管理的成熟水平 ·投资组合研究、动态资产配置开发和内部化、资产负债管理
第三阶段	策略制定、实施和监督部分或全部内部化	设计、实施和监督	董事会： ·扩大工作人员队伍，以加大监督力度 ·制定替代策略 投资管理机构： ·开始构建内部团队(如信用团队) ·扩大团队数量，文化从此成为需要认真考虑的元素 ·部分交易开始内部化 ·开始制定自己的投资策略，如另类资产/非流动性资产类别投资 ·构建正规的另类资产(房地产、私募股权和基础设施)投资能力

第一种投资管理组织模式适用于规模最小的养老基金，它们受托管理的资产少于 5 亿美元。由于规模的原因，这些养老基金通常是投资管理行业的价格接受者，在降低成本或把资源配置于创造更高预期回报的投资解决方案方面几乎或者根本没有议价能力。最大限度地降低成本、注重现有策略、消除一切有损于实现目标或基金没有影响力或议价能力的因素，如主动管理或非流动资产投资，对于投资管理组织来说，是关键的驱动因素。这类养老基金通常会聘请外部投资管理公司，通过一些全能型共同基金或一些专业型基金来推荐和实施投资策略和选择决策。这种模式下的投资是一种与其他具有类似目标的机构投资者的资产混在一起的全投型基金（all-in funds）式的投资。外部投资管理公司可能会利用自己的资金进行投资，它们更喜欢组合不同资产的共同基金，从而有效地实施投资分散化和/或实际上的被动型投资策略，这样能减轻养老基金受托人的监督压力，使他们不必深度致力于监督，而是把注意力集中在战略性选择上。

这类小规模养老基金的受托人可能没有什么投资经验，完全依赖他们挑选的资产管理公司的判断。他们可能会聘请投资顾问帮助自己制定投资策略，推荐投资管理公司，并监督投资结果，而投资管理公司则负责战术性资产类别决策。这种小规模养老基金的受托人也可能有自己的员工或行政办公室，但内部员工或行政办公室的首要职责是管理，政策执行和投资监督只是他们的“兼职”工作。

随着规模的扩大和复杂程度的提高，到了第二阶段，养老基金从“全能”型管理转变为“专业化”管理。这个转变过程涉及增加其他基金或管理公司，不是通过增加新的资产类别，就是通过增加资产类别内的投资风格和策略来扩大投资分散化。随着越来越多的专门化投资策略付诸实施，混合型或全能型共同基金在养老基金投资组合构建中变得不那么重要。养老基金需要更多地关注自己的选择和监督流程以及投资组合构建。养老基金的行政办公室会雇用一名或多名投资官在一名投资顾问的支持下负责全面的协调工作。养老基金成立由几名董事会成员和几名外部成员组成的投资委员会。投资委员会负责监督投资政策的执行，评判投资管理机构的咨询建议，有时还被作为投资问题的咨询机构。如果养老基金有足够大的资产规模，那么就选择一种或多种“分业”委托（segregated mandates）。

第一阶段与第二阶段的不同之处在于，养老基金对部分策略制定以及政策选择和执行情况的监督工作进行内部化。在某些情况下，养老基金还会对战术性资产配置决策工作进行内部化。养老基金董事会的行政办公室必须能够为投资委员会收集和准备有效的信息，以便投资委员会能够做出战术性决策，或者为自己积累足够的投资经验；而投资委员会则必须积累足够的在这个领域进行判断的专业经验，并有足够的资历继续专注于实现养老基金的长期目标，而不是参与日常的金融市场交易。投资顾问的作用在第二阶段也同样发生了变化。在第一阶段，投资顾问通常对养老基金的董事会进行培训和指导，并有责任提供正确的建议；而到了第二阶段，投资顾问要与养老基金接受过金融教育的投资工作人员和投资委员会打交道。他们现在的作用是在具体的建议上说服养老基金的投资工作人员和投资委员会。在这个阶段，养老基金可能会收到并讨论技术性过强的材料，并且试图掌握这些材料，而不是根据这些材料提供的信息来确定行动方向。

到了第三个阶段，养老基金着力发展全面的内部解决问题的能力，因此要组建一个由全职内部资产管理人和投资组合策略师组成的团队。受托管理 50 亿美元或以上资产的养老基金已经拥有可以开始考虑采用这种模式的适当规模。养老基金内部解决问题的能力的范围和形式取决于以下决策：

- 董事会是否已经认识到具备全面的内部解决问题的能力的价值？例如，是否有充分的理由认为，标准的行政管理体制无法使养老金计划的特点充分发挥作用；董事会是否对金融市场持不同的看法，要求采取不容易获得的定制化的投资解决方案，或者是否认为养老基金应该保留一些能够用来最大限度地适应未来发展的技能和能力？
- 在投资管理过程中，养老基金是否应该对战略性投资政策的制定以及投资组合构建和执行进行管理，并且在内部管理授权委托工作？
- 养老基金的工作人员是否应该关注战略性政策的制定工作，并关心更高层次的资产负债管理？或者，养老基金是否应该对分业委托进行内部管理？换句话说，在价值链的哪些环节可以通过内部化来创造最大的增加值？
- 从商业模式的角度看，养老基金是应该考虑成立独立的投资管理公司，还是考虑成立独立的资产管理部门？
- 这个问题与上一个问题有关，即养老基金应该把自己的工作人员和行政办公室并入资产管理部门，还是把行政办公室作为一个与董事会密切相关的职能部门?

养老基金在什么时候把外部投资管理机构转变为内部投资管理机构的问题并没有定论。养老基金董事会可采用许多不同的组织形式来履行其投资管理职能,具体可以采用表 12.2 所示的某种组织形式来维持与养老基金投资管理机构的关系。

表 12.2　投资管理外包与内部化[①]

形式	外包/外部管理	内部化/内部管理
说明	签订投资管理服务提供合同,对养老基金的现有组织结构没有影响,不涉及参股的问题	创建一个新的全资法人实体,可以把养老基金的部分现有资源转移到新建立的子公司
是否需要投资	不需要投资	需要授权/实质性的投资
业务控制权	不掌握业务控制权	掌握实质性/直接的业务控制权
业务灵活性	取决于服务水平协议	具有业务灵活性
要求董事会具备的资源	少量: • 具体规定外包要求 • 具备监控和评估技能 • 制定什么时候继续或终止合同的明确框架	从少到多: • 董事会还要掌握管理技能 • 想好如何处理与养老基金自有子公司的关系 • 管理事先已知的问题,如报酬、投资水平等
例子	• 许多国家的养老基金通过聘请外部管理人员和外包中、后台业务,把资产管理职能外包出去	• 丹麦劳动力市场补充养老金计划(在 1994 年和 2003～2006 年)先后创建了 11 家子公司作为实施该养老金计划投资策略的独立平台 • 美国教师退休基金(2008 年)宣布在伦敦开设办事处

外包

养老基金的董事会基本上都把投资管理职能外包出去,把养老基金的投资职能转交给一个不属于养老基金的(商业性)投资管理机构,而投资管理机构则可以(而且经常会)采用分包的方式把部分投资职能外包给第三方。

外包可以提供许多实质性的好处,[②]如允许董事会以低于雇用内部员工的

① 请参阅 Pecchioli (1983)和 Robinson (1972)。

② 关于把金融服务外包给市场中介机构的原则,请参阅 IOSCO(2005)。

成本利用必要的专业知识，并且允许董事会专注于策略制定和监控等核心业务。

如果养老基金的董事会决定通过外包由外部投资管理机构来提供投资服务，那么，除了承担合同规定的义务外，与投资管理机构没有任何其他财务联系。养老基金的董事会要在合同规定的期限里与投资管理机构维持合同关系，但在合同期满后可以在市场上招标寻找新的投资管理机构或与现在的投资管理机构续约。养老基金的董事会必须与投资管理机构签订投资管理协议和服务水平协议。

外包使养老基金董事会要面对许多挑战。把投资职能委托给外部投资管理机构履行，可能会对董事会了解如何履行这个职能产生不利影响，从而失去控制。选择投资管理机构不当，就可能会有业务中断的风险，从而对养老基金参保人产生不利的影响，而且在某些情况下可能对整个市场造成系统风险。外部投资管理机构想为更多的"主人"——而且是营利性组织——服务，因此可能会无法优先为养老基金服务。最后，养老基金董事会面临的风险是，由于投资管理机构内部程序不完善，因此出现监管方面的错误或漏洞，从而殃及养老基金的声誉。

外包也会给监管机构的廉正和效率带来重大的挑战。首先，如果养老基金董事会把投资管理职能外包给要接受监管的实体，那么，承包公司可能会放松对履行外包职能的人员和流程的控制。但不管怎样，监管机构仍会要求承包公司，包括它们的董事会和高管层，就它们承包的职能（对客户和监管机构）承担全部的责任，就如同它们履行自己的这些职能一样。其次，监管机构希望它们自己完全能够查阅与承包公司活动有关的账簿和记录，即使承包公司把这些文件交给了它们的服务提供商保管。监管机构还必须考虑到在多个受监管实体雇用同一个服务提供商的情况下可能存在的业务和系统风险。

养老基金的董事会在建立外包关系时必须认真考虑上述各种风险和好处。

养老基金与外部投资管理机构可以建立从严格的交易性（客户—供应商）关系到基于关系或合作（伙伴—伙伴）的关系。在前一种情况下，根据可交付性、价格和监控情况，对服务进行明确定义，而投资服务主要被作为可互换的分量。在后一种情况下，养老基金董事会主要把外包看作是基于合作的关系。养老基金和投资管理机构之间分享的专有信息越多，投资管理机构就越能为养老基金董事会量身定制履行投资职能的方式，而越能量身定制履行职能应该越有利于实现养老基金董事会制定的目标,并且取得更好的短期和长期结果。对于投资管理机构来说,基于合作关系的外包模式具有可能与客户建立深厚的长期关系的优点,但也有可能需要更高的定制成本的缺点,具体如图 12.1 所示。

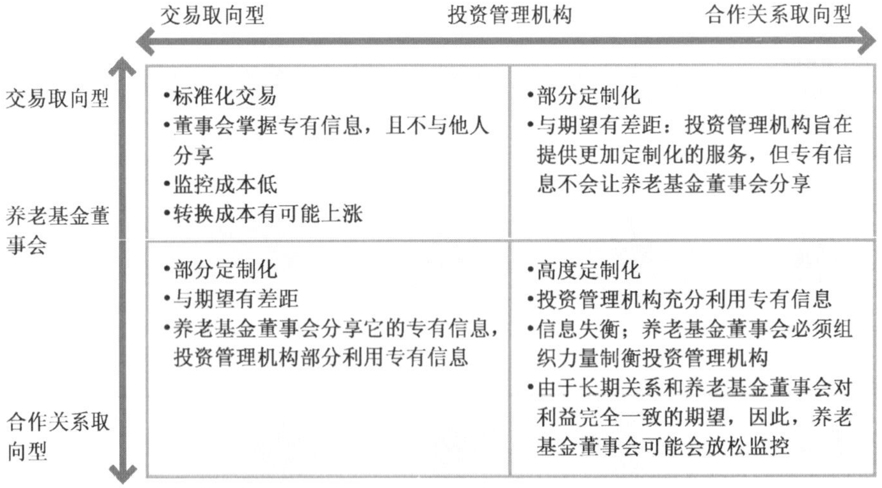

图 12.1　养老基金董事会与投资管理机构之间的关系特征

投资管理机构是养老基金持多数股权的子公司或全资子公司

养老基金也能完全控制和/或全资拥有投资管理机构。养老基金全资拥有的投资管理机构是养老基金在法律上的延伸,而投资管理机构由养老基金全资拥有,但是分开成立的公司。养老基金董事会设立一个法律上独立的投资管理机构的原因是:

- 战略分工——养老基金的机构(董事会和行政办公室)侧重于决策工作,而投资管理机构则把重点放在执行上;
- 薪酬——投资管理机构在用高于养老基金内部的薪酬吸引专业人才方面具有更大的回旋余地;
- 投资管理专业性强;
- 文化——由于养老金计划的性质,因此,养老基金董事会要完成相对比较保守的任务,而投资管理机构则需要更具企业家精神和探索性的文化才能完成实现长期投资目标的任务,把两种不同文化分开具有战略意义;

- 获得营业许可——投资管理机构需要不同的营业执照才能在不同的监管制度下开展业务；
- 除了自己的所有人养老基金以外，投资管理机构还可以为其他客户服务。

首先，这种投资管理机构实质上就是一家代表养老基金开展业务的公司，因此，它的盈利目标不同于典型的商业性投资管理公司。一方面，这种投资管理机构应该收取充分高的费用，必须赚到足够多的利润才能满足监管准备金的要求，并继续对治理系统、基础设施和人员进行投资；另一方面，这种投资管理机构实质上是一种非营利组织，因此把它提升到商业性水平并没有任何意义。总的来说，这种结构应该能为养老基金节省费用。其次，这种投资管理机构是非营利组织的事实使它有别于商业性资产管理同行，后者总是至少要为两个"主人"——他们的客户和财务底线(financial bottomline)——服务。

商业性资产管理公司与养老基金自有的投资管理机构之间的另一个区别是，前者只应该被认为致力于有效或高效地为养老基金执行受托任务，而后者则还负责就战略问题向养老基金提供咨询建议。于是，养老基金董事会应该能够期待自有投资管理机构提出的建议完全符合养老基金的利益。因此，养老基金自有的投资管理机构在完成养老基金委托的任务的同时还提供咨询服务。

自有投资管理机构的优点和缺点

养老基金成立自有投资机构，需要董事会安排可观的治理预算，并做出长期的承诺和投资。如果养老基金董事会清楚地看到创建自有投资机构的战略意义，那么，这样做是说得通的。自有投资机构应该能够使养老基金以尽可能有效和高效的方式来完成其长期投资任务。那么，这种设置有哪些潜在的利弊呢？

创建自有投资机构能带来的好处

- 从长远看能降低成本；
- 推行开发利用金融市场长期收益的战略，如果没有自有的投资管理机构，就无法做到这一点；
- 由于养老基金董事会与自有投资管理机构之间目标和利益等一致，因此会遇到较少的代理问题；
- 提高对付外部商业性金融机构的制衡能力，增进对外部各方和金融市场

的了解,至少应该有助于避免在交易和战略选择方面犯下重大错误;

- 提高进一步改进现有内部战略或推行新战略的能力;
- 能够控制由投资管理过程构成的整个价值链,因此能够完全控制自己的投资组合;
- 控制并建设投资管理机构的文化;
- 有能力适应不断变化的环境。

创建自有投资机构有可能造成的弊端

- 有可能丧失灵活性和适应性:在已经组建内部投资团队的情况下,即使投资团队表现欠佳,或者已有投资组合中的资产类别已经变得不那么有吸引力,养老基金仍会发现改变投资组合架构变得更加困难;
- 投资管理机构持有的资产确定性,缺乏市场约束,可能会使它变得慵懒、内向和低效;
- 董事会将面临代理问题内化的风险;
- 如果投资管理机构发展过快,就有可能变成科层制机构。

与投资管理机构打交道会遇到的问题

在与投资管理机构(无论是外部机构还是自有机构)打交道时,养老基金董事会必须认真考虑授权、薪酬、利益是否一致和潜在的文化差异等问题。下面,我们进一步详细讨论这些问题。

授权。养老基金董事会委托投资管理机构完成的具体任务或者授予它的具体权力,具体而言,就是本章一开始描述的一项或更多的活动:执行由董事会制定的投资政策或策略;创造除执行政策性投资组合以外的增加值;明确负责控制董事会选择的授权对象和投资管理人;代表养老基金实施监督。这种授权是董事会领导力的核心内容之一。不管怎样,董事会仍然要对授权的结果负责:董事会对结果应负的责任是不能推卸给别人的。此外,授权总需要制衡、了解和探索,做得不好就会出现问题。

授权就是赋予下属决策的权力,即决策权从组织的某一层级向较低的层级转移。养老基金向投资管理机构授予哪个层次的权力为好的问题没有简单的答案。必须考虑以下几点:

(1)授权的一个必要因素是信任,而信任需要维护和理解。

(2)授权总会造成代理问题。适当的授权能使专业化增加值与授权成本达成平衡。

(3)一项决策对实现董事会确定的目标的影响越大,董事会就越应该参与这项决策并拥有这项决策的权力。因此,董事会必须掌握战略性资产配置等重大决策的权力,但可以把执行权授予投资管理机构。

(4)完成某项任务需要的技术知识和诀窍越多,那么就越应该把这项任务委托给投资过程链上掌握这种技术知识和诀窍的环节。这种授权应该以董事会制定政策和参数的方式来进行。虽然董事会不能预测结果(应该也不一定掌握为预测结果所需的知识),但可以提前确定结果的可接受程度。投资管理机构应该有权聘用和解雇外部资产管理人。在设置好有关投资风格、授权类型和期限等战略性参数后,实际的选择和监督可以归结为运营性决策,而且也是技术密集型决策。

(5)如果董事会想建设一种长期有效的文化和DNA,那么就必须投入大量的时间来树立共同的信念并创建共同的文化。如果董事会要对投资管理机构这样做,那么就应该对该机构实施更加严厉的控制。

报酬。养老基金的受托人目前面临的另一个复杂问题是,投资机构因其服务获得报酬的方式。鉴于养老基金的受托人承担商谈费用或薪酬,他们可以对员工工作和合作的方式施加重大影响,前提当然是要有设计合理的薪酬框架。不过,经验表明,得到广泛使用的传统绩效薪酬模式往往与创造长期价值相冲突。

利益一致。目前,有关投资机构的许多重大执行问题占据了全行业基金受托人辩论的主要位置。“利益一致”就是这样一个问题,因为(代表养老基金利益的)投资委员会和投资管理机构之间的互动被认为很可能是取得投资成功的最重要因素。如果不从一开始就解决这个问题,那么,养老基金与投资管理机构之间就会缺乏理解和信任。养老基金和投资管理机构谁来负责解决这个问题并不总是很清楚。在投资领域,投资管理机构自然比养老基金董事会拥有更多的资源、经验和连续性,因此,应该采用巧妙的方式帮助董事会提出正确的问题。养老基金的董事会成员和高管在被问及这个问题时都表示,信任是养老基金与投资管理机构之间保持良好关系的最重要因素。

服务水平协议

责任委托和授权是养老基金董事会起草服务水平协议的依据，而服务水平协议要详细列明要求提供的服务以及各合作伙伴和服务方的相互义务，换句话说，就是要交代清楚养老基金董事会与投资管理机构对它们之间工作关系的期望。在我们看来，无论外包还是自营投资管理活动，服务水平协议都是一种有价值的工具。

养老基金应该能够依靠它的投资管理机构的诚信和合同的可靠性来保证这种合作伙伴关系富有成效，但在涉及具体任务的管理时就必须签订内容简洁、全面和明确的服务水平协议。毫无疑问，这是建立有效、无意外、长期信托关系的最重要先决条件之一。透明是服务水平协议的关键，而详尽则是确保透明的最佳保证：与其在出现紧急情况时才发现合作双方在一些问题上意见不一，还不如在前期的定义和对话上多下功夫。

公平有效的服务水平协议只能基于合作伙伴之间明确定义的相互义务。养老基金董事会还应该在服务水平协议中明确自己的责任，以便受托管理人能够认为他们必须按照协议所规定的水平且在公平竞争的环境下提供服务。

为了监督协议规定的服务实际交付情况，服务水平协议应该规定用于按服务评估受托管理人业绩的准则。此外，每项服务都用一组事先商定好的恰好能够反映服务核心内容的业绩指标来表示。事先就公平衡量业绩的方法达成一致，将有助于服务提供商在竞争中保持领先，同时也有利于养老基金评估合作伙伴的表现。

服务水平协议是评估投资管理机构很重要的框架，养老基金的董事会和行政办公室要定期讨论和监督协议的执行情况，这仅仅是维系这种长期关系要做的部分工作。养老基金董事会应该明白服务水平协议中有更难监测的东西。评估投资管理机构对它们的打分并长期跟踪，将帮助我们有意义地洞察这种关系是更多地基于交易还是基于合作的关系。养老基金董事会也可以要求投资管理机构考虑这些问题并说明对这些问题的看法。

责任委托要求董事会起草服务水平协议，详细列明要求提供的服务以及各合作伙伴和服务方的相互义务。换句话说，养老基金董事会和投资管理机构通过签订服务水平协议来正式表达双方希望建立工作关系的意愿。

监督和评价投资管理机构

无论是把投资管理外包给外部机构还是委托给自有机构负责，养老基金董事会都应该持续不断地监督并定期——至少三到五年进行一次——评价投资管理工作。

服务水平协议应该是监督和评价投资管理工作的依据：该协议应该清楚地说明养老基金董事会对投资管理机构的期望，包括目标和可接受的结果以及向董事会报告的行为和可交付成果。服务水平协议最好规定一种据以进行监督和评价的多维计分卡。这种计分卡必须事先得到双方接受并充分理解，这样在执行过程中才不会出现含糊不清的情况。双方的关系越像伙伴关系，监督和评价就越应该由双方共同来完成，而养老基金的董事会，特别是董事会下设的投资委员会，是投资价值链上非常重要的环节，因此应该接受监督和反馈。

当然，双方之间时常要进行非常艰难的对话。对于养老基金和投资管理机构之间的学习系统，我们认为主要的目标应该是在持续不断的监督和评价过程中不断学习和提高。关系越是长期，学习就越会受到重视，也越应该受到重视，学习是增加养老基金和投资管理机构集体知识财富的重要方式。

虽然监督是一个不断进行的过程，但评价原则上应该定期进行，除非有具体理由需要立即采取行动。如果有像投资顾问这样的外部人参加评价工作，那么就会很有意义。在服务水平协议规定的计分卡机制的基础上，再加上评价工作各参与方的意见，应该可以确定评价议程；而执行评价议程的结果可能是必须提高或改进某些方面的服务。通常，评价会导致签订新版服务水平协议来采纳评价产生的新洞见。

案例研究　未来基金

长期基金(Long-Horizon Fund)这个代理问题管理大师注重整体，而不是局部问题

背景

澳大利亚政府的未来基金(Future Fund)是一只独立管理的主权基金。这只基金由澳大利亚政府注资600亿澳元，于2006年成立。[①] 截至2017年底，未来基金管理着1 390亿澳元(约合1 020亿美元)的资产。这只基金的主要目的是达到1 400亿澳元的规模，用投资收益来偿还债务——支付退休公务员的养老金。[②] 这只基金2017年确定的投资回报基准是消费者价格指数+4%～5%。未来基金几乎把它全部的资产管理都外包给了外部管理公司，但对如何管理资产有自己明确的态度。它认为长期投资是产生高回报的关键因素，原因有三：(1)根据长期投资者能够承受短期损失的假设，长期投资有能力承受更高水平的市场风险；(2)长期投资有能力接受资本被锁定在短期出售成本太高的资产或资产结构中；(3)长期投资有逆周期、耐心和伺机而动的能力。外部管理公司负责实施未来基金制定的策略，这是由这只基金据以成立的法律规定的。[③]

---

① 请参阅White (2015)。

② 请浏览网页 www. futurefund. gov. au/about-us/our-funds。

③ 请参阅Adamson (2013)。

面临的挑战

未来基金一直非常积极地解决代理问题。该基金的总管理人戴维·尼尔(David Neal)指出了基金内部可能导致业绩恶化的四种常见代理问题：[①]

(1)委托代理问题。短期绩效评价不应该成为习惯做法。“好的结果往往被认为可证明事情步入了正轨，管理人也很有技能；而糟糕的结果则让人产生怀疑，并把证明的责任推给管理人，要他们证明自己行为得当。一旦管理人意识到他们被评价的是短期结果，那么就会努力取得好的短期结果。”

(2)奖励。太多的奖励是与短期业绩挂钩的，从而就产生了这样一个问题：习惯短期思维的管理人被激励去追逐长期目标。但还有一个更加微妙且本质上更加私人的问题，例如，可靠的近期业绩记录可以极大地改善职业前景，从而增加晋升、被猎头看中或自己创建基金的机会。

(3)情况一上来就不像预期的那样。委托人和代理人都试图判断是否出了差错；而且，应该终止管理人的职务，而不是仅仅是推迟支付薪酬。这样做的风险在于，委托人的行为方式会破坏长期投资的能力；他们可能对噪音而不是信号做出反应，错误地指责基金管理人，或者向他们施压止损，或者找人顶替他们，或者撤回资金。

(4)长期承诺。长期的成功需要基金委托人和基金管理人做出承诺。然而，这会给基金管理人带来代理问题，而融资承诺则会牺牲流动性。

过程

尼尔和沃伦(Warren)提出了他们在自己论文中确定的代理问题的解决方案。他们提出了以下四种解决方案：

(1)调整组织机构设置。当基金组织每个成员都朝着共同的方向努力时，他们就会根据长期目标来思考问题并采取行动。我们可以通过明确写下像使命、宗旨和信仰陈述这样的指导原则来做到这一点，同时还要通过增强领导力，提高专业素养和营造相互信任的氛围来打造组织文化。此外，“还应该关注结果是否在实现长期目标的轨道上，而不是在追逐逐期回报的轨道上。”为了应对

---

① 请参阅 Neal and Warren (2015)。

厌恶损失的短视症,尼尔和沃伦建议降低反馈频度,减少采取行动的机会,鼓励团队决策,并且聘用对长期投资有兴趣的正确人选。最后,上述解决方案应向下延伸到外部管理人,以建立基于相互信任和尊重的伙伴关系。为了维护长期关系和实现长期目标,合同就应该这样设计。

(2)通过参与来达成理解。未来基金的一项关键策略就是通过参与让全体利益相关者都了解基金的投资决策和结果。这样一来,委托人就能保持意见一致,而这项策略淡化了监控短期业绩的倾向。尼尔和沃伦表示:"这里的参与意味着让委托人参与决策,而不是保持独立性和距离。参与投资决策同治理和管理应该明确分离的理念不太相符。参与是一种认识到在长期投资的情况下通过结果流监控存在的缺陷而做出的妥协。"未来基金采用了一种需要共同深入理解投资链不同环节(如董事会与投资管理机构)做出的投资决策的所谓的"浸入式监控"(immersed monitoring),而不是那种投资链不同环节之间保持距离的"远程监控"(distant monitoring)。

(3)激励机制设计。经济激励不应该分散对长期业绩的关注。未来基金认识到根据长期滚动业绩计算薪酬的问题,虽然三年滚动业绩评价制度不适合就业市场的现实,但还是选择采用这种业绩评价制度来协调各有关方面的利益。未来基金另外还明确采用一种主观指标(投资组合资产类别间的合作)来奖励有助于长期结果的行为,质疑已被接受的想法和正统观念,并且建立建设性的关系。这样一来,薪酬结构关注的是投资组合的业绩,同时还充分考虑业绩的质量和可持续性。

(4)做出长期承诺。"向管理人表明自己的承诺,就是要信任他们,不要让他们为短期业绩负责。最主要的警示是,管理人应该对偏离长期使命和已确定策略的行为负责,目的是要引发对扩展职业生涯或与组织的关系的期望。承诺或许可以通过不轻易解雇员工来体现,并且在这么做的同时要考虑到承诺所传达的信息。"

结果

未来基金相对比较年轻,它的优势是在对自己进行规划的同时考虑到了其他基金的组织结构。因此,未来基金努力处理好委托代理问题,并且使相关人员的利益与基金的目标相一致。随着时间的推移,未来基金更加明确了自己的信念,并扩大了基金组织内部的透明度和开放度。此外,"'单一投资组合'法是该基金薪酬制度的核心；不管工作性质如何，全体员工的薪酬在一定程度上都取决于投资组合的总体业绩。因此，全体员工的利益被捆绑在了一起，而基金的资产组合规模则得到了扩大。”①

由于投资团队的规模有意设计得相对较小，因此，投资团队有办法让全体成员参与投资过程，从而避免团队内部出现各自为政的现象。未来基金积极鼓励全体员工建言献策，就连管理人审查委员会和资产审查委员会也向投资委员会建言献策。基金这样做的主要理念是建言献策应该能做大投资组合，而员工会因为支持不是自己提出的建议而得到奖励，从而消除了像“扩大地盘”和“各自为政”这样的偏见。

为实现卓越投资可总结的经验教训

- 未来基金是认识和减少投资过程各参与方之间代理问题的大师；
- 这样做的工具在本质上主要是定性的——达成共同的理解和创建可共享的文化，并从董事会开始组织全体成员参与；
- 未来基金通过“浸入式监控”来处理基金董事会和投资管理机构之间的长期代理问题；
- 投资管理机构内部员工因为“基金整体观”以及他们被激励一起做大基金的整个而不是部分投资组合的事实而紧密地团结在了一起。

① 请参阅 Adamson (2013)。

第五部分

学习、适应和提高

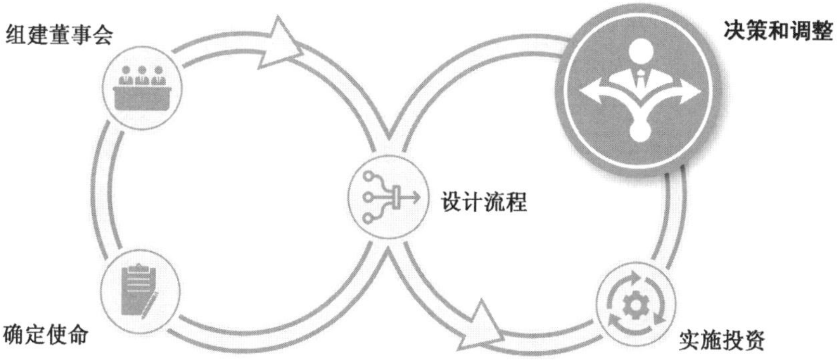

本书的第五部分着重关注基金受托人和决策者的日常工作，也就是关注如何组建卓有成效的董事会、如何评价投资机构的能力以及如何不断提高投资机构的能力等问题，就像荷兰医疗系统养老基金和美国加州公务员退休系统以及其他许多养老基金所做的那样。换句话说，这部分的重点就是讨论评价、改变、适应和学习问题。

新加入养老基金董事会的董事几乎没有机会从头开始设计董事会的架构，而是被置于一个由别人以及养老基金已有的DNA、文化和组织架构所构成的环境中。在通常情况下，养老基金的历史越悠久，它的架构就越具有黏性，或者越不灵活。可以说，“文化能把战略当早餐吃了”。

改变的起点应该是养老基金受托人本人，因为改变和提高必须从个人做起。是个人进行观察和评价，并觉得某种情况可以而且应该得到改善，然后就着手进行改善。从个人的观点转化为集体共同的观点，并且用这种观点来审视共同观察到的结果，或者把它转化为某种共同的语言，过程艰难，结果也不牢靠，但为启动变革进程所必需。

第五部分对卓越投资的贡献

第五部分旨在帮助董事会实现卓越投资，并且改变那些为改进并适应连续不断而不是一次性的过程所必需的活动。这样，养老基金就能变成学习型组织，学会不断适应迅速变化的环境，逐渐用优势取代劣势，而不是最终陷入危机，被迫采取极端的措施。因此，养老基金可以避免由亏损或机会成本造成的高成本，而这种高成本往往难以或不可能修复，并有可能威胁到养老基金的生存。养老基金的学习应该是集体学习，只有集体学习才能避免重犯同样的错误。但是，养老基金的集体学习需要大家的共同努力，并且得到董事会的支持。

第十三章　学会决策和采纳建议

关键结论

- 决策是养老基金受托人遥遥领先的最重要任务。也就是说，养老基金受托人的最重要任务就是：确定问题，制定备选方案，做出选择，监控后续执行，评价决策，以改进未来的决策。
- 投资决策是复杂的决策：未来是未知的，可用的备选方案有很多，而且彼此之间的相互依存关系并不总是清晰的。
- 有效的决策需要确定的正确议程，做好正确的准备工作以及董事会成员、外部顾问和投资管理机构之间进行坦诚的对话，所有这些工作都可以有组织地开展。
- 成功的决策有赖于董事会主席发挥的作用以及如何达成一致的决策方式。
- 在金融危机期间，董事会应该经常做好决策的准备。金融危机无法预测，但却经常发生，而压力之下准备不足的决策会使养老基金付出沉重的代价。

这一章详细介绍养老基金董事会进行决策需要做的事情。一组人为了决策组成了董事会，而决策把这些人的个人贡献组合成集体结果。因此，决策就是程序和审议意见的统一。董事会成员可能有自己的不同信念或观点，但决策过程促成了要告知全体利益相关者的统一选择。

在决策过程中,董事会成员做出选择、制定未来计划和/或对环境变化做出反应。他们可以表达自己的想法和信念,公开自己想要或怀疑的东西。这个过程的结果是明确他们能够并希望在一起做些什么以及他们共同相信什么并打算创造些什么,或者是为他们能够并希望在一起做些什么以及他们共同相信什么并创造些什么指明方向。他们每个人都为集体的成果做出了贡献,并因此获得了报酬、赏识和认可。为了创造一个由全体成员贡献促成的集体结果,我们不但必须能够做出自己的贡献,而且还必须能够接受他人的贡献。集体的贡献必须以某种方式进行比较、权衡和评价。最终的结果是,个人的贡献可能是看不见的,但却都是经过认真考虑后做出的。

在这一章里,我们先指出董事会在决策过程中可能会出现的行为缺陷,并提出一些切实可行的建议供董事会为改善决策采用;然后,我们把注意力转向投资咨询师、精算师和其他外部顾问在决策中的作用。那么,对于投资咨询师、精算师和外部顾问,养老基金的董事会在注意他们提请注意的问题的同时,还应该注意哪些问题才能尽可能用好他们的投入?

养老基金的受托人在决策方面严重依赖投资咨询师、精算师和其他外部顾问,并且被认为在进行投资决策时会采纳"正确的建议"。养老基金的受托人倘若不能遵守有关规定,就意味着可能会因为犯任何错误而直接被其所在国家的监管机构追究责任。因此,规模较小的养老基金可能要求助于独立的理财顾问、投资咨询师或通常也有资格提供财务建议的基金精算师。虽然从理论上讲,养老基金可以自主选择是否聘用他们,但是,规模较大的养老基金通常必然要聘请投资咨询师向基金受托人提供有关资产业务的建议,而且还会聘请精算师向基金受托人提供负债方面的建议。基金受托人必然会对这些顾问——无论是投资咨询师、精算师、外部成员还是养老基金投资委员会的专家——抱有适当的期望。

最后,我们讨论两种特殊类型的决策:与资产负债管理有关的复杂决策以及压力或危机时期的决策。

决策心理学:偏见、偏好和习惯

董事会及其下设委员会作为群体,通过决策过程,有可能比个体取得更好的结果。但是,这种可能性并不总能得到利用。群体过程的良好意愿甚至有可能导致不良的结果，特别是在群体活力产生作用，又出现行为偏差的情况下。

大多数人在面对不确定性时不能也不会系统地描述问题，记录全部必要的数据，或者整合信息来制定决策规则，而是冒险采取某种比较主观、不那么理想的推理方式，试图决定与他们的基本判断和偏好相一致的行动步骤。那么，基金受托人怎样才能以最好的方式来进行决策呢？在回答这个问题之前，我们需要深入了解他们在进行决策时有怎样的心理状态。

现在有越来越多的学者对投资者或决策者进行动机心理学（即行为金融学）研究，并且也越来越深刻地了解他们的动机心理。行为金融学的一个核心主题是，自然的反应和思维方式如果处理不当，有可能定期并无意地导致决策，而这样的决策又反过来会导致意想不到甚至是不受欢迎的结果。因此，养老基金的董事会和投资委员会必须避免把问题简单化、判断时的偏好和信息处理等三种行为陷阱（详见表 13.1）。

表 13.1　　决策方面的行为陷阱①

行为陷阱		行为效应描述
把问题简单化	心理账户	注重局部而不是“全局”的倾向；把资产和负债分开，家庭预算按不同用途细分；把决策局限于资产类别内，因此无法准确估计资产类别之间的分散化效应
	琼斯效应	倾向于根据少数几个巧合的例子来判断趋势，或者因为一个案例就断定“这不可能是巧合”。例如，投资委员会在取得一些好的结果以后可能会认为，自己在规避利率风险、进行战术性资产配置或挑选管理人方面真的做得很好，但实际上，这些可能只是些巧合
	可用性和代表性	我们总是根据自己记忆单个事件的容易程度来估计某个事件的发生几率；发生鲨鱼咬人事件的概率被认为要比飞机失事的概率大，因此，董事会和投资委员会认为，一次金融危机结束后，再次爆发新的金融危机的可能性非常大

① 请参阅 Maynard(2012)。

续表

行为陷阱		行为效应描述
判断时的偏好	前景理论与禀赋	损失会比可比的收益造成更大的痛苦;投资者对收益或损失(业绩优异/业绩不佳)等结果的描述非常敏感,并且会相应调整自己的行为效果。投资者如果赚到了收益就会规避风险(也就是说,他们不想放弃自己已经赚到手的东西),但会设法规避亏损风险;当业绩不佳时,外部管理人也可能会表现出追逐风险的行为
	框架效应	杯子是半满,还是半空,主要看您是在把水倒入杯子还是把水倒出杯子。我们的决策方式在很大程度上受到决策呈现方式的影响。例如,一份季度报告或演示稿可能一上来会展示金融市场的平静形象,从而导致基金的业绩看起来比较悲观
	近视症	最近发生的事件会掩盖过去发生的事件。我们不会根据新信息的影响来调整自己的判断。投资分析师不可能足够迅速地调整自己的利润预期,从而导致利润意外增长,并且随后可能会出现更大幅度的利润意外增长(反之亦然)
	鼹鼠丘效应(Molehill effect)	我们有一种高估低概率事件的影响并努力降低它们的发生不确定性的倾向。因此,即使会影响长期目标,投资者也倾向于持有短期现金和债券
	奥赛罗效应(Othello effect)	提高解释和信息的详细程度,会增强信心或坚定信念。董事会及其下设委员会会混淆资产负债管理或投资组合构建的精确性和可靠性,并认为定量信息比定性信息更加可靠。这样做的一个后果是,尽管由于预测失误,经济和金融市场模型高度不可靠,但他们仍然追求尽可能多的"量化计算"
	准奇幻思维	有些人即使知道采取行动或收集信息实际上没有效果,也会采取行动或者为获得信息买单。在养老基金业,这种准奇幻思维的表现就是支付绩效费。尽管这种费用的作用还没有得到科学的证明,但这种费用常常养肥了金融业
信息处理	想要的愿景或选择性感知	我们往往倾向于只寻找正面信息或能证明已有观点的信息,而忽略或不寻找其他数据。先设定论点和问题,于是,想要的事实就更容易占据最重要的位置。这种倾向的一种变体就是"后见之明"偏误,也就是最近的事实被认为是可预见的事件
	过分自信	过分自信是指组织或其成员有时倾向于高估自己的知识。董事会在事关他们认为自己拥有一定控制权并高度参与的事情的结果时特别容易过分自信。规避利率波动风险、构建战术性资产配置或挑选管理人就属于这类事情。基金受托人根据自己对管理风格的嗜好和自信来挑选管理人。为养老基金工作的投资团队几乎有一半把激情作为一种核心价值观。我们可能会充满自信地讲述某个故事,不管这个故事是否有充分的论据支持,而且常常是能取悦投资委员会或基金受托人的故事(现在我们真的有事情要决定)。然而,这是一种虚假的确定性。我们编造故事来解释现实,借此来安慰自己。但是,这些故事可能并不真实

那么，这些问题会对养老基金董事会和投资委员会的决策产生怎样的影响呢？以下某个或多个因素可以在讨论中发挥作用：

- 董事会和投资委员会往往都会格外关注投资和绝对收益，而较少关注与养老金负债有关的投资发展情况。或者，他们会选择根据投资组合本身的优点来处理部分投资组合，而不考虑这部分投资组合与其他部分的相互影响（如相关性）。
- 减少短期风险的倾向，如在必要时不对投资组合进行调整，因此更加重视短期目标，而不是长期目标的倾向（参见本书第四章关于风险胃纳的讨论）。
- 相信债券和现金比股票安全的倾向。
- 认为低风险的投资组合由各可靠的单笔投资组成，因而忽视投资分散化长期优势的倾向。董事会和投资委员会对投资组合中造成亏损的元素做出反应，并对它们进行处理，但结果是，由于处理或降低风险的过程，因此有可能无法获得预期的风险溢价。著名的例子是，当股价大幅下跌时，董事会和投资委员会一致同意不对投资组合进行调整。别忘了，风险溢价主要是在有投资者厌恶有风险的投资的情况下才能“赚到”。
- 对最近发生的事件反应过度的倾向。在决策过程中，最近发生的事件会得到充分的考虑。这个问题会以多种形式表现出来，例如，我们可以想想成功的投资管理人或投资策略在他（它）们趋于平稳之前所做的投资、20 世纪 90 年代末对成长股的投资、在他们取得成功几年后招聘的管理人，或者预期未来几年会发生金融危机时构建的投资组合（参见本书第十二章关于选聘管理人的内容）。

以上这些倾向往往被归因于散户投资者，但我们没有理由认为，养老基金的董事会和投资委员会可能不会时不时地成为它们的牺牲品。养老基金董事会和投资委员会的成员会像普通投资者一样思考问题，他们也有心理账户，即分立的心理账户。这种心理账户效应会被外部成员进一步扩大，例如，他们涉足过某些特定的投资分支领域，如房地产或衍生品，因此会进一步强化这种行为。例如，一个有深刻对冲基金背景的外部成员会让投资委员会对控制这类投资感到放心。自信的股票投资者往往不会重蹈覆辙，预测股票风险溢价为负。有些养老基金在成立投资委员会时就考虑到了这个问题，因此会结合考虑与“心理账户”风险相对应的“极端”观点。

除了个人层面的行为效应，董事会和投资委员会成员之间的互动还会产生其他不同的行为效应。其中容易观察到的效应有：

- 压力均匀效应；
- 压力一致效应；
- 行为偏差效应；
- 无敌幻觉（illusion of invincibility）效应；
- 新信息隔绝效应。

压力均匀效应。压力均匀效应在这里是指，投资委员会成员不愿表达自己对集体做出的决策的怀疑。大家都有一种要成为团队成员的强烈需要，还有一种缺乏统一就会危及董事会或投资委员会效能的屈服感。群体工作和决策可能会产生相反的效果，并且导致在投资过程中达成群体一致和共识的愿望压倒现实地看待信息和批判性地评判信息的动机的"群体思维"。[①] 由于这种自我强化的谴责意识，因此，投资委员会的成员会相信，他们的意见比实际更加统一。如果决策没有按计划进行，这种情况可能会造成张力。这种自我强化的谴责意识可以通过自封的"心理警卫"而得到加强。投资委员会的有些成员会赋予自己使其他成员达成所谓的共识的角色。"我们已经做出的决定不会很快就被撤销"是这种观点的表达。

压力一致效应。压力均匀效应还包括一个外在分量——必须以符合参保人、外部人和监管机构认可的养老基金形象的方式设立养老基金的倾向。养老基金的文化和董事会成员是这种效应的决定因素。那么，养老基金的文化是否可以把好的和不好的决策造成的结果归因于投资委员会自身的行为（内部化），或者是否存在决策造成的结果可归因于养老基金无法控制的因素（外部化）的情况呢？对于养老基金的观察人士来说，要了解养老基金的文化是内部化还是外部化占据主导地位，一个简单的方法是阅读基金董事会通过的年度报告。如果（糟糕的）结果主要可以归因于超出养老基金影响范围的金融市场，那么这就是外部化的一个确切表征。压力一致效应也可能是职业风险的结果。董事会和投资委员会可能会以一种尽可能少与监管机构"讨论"的方式调整政策，因

---

① 请参阅 SEI Investments（2016）. Governance and Groupthink in UK Defined Benefit Pension Schemes. 可登录如下网页获取：https://seicdrupalcdn.azureedge.net/cdn/farfuture/31Ek9HflEkEAOPl NPFgIK55BP 9wym5XG8VUqWJ0Cd4/1518212992/sites/default/files/inline-files/SEIGroupthink-Research-Study.pdf。

此，基金的政策隐含地符合监管机构虽然没有明确规定但实际期待的东西。对于董事会的部分成员来说，即使养老基金投资政策方面的偏常愿景有充分的依据，也符合参保人的利益，但这一点也可以作为不采取任何偏常行为的合理理由。

行为偏差效应。养老基金的投资委员会也可能仅仅因为问题或提议摆在他们面前而倾向于做出决定。如果一项使用特定工具（如互换期权）的提议已经经过多次讨论，那么就会产生一种类似于选择主动投资管理人的过程。如果互换期权似乎有可能产生好的结果，但却没有被使用，那么，投资委员会必然会部分以对这个提议已讨论过多次为由进行辩解。因此，最好的选择是决定使用互换期权，但使用水平只能对基金的资产构成产生很小的影响。投资委员会可以建议积累一些使用互换期权的经验。到那时，投资委员会成员和董事会的最大“遗憾”只能是他们做出了一项好的决策，但作用实在是微不足道。在严重的不确定或危机时期，行为偏差也很明显。投资委员会可以建议在短期内干预投资组合（策略），以限制负面影响。然而，另一部分建议更多是被作为指示。这样，即使调整行为只产生很小的影响，或者根本就没有产生影响，但投资委员会和董事会也能向外界表明自己正在积极采取行动。

无敌幻觉效应。以前的成功往往会强化这种效应。投资委员会认为，由于，譬如说，他们提出了正确的建议，要求调整利率对冲策略，或连续几次调整股票和债券的相对权重，因此，正在形成一种“好运连连”(lucky streak)的趋势。我们可以从单一、多少有点巧合的观察结果中导出某种趋势，这其实是运用了小数定律。投资委员会还可以与董事会一起证明一条完全不同的路径的合理性。对此的一种解释是，虽然还没有取得成功，但投资委员会已经树立了这样一种理念：自己是“正确的”一方，尽管金融市场还没有完全表明这一点。因此，投资委员会可能会冒险建议或坚持一项从长期看不会有很好效果的决定，因为它或董事会有选择地处理信息或不愿接受新的信息。

新信息隔绝效应。另一种效应主要是由群体与外部世界“隔绝”造成的。群体成员可以说服自己不要冒险离开群体去寻找补充论据或信息。这是一种群体“合理化”形式。投资委员会甚至可以宣布外部世界多少有点不相关，并对群体外部的人形成刻板的印象。他们倾向于认为，他们这个群体能力高于平均水平，而群体外部的人低于平均水平，没有能力或者缺少理性。

稍加仔细观察就不难发现，群体越具有得到认同的特征，那么，它的素养和决策过程就越会恶化。我们介绍的行为效应可能会给人这样的印象:它们只适用于投资委员会,但事实远非如此,它们会对几乎所有形式的决策产生影响。在本书的背景下,这个问题对养老基金董事会和投资委员会的区别在于:性质不同。养老基金的董事会和投资委员会如果不能明确回答群体所面临的问题,那么就更容易受到行为效应的影响。当涉及投资问题时,很少有明确的问题定义和/或明显的答案。然而,设立投资委员会,正是为了解决这类问题。投资问题往往会涉及由于没有就养老基金已经获得的发展或对养老基金未来发展或地位的影响达成共识而产生的问题。在这种不确定的背景下,只要有许多政策选择和可能的场景就必须做出决策。投资委员会的成员要提出并经常要面对各种怎样才能实现投资组合目标的意见,关于这个问题的决策往往要对当前局势和长期目标进行权衡。

步入正轨的群体过程

我们已经介绍了投资委员会成员和投资委员会作为群体所面临的各种行为陷阱,下面来讨论投资委员会需要具备哪些条件才能做出好的决策。卡尼曼(Kahneman)是投资心理学研究的先驱之一,他提出了许多适用于机构投资者的建议。根据他的建议,我们发现了以下有用的决策建议:①

- 综合而不是孤立地考虑投资问题。例如,作为房地产投资组合组成部分的贷款很少与固定利息资产配置中的贷款相抵消,也很少被包含在养老基金总余额的“财务杠杆”报告中。
- 奉行自上而下并且同时适用于所有基金要素的投资政策,避免推行按资产类别分开确定投资目标的自下而上型投资政策。
- 在董事会成员看来,亏损风险很重要,但亏损是一个相对概念。通过预先明确定义参考点(评估范围、期限,是否只评估资产)来界定亏损。
- 彼此提醒保持长期观的重要性,并确保成员不是嘴上说的是长期,而实际想的是短期。确保充分明确地制定(长期)投资政策,以便在发生意外时,投资管理人不会试图实质性地偏离长期投资政策。
- 对自己的能力要有清醒的认识。养老基金在选择偏离市场基准(如偏离

① 请参阅 Kahneman (1991)。

市场加权指数)的策略时,必须考虑自己是否真的比市场更有能力聚集和使用更多的专业知识。

• 跟踪并评估董事会的决策。董事会更有可能记住已经取得成功的决策,这就意味着,按时间顺序列出所有的决策(无论是否已经取得成功)以及成功或失败的原因并非没有益处。投资委员会的成员或投资管理人常常不能清楚地记得自己在决策时的想法或反应。面对已经获得的收益,投资委员会的成员会做出可以直观或轻松地填补空白的解释。因此,业绩归因不应该只是一种机械的练习。所有重大决策——无论调整资产配置还是选聘新的投资管理人——的依据都应该在决策时记录在会议纪要中。

• 加强对决策的跟踪和评估——在规定要被委以投资任务的投资委员会或董事会成员必须具备的条件和选聘他们时应该明确,散户投资经验不应与机构投资经验混为一谈。养老基金的投资信念在多大程度上受到受托人个人的信念和愿望思维的影响这一点非常重要,因为养老基金的受托人多半不再能够根据他们处理个人投资的直接经验来履行职能,[①]而是必须努力了解构建机构投资组合可用的资产类别的特点。现在,养老基金常在自己的投资组合中持有多达 15 种不同的资产类别,[②]而 15 年前只有 5 种不同的资产类别。

• 要互相提醒量化确定性和投资决策不确定性的表象。在实践中,选择预期回报稍高的投资政策的决定可能因为不确定性较高而无法取得预期的结果。

• 要防止决策或采取措施过于乐观的倾向,然后利用新的信息来证明决策和措施的合理性,把注意力放在可能出错的问题上。选择现实的出发点,防止只看到好的一面的倾向。

• 在购买新资产类别进行投资或聘用新的投资管理人之前,应该列明可解雇投资管理人或认为投资选择不成功和予以拒绝的条件(回报/风险目标、评估期限)。

---

① 请参阅 Morrell (2008)。

② 一般来说,投资组合包括股票、固定收益证券、房地产、现金等价物和另类资产等五种传统的资产类别。随着时间的推移,可供选择的资产类别越来越多。被统称为"另类资产"的其他可能资产类别包括房地产、艺术品、对冲基金、风险资本和众包。

学会做复杂的决策

虽然量化建模和定量工具研究取得了进步,但是,决策仍然是养老基金受托人最艰难的选择。过去,养老基金董事会成员面临的都是投资选择方面的挑战,而如今他们不但要在资产背景下,而且同时还要在负债背景下考虑新的资产和投资策略。换句话说,决策成了一个需要解决的复杂问题。“简单”的决策假设,董事会可以认为某个问题提得很好,能很好地反映所涉及的现实,并且通常认为存在某种单一的客观评价标准或观点能够支持所进行的分析,因此很容易找到解决方案。在现实中,是根据一种考虑以下因素的不同逻辑来给金融问题建模的:①

- 存在多种评价标准。具体有什么评价标准?有哪些优先目标?
- 是否存在评价标准相互冲突的情况?
- 复杂、主观且结构不良的决策和评价过程。
- 请财务决策者参与评价过程。不同的财务决策是由董事会成员或配备财务人员的行政办公室,而不是由模型做出的。决策者现在越来越深入地参与决策过程。为了解决问题,有必要考虑他们的偏好、经验和知识。

凡是战略层面——风险胃纳、战略性资产配置——的决策,对于养老基金董事会来说,都是复杂的决策过程。有一种方法可用来解决存在多重标准的问题和构建决策过程,那就是通过(比方说)帮助董事会制定与养老金负债相适应的长期投资策略的资产负债管理,来发展支持养老基金管理的先进决策系统。现在,养老基金董事会已经大量采用资产负债管理来支持自己的决策。

资产负债管理的目的是分析养老金余额的风险以及政策对资产负债管理的影响。资产负债管理可以通过分析未来场景来展示养老基金资产负债的动态变化,并显示它们如何转化为退休金(包括附加费和折扣)、保费和偿付能力。资产负债管理特别有助于董事会建立目标、风险胃纳和投资模式之间的关系。资产负债管理由以下步骤组成:

- 确定目标和构建实现目标的框架。养老基金希望通过资产负债管理过程来达到什么目标?养老基金是否定期更新投资目标,并且定期检查投

① 请参阅 Roy(2005)。

资目标是否仍可实现或风险胃纳是否需要更新，还是要进行更加基本的检查？

- 确定敏感性。养老基金的资产负债表是否明确易懂？了解利益相关者的利益诉求或愿望，并把它们转化为资产负债表上隐含或明确的选择，有助于为问题确定解决方案。
- 了解资产负债管理模式的敏感性。采用什么方法并根据什么假设做出选择？如果股票的风险溢价略有变化，模拟结果是否会出现很大的差别？
- 准备并分析备选方案：备选方案对哪些结果比较敏感？董事会要做出哪些重要选择？

以上介绍的各个步骤构成一个各组成部分相容的框架，可在资产负债管理过程中用它来支持董事会的决策过程，但具体的做法可能常常不同。董事会和投资委员会的成员虽然训练有素、经验丰富，但经常要努力把资产负债管理研究的抽象和重要数据转化为合理的决策。我们列出了养老基金董事会和投资委员会面临的最严峻挑战：

- 资产负债管理可被用来推迟选择。资产负债管理着眼于长期——可以涉及未来 10～15 年，有时甚至更加久远。但是，效率较低的董事会会遇到拖延和时间折现的问题，亟待要做的选择可能会变得不那么紧迫。如果资产负债管理分析显示长期结果为正，那么有可能会导致董事会在实际需要短期选择的情况下认为没有必要进行短期选择。
- 对资产负债管理的了解能够对董事会产生负面影响。近年来，世界各地实行资产负债管理的养老基金董事会及其下设委员会已经变得职业化，并在这一过程中积累了投资专业知识。养老基金董事会及其下设委员会的专家成员都知道假设条件的敏感性常常会怎样影响结果。然而，这方面的知识通常并没有在养老基金内部得到广泛的分享。例如，如果把长期利率设在略高于平均的水平上，那么就会对结果产生巨大的正面影响，因此，对市场持积极态度的董事会成员可以故意(或无意中)对假设条件进行“微调”。这虽然不会对结果造成太大的负面影响，但能使决策变得比较容易。
- 董事会可能会把频率和概率混为一谈，这可是一个大问题。资产负债管理对于模拟可能出现的场景至关重要。例如，在生成 1 000 个可能出现的场景的情况下,10%的场景或者 100 个场景可能会显示小于 0.9 的保付比率。1 000 个生成的场景中的 100 个可被表示为 0.1 的出现频率。然而,董事会直观地把它理解为保付比率低于 0.9 的概率是 0.1。但是,这种理解是不正确的,它表示一种对未来的准确预测,因为各种结果的误差区间已知。最好的解释是,如果出现类似的情况,平均 10 个结果中有 1 个会显示小于 0.9 的保付比率。这种混淆不利于沟通,但确实显示了问题的症结所在:频率并不是概率。

- 这种混淆还会导致其他问题。假设董事会知道概率和频率之间的区别,是否就真的有助于董事会决策?如果我有 0.05 的几率过马路被自行车撞到,那么,我还会过马路吗?我过 100 次马路,平均应该有 5 次被自行车撞到。这算不算很多?我什么时候才应该决定采取预防措施?

养老基金董事会应该能够识别上面介绍的各种挑战。幸运的是,有一些相对比较简单的方法可以用来解决复杂的决策问题。下面介绍几种这样的方法:

- 提前决定如何处理复杂的决策。应该优先考虑哪些目标?事先在哪里可以知道需要对目标进行的取舍?董事会需要哪些信息才能对目标进行取舍?对要采取的步骤是否达成了共同的理解?资产负债管理在决策过程中应该做些什么,或者不应该做什么?在这个过程中,董事会是否会采用其他模式或观点?董事会是不是也清楚什么时候和为什么不采用其他模式或观点?
- 对基本假设达成共同的看法。其中哪些基本假设是由少数成员而不是整个董事会支持的个人"信念"?就基本假设达成一致,并明确在决策过程中不会重新审视或调整基本假设。
- 区分董事会能够影响和无力影响的因素。例如,董事会可以决定风险胃纳、成本和保费水平固定不变,或者只规定有限的变动幅度,从而减少结果的数量。确定关于这些因素是否存在政策空间,并且关注具体的结果和协议。
- 对结果进行形象化和内在化。董事会并不需要确定养老基金参保人月薪的百分比,而是要确定他们的月薪。我们也可以在特定的场景下考虑敏感性问题,换个角度看问题有助于确定结果的优先顺序。有一些不同方法可以使结果具有自己的特点。在特定的场景下考虑敏感性问题,从中可以推断出哪些经验法则?

- 努力使自己不带偏见。我们已经在前面介绍过导致决策效率下降的行为效应。要注意这类行为效应对董事会工作的影响,对那些他们的统计知识给董事会留下深刻印象的专家的作用持批判态度,这一点可以在最后通过评价来做到,并在整个决策过程中指定一名董事,赋予他如果行为效应产生作用就叫停决策过程的权力。
- 强迫自己在短期内采取行动。在董事会里,防止董事会作风拖拉或厌恶风险的一个重要步骤是调整好风险胃纳,并根据风险胃纳采取行动。在进行艰难的决策时,特别是涉及有可能发生亏损的决策时应该防止愿望思维和死气沉沉。

利用专家意见

养老基金董事会会聘请一些外部专家作为外部顾问或外部成员来增强董事会或投资委员会的力量。养老基金会选聘一些咨询顾问,并且认为董事会和投资委员会必须掌握这样的专家知识才能妥善完成自己的任务。养老基金的理念是,补充董事会知识的额外知识和能力组合必须放在桌面上谈。例如,咨询顾问通常会带来宏观经济、金融市场运行、风险管理、资产负债管理方面的知识,最重要的是,还会带来(利率)衍生品交易的经验。例如,养老基金可以围绕利率对冲工具、房地产和资产负债管理等主题选聘咨询顾问。

在挑选顾问前,先要考虑需要拟聘顾问发挥怎样的确切作用。养老基金明里是根据他们的知识和专业技能,而暗里也根据他们的地位和人脉关系选择外部顾问,但实际上,外部顾问在养老基金履职时享有很大的自由度。以上其实已经很好地说明了外部咨询顾问应该具备的知识和技能,但养老基金对外部咨询顾问作用的期待可能就没有那么明确。外部咨询顾问可以发挥以下作用:

- 相对而言,外部顾问擅长业务,养老基金可利用他们的业务知识来补充自己已经掌握的知识,以建立(比方说)实施监测和选择、规避利率风险、进行战术性资产配置和防范金融市场冲击方面的尽可能有效的决策机制;
- 外部顾问可被用来构建制衡投资管理机构的力量;
- 外部顾问扮演咨询师的角色,提供市场信息以及执行方面和应注意的问题的实例。外部顾问的作用还包括提出建议供董事会根据他们的建议制定政策措施。

鉴于外部顾问对于养老基金具有重要的作用，因此，重要的是应该考虑“专家”和“专长”的实际含义。专家有四个特点：(1)受教育程度高；(2)具有自己专业领域和/或经济、金融和投资方面的执业资格；(3)受过以任务为重点的训练；(4)实践经验丰富。专家一定经历过很多问题，并且在很长的时期里运用专业知识和技能解决问题。

此外，专家必须从事自己专业领域的工作。从这个角度讲，专家对于养老基金现有董事会成员的知识和能力尤其具有补充作用。专家的能力也经常可用来填补需要大量金融市场、投资工具、风险管理等方面渊博知识的职位空缺。但必须注意，成为某一领域的专家与掌握专业知识和技能并不是一回事。专业知识和技能应该被解释为在某些情况下可以处理或解决专业问题的适当能力。养老基金董事会在选聘顾问时应该注意候选人是否具有以下四个特征：①

(1)专家与新手不同，应该把较多的时间用在分析问题，而不是解决问题上；

(2)专家根据基本趋势和原则来发现问题，并对问题进行归类，而不是像新手那样停留在“表面上”；

(3)专家能够快速处理大量的信息；

(4)专家对与他们本领域问题相关的信息有很强的记忆力，能够长期不忘。

因此，专家的作用是经常根据类似的(经济)情况解读和判断形势，他们利用自己的个人经验或者凭借自己的职业能力和受过的教育来做到这一点。例如，在2008年第四季度股市暴跌期间，专家们被要求凭借他们的经验解释或者回答(譬如说)“1933年的大萧条正在重演？”和“股市还会反弹？”等问题。因此，在解释或回答问题时能够讲述过去的相关故事很可能是专家应该具备的一个重要先决条件以及专家的价值所在。因此，评判专家的一个基本原则是他们能否迅速适应不断变化的环境。

然而，专家们也有可能成为他们自己持有的信念的牺牲品。他们丰富的经验会导致行为偏差，如产生无敌幻觉，即以前成功的选择促使他们认为自己应该一直能够正确。这也为聘用专家提供了理由：聘用他们，是对他们的最大激励。这样，在出现新的见解和信息时，他们就会不断回顾自己曾经经历过的过去。②

---

① 请参阅 Wagner(2002)。

② 例如，可参阅 Clark(2004)。

聘用专家的委员会可能遇到这样的困境：在委员会形成了群体思维的情况下，专家们就有可能更多地支持并认可委员会中说话嗓门最大的人的意见。委员会成员或多或少地要受到其他成员尤其是专家的行为和意见的影响。这就是专家作用的悖论：我们之所以聘用专家，是因为他们有可为我们所用的知识和专业技能来改进决策过程。但是，他们可能会因为他们的专业知识和声誉而对群体的其他成员造成威胁，导致群体讨论变得不那么开放，或导致在没有专家意见的情况下寻求尽早达成共识。

养老基金认识到专家能够发挥不同的作用，并越来越多地为委员会聘请掌握不同专业知识的专家。养老基金一种常见的聘用专家的模式是聘请一位具有学术背景的外部成员或顾问以及一名有投资或咨询背景的外部成员或顾问，但他俩的建议形式截然不同。

表 13.2 着重反映了有投资背景的顾问和有学术背景的顾问在特点和建议方法上的差异。这些差异并不总是十分明显。如果一位学者跳槽担任资产管理人的职务，并为投资委员会提供建议，那么，如何来区分呢？表 13.2 可以帮助养老基金在组建董事会或委员会时寻找具有所需特征的顾问。

表 13.2　专业投资顾问和学者型顾问在特点以及喜欢采用的建议方法上的差别①

	专业投资顾问	学者型顾问
特点	·能扮演有咨询程序意识的医生角色 ·采用多学科方法认同董事会提出的实际问题 ·对董事会的价值观和利益持开放和批判的态度；专注于与董事会合作；采用注重社会价值的方法 ·务实并以解决问题为主；注重短期知识；关注与当前主题有关的理论	·对养老基金投资过程知之甚少的信息专家 ·认同经济或金融分支学科的专业应用知识 ·应用知识和建议必须符合科学价值观；采用相关性较小的专家方法；不怎么关心董事会的价值观和利益 ·注重理论和常识；用长期观看问题，而不是提供短期的实际解决方案；致力于创造、积累和保存可持续发展的知识 ·抱有实证科学的理想；在信息研究达到科学标准时，相关知识适用于提供咨询建议

① 根据 Bouwmeester(2008)改编。

续表

	专业投资顾问	学者型顾问
喜欢采用的建议方法	· 具体或评价性的结论和建议;强调概率和务实的保留 · 论证注重广度;采用通用方法;在咨询报告和委员会会议上做直接、务实的正面陈述和评价 · 主要根据“常识”性因果关系,而不是根据难懂的理论来进行辩解;经常提到价值观、动机、标准和评价指标 · 用经验、粗略估计和个人评判来提供支持;结果必须通过“常识”检验 · 报告强调建议、结论和论据	· 提供通用的中性结论,不提规范性建议;强调不确定性和理论保留 · 论证注重深度,采用专业方法;偏好准确、可靠的陈述,而不是评价 · 主要根据嵌入经济学科的理论以及没有争议的价值观、动机、标准和评价指标来进行辩解 · 运用科学方法来提供支持;很少同情“草率的”研究、经验知识和“常识” · 通过介绍报告中使用的方法、大量数据和理论来强调支持的科学性

具有学术背景的顾问在提供咨询建议时会用一个对于根据理论进行严密论证很重要的理论框架作为出发点。然而,这种顾问给委员会的建议和做出的结论涉及范围有限。就像在研究中,假设不能得到证实,充其量不会被拒绝。科学家总是更加注重求证和数据;而咨询顾问则以实用性为出发点。咨询建议必然会导致行动,并且有助于董事会解决问题;而论证和理论的形成不一定无懈可击。更重要的是,想要的方法和解决方案已经在其他情况下产生过作用。

投资咨询顾问

像投资咨询师这样的顾问通常是值得养老基金董事会信赖的顾问,可以被说成是学术顾问和实务顾问“美满联姻”的产物。一方面,他们的工作是为基金投资管理策略的实际实施提供建议;另一方面,他们被认为对有可能改变未来发展和投资治理的新的(学术)洞见非常敏感。

投资咨询顾问的一个作用是就资产类别、投资组合构建、基准的确定、基金管理人的挑选和监督以及业绩评定等问题提供建议。投资咨询顾问就挑选基金管理人和投资风格、利用基金管理人专有数据库和(在必要时)终止基金管理人职务等问题提供建议,他们可以在挑选基金管理人时提供帮助,并在基金管理人任职期间提供监督服务。

养老基金聘请投资咨询顾问,是因为他们有养老基金需要的知识和经验,还因为他们了解养老基金的问题。他们建立了大型数据库,并且开发了很多选择和监督程序。我们不应期待这种程序能产生最好的结果,但可期望它是一个能带来适当结果的完整程序。在一项发人深省的研究中，研究人员对驱动美国咨询顾问推荐基金的因素、他们的推荐对资金流动产生了什么影响以及被他们推荐的基金表现如何等问题进行了分析，结果发现：投资咨询顾问主要是在软因素，而不是基金既往业绩的驱动下推荐基金，而且他们的推荐对资金流动产生了非常显著的影响。不过，这几位研究人员并没有发现投资咨询顾问的推荐创造了增加值的证据，这表明，在投资咨询顾问的鼓励和指导下寻找“优胜者”并不会有什么效果。① 可惜，这项研究并没有回答养老基金受托人为什么要雇用投资咨询顾问的问题。

首先，养老基金受托人可能只是看重投资咨询顾问的扶持性服务。虽然养老基金的受托人有可能取得他们想要的结果，但他们还看重这种赋予他们决策信心的关系。其次，投资咨询顾问能够提供可被养老金计划发起人用来为他们的决策辩护的“保护伞”。② 受托人甚至可能无视自己对基金管理人业绩的期望，而接受投资顾问的推荐。养老基金或者它的投资委员会即使并不相信主动投资策略能创造增加值，但仍有可能会过分强调这种投资策略的作用。解雇一个业绩糟糕的主动投资管理人，虽然养老基金似乎起到了决定性作用，但受到质疑的是这个管理人。如果是被动投资管理人业绩糟糕，那么，因结果令人失望而遭到质疑的是整个资产配置策略，因此，养老基金董事会的素养也会受到质疑。最后，信息不对称可能也会产生作用。养老基金的受托人可能会误解投资咨询顾问推荐的价值所在。虽然投资咨询顾问坚持要求完全公开他们评定的基金管理人的业绩，但他们自己并不披露可用来评价他们自己业绩的既往推荐意见。

在采纳咨询顾问建议方面面临的挑战和困境

养老基金卓有成效的董事会或投资委员会重视内部背景差异和意见分歧，并试图邀请有不同意见和持不同观点的成员在会议上亮出自己的观点和意见。如果出现以下情况，会议讨论会变得更加微妙，而咨询顾问提出的建议则不太会被采纳：

- 咨询顾问的偏好不同于与投资委员会的偏好。例如，如果董事会正在考虑一项增加股票配置的建议，还应考虑到投资委员会有一个在任何情况

① 请参阅 Jenkinson et al.（2016）。

② 请参阅 Jones and Martinez（2017）。

下都坚信增加股票配置的(外部)成员,因此觉得对这项建议不能全信。

- 董事会觉得这个外部成员把自己的利益放在了优先位置。在遴选投资委员会的成员和工作人员时要对他们的背景进行审查,以确保不发生利益冲突。如果聘请外部成员担任资产管理人,就有显性的利益冲突问题。如果养老基金拥有内部管理资产的投资管理机构,那么也有隐性的利益冲突。
- 咨询顾问不可信任,因为他们有不同的价值观和利益诉求。
- 咨询顾问不能证明自己提出的建议的合理性,数值建议(numeric advice)就会出现这种情况,因为定量建议比定性建议更容易被认为具有说服力。

相反,如果群体认为评价和决策过程的步骤和程序是公平的,那么,讨论的结果就会被接受。董事长在这方面扮演着重要的角色。例如,会议议题不能因为时间有限而受到"限制"。此外,如果决策过程的参与者被认为是值得信任的,也会有所帮助。这种帮助是通过定期讨论集体价值观以及咨询阶段提出的初始问题和不掺杂个人利益的方式来体现的。

另一个难题是,提建议的责任和对建议要负的责任并不总是重叠。董事会(或投资委员会)和养老基金应该毫无保留地为自己的行为承担全部责任。这似乎应该是个不言自明的问题,也是受托责任的意义所在。然而,有投资管理背景的人士或者投资管理从业人员通常会有所不同。他们很可能会邀功,把成绩归功于自己的技能;他们不会考虑自己的失败,并把自己的失败归咎于运气不好、别人的错误或影响到每个人的不利行情。这种"推诿游戏"是一个非常微妙的过程。有研究人员用在《华尔街日报》上登载的股评来说明这个问题。[①] 他们发现,评论股票投资获得正回报的文章常使用"股价攀升""恢复了正常走势"或"出现了拐点"等"主动"词语。这些都是基于技能的表示"主动"意思的术语。在股票投资出现负回报的情况下,他们发现,股评文章充斥股价"呈螺旋形下跌趋势"、"重力下跌"或"负面情绪"。这里传达的信息很明确:负回报是被动的——它们是由市场造成的;正回报是主动的——它们是由个人的决策和技能决定的。这个"陷阱"会产生两方面的负面影响:

- 进一步加剧过度自信的行为偏差,受托人会认为自己做出了出色的决策;

---

① 请参阅 Morris et al.(2007)。

• 产生形成“推诿”文化(一种人人指责别人、努力避免自己受到责备的文化)的强大动力。

这种“推诿”文化会产生一些意想不到的影响。首先,基金的投资理念和战略性资产配置往往取决于同行的投资理念和战略性资产配置,而不是基金的性质和需要。这是一种认知失调:董事会有人不同意某些决策,但又不想反对。其次,它会阻碍董事会的学习,因为无法进行公正、开放的业绩归因。之前讨论“推诿游戏”的风险是适当的,而董事长对于促成这种游戏扮演着重要角色。

压力下的决策

养老基金有一个特殊的决策问题,即养老基金经常要在压力之下做出对自己的可持续性真正具有重要意义的决策。以 1998 年长期资本管理公司(LTCM)破产、2008～2009 年的全球金融危机或 2011 年欧元区危机造成的冲击为例,我们就能发现,养老基金董事会在如何进行利率对冲、调整股票配置或应对交易对手风险方面做出的不同选择,会极大地影响养老基金的财务业绩。养老基金董事会似乎已经养成了在压力之下做出决策的习惯,那么,他们在这方面是否可以做得更好呢?在制定政策的准备阶段,以下这个问题越来越受到重视:董事会及其下设委员会必须能够提前预测到环境的迅速变化并做出反应,并且制定如何维护养老基金资本或目标的行动计划。

危机往往始于对导致危机的真正原因的认识。危机很难预测,但确实包含一些相同的因素,对于养老基金来说,最明显的共同因素是保险覆盖率在短时间内急剧下降。在金融市场上,汇率波动幅度扩大,主要是向下波动。买家数量骤减,因此,有传言称“流动性濒临枯竭”。息差大幅扩大,由于许多投资资产类别贬值,不再能够相互抵补,因此,避险工具减少。

投资管理人和董事会成员都凭经验认为,这种环境极不确定。分析人士和评论人士会越来越多地谈论这种“前所未有”的情况。这种不确定感由于一些明显程度不一但似乎可控的问题而趋于增强,从而在短时间内造成意想不到的重大问题。1998 年,对冲基金长期资本管理公司的破产引发了一场全球性危机,其主要原因是俄罗斯宣布暂停偿还外国贷款。投资银行贝尔斯登(Bear Stearns)的破产虽然可以预见,但也十分困难,而雷曼兄弟的倒闭则引发了世界性的恐慌。恐慌是危机的一个典型因素,因为存款人纷纷跑到银行取钱,或者金融机构无法吸引更多的现金。人们对危机的另一种反应是对央行行长或政客抱有无限信心,因为他们手中掌握着充当最后贷款人的资源。那么,针对危机,养老基金的董事会可以采取哪些措施呢?

养老基金的董事会、专家和顾问都没有能力从无论是发生时间还是影响力两个方面预测或影响金融危机。但是,养老基金的董事会能够评估金融危机可能对其投资和资产负债产生的影响,他们可以事先考虑在基金风险胃纳的范围内可以接受什么样的影响(见本书第四章)以及必须采取什么措施才能做到这一点等问题。但最重要的是,应该考虑这样做对于压力下的决策意味着什么。我们借鉴其他学科的洞见,总结了危机期间制定有效决策可采取的10种行动。

(1)提前成立危机应对小组。委派任务,明确在某个特定的危机中谁应该负什么责任。危机应对小组应由基金内部的“面孔”(通常是董事会主席),负责应对媒体。危机应对小组还需要熟悉基金全部日常业务的内部人的帮助,如首席财务官和风险管理人。

(2)事先讨论危机应对小组什么时候开始行动。对偿付能力构成严重威胁的备付金比率、市场价格或利率的骤跌,绝对可被视为有效的触发因素。董事会应该尽可能具体地确定什么是威胁。

(3)事先确定由谁来具体负责危机应对小组:是风险管理人还是投资管理人?当危机迫在眉睫时,有些养老基金会出现以下这样的对话:

①基金受托人:“我们必须降低风险才能保护资本”;

②资产管理人表示:“如果我们现在降低风险,那么将无法从危机后迅速到来的复苏中获益,同时也要放弃低价买入投资产品的可能性。这样,我们就会遭遇损失!”

在危机时期,降低风险是保护资本的最佳选择,比寻找投资机会重要得多。有人认为,在危机期间,风险管理人要具体负责应对危机,而投资管理人则提出如何应对的建议——而不是相反。这当然是不正确的,因为风险管理人和投资管理人都负不了这个责任。养老基金董事会应该在确定基金的风险胃纳时就确定发生危机时谁负责应对。

(4)了解“对手”——全面了解危机。危机无法预测,但经验表明,危机往往表现出以下因素:

①在很短的时间里,储备金和/或备付金比率突然下降,下降幅度大小不一。

②市场发生变化：流动性短缺，利差扩大，资产价格下跌，分散化效应不复存在。

③在很短的时间里，不确定性加剧，因此，有关“前所未有的情况”的议论明显增多。

④难以预料的问题往往因更加严重的意外问题接踵而至而进一步恶化。

⑤人们无限相信央行行长的救治能力或者政治家的雄厚财力，认为他们是最后的救星。

⑥参与决策的群体和个体心理上看不到“出路”。

(5)提前计划。基金受托人应该预先准备好书面计划，以便一旦发生危机就可付诸实施。尽量预先确定任何可能影响他们受托管理的养老基金的情况，并根据养老基金已经确定的风险胃纳来应对这些情况。确保养老基金能根据潜在的(信贷、市场、流动性等)风险对投资组合进行详细的分解。虽然不必每季度发布投资组合分解报告，但必须准备好准确的数据，并在需要时能够迅速提供。对潜在风险的详细评估可能意味着立即应对和为时已晚时再应对之间的区别。我们应该尽可能具体地明确要采取的行动，预想发生风险的场景所需要的时间比在(时间)压力下考虑替代方案所需的时间要少得多。不必准备详细的手册，只要明确要采取的步骤和要做出的决定以及谁负责什么工作就够了。基金越复杂，董事会成员就越容易忽略细节和犯错误，有时会因此而付出沉重的代价。因此，有必要列一张考虑周全的应做事项清单。[①]

(6)为了明显起见，请预先准备好危机期间可预见到的问题。在任何危机中，养老基金的受托人通常都要遇到四种他们必须应对且要做好准备的危险：

①落后于形势的发展，而不是为即将到来的新形势做好准备；担心养老基金由于衍生品、未兑现的承诺、养老金支付或严格执行资产调整政策而可能成为不得已的买家或卖家。

②风险胃纳缩小，特别是在没有以任何方式正式确定风险胃纳的情况下缩小。

③为之前没有采取某些措施而感到遗憾。

---

① 根据 Gawande and Lloyd (2010)的“Checklist Manifesto”改写。

④认识到在危机后期提出的任何降低风险的措施(尤其是有关衍生品的措施)都是成本高得难以付诸实施,因此推迟采取合理的行动。

(7)在模拟的环境中提前进行良好的训练,尝试针对以下问题调整计划:

①披露基金董事之间在处理危机方式上的根本差别。例如,在董事会内部,一些董事可能会提出令人信服的理由,在股价突然下跌后买进更多的股票,而其他董事则宁可反向操作。

②解决显而易见的问题:董事会应该讨论“情况如此特殊,应该放弃考虑周全的政策”的问题,而不是做已经商定好的事情。

③定期审视董事会确定的养老基金风险胃纳。养老基金的风险胃纳是一成不变,还是在发生危机时应该重新调整?

(8)交流已经掌握的信息,而不是想掌握的信息。在危机的最初阶段,不要投机取巧。如果没有掌握确凿的证据,就不要公开。试着站在参保人的角度考虑问题。有关现状的实情可能并不是令人愉快的消息,但表明基金受托人掌握了他们应该掌握的信息。基金受托人应避免做展望性表态。

(9)当事情升温或降温时,应该重新关注管理工作安排。金融危机刚开始时,通常来不及制定管理和应对计划。区分正常时期和异常时期,异常时期不存在相关性,除了短期政府债券,所有资产的价格都会大跌。卓有成效的董事会通过“正常时期”管理来重新安排时间支持“异常时期”管理,而提前做好计划和组织培训是这方面至关重要的工作。

(10)在危机或动荡时期过后,进行极其坦诚、不考虑感受的事后分析。您受托管理的养老基金面临怎样的挑战?为危机时期的事件列一张年表,确定为应对每个事件采取过什么应对措施;如果从事后看,当时采取的应对措施是正确的,那么,它们是否可以预见并事先准备好?当时是怎么决定的,从中可以得到什么启示?把这些问题及其答案发布在养老基金的网站上与参保人分享,用以表明养老基金正在学习和适应新的现实。

无论我们做什么,都不要把“那是特殊时期”作为什么都不做的借口。尼古拉斯·塔勒布(Nicholas Taleb)曾经撰文警告过我们,我们现在正在经历这样的情况:不是风险/回报分布,而是危机发生的频率有规律可循。从这个意义上说,我们可能正在迎来一种新的养老基金受托人管理风格,这种管理风格可能更加接近消防员、救护员、战斗机飞行员和运动员的工作或职业性质。这些群体的共同特点是，他们有95%的时间都在接受训练，而在5%的时间里，无论是在战场、运动场还是在其他场合都表现出色。养老基金的参保人对受托人的期望，不应该低于我们对消防员、救护员、战斗机飞行员和运动员的期望。

模拟压力下的决策不但有助于安全度过压力时期，而且也有助于在“正常时期”做出更有成效的决策。沃森·怀亚特(Watson Wyatt)养老金计划咨询公司的负责人养老金计划咨询顾问保罗·特里克特(Paul Trickett)认为，这是“偏离历史上根据日记本上规定的日期做出投资决策的做法，而是选择能够在机会出现时根据预先确定的规则实施的投资流程”。[①] 市场正变得越来越不稳定，每三四年爆发一场金融危机并不稀奇。长期投资将越来越意味着根据长期原则做出变化。成功的投资委员会采用更加动态的长期策略，最好的方法是考虑要提前做出应变的市场状况，并且设定根据事先协商做出的决策采取行动的程序，这样才符合正确的治理框架。

① 请参阅 Watson Wyatt Worldwide (2005)。

第十四章　实现卓越投资

关键结论

- 本章讨论如何让您受托管理的养老基金实现卓越投资。养老基金的董事会在实现卓越投资方面发挥着关键的作用。
- 有助于实现卓越投资的活动包括:(1)制定投资策略;(2)设计投资流程;(3)实施投资;(4)组建董事会;(5)学会适应。
- 想要提高卓越水平,就必须推行变革。
- 变革和学习都要求董事会安排投入大量时间和技能的治理预算。如果董事会没有追求卓越的内在动力,那么只能取得暂时的成功。
- 重要的是,必须确保加入投资过程的关键新人得到通过集体学习构建的集体知识的沐浴。

祝贺您几乎读完了本书！剩下要做的唯一一件事就是有效地实践前面五部分讨论和总结的经验教训。它们会告诉您关于有助于实现卓越投资的活动的真知灼见。本书的以上五个部分大致是:(1)如何认识养老基金的作用和确定养老基金的使命;(2)如何设计养老基金的投资流程;(3)如何实施投资;(4)如何组建董事会;(5)如何学习、适应和提高。

本章讨论如何让您受托管理的养老基金实现卓越投资。读完本书,您就会知道哪些活动有助于实现卓越,并且能够识别不同卓越水平之间的关键区别。

要想起步迈向卓越投资需要做的事情其实十分简单，您就把自己当作是养老基金的受托人。您作为养老基金的受托人必须了解并接受您受托管理的养老基金的现状，必须知道您要达到怎样的卓越水平才能最好地满足基金参保人的未来需要。随后，您必须确定为达到预定的卓越水平需要采取的合理步骤，然后必须逐一落实这些步骤。成功做到这一点并不那么简单，有一些障碍需要排除：您如何保证自己的目标是养老基金参保人的共同目标？您如何在时间和技能方面安排董事会必不可少的治理预算？谁将实际领导养老基金实现卓越投资的过程？在这个过程中，您将如何克服变革的阻力？还有，您作为养老基金的董事会主席将如何确定让您实现养老基金目标的备选方案？最后，例如，在有新成员加入董事会时，董事会如何确保要达到的目标能与董事会文化相容，并能被投资机构接受？

养老基金必须满足以下两个要求：一是必须执行当前的活动才能在今天的挑战中生存下来；二是必须调整当前的活动才能在明天的挑战中存续下去。如今的养老基金必须在这两者之间达成平衡。一方面，过于注重有效执行的养老基金董事会会为适应未来的发展设置很高的障碍；另一方面，在长期战略问题上花费太多时间的养老基金董事会有可能无法有效应对短期挑战，从而降低长期生存的可能性。由于完成当前的执行任务和适应未来的发展都需要资源，因此，养老基金的受托人必须通过资金、人员尤其是时间上的无休止的竞争来满足短期业绩需要以及至关重要的长期改进和变革的需要。①

本章总结了为实现卓越投资需要开展的各项关键活动。我们介绍了学习型组织的关键特征，提出了要想成为学习型组织必须具备的先决条件，并且认识到实现卓越投资的过程是一个多阶段的为期多年的过程。为了使这个过程对于养老基金董事会更具实际意义并且易于管理，我们引入了不同卓越水平的概念，并且介绍了养老基金为了朝着为参保人实现长期投资目标而迈进必须具备的特点和素养。

通向卓越的五项活动

实际上，如果您知道哪些方面的工作需要改进，那么，对于合乎要求的养老

① 请参阅 Beinhocker (2006)。

基金来说,想要实现卓越投资并不是非常困难。当然,这需要努力,但是可以做到的。有一些现成的例子可供借鉴和学习。但是,养老基金很难做到实现并保持卓越投资。

一只养老基金如果能从“不错”提升到“卓越”,那么就能取得更好的结构性结果。在一个充分分散化的投资组合可望取得3%~6%的名义预期回报率的世界上,名义预期回报率能再提高1%~2%,是一个相当可观的增幅。想要做到这一点,就需要设计有助于实现基金目标的投资流程,并且解决人人都能看到的主要治理问题。我们认为,有五项活动可以共同帮助养老基金实现“卓越投资”。图14.1对这五项活动进行了图示。我们觉得,虽然全球养老基金的形式和规模各不相同,但对所有的养老基金来说,这五项活动都大致相同。我们凭经验觉得,全球各地的养老基金遇到了相同的问题,而这五种与本书五个部分相对应的活动则可用来解决全球养老基金遇到的问题。

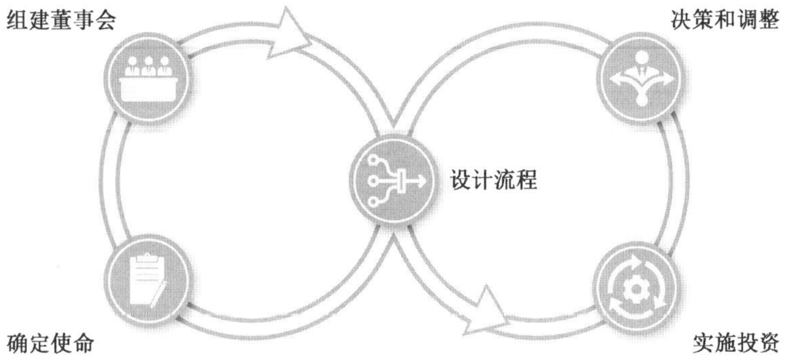

图14.1　卓越投资环路图

本书的第一部分讨论了如何制定养老基金战略的问题,从而为养老基金董事会在第二部分中设计投资流程设置了框架。第三部分聚焦于投资的实施,而第四部分介绍了有关养老基金如何组建董事会的最新洞见。最后,第五部分着重阐述了对于养老基金的长期成功至关重要的学习和适应问题。

下面,我们简要介绍这五项活动的关键内容。为了用有限的篇幅,以一种实用的方式对这五项活动进行概述,我们列出了这些活动的期望结果。采用这种叙述方法的目的在于让养老基金受托人深入思考问题。如果您能肯定您的董事会已经无条件地取得了这些结果,那么,您受托管理的养老基金已经朝着卓越投资迈出了重要一步;如果您的董事会还没有无条件地取得这些结果,那么，您就会感觉到还有哪些工作要做。

第一项活动：制定战略（见本书第一、第二章）

这项活动旨在为养老基金奠定基础，确定宗旨并把宗旨转化为战略。养老基金要发挥什么作用？董事会要发挥什么作用并要履行哪些职责？您作为养老基金的受托人要履行什么职责？您想为养老基金的参保人实现什么目标？这项活动包括要明确您作为受托人的宗旨——为什么养老基金的参保人要委托您管理养老基金？养老基金的受托人想要强调的是怎样的增加值？养老基金的宗旨、使命和战略要转化为可实现的目标，比如您签订的养老金协议所规定的目标。

这项活动的结果应该是确定一个明确的宗旨、一项适应不断变化的环境的明确战略以及一套明确的董事会要履行的职责——不管它们是否实际委派给董事会。这些重要元素应该列入养老基金内部人员及其利益相关者容易获得的文件中。这些文件内容必须具有可操作性，用简明的语言写成。养老基金的董事会应该根据这些文件的精神来安排日常工作，定期检查文件精神的落实情况，并且在需要时对文件进行更新（见表 14.1）。

表 14.1　　第一项活动的关键元素：制定战略

1.1 养老基金应该编制一份概述其宗旨和使命的文件；
1.2 养老基金应该为它的参保人并作为机构投资者确定自己的优势和劣势、机会和威胁以及可持续的竞争优势；
1.3 养老基金应该制定明确的可衡量的目的和目标；
1.4 养老基金必须定期评估和（重新）设定自己的目的和目标；
1.5 养老基金在设定目的和目标的过程中应该与它的关键利益相关者进行磋商，而后者则应该理解并支持养老基金确定的目的和目标；
1.6 养老基金董事会每年至少把 20%的可利用时间用于确定和评估使命、愿景或战略；
1.7 制定一份 3～5 年的战略计划，旨在把做长期投资者的优势和短期发展的适应性结合起来。

第二项活动：设计投资流程（见本书第三～第六章）

这项活动涵盖规划养老基金要从事的各种投资活动。在设计投资流程之前，养老基金的董事会应该已经就有关风险和投资的关键概念达成了共同的理解。共同的起点可以帮助养老基金的受托人区分次要细节和重要问题以及风险和不确定性之间的区别。此外，确定投资信念和/或原则是构建投资组合的重要准备工作。在确定了明确的宗旨和投资信念以后,下一步就要选择或重新确定正确的投资模式来帮助您安排为实现具有现实可行性的目标所必需的治理预算,也就是帮助您安排投资流程来发挥在讨论使命、宗旨和投资信念时确定的养老基金优势。

这项活动的结果就是基金董事会有明确、共同的投资语言和共同的投资信念。每个在养老基金投资过程中扮演角色的当事人,甚至——或者特别是——在有外部当事人参与的情况下,都应该贯彻养老基金董事会确定的共同投资信念。养老基金董事会确定的共同投资信念应该让养老金计划受益人和养老基金的利益相关者知道,并且应被养老基金的受托人和投资管理人所理解并接受。通过这项活动,养老基金就有了为自己量身定制的明确投资流程。养老基金的投资流程是由通过把养老金计划参保人缴纳的保费转化为用于支付养老金的投资收益来实现投资目标的模块组成的。最后应该是选择一种投资模式。我们有很多投资模式可以选择,但主要应该根据养老基金是相信自上而下的基准导向型结构或者相信自下而上的创业型结构来进行选择。养老基金的规模、治理预算和文化都会在投资模式的选择中产生作用(见表 14.2)。

表 14.2　　　　第二项活动的关键元素:设计投资流程

2.1 养老基金有一套明确的董事会主张的投资信念或原则;
2.2 投资信念因此会始终如一地被应用于投资过程和决策中;
2.3 董事会清楚投资信念和目标制定方面的最佳实践是在不断演化的;
2.4 养老基金清晰、明确的投资流程必然是根据扬长避短的精神建立在自己的竞争优势和投资信念上的;
2.5 养老基金选择的投资模式反映董事会所追求的投资信念和文化。

第三项活动:实施投资(见本书第七～第九章)

第三项活动是有效地实施投资。有效地实施投资包括投资组合构建、执行和反馈、监测和评估以及尽可能好地把投资目标转化为投资结果。在执行和计划之间总会出现“渗漏”的情况,但应该尽量减少这种渗漏。养老基金的董事会会把全部或几乎全部的投资流程执行任务委托给经过挑选确定的内部或外部管理人来完成。因此,对于养老基金的董事会和投资委员会来说,在授权实施投资时应该考虑以下几个问题:如何组织投资过程,从而根据彼此的意见来安排不同的步骤?如何才能保证持续不断地评估不同步骤的结果,并且把短期的随机噪音与影响养老基金长期目标的结果区分开来？确定并保持与投资流程执行各受托方的正确距离、时界和高度，是实现卓越投资的关键。此外，董事会或投资委员会必须掌握大量的投资知识才能有效地进行授权、制衡和监督。

这项活动由合适的管理人以符合成本效益原则的方式来执行，它的产出是精心设计的投资组合。养老基金的董事会采用一种例外管理法对负责执行这项活动的管理人进行持续不断的监控，并以一种结构化的方式来确定执行过程中可能存在的薄弱环节（见表 14.3）。

表 14.3　第三项活动的关键元素：实施投资

3.1 通过这项活动构建的投资组合显然基于并符合养老基金的宗旨、使命、战略、风险胃纳和投资信念。
3.2 董事会已经制定标准来评判投资组合的好坏，并且根据这些标准来确定现有的投资组合是好的投资组合。
3.3 董事会或投资委员会知道据以构建投资组合和预测其潜在结果的假设的敏感性。
3.4 董事会在委托投资方面显然扮演明确的授权角色，并拥有决策权。
3.5 养老基金有明确的投资总成本政策。董事会从同样的角度来衡量和比较内部和外部成本。
3.6 董事会已经安排为履行其受托人和管理责任所需要的治理预算。在养老基金已经成立的情况下，董事会的治理预算符合养老基金要求完成的任务。
3.7 在进行战略决策时，养老基金会具体规定事前评价指标（包括评价业绩和过程的指标），因此会对战略进行更加深入的研究。
3.8 监测报告从本质上看是一种自上而下式的报告，只反映有关监督和决策的情况。
3.9 养老基金在决策过程中会非常小心地避免行为和情感偏差。

第四项活动：组建董事会（见本书第十～第十二章）

这项活动的重点是对投资流程执行的监督和管理，对养老基金使命的履行进行计划、指导和监督。前面三项活动把重点放在战略制定和实施以及投资流程设计和执行这些难度相对较大和比较客观的问题上。这第四项活动由背景、技能和精神特质不同的个人组成的董事会及其下设委员会来执行。无论是在和平时期还是在战争时期，要把背景、技能和精神特质不同的个人训练成一支能演奏动听乐曲的管弦乐队，都是一项艰巨的任务。因此，在这项活动中较难确定的人的因素起到了主要作用，因此，董事会必须认真思考如何自我组织才能履行养老基金的使命并践行养老基金的宗旨、董事会的主要任务是什么、董事会应该把哪些权力授予哪些人或机构、董事会在设立投资委员会和行政办公室以帮助自己完成任务时应该注意什么并应该事先做好哪些组织工作以及在与投资管理机构打交道时可以获得哪些宝贵的洞见等问题。养老基金需要大量的治理预算才能对投资管理人形成强大的制衡力量。监督投资管理机构，查证并确保投资管理机构能践行养老基金的宗旨，是董事会的一项关键任务。通常，由于看问题的视角不同，因此，董事会成员和投资管理人之间的相互了解往往比较有限，而且容易受到影响。我们反复提到的关键概念是适当的距离、高度和时界。

第四项活动主要有四种重要的产出：一个运行良好的董事会，一个隶属于董事会、运行良好的投资委员会，一个适合践行养老基金宗旨并受托实施投资的投资管理机构，以及与投资管理机构建立富有成效的工作关系。董事会应该得到与之打交道的每个人或机构的信任和尊重，并且有能力制定和实施战略（见表 14.4）。

表 14.4　　　　第四项活动的关键元素：组建董事会

4.1	董事会及其下设委员会充分掌握有关投资（最佳实践）的知识，并能把这种知识应用于投资决策过程。
4.2	董事会已经认真考虑适当的距离、高度和时界。董事会关注正确的事情：审视外部环境，制定战略，管理并监督委托管理的任务，并且检查结果。
4.3	董事会已经认真安排投资委员会的任务、该委员会监督投资流程执行以及在决策制定和监督执行方面帮助董事会的方式。
4.4	董事会应该保证会议顺利进行；与会者都有发言权；决策以有序的方式进行，而且必须认真。
4.5	在董事会里应该有养老基金所需的各种相关能力的代表。总体而言，董事会成员应该很好地了解养老基金的关键利益相关者群体。
4.6	董事会明确安排内容包括正式职责和战略抉择的全年会议议程，要对重要议题和紧急议题进行平衡；会议文件要准备及时、到位，字迹清晰，文字通顺。
4.7	董事会经常受到一种由外而内看问题的视角的挑战，如其他养老基金、利益相关者或参保人的视角。
4.8	受托管理养老基金投资的投资管理机构要适合实现养老基金的目标，而且这方面的标准公开透明。
4.9	定期检查投资管理机构及其相关机构，以便评判投资管理机构是否适合同样也是不断变化的环境。

第五项活动：学会适应（见本书第十三章）

第五项活动把注意力集中在养老基金董事会的工作上。养老基金的董事会在开展这项活动时必须认真对待自己怎样才能做出好的决策、自己在资产负债管理等复杂决策工具的支持下会受到哪些具体挑战、自己是否清楚咨询顾问的具体作用以及他们会怎样影响董事会的决策等问题。最终，这项活动可被归结为：脚踏实地的养老基金董事会要采取一切必要的步骤为实现卓越投资完成各项重要的任务。执行这项活动，一方面需要一个与众不同的董事会在金融市场处于压力之下时仍能坚持自己确定的战略和信念，另一方面需要保持开放心态的能力去适应由业内要求董事会调整自己行为准则的新的研发成果提供的洞见（见表 14.6）。

表 14.5　　第五项活动的关键元素：学会适应

5.1 养老基金应该积极主动地很好适应不断变化的形势和环境；
5.2 养老基金要从自己既往经历中吸取经验教训，并且不断提高自己；
5.3 变革和学习应该完全融入董事会的工作流程；
5.4 董事会应该把 20%或者更多的治理预算（时间和经费）用在学习上；
5.5 董事会应该采取正式的培训程序，董事会新成员在任职的头 6 个月里应该接受培训。

学习型董事会和不同卓越水平的特点

学习以一种系统的方式为养老基金的现在与未来架起了一座连接的桥梁。“学习型组织”由管理学作家罗伯特·圣吉（Robert Senge）①提出。圣吉把学习型组织解释为“一个不断扩大其能力以创造其未来的组织”，并且表示“对于这样一种组织来说，仅仅生存是不够的……‘适应性学习’必须与‘创造性学习’——即能提高我们创造能力的学习——相结合”。

那么，学习型组织到底是什么样的组织呢？学习型组织是一个能够以开放的战略方式考虑外部环境（机会和威胁）、以开放和批判的方式进行反思（优势和劣势），并且非常清楚自己的现状、自己想要什么并为获得自己想要的东西创造条件。

董事会在打造学习型组织方面扮演主要的角色，它能够鼓励营造甚至促成一种开放的学习环境，但也很容易扼杀组织成员的学习态度（“浪费”、“推诿游戏”、“既然你承认自己还可以提高，那么，为什么过去没有做得更好”，等等），也可以在创建学习系统中发挥重要的作用。最后，但肯定不是最不重要的是，董事会自己也有严肃的集体学习任务要完成。否则，董事会的每一次成员变动，

① 请参阅 Smith（2001）。

都有可能造成重要的经验教训白白流失。创建学习系统和学习型董事会有许多重要的先决条件,如领导力、资源、心态和文化、评价计分卡、维护和教育。

领导力

通常,创建学习型董事会的想法由某个敢于摆脱已有框框束缚的领导人或董事会成员提出,他们会说明或提出为什么要这样做、这样做是否正确、大家在这个问题上是否意见一致等问题。他们会把自己的想法付诸行动。例如,在荷兰医疗系统养老基金的案例中,是该养老基金的投资委员会主任弗洛伦特·韦拉克(Florent Vlak)提出了这些问题。而且,为了回答这些问题,他发起开设了荷兰医疗系统养老基金年度暑假课程。结果,这门课程在过去的十年里发展成为一种教育荷兰医疗系统养老基金董事会的机制。

资源

养老基金及其董事会通常很难找到学习所需的资源,即“治理预算”——基本上就是时间和经费。我们认为,学习经费是业务成本不可分割的一部分,因此,应该为学习安排时间和经费预算。在这方面,我们有正反两方面的例子。近年来,偿债能力持续下降,我们遇到过一些董事会出于对公众抗议的担忧,把差旅费预算削减到了接近零的水平。我们几乎可以这样说:“这些董事会简直就是在禁止学习。”不过,我们也看到了许多正面的例子,如澳大利亚的未来基金和英国的铁路养老金计划(Railpen)为向同行学习安排了大量的时间和经费,并一直致力于实现和保持卓越的投资。对许多养老基金的董事会来说,时间可能是比经费更加宝贵的资源。董事会每年召开一两次会议讨论学习和变革问题可能会让某些人觉得不舒服。

心态与文化

我们遇到过灌输“你要在完成了白天的工作之后才开始你的学习和改变”思想的高管。他们这是在传递这样一个明确的信息:学习和改变是业余爱好,需要用自己的时间来满足。在许多组织中,“忙得不可开交”是一种有力表达自己重要的方式。对于养老基金的许多领导人来说,无论是董事会成员还是投资管理部门的高管,工作甚至生活就是没完没了的会议。但是,面对金融市场具有自适应能力、今天的金融市场参与者正在发生变化以及宏观经济环境(如低利率)可能会变得比我们目前预期的更具破坏性这样的现实，传递以上这样的信息只能收到适得其反的效果。从这个意义上说，学习和提高是履行受托责任不可分割的一部分，这就是我们提倡董事会把 20%的时间花在学习和追求卓越上——不插手日常执行工作，多学习和反思——的原因。当然，这里的 20%是个任意数，但您应该明白我们的意思。

这里所说的学习是指养老基金董事会及其所属组织的学习，而不是单个受托人的学习。一种高度个人主义、基于零和博弈的胜利(即“我赢你输”)的企业文化很难与学习型文化相调和。在这样的环境中，并不是那么容易想象总和可持续地大于各部分的简单和，因为通过学习能发现一些不足的地方，通常是在开始不隐瞒或承认工作还有可改进的地方时。有些事情您并不知道，而让大家都知道这些事情，就能为集体改进奠定基础。

此外，在许多组织文化中，自信不疑会得到很高的回报；而承认自己怀疑自己是否在以正确的方式做事，通常会被视为“软弱”。在不确定性充斥您试图解决的问题，而反馈——就像在投资中那样——需要时间时，情况就完全相反。

过度自信(或者以过于自信的方式表现自己)可能要付出沉重的代价，这样的例子，如在医学界，比比皆是。那些踌躇满志的人——或者必须表现得踌躇满志的人——必然不会学习。因此，董事会必须用心创造一种允许讨论个人和集体有哪些地方需要改进的氛围和文化。养老基金董事会需要应对的挑战是，要从鸟瞰的角度来看待整个养老基金，把养老基金视为旨在提供养老金的“机器”或整条价值链。这台机器包括养老基金董事会本身以及我们在本书中讨论的全部活动和决策的执行者。于是，作为养老基金的受托人，您应该考虑，您可以从哪些方面入手来改进这台机器或者它的某些零部件，以便它能提供更多、更好的产出。

衡量指标与计分卡

出于学习和提高的考虑，组织必须对自己的现状进行评分，以便组织成员集体了解组织的现状，能够衡量组织进步的情况，并确定组织需要改进的地方。在投资行业，我们通常采用风险、回报、增加值等产出指标。即使是在很短的时界内，我们也会这样做，因为我们知道噪音会盖过信号。承认自己的现状有时可能是非常痛苦的事情，但这对于为了变得更好、为了学习和适应来说，在所难免。我们认为，养老基金如果能做好我们在这里讨论的五项活动，那么就能取得很好的结果;而且,这是一种长期关系。因此,我们把重点放在评估以上每项活动实践所达到的卓越水平上,而不是放在它们的产出指标上。

当然,也有人喜欢用“SMART”(S—Specific:具体;M—Measurable:可衡量;A-Attainable:可实现;R—Realistic:具有现实性;T—Time-bound:有时间限制)法来设定目标。我们的观点是,您可以采用“SMART”法来衡量,但要非常清楚地认识到,“SMART”法从本质上看是一种简化方法。您把复杂的,常常是含糊不清的现实简化为几个数字,但对于那些不能整齐地放在“量料箱”里的物品,您使用的衡量方式中应该有主观评价的空间。否则,您就得止步于“只有可衡量的东西才能管理”的认识。把计分卡作为深入对话的起点或菜单,从而引出诸如“为什么您对文化的评价如此之低?”或者“为什么您对治理的评价这么差?”是一种内容要丰富得多的方法。

维护与教育

学习型组织需要维护和教育。通过学习成为学习型组织,几乎肯定离不开教育,而且很像戒烟,吸烟的人很容易重拾旧癖,如在压力大的时候。新人应该沉浸在学习型文化中。如果他们带来了原单位的坏习惯,那么,在把他们召入董事会或组织之前,应该先让他们逐渐熟悉您受托管理的养老基金的学习型文化。

追求卓越投资的动力源自以上这个观点,不仅因为这个观点能提高养老基金为兑现承诺所需的投资收益的当前和未来能力,而且还能以当今世界所需要的形式来提高养老基金的这种能力。因此,例如,养老基金可能需要从集体待遇确定型变为个人缴费确定型。在我们的心目中,“提高创造能力”就意味着在不确定的条件下创造符合目标的选择机会。在考虑是否外包时,创建专有学习能力是一个重要的战略考虑因素:当学习在内部完成时,常常几乎不受约束,但要从外部引进时就会变得比较困难。

卓越水平与董事会的学习观

表 14.6 把卓越水平的特点与董事会的学习观联系在了一起,这种做法与把不同的实践和不同的卓越水平联系在一起的做法意义相同,实践不足的卓越水平可以用被动反应、临时性、偶然性、个别性、局部性、教条和僵化来描述;而

实践充分、较高水平的卓越则可用积极主动、计划性、系统性、集体性、整体性、学习和适应性等来描述。

表 14.6　　养老基金追求卓越的实践水平与董事会的学习观

实践水平	董事会的特点	学习观
低	某个维度缺少重要的分量，或者分量的质量低得不可接受；没有书面文件；董事会必须相信有人会在意——或者不在意	董事会不组织学习；个别董事有时会带来一些专业知识，或缺少专业知识
合格	周密安排计划、决策和执行工作，并且形成了书面文件；关键流程起到了很好的作用，而且通常与具体负责的人员无关；董事会认真对待全部已经确定的标准，并且严格遵守	举行专门的学习会议，使得董事会的知识能供集体共享；董事会可得到所有关键问题的文件
高	计划、决策和执行都很合理，并且有充分的根据；可比的养老基金也采取了类似的方法；董事会可能知道支持这种方法的研发，但没有形成自己的看法；认真的评估和改进是整个常规过程的一部分	所有的知识都是集体知识；董事会和投资管理人能够明确回答许多关于为什么和如何开展这五项活动的问题，并且很好地把这些问题记录下来，并定期检查解决这些问题的结果
卓越	董事会能自觉地扬长避短，目标就是成为行业的最佳实践，甚至持续争做行业最佳实践，并且不是一次性，而是永久性地充当行业最佳实践	学习是综合、有计划、集体、持续不断地进行的，有广泛代表性的利益相关者参加；董事会新成员要定期接受培训并跟上发展速度

董事会追求卓越的征程

正如我们在本章引言中所说的那样，您要分四个步骤才能走完追求卓越的征程。首先，要通过深刻的反省来了解您受托管理的养老基金的现状。第二，确定您受托管理的养老基金的长期发展方向。第三，确定实现目标的合理步骤。第四是实施各个步骤。

第一步：确定您受托管理的养老基金的现状

出于学习和提高的考虑，组织必须对自己的现状进行评分，以便组织成员集体了解组织的现状，能够衡量组织进步的情况，并确定组织需要改进的地方。老实承认自己的现状有时可能是非常痛苦的事情，但这对于为了变得更好、为了学习和适应来说，在所难免。

那么,应该怎样来确定组织的现状呢?有三种不同的情形可以启动追求卓越的过程:第一种情形是个人(如养老基金的受托人)确定自己有变革或提高的愿望或者需要;第二种情形是存在迫使变革的严重危机;第三种情形,譬如说,监管机构提高质量标准。在第一种情形下,通常有新来的领导人,因此,应对起来相对比较容易,因为下属都期待新来的领导人能带来全新的面貌。比较困难的情况是,新的领导人,比方说,一个养老基金的受托人有意或者有志于提高养老基金的卓越水平。在这种情况下,新来的领导人至少需要建立一个具有共同的愿景或志向的小群体,这样才能获得把变革提上议事日程所需的影响力。第二种情形,也就是存在迫使进行变革的危机,应对起来要容易得多,因为危机很容易被集体认识到,而且采取行动的必要性也毋庸置疑。但即便如此,也仍存在这样一个问题:譬如说,养老基金只是利用危机来修复自己受到的损失,还是把它作为一种从根本上变得更好并提升卓越水平的催化剂。此外,这往往取决于新领导建立的小群体的志向或领导能力。

无论遇到什么情形,我们建议养老基金安排这样一个过程:组织相关人员分两个阶段评价养老基金在以上五项活动中达到的卓越水平。那么,这里的相关人员应该包括哪些人呢?董事会可以考虑至少邀请董事会和投资委员会成员、投资部门或投资管理机构受托人的主要工作人员以及受尊敬的同行参加评价工作。首先,代表个人参加的相关人员应该通过考虑一些问题来确定他们觉得基金在五项活动中达到的卓越水平,并提出需要进一步思考并采取行动的主题。有了这些信息以后,就能够把问题的答案都集中起来,并在此基础上安排有组织的对话。现在可能有这样一个问题:被选中思考和回答问题的相关人员没有一个相关的参考框架,例如,他们并不知道行业最佳实践或相关同行的实践。在这种情况下,邀请具有这种参考框架的当事人参加评价工作,如咨询顾问,可能很有意义。与此同时,养老基金董事会作为集体应该有这种参考框架。在我们看来,了解同行在做什么以及他们为什么要这样做,是养老基金董事会的职责之一。

走完这一步的结果至少应该是出一份记录不同的想法和讨论结果的简报,譬如说,报告用卓越水平(低、合格、高、卓越)表示的集体共同支持的结果、每项活动(按轻重缓急)列入议程有待解决的问题。实际上,第一步并没有对您受托管理的养老基金做出任何评价。

第二步：确定您受托管理的养老基金的长期目标

接下来的一步是确定您受托管理的养老基金的长期目标。您是否希望您受托管理的基金成为并一直是卓越的养老基金？如果您有这个志向，那么就得安排相应的治理预算，也就是安排并保持向这个方向努力所需的能量。例如，有时争取进行“高水平的实践”可能更有意义。关键在于要集体确定您受托管理的养老基金旨在达到的卓越水平，并且了解您的基金在五种不同活动上达到了什么水平。我们的建议是完全不要顾及目前的状况来开创所期望的局面，否则就很难看透现状固有的局限性。如果您构想了自己想在 5 到 10 年的时间里达到的状况，那么就可以逐步向这个目标进发。

第三步：确定路线图

第一步（评估现状）的结果和第二步（制定目标）的结果之间的联系是实现目标的路线图。按照我们的估计，在卓越水平的阶梯上提升一步，如从“合格”到“高”水平，很可能需要 3 年甚至 5 年的时间。因此，从“合格”到“卓越”，从理论上讲，可能需要 10 年的时间。到底需要多长的时间，具体取决于许多因素。如果您是从摆脱危机开始，或者有机会从头开始，那么通常可以采取相对较快的行动。在紧迫性并不是很强时，追求卓越的过程往往可适当拉长。就路线图而言，也许不应该从一开始就计划追求卓越的整个征程。如果您绘制了一张需要三到五年才能走完的路线图，并且还明确规定了每年的进度，那么，您就是在为可预见的将来做规划。这个时界的一个优点是，发起并支持变革的董事会成员到时候还在任上。路线图的例子有 2008～2009 年以后加州公务员退休基金首席投资官乔·迪尔（Joe Dear）为改善加州公务员退休基金而制定的路线图以及 PGGM 的“2020 年投资战略”（Investment Strategy 2020）这份旨在实现荷兰医疗系统养老基金根据自己的投资框架制定的战略目标的五年计划。

第四步：执行路线图

执行路线图需要一个任务明确、人员稳定的团队。这个团队由一名董事领导并/或向董事会汇报工作。路线图应该按照可接受的步骤执行，以便在短期内取得可衡量的进展。有些时候，瞄准较低的目标很有诱惑力，但应该避免这种情况。

经久不衰的卓越投资

组织学习,坚持践行组织的宗旨,是或者应该是养老基金受托人受托责任的一部分。卓越投资需要认真的呵护。金融市场和消费者具有适应能力,如果您不能保持投资质量,那么就会受损。就像汽车一样,2008 年的新款车型到了 2018 年就不再是新的车型。

世界上最好的投资管理机构都明白这一点。澳大利亚未来基金有法律义务让自己了解全球最佳实践,并非常认真地对待这项法律义务。挪威政府全球养老基金(Norwegian Government Pension Fund Global,GPFG)委托顶尖学者进行深入研究,以改进它自己的投资战略。英国铁路养老基金每年采用计分卡的方式对自己进行评估,并且非常自觉地采用可衡量的方式进行自我改进。这些养老基金的董事会和高管层经常对同行实践进行联合调研访问。

要想成为学习型董事会,就意味着要接受这样一个事实:不断变革和持续改进是董事会的日常工作,因此应该是董事会和投资管理机构正常程序的一部分。图 14.2 展示了一个养老金投资人执行和调整决策的框架。这个框架显示养老金投资人的做法与大多数组织习惯的做法截然不同:每 5～10 年进行一次"大"调整会造成巨大的冲击,从而导致许多剧变。这样的调整是一种被动反应性变革,而不是主动推行的变革,它是强加在日常实践之上的,而不是日常实践的一个组成部分。养老基金通常是在经历了一场严重的危机以后才会进行调整,就像我们在本书的多个案例中看到的那样,如加州公务员退休基金的案例。

为了成为学习型董事会,并且在一个学习系统中开展业务活动,养老基金的董事会可以计划安排六个步骤。首先,养老基金的董事会需要了解并定期审视外部环境,也就是需要认真考虑人口结构变化会如何影响养老金计划的支付能力、民粹主义对社会看待养老金的方式会产生什么影响、颠覆性技术进步会对养老基金的投资信念产生什么影响以及养老基金应该如何在自己的投资方式中考虑气候变化的因素等问题。养老基金董事会审视外部环境的最有效办法可能是,邀请像投资管理机构这样的外部相关方的代表一起思考这些问题。可以先请投资管理机构准备,但要确保投资管理机构不会因它可能持有的某些信念和利益而有意或无意地做出有选择的解释。您可能也想邀请养老金计划受益人、非政府组织或其他利益相关者一起来审视外部环境。同时,请记住,您

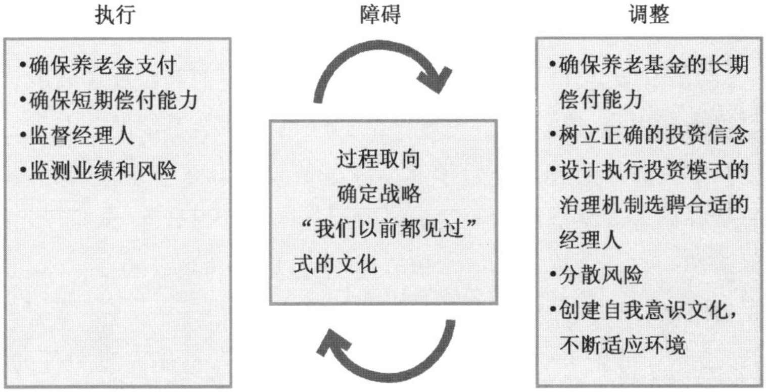

图 14.2　养老基金投资管理机构执行和调整决策的框架

可能会被自己根深蒂固的信念所蒙蔽。例如，如果您非常深信集体养老金制度的优越性，那么，要让您看到针对缴费确定型养老金计划的社会运动可能是极其困难的。因此，请利用有影响力的外部资源来让您睁开眼睛，直面残酷的事实！

第二，您需要从多个角度获得本书所介绍的全部相关维度的真实输入信息。董事会成员应该提供他们掌握的输入信息，我们极力建议您也求助一些值得信任和尊重的同行，如好的咨询顾问，请教他们对当前形势的客观看法；确保相关人员有充分的机会把自己的观察结果添加到您所需要的输入信息中；要鼓励别人说真话，所有这一切会让您对自己的处境有个大致的了解，并且告诉您许多需要思考的问题。在收集信息的工作中，要让每个人有安全感。如果能匿名收集信息，那么就能确保人人都有安全感。董事会每年开展一次这样的信息收集工作，很可能不会有什么坏处。董事会可以期待投资管理机构能够对自身的问题做出判断。如果投资管理机构做不到这一点，那么，它还不是一个完全成熟的组织。与此同时，如果您自己也参与到这个过程中去，那么就很难用由外而内的视角看待问题。董事会确实应该敞开胸怀接受外界的坦诚批评。

第三，设定一个您希望董事会在未来 3～5 年内实现的目标；制定改进薄弱环节（董事会、治理机构）的计划，或要求行政办公室或投资管理机构帮助董事会制定改进薄弱环节的计划；规定用于检测薄弱环节改进计划执行进度的衡量指标。

第四，在年度工作日程上为学习安排充分的时间。我们认为，董事会最少应该为学习安排占其工作日程10%的时间,并且鼓励董事会把这个比例提高到15%~20%。

第五,确保董事会、投资管理机构以及尽可能广泛的利益相关者共同学习。记录学习过程和内容,以供新加入董事会的成员了解学习情况。否则,新董事可能就要从学习曲线的起点开始学起。像挪威政府全球养老基金和澳大利亚未来基金这样的养老基金都详细记录了他们在网上学习什么、怎样学习以及为什么要学习等内容——这也是集体学习,甚至是更大的规模的集体学习!花一天时间上网浏览,可以了解到很多东西。

第六,享受尽可能多的广义多样性。通常情况下,担任高级职位的投资人员都是受过金融培训的中年、高收入白人男性。他们通常是在为他们几乎不认识的人群服务。一些养老基金还邀请历史学家和社会学家一起来考虑养老金制度的未来前景。此外,如果您想了解未来,那么就应该邀请年轻人参加。

在这一章里,我们的目的是帮助养老基金受托人确定他们需要开展哪些活动才能使自己受托管理的养老基金成为优秀的养老基金;如果他们的目标是达到更高的水平(我们认为应该达到更高的水平),那么需要开展哪些活动才能创建卓越的养老基金。本书的思考题部分在利用本书作者自己的经验和研究成果以及几代养老基金受托人和投资专业人士的经验和研究成果的同时,整理了一整套非常实用的有关"如何"的问题供养老基金受托人思考。这些都是一些涉及成功创建和运营养老金组织的基础知识的问题,而且还能帮助董事会开始并整合旨在追求更高水平的卓越和成为学习型董事会的过程。

思考题

养老基金受托人常常隐含地认为实现卓越投资的过程或步骤是理所当然的事情，无须加以明确，但实际上，明确这些过程或步骤很有帮助。因此，我们在这里提出一些实用的思考题供养老基金董事会进行自我反思。我们通过提出一些旨在帮助您了解自己当下处境的问题，或者提醒您思考一些没人问过您，而您也没问过自己的重要问题，来与前面章节所讲的内容联系起来。此外，这部分的内容将帮助您提高我们在第十四章里讨论过的卓越水平。下表列示了在追求卓越的过程中能达到的不同实践水平。我们极力建议您在阅读这部分提出的问题时记住这些实践水平，并试着根据您对问题的回答来进行自我评估。但是，请不要止步于此，还要试着就好像您处在不同的实践水平那样回答这些问题。我们认为，这样做能有助于您考虑怎样安排能帮助您提高卓越水平的步骤。

养老基金在追求卓越的过程中达到的实践水平

实践水平	说　明
低	需要集中注意力；计划或执行中存在不足；采用反应性和特别的运营方式，经常只能依靠您周围的很少一些人
合格	周密安排计划、决策和执行工作，并形成文件；养老基金完全符合监管要求；关键程序运行良好，并与特定的人员无关
高	计划、决策和执行都很合理，并且有充分的根据；可比养老基金也采取了相似的做法；董事会可能知道支持这种做法的研发成果，但自己没有为此做出贡献；认真评估和改进是常规过程的一部分

续表

实践水平	说　明
卓越	基金的目标是成为行业最佳实践,甚至连续保持行业最佳实践的水平,不是一次性,而是永久性地成为行业最佳实践。基金的计划、决策或执行工作被同行认为处于行业领先水平,并被作为学习榜样。有时,这就意味着进入了未知领域,但总是凭借合理的推理、有充分根据的信念和足够的技能。学习和适应完全贯穿于实现卓越投资的全过程

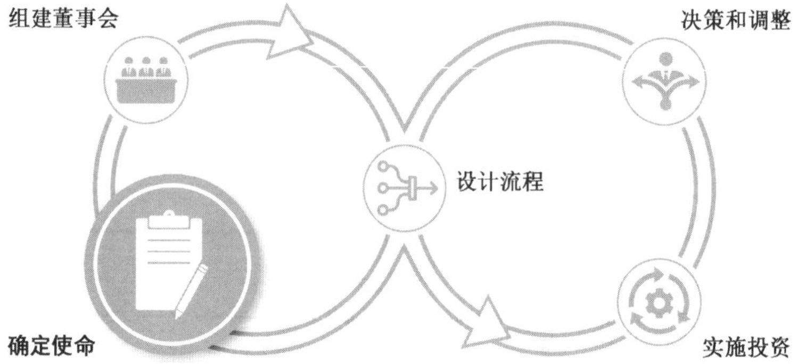

第一章　养老基金及其董事会的作用

养老基金董事会的主要作用是确定目标,制定政策,设计和落实投资流程,监督决策的执行和调整决策,以适应任何不断变化的环境。

1. 是否有明确和最新的文件规定董事会的主要职责,关注诸如制定投资政策、挑选和监督主要执行主管和外部服务提供商以及监测养老基金业绩等的关键决策和职能?
2. 这些文件是否定期、明确提交董事会审核并引起董事会的注意?
3. 董事会的活动是否包括他们根据这些文件应该开展的全部活动?董事会是否能够均衡地关注全部活动?
4. 您是否有一种能确保您把注意力集中在所有任务上的机制?
5. 从集体的角度看,无论是作为个人还是董事会成员,您是否都具备能很好地完成所有这些任务的技能和经验?
6. 治理机制设计是否符合养老基金的宗旨?董事会下设的委员会(如投资

委员会)是否有职责分明的人员配备,能保证按规定要求考虑关键的议题?

7. 董事会是否定期评估自己的履职情况?是否需要外部帮助才能履行自己的职责?
8. 您对您受托管理的养老基金的董事会有怎样的总体看法?

第二章　确定养老基金的宗旨、使命、愿景和目标

养老基金董事会的一个重要职责是确定使命、目标和战略,并督促使命、目标和战略付诸实施。投资机构应该有自己的宗旨,并在它们的使命和目标陈述中加以明确。根据投资信念、原则和理论设计的投资机构和投资流程应该能够使养老基金制定自己的战略执行路线。

1. 养老基金是否有定义明确的宗旨、使命、愿景和战略目标?
2. 养老基金是否就自己目前的状况(优势和劣势)以及未来 5～10 年的相关变化(机会和威胁)有明确达成共识的看法?
3. 养老基金的每个利益相关者是否都清楚养老基金秉持的价值观?养老基金的价值观是否具有重大的实际意义?
4. 养老基金是否有明确的战略计划,并且能使自己的战略计划在不断变化的环境中不偏离宗旨?养老基金的战略计划是否明确了基金的发展方向和重点?
5. 董事会是否定期花时间重新审视基金的宗旨和使命,确定战略目标,制定竞争战略,实施战略并评估实施战略的进展情况?
6. 养老基金的员工和利益相关者是否都了解基金的宗旨、使命和目标?他们能否理解并接受养老基金的宗旨、使命和目标?
7. 董事会是否能够有效地实施其战略计划以取得成功?是否有明确的行动步骤来实现战略目标?

第三章　掌握投资要领

养老基金的受托人要想适应投资策略的日常执行过程,就必须比较熟练地掌握投资术语和投资要领,并且了解投资术语的用途和局限性。

1. 董事会是否对最重要投资概念的含义达成了共同的理解?董事会是否受过这方面的培训?是否有定义关键投资概念的手册?
2. 在讨论和报告战略投资问题时,您是否着眼于正确的概念层次?
3. 董事会是否知道行为陷阱,并接受过识别行为陷阱的训练?董事会是否采用一种"慢思维"方式进行决策?
4. 您是否能够运用我们在这本书中讨论过的关键概念书面描述您受托管理的养老基金采用的投资方法?
5. 您是否能够非常诚实、勇敢地宣称自己因为缺乏相关知识或技能而无法对某一领域的决策做出贡献?
6. 您是否定期对董事会现有和新成员进行培训和再培训,让他们理解关键的投资概念和行为陷阱?

第四章　把投资信念作为指导工具

不同养老基金和投资机构的投资信念可能大相径庭,养老基金的投资信念是它们DNA的组成部分,能告诉您养老基金董事会及其利益相关者的性质和特征。养老基金的投资信念并非铁板一块或者一成不变,而是随着时间而演化和发展。有些投资信念的意思显而易见，而另一些投资信念则已被证明对决定成败的选择至关重要。

1. 您受托管理的养老基金是否主动自觉地确定自己的投资信念？这套投资信念是否只关涉投资，还是也涉及投资流程安排（如涉及委托或代理问题）？
2. 这些投资信念是否相互融合？对投资过程是否产生实际的影响？
3. 养老基金是否根据自己的投资信念制定投资政策？应该直接把投资信念转化为投资政策，否则就需要重新确定投资信念。
4. 您受托管理的养老基金的组织架构是否与您的投资理念相吻合？
5. 您受托管理的养老基金的投资信念是否在基金内部和外部得到了广泛的接受？
6. 您能不能把实际成效与反映在组织中的投资信念联系起来？
7. 您受托管理的养老基金是否有每 5～10 年对投资信念进行评价和改进的常规流程？

第五章 设计投资管理流程

投资过程把养老基金的使命、愿景、目标和信念转化为实际的投资决策和业务。投资组合管理过程是一个需要以连贯一致的方式采取的步骤相互协调的组合，目的就是要构建和维护符合养老基金既定目标的适当投资组合（即资产组合）。投资组合管理过程从计划到执行，然后再到反馈。

1. 您受托管理的养老基金是否采用明确、一致的方式来安排投资过程？投资过程的各组成步骤是否明确？董事会或投资委员会是否在投资过程中扮演明确的决策角色？
2. 投资过程的各不同步骤是否以一种可以理解的方式提交给董事会（或投资委员会）审批？投资过程各组成步骤的投入和产出之间是否存在清晰的逻辑关系？
3. 您是否清楚为什么要选择这样的投资过程，而没有选择另一个不同的投资过程？是否准备了可行的替代方案？
4. 您是否认为，董事会或投资委员会有能力根据提供给它们的信息来进行决策？

5. 投资委员会是否准备了投资政策说明书？上次更新投资政策说明书是在什么时候？
6. 是否已经把投资政策说明书分发给不同的利益相关者？
7. 是否已经明确规定哪些服务提供商以养老基金受托人的身份提供服务，哪些不是以养老基金受托人的身份提供服务？如何采用有利于投资组合的方式来解决利益冲突？

第六章　组建投资职能部门

养老基金董事会明确或隐含地采用一种包括事先定义的假设、实施方法和治理要求在内的投资方法模型。

1. 看完本章以后，您是否认为您的投资方法完全适合您的投资信念、DNA和治理预算？
2. 选择这种投资方法的原因是否明确？您认为这种投资方法有哪些优缺点？
3. 采用这种投资方法是否能够充分发挥您受托管理的养老基金的竞争优势？或者，反过来说，这种投资方法是否需要目前无法获得的技能/知识财富？
4. 您是否觉得可以对目前使用的投资方法进行显著的改进？
5. 是否与那些选择不同投资方法的养老基金的董事会或投资委员会交换过看法？
6. 董事会或投资委员会是否有能力管理好投资方法？
7. 您是否想仔细考虑组织投资职能部门的其他选择方案？

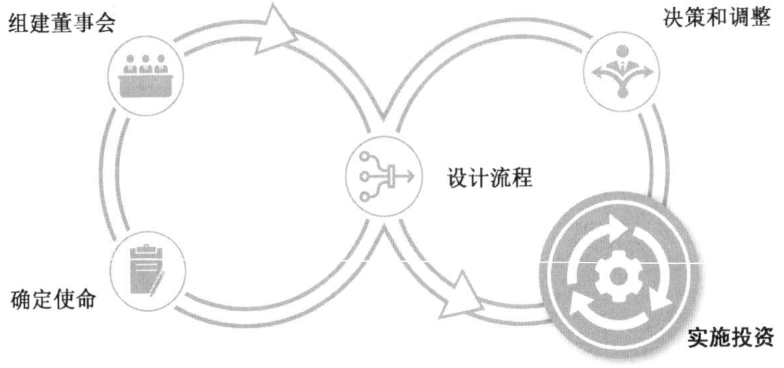

第七章 实施投资策略

实施投资策略，就是把养老基金的投资计划和策略付诸行动，以实现其目的和目标的过程。养老基金的投资策略应该能够解决实施投资的基本问题，从而最终决定投资策略的成功(或失败)。此外，养老基金的投资计划还应该说明基金打算如何利用各种机会来实施投资分散化以及如何管理不能达到最低收益要求的风险。

1. 养老基金是否明确规定分配投资过程中的不同角色和授予决策权的程序？为什么要这样授权？授权是否彻底？授权是否相互排斥和完全穷尽？
2. 是否制定了明确的投资总成本政策？对内部成本(显性、可见成本)和外部成本(通常比较隐性)是否一视同仁？
3. 是否明确寻找过造成边际成本上涨的原因？
4. 治理预算是决策者(包括工作人员)的时间、专业知识、知识财富和组织效率的组合。治理预算是否符合养老基金的既定任务要求？增加治理预算能改善结果吗？治理预算是否存在显著的瓶颈？
5. 养老基金是否规定了明确的管理人选拔程序？这种程序是否能够明确解决有关管理人选聘和评价的行为陷阱问题？
6. 选择被动管理或主动管理是否有合理的理由？选择结果的实施是否完全符合相关的投资信念？
7. 对投资过程内部化或外部化的选择是否有明确的战略性理由？
8. 养老基金是否制定了处理与外部供应商关系的明确政策？养老基金与外部供应商的关系是单纯的客户—供应商关系还是为基金提供服务是重要组成部分的合作伙伴关系？

第八章 构建投资组合

关于投资组合构建，养老基金受托人在设计这个阶段的投资流程时有很多选择，包括资产配置和分散化。

1. 养老基金是否明确按照自己的宗旨、使命、战略、风险胃纳和投资信念构建投资组合？养老基金构建的投资组合是否存在偏离自己的宗旨、使命、战略、风险胃纳和投资信念的地方？

2. 投资组合是不是明确根据投资过程的九个组成步骤来构建？九个组成步骤是否都有明确的理由和数据支持？
3. 是否明确规定了董事会/投资委员会在不同组成步骤中应该扮演的角色？
4. 按照表8.2列示的标准，您是否认为您受托管理的养老基金构建了很好的投资组合？董事会是否制定了评判投资组合好坏的标准？
5. 投资组合构建是否根据董事会的设想布局？
6. 董事会/投资委员会是否定期检查/评估投资组合的不同组成部分？您是否会利用同行或其他人的外部意见来做这项工作？
7. 董事会或投资委员会是否能够理解并识别这些假设或预测组合及其潜在结果的敏感性？

第九章　监控和评价

养老基金的无效治理代价巨大，因此是董事会成员和投资执行工作实际参与者最关心的一个问题。养老基金应该精心设计监控和反馈程序，而精心设计的监控和反馈程序不但包括监控和反馈过程的结果，更重要的是，还要考虑监控和反馈过程本身的质量。只有这样才能进行有效的(集体)学习，才能实现提高的目的。

1. 董事会或投资委员会花多少时间来监控投资结果？在(对基金实现目标的贡献的)重要性和所花监测时间之间是否有合理的正向关系？
2. 多久监测一次投资结果？
3. 您会进行为期多长的战略决策？
4. 您在进行战略决策时是否具体规定有助于深入审视战略的事前指标(包括“机器”和“性能”两方面的)？
5. 您是否根据事先制定的指标进行监控？
6. 监控报告是否符合它们的目的？是否与养老基金的战略相匹配？
7. 您是否同时监控战略(即我们是否在做正确的事情)和执行(即我们是否在以正确的方式做事情)？

8. 监控是否导致采取行动？依据是什么？多长时间采取一次行动？您是否觉得自己有时会根据“假阴性”采取行动？
9. 您是否觉得自己采取这样的行动有正当的理由？您会不会存在行为偏差问题？

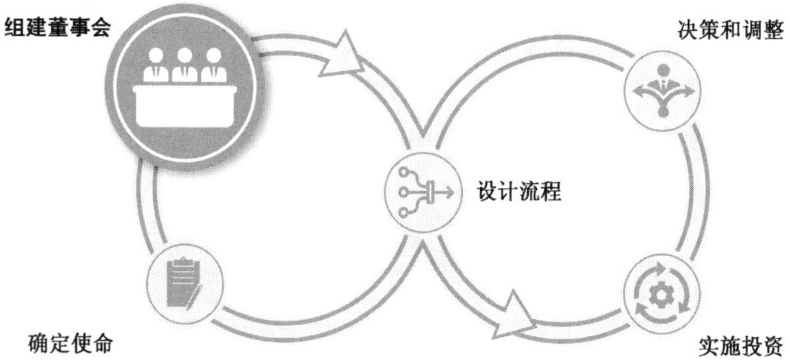

第十章　打造卓有成效的董事会

养老基金董事会的主要作用是确定目标，安排投资流程，监控和（重新）调整选择，以适应任何不断变化的环境。这似乎很简单，但实际上几乎是做不到的。

1. 董事会每个成员是否都牢固地掌握了有关本书不同主题的应用知识？董事会是否有教育计划？
2. 董事会主席是否认真对待董事们的作用？董事会成员是否都能确保董事会很顺利地举行会议？每个董事是否都有发言权？董事会是否以有序的方式进行决策，并且是精心准备决策议案？
3. 董事会内部是否有全部相关能力（即对内/对外和战略/运营）的代表？董事会成员是否都很了解每个关键利益相关者群体？
4. 董事会成员是否合作良好？他们是否善于听取别人的意见，并且善于理解他人？董事会里是否存在占据支配地位的个体或小群体？董事会是否明确关注合作？董事会是否由个别人主导对话？
5. 董事会的继任计划是否明确要求尽可能从素养和人品都好的候选人中物色新董事？

6. 董事会是否明确安排内容涵盖正式职责和战略决策的年会议程？每次会议是否都有内容明确、平衡的议程？有没有均衡安排重要的议题和紧迫的议题？与会者是否能够及时获得会议文件？为会议准备的文件是否字迹清晰、语言通顺、篇幅可以接受？
7. 董事会是否受到外部人士的关注？例如，是否能够得到同行、利益相关者或养老金计划参保人的反馈意见？
8. 董事会及其成员是否充分认识到自己的责任，并实际采取行动承担责任？董事会成员是否躲在"专家"后面，或者以像"显然，这就是他们的做事方式"这样的言论为借口？
9. 董事会是否具有为指挥和管理专家团队和委以任务的专家所必需的制衡力量和知识？
10. 董事会是否意识到了经常导致糟糕投资决策的行为陷阱？对这些陷阱是否有明确的关注？

第十一章　组建投资委员会

董事会高度依赖投资委员会和行政办公室，因此必须明确规定它们(应该)如何在一起工作。在某些情况下，投资委员会在根据委托给它的执行权代表养老基金进行投资决策方面发挥着非常积极的作用。在其他情况下，投资委员会的职责可能限于扮演纯粹的咨询角色，召集它的成员每年开几次会议。

1. 您是否觉得您受托管理的养老基金的投资委员会保持着适当的高度？您能否从俯瞰的角度来考虑养老基金总体架构和产出？
2. 投资委员会的组织方式是否能够让您至少在前后 5～10 年的时界内考虑、分析和决定问题？
3. 董事会是否与投资管理业务的执行保持着适当的距离？您是否距离投资管理业务执行足够近，以至于能够完全承担自己的责任；但又没有靠得太近，以至于不得不做出董事会不该做的运营决策？
4. 投资委员会及其成员是否充分认识到自己的职责并且在尽心履行职责？
5. 您作为基金受托人是否在投资委员会和投资执行机构之间进行了适当的平衡？

投资委员会还要考虑一些在第十章里讨论过的与董事会有关的思考题：

6. 每次会议是否都有内容明确、平衡的议程？有没有均衡安排重要议题和紧急议题？是否明确规定会议的内容？投资委员会如何进行决策？是否有完整的决策记录？能不能很容易地得到既往决策的信息？
7. 与会者是否能够及时获得为会议准备的文件？为会议准备的文件是否字迹清晰、语言通顺、篇幅可以接受？
8. 投资委员会是否受到外部人士的关注？例如，是否能够得到同行、利益相关者或养老金计划参与者的反馈意见？投资委员会是否能对董事会的观点和假设提出质疑？
9. 投资委员会的成员是否躲在“专家”后面，或者以像“显然，这就是他们做事的方式”这样的言论为借口？
10. 投资委员会是否意识到经常导致糟糕投资决策的行为陷阱？对这些陷阱是否有明确的关注？

第十二章　管理投资管理机构

养老基金董事会、投资委员会和投资管理机构之间的互动被认为可能是取得投资成功的最重要因素。

1. 董事会采用有多明确的标准化程序对投资管理机构进行授权？授权是否有明确的定义，因此能适当地控制或最大限度地减少代理问题？
2. 投资管理机构是否符合所选定投资模式的要求？养老基金安排了多大的“治理预算”？
3. 董事会是亲力亲为还是不干预投资管理机构？董事会实际授予投资管理机构多大的权力？
4. 养老基金员工的薪酬是否与基金的目标相符？养老基金的薪酬制度是否会导致代理问题、组织僵化、自利或不合作的行为？养老基金的薪酬制度是否与投资管理机构强烈的扩张欲望相符？
5. 投资管理机构如何监测并控制成本效益问题？
6. 投资管理机构如何评估投资组合构建模块的质量？如果构建模块的质量低于可接受的水平，怎么处理？令其改进，解除委托合同，由外包转为自营还是相反？
7. 是否签订过如何处理投资管理机构不能正常运营问题的协议？您知道

应该如何处理这种情况？这种情况是容易改变还是改变的阻力太大，无法根据成本效益原则来改变这种情况？

8. 投资管理机构的人员是否了解您受托管理的养老基金的目标和原则并与之保持一致？在与投资管理机构人员的交谈中，您是否观察并感觉到很多成功的因素，还缺少哪些成功的因素？

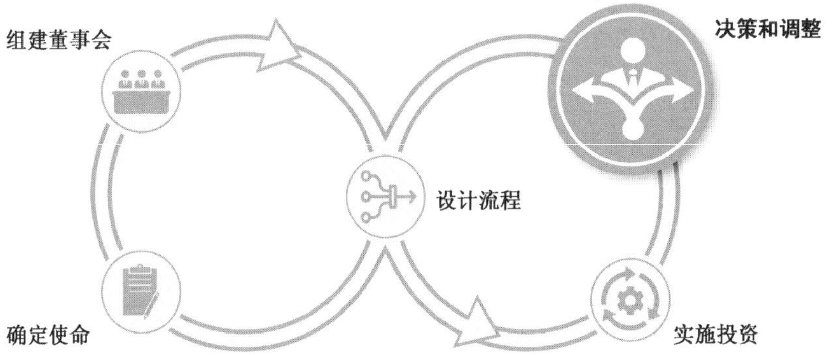

第十三章　学会决策和采纳建议

养老基金的受托人必须随时做出决定，从微不足道的投资决定到对整个组织有重大影响的决定。无论决策程序如何，基金受托人都被认为要征求并采纳“正确的建议”。因为，不遵守有关规定，通常就意味着基金受托人可能要直接(本人亲自)向相关监管机构负责。

1. 您觉得您受托管理的养老基金是否能够充分迅速地适应不断变化的环境？
2. 您觉得您受托管理的养老基金是否从自己过去的经历中吸取了经验教训，并且制定了不断改进的程序？
3. 您是否认为您的董事会应该成为学习型董事会？
4. 董事会与投资管理机构是否组织跨机构集体学习？
5. 学习型董事会和组织需要具备哪些条件？
6. 您把董事会多大部分的治理预算(时间和经费)用在了学习上？
7. 董事会是否规定了正式的学习程序？
8. 董事会的新成员是否要履行正式的学习程序？

第十四章 实现卓越投资

为了达到卓越水平，养老基金董事会必须学习并且能够评估基金在可持续卓越投资方面所处的状况。董事会应该能够使用必要的智能和实用工具把自己打造成永久的“学习型董事会”。

1. 您受托管理的养老基金是否有促进学习和提高质量的程序？
2. 追求卓越需要资源，董事会是否安排了充足的包括时间和技能在内的治理预算，以推动养老基金朝着卓越的方向发展？
3. 是否有新人加盟您的组织并接受基金组织的学习？他们是否为实现养老基金的卓越愿景而受到了正确的引导？
4. 董事会是否定期审查并在必要时更新有关养老基金战略、使命、愿景和信念的文件？董事会是否能够确保在需要时及时更新这些文件？
5. 董事会是否把卓越看作是一种不断改进的状态？如果养老基金没有达到这种状态，是出于哪些合理的原因？
6. 董事会是否就养老基金使用的全部概念达成了共同的理解？是否有可以集体说理的机制？
7. 是否已经努力把行为偏差的影响降到了最低限度，并且专注于实现与基金成熟程度相匹配的目标？这两方面的努力现在是否已经见效？将来是否还会继续奏效？
8. 是否为学习安排了充足的时间？在学习上花了多少时间，与其他组织比较情况如何？

附录 A　经合组织的公司治理准则

经济合作与发展组织的公司治理准则为董事的职责提供了指导（OECD 公司治理准则养老基金修订版 2015）：

1. 董事会成员应在充分知情的基础上善意地、尽心尽职地开展工作，并且以公司和参与者的最大利益为重。
2. 在董事会的决定可能会对不同的股东群体产生不同影响的情况下，董事会应该公平对待全体股东。
3. 董事会应该奉行高水平的道德标准，并且应该考虑利益相关者的利益。
4. 董事会应该履行一些关键职能，具体包括：

(1)审查和指导公司战略、主要行动计划、风险政策、年度预算和商业计划，设置业绩目标，监测执行情况和公司业绩，并监督重大资本支出、收购和资产剥离项目。

(2)监督公司治理实践的有效性，并根据需要进行改进。

(3)挑选、奖励（确定薪酬）、监督并在必要时更换主要高管，并监督继任计划的制定和执行。

(4)公司主要高管和董事的薪酬要符合公司和股东的长期利益。

(5)制定并严格执行正式和透明的董事会提名和选举程序。

(6)严密监控并处理好管理层、董事和股东之间可能发生的利益冲突，包括滥用公司资产和关联方交易等问题。

(7)完善公司的会计和财务报告制度，包括独立审计和适当的控制制度，特别是风险管理、财务和运营控制制度，以及遵守有关法律和相关准则。

(8)监督信息披露和沟通程序的执行情况。

5. 董事会应该能够对公司事务做出客观、独立的判断。

(1)董事会应考虑委派足够数量的有独立判断能力的非执行董事执行有可能引发利益冲突的任务,如确保财务和非财务报告的完整性、审查关联方交易、提名董事会成员和主要高管以及确定董事薪酬。

(2)董事会在组建其下属委员会时应该明确规定并公布各下属委员会的任务、人员组成和工作程序。

(3)董事会成员应该能够有效履行自己的职责。

6. 董事会成员应该能够获得为履行自己的职责所需要的准确、相关和及时的信息。

附录 B　如何制定战略目标

我们是为了实现已经确定的目标而制定并执行战略，因此，制定和执行战略就要对养老基金赖以运营的外部环境进行评估，并且还要审视养老基金的现状——以弄清战略是否符合养老基金的宗旨？审视现状的目的就是要让养老基金董事会能够确定在市场上取得成功的重要因素、自身的优势和劣势以及竞争对手的优势和劣势(见图 B.1)。

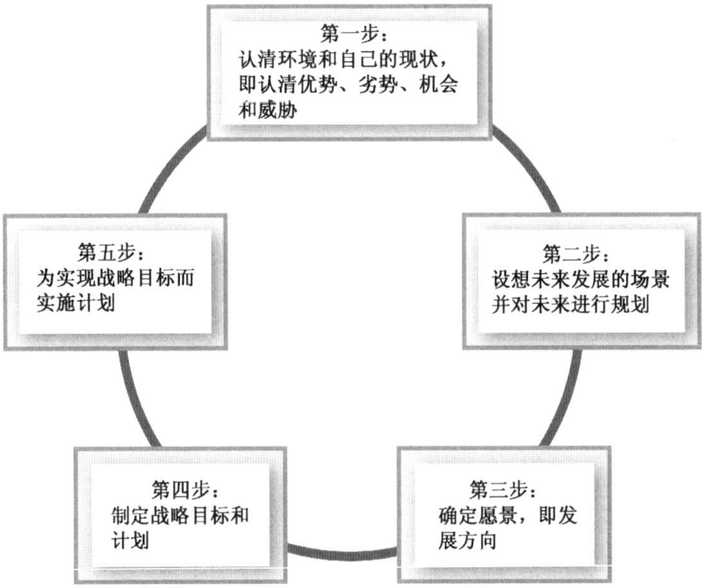

图 B.1　战略五步骤

我们用图 B.1 帮助您了解战略制定和执行过程的各个步骤，并且告诉您一些关于确定战略制定和执行程序的注意事项：

1. 董事会负责制定战略，并可以因此而得到帮助，但不能下放制定战略的权力。
2. 战略制定工作可能非常紧张，具体取决于董事会的特点和历史。因此，可能有必要为董事会这方面的工作安排外部帮助。
3. 集体努力的最终结果更可能是制定出得到集体支持的战略。
4. 组织力量收集外部观点，以免视野狭窄和自满情绪。为此，您可以求助于包括从同行到咨询顾问在内的各类有关人士，重要的是不要“作茧自缚”。
5. 发动利益相关者参与。为了更好地了解您自己的状况，您可以动员关键的利益相关者参与到战略制定工作中来，如养老金计划参保人、非政府组织或养老基金的员工。
6. 营造开放、诚信的氛围。肯定存在您不想听的问题，但即便您不想听，它们也会找上门来。如果有些养老金计划参保人表示他们不理解您的沟通方式，或者，有些非政府组织说您对一个不断变化的世界不敏感，您该怎么办？
7. 为战略制定工作预留正经的时间。环境越是具有挑战性和动态性，制定和执行战略的过程也就越重要。
8. 不要试图在董事会常会上讨论战略制定的事宜。制定战略需要时间，在外面开一天或 24 小时的静思会可能更有成效。
9. 我们建议您至少每五年进行一次战略评估。在这五年里，您可以观察是否突然出现了迫切需要关注的重大问题。5 年评估一次的频率也有助于定期让董事会新成员参加战略评估工作并融入董事会这个集体。
10. 应该把产出及其过程很好地记录下来，这样，您就能轻而易举地把自己的战略思想灌输给其他人。

第一步：PEST（政治、经济、社会文化和技术）、SWOT（优势、劣势、机会和威胁）和五力分析模型：审视现状和环境

养老基金的董事会一上来需要确定一个基准面，这样才能为当下的组织设定基准。为此，养老基金的董事会拟思考以下这些问题：

- 养老基金主要有哪些相关特点(即规模、偿付能力、成本水平、投资达到的卓越水平,等等)?
- 养老基金目前有哪些优势和劣势?
- 在未来的5～10年里,有哪些因素会引发变化?哪些变化或变化组合可以被认为是稳定性变化,哪些变化是动荡性变化?
- 是否出现了新的变化迹象?新的变化有哪些特征?

养老基金受托人最常用的支持工具是PEST分析法、“五力”分析模型和SWOT分析法。

PEST分析法。 PEST分析法提供了一个分析内容更加广泛的切入点。PEST分析法可以用来概述现状或者刻画现状的主要特点,为深入研究确定方向,并且还为董事会践行养老基金宗旨和确保养老基金的持续存在提供参照框架。这种方法把环境分解为六个部分:

(1)政治:政治问题和政治势力;

(2)参保人:了解您目前和未来的客户;

(3)环境:环境、栖息地和可持续问题;

(4)技术:科学技术问题;

(5)社会:社会问题,如个人主义、诚信缺失;

(6)经济:经济问题,如长期债券收益率或者通货膨胀问题。

以上每个部分的重要性可能会因特定养老基金的关注重点和看问题的视角不同而异。举例来说,表B.1显示了泰恩—威尔养老基金(Tyne and Wear Pension Fund)所做的PEST分析,这只养老基金把重点放在了经济和政治因素上。

表B.1　　泰恩—威尔养老基金PEST分析节选①

政治因素	经济因素
· 政府已经对这个养老金计划的资产投资进行了审查,并且提出了把这个养老金计划的投资资产集中到最多不超过6只基金,每只基金的资产至少达到250亿英镑的要求。这个养老金计划正在落实执行政府的这项要求	· 全球金融危机导致利率处于历史低位,从而增加了养老金负担 · 公共部门减少支出,导致这只养老基金因雇主裁员而出现成年人构成老龄化的问题。这个问题的影响在这只基金的筹资策略、投资策略、组织结构和工作量中都得到了反映

① 关于泰恩—威尔养老基金采用的分析方法,请浏览网页:http://www.twpf.info/CHttpHandler.ashx?id=26120&p=0。

续表

社会因素	技术因素
· 待遇确定型养老金是养老金安排的首选类型 · 退休人员寿命延长，也增加了养老金支出	· 事实证明，这个养老金计划管理起来更加复杂 · 有人认为应该加强对筹资策略的监督 · 财务报告和控制变得更加复杂，工作量也在增加

SWOT 分析法。PEST 分析可被看作是对企业(养老基金)外部运营环境的结构化剖析，而 SWOT(优势、劣势、机会、威胁)分析则是根据企业的养老金产品和服务对企业(养老基金)内部环境进行的分析。SWOT 分析法由以下四部分组成：

- 优势分析。优势分析分析企业(养老基金)的产品/服务优势，并确定其独特的销售主张。养老基金或产品的优势使它们在与竞争对手的较量中脱颖而出。
- 劣势分析。劣势分析分析企业(养老基金)目前可能存在的劣势及其与企业产品(养老金)的关系。劣势分析赋予董事会“鸟瞰”自己在哪些方面存在不足和弥补不足的机会。
- 机会分析。这里所说的机会是指养老基金开展运营活动、赚取利润和实现收益的机会。对于养老基金来说，通常是指通过自我完善或改进养老金产品，也就是通过实施把劣势转化为机会的策略来弥补劣势。
- 威胁分析。分析威胁，就意味着要面对有能力的潜在竞争对手可能会对企业(养老基金)及其产品/服务构成的威胁。威胁分析也要分析进入壁垒和如何有效地解决潜在竞争的问题。

波特(Porter)的五力分析。波特的五力分析模型是一种分析行业内竞争水平和企业战略发展的框架。波特是为了分析那些以营利为目的的企业而创建这个模型的，而大多数养老基金并不是以营利为目的。乍一看，非营利机构似乎是一种优势，但事实上并非如此。不受短期市场力量的影响，实际上就意味着养老基金必须付出更大的努力来了解自己是否真的有效，是否符合目的。不然的话，养老基金的存续迟早会受到威胁。

波特所说的五种力量决定行业的竞争强度，因此也决定行业的吸引力。在这里，行业吸引力是指整个行业的盈利能力。“缺乏吸引力”的行业是指这五种力量的组合会降低各行业整体盈利能力或成功程度的行业。而非常没有吸引力的行业则可能是接近“纯粹竞争”、业内所有企业都只能赚到最低限度正常利润的行业。

波特所说的五种力量同样会影响养老基金服务客户、实现可持续收入和/或盈利的能力。其中任何一种力量的变化通常都要求商业单位在行业信息总体变化给定的情况下,对市场进行重新评估。波特所说的五种力量包括替代产品或服务的威胁、现有竞争对手的威胁和新进入者的威胁等三种“横向”竞争力量以及供应商的议价能力和客户的议价能力等两种“纵向”竞争力量(见图 B.2)。

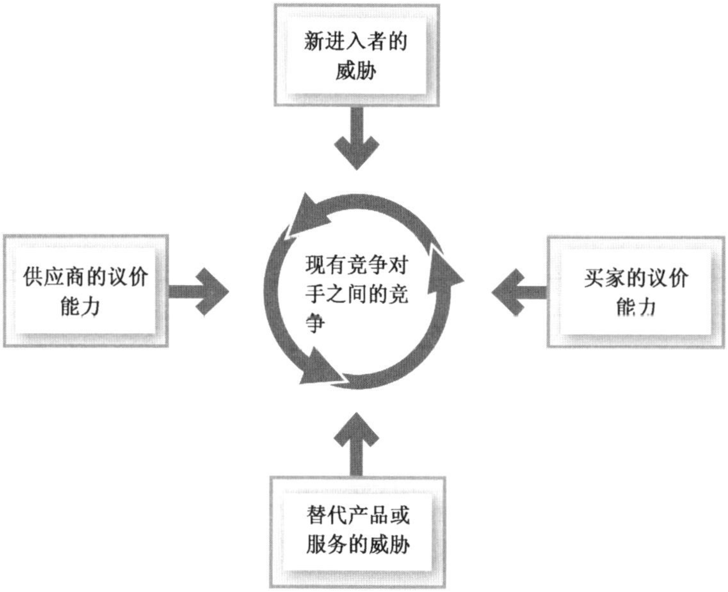

图 B.2　迈克尔·波特发现的五种形塑行业竞争的力量[①]

- 业内竞争。这种力量的强度取决于业内竞争对手的数量和他们威胁到单个企业的能力。业内竞争对手越多,而且提供的同等产品和服务越多,那么,单个企业的实力就越弱。如果供应商和买家不能达成交易,双方都可以去找对方的竞争对手。
- 行业潜在的新进入者。企业的议价能力也会受到市场新进入者力量的影响。竞争对手进入一家企业的市场并成为它的实际竞争对手需花的

① 请参阅 Porter(2008)。

时间和经济成本越小，这家企业的市场地位就越容易受到显著的削弱。

- 供应商的议价能力。这种能力反映供应商推高商品和服务价格的易难程度，取决于供应一种商品或服务的供应商数量、供应商的独特性以及企业从一个供应商转换到其他供应商的成本。一种商品或服务的供应商数量越少，企业越依赖某个供应商，那么，这个供应商的议价能力就越大。
- 替代商品或服务的威胁。可以取代一家企业产品或服务的竞争性替代品会对这家企业构成威胁。例如，如果客户依靠一家企业提供某种工具或服务，而这种工具或服务可以被另一种工具或服务或者徒手作业替代，而且相当容易且成本很低，那么，这家企业的议价能力就会被削弱。

第二步：消化所了解的情况和规划未来

董事会现在已经清楚地了解它所服务的养老基金的特点、优势、劣势以及内部和外部发展情况。董事会要面对的下一个挑战就是消化已经了解的情况，并利用自己了解的情况来制定养老基金的未来发展战略。在这个过程中，董事会应该“创想”未来，设想养老基金未来发展的场景。①

除非在完全垄断的条件下运营，否则未来必然是不确定的。因此，董事会有必要为养老基金设想许多不同的“未来”，并评估它们会如何影响养老基金目标的实现，以及如何在政策中反映这个问题。外部力量会对养老基金在当前和未来环境中确定自己使命的方式产生巨大的影响。养老金待遇确定制曾经是欧美养老金制度理所当然的解决方案，今天世界很多地方的养老金制度正在向集体或个人缴费确定制转型。这种转型已经被一些结构性趋势加快了速度，如会计准则的变化、寿命延长的影响、个人主义思潮的崛起、技术进步以及气候变化对金融市场的影响。基于场景的思考方式本可以让董事会在早期阶段就注意到这些结构性趋势。因此，养老基金董事会面临的挑战是尽早发现发展趋势，并且通过把它们转化为以下“令人不安的”问题来对它们进行内部化：

- 考虑到我们的受益人支付的保险费和他们的期望，我们是否真的能为他们提供丰厚的养老金？

① 请参阅 Pillkahn(2008)。

- 在既定的条件下,我们的关键利益相关者会对我们使用怎样的成功衡量指标?我们能 满足他们的要求吗?
- 气候变化是否会对我们的投资政策产生作用?如果会产生作用,那么是怎样的作用?

养老基金董事会经常会绕过或忽略这些需要“未雨绸缪”才会去考虑的问题。他们迫于时间的压力,要关心日常决策。董事会成员无论是个人还是作为集体,都应该能够正视利益相关者,并且向他们表示,为了确保养老基金的目标能够尽可能得到实现,自己已经考虑了所有的相关替代方案,并且设想了各种可能的未来场景。董事会虽然可以争取外部各有关方面的帮助,但不能把这些问题“外包”给外部人去解决。

通过设想未来的场景,养老基金可以预测新的发展、机会和风险,并且更快地做出反应。设想未来场景,可以帮助展示未来的情境,并且提供不同、非常不同的未来情境选择。这些设想的未来场景本身并没有好坏之分。最重要的一点是,它们要看似可信,董事会和/或投资委员会能够把它们转化为相关的政策(投资政策和风险管理)。通过设想未来场景,可以帮助投资者和决策者跳出现有框架进行思考。① 支持这种做法的理论是,如果决策者意识到并且设想了很多未来场景,那么,组织就能更加有效、迅速地适应任何不可预见或意外的变化。

设想的未来场景必然不同于定期计划和年度预算。计划可以通过外推来规定数年内的发展,并确定最合理的实施措施。场景思维法主要是通过概览的方式来考虑不同的发展方向。对于养老基金董事会来说,进行场景思维的一种不变方法就是了解影响养老基金的各种变量。金融市场的高增长或低增长、经济的高增长或低增长和/或高通胀或低通胀,都是一些最重要的经济变量。

---

① 有四个方面可以使用场景法:(1)敏感性分析,分析其他假设影响养老金债务、现金流、风险的敏感性。敏感性分析与应用于风险管理的压力测试关系最为密切。(2)针对突发事件制定“应急”计划,以便确定在某些情况下,如果发生突发事件必须采取什么措施。由于荷兰中央银行(De Nederlandsche Bank)要求养老基金制定应对极端情况的计划,因此,应急计划有了新的用途。(3)为突发事件制定计划,但随后又应用于基金政策。(4)作为研究工具的场景。场景并没有被说成是战略,而被说成是“一种更具探索性的工具,因此,一种场景较少是战略,而更多是一种关注教育、条理清晰的推断”。

表 B.2 构想未来场景的不同阶段与每个阶段要做的工作

阶　段	每个阶段要做的工作
1. 分析现状	采用 PEST、SWOT 和/或五力分析法绘制反映养老基金现状的图表，找出最重要的市场“驱动因素”
2. 列出最符合逻辑的未来概览	根据显而易见的现状和对市场发展的预期，详细记述对未来的概览
3. 构想不同的场景	根据对未来的概览和已经找到的最重要的市场驱动因素，构想不同的未来场景
4. 确定影响并制定消除不利影响的措施	确定每种场景的结果，并为组织制定防止不利影响的可能措施
5. 把这些措施告诉投资机构	在组织内部传达有关未来最可能出现的场景的看法、结果和不利影响的防止措施

因此，许多养老基金只能构想为数有限的未来场景，具体而言，就是构想一些包括通货紧缩（意味着无法履行养老金支付义务）、通货膨胀或经济滞胀（侵蚀购买力）以及经济复苏的场景；然后为每种场景确定一个资产配置方案，也可能为每种构想的未来场景确定经济指标，以便投资委员会能够评估养老基金据以制定政策的假设（所构想的基本场景）是否正在发生变化。这样，养老基金在早期阶段就能预见到所构想基本场景发生的变化。这种预见不同于预测，而是在早期阶段就感觉到场景的变化。经济场景可以用来反映一项决策不成功可能会造成的后果，也可以在表 B.2 中添加“遗憾”（regret）指标来表示。

构想未来场景并不是预测。预测、预言和推断只有在一个稳定的世界里作为战略规划的基础才能有效地发挥作用，但这种稳定的世界与我们大家都相距甚远。壳牌公司的战略规划开山鼻祖皮埃尔·瓦克（Pierre Wack）曾经说过：

> 预测并不总会出错，多半不会出错，它们可以相当准确。这让预测变得非常危险，它们通常是建立在“明天的世界将会与今天的世界很像”这样的假设之上的。……预测在最需要它正确的时候——在预测会使整个战略过时的商业环境的重大变化时——出错。……我本人认为，更好的办法是接受不确定性，试着理解不确定性，并把它作为我们推理的一个组成部分。

我们可以认为我们构想的经济场景具有一定程度的发生概率，这样就能根据它们来制定政策。然而，众所周知，确定一种构想的场景的发生概率是极其困难的，而且还会受到心理偏误的困扰。最接近最近的场景往往被认为最有可能发生，如果情绪会产生作用，估计场景的影响会更大，而且还有搜索新的信息来支持现有想法的风险。

养老基金的大部分未来场景都是由董事会或投资委员会在基金内部构想的。一开始，可能会详细描述最“著名”的场景，从而限制决策的有效性，并且要求在早期阶段就进行发散性思考。这种情况可以用路灯的问题来说明。有人在街上丢了车钥匙，他们会本能地在路灯下寻找，尽管路灯只能照亮很小的面积。换句话说，新的信息和见解可能与已经构想的场景相关，并被用来证明之前做出的选择。对付这种潜在偏误的一种方法是，邀请一些代表少数人对未来的看法的局外人发表意见。这种有意而为的意见多样性有助于缩小组织内部的“认知框架盲区”。安排一场有组织的辩论的另一种方法是，发动各子群体构想为数有限的场景，然后交群体进行批判性的讨论，而批判性讨论的重点应该放在构想场景的假设、理由和相关性上。

第三步：确定愿景和目标

第三步是确定 5～10 年的愿景和目标。在确定这种长期愿景和目标时，必须关注您受托管理的养老基金有哪些特点，董事会如何看待未来以及董事会对未来的看法是否已经反映在业已确定的基金宗旨和使命中并且符合基金的宗旨和使命（这些问题我们之前已经在本附录中提到），您希望在您受托管理的养老基金的现状、宗旨、使命、价值观以及外部因素既定的情况下 5～10 年后能达到怎样的卓越水平，哪些劣势必须克服，您是否渴望变得比现在更加卓越、高效、可持续等问题。如果您能清楚地确定这些问题，并且形成文字，那么，您就有了自己的愿景。请记住，这应该是一个具有现实意义的愿景，但一定程度的观点伸展通常会给各相关方面带来很多正能量。

第四步：制定战略计划

一旦您知道自己的现状（第一步）和想要去哪里（第三步），您就可以制定一个如何到达您想去的地方的行动计划。这就是这里所说的战略计划。战略计划通常有 5 年的时界，通常会把这个时界细分成为期一到两年的三个阶段。战略计划应该明确规定年度计划周期，以便在实施战略计划的过程中采取具体的年度步骤。战略计划应该尽可能采用 SMART(S—Specific:具体;M—Measurable:可衡量;A-Attainable:可实现;R—realistic:具有现实性;T—time—bound:有时间限制)法来制定。

第五步:实施

我们可以利用通过以上分析掌握的知识来确定具体的组织目标、措施、项目或计划。于是,我们应该认真考虑我们应该采取哪些具体措施、怎样才能为未来做好更多的准备等问题。

参考文献

Adamson, L. (2013). *Australia's Future Fund Investment Wizardry*. Retrieved from Institutional Investor: http://www.institutionalinvestor.com/Article/3205504/Australias-Future-Fund-Investment-Wizardry.html?ArticleId=3205504&single=true#/.WJg7sfkrLIV

Allen, F. and Santomero, A.M. (1997). The theory of financial intermediation. *Journal of Banking & Finance* 21 (11–12): 1461–1485.

Ambachtsheer, K. (2004). *Cleaning Up the Pensions Mess: Why It Will Take More Than Money*. CD Howe Institute.

Ambachtsheer, K.P. (2016). *The Future of Pension Management: Integrating Design, Governance, and Investing*. New York: Wiley.

Ambachtsheer, K., Capelle, R., and Lum, H. (2006). Pension fund governance today: strengths, weaknesses and opportunities for improvement. *Financial Analysts Journal* 20: 383–403.

Ambachtsheer, K., Capelle, R., and Lum, H. (2007). *The State of Global Pension Fund Governance Today: Board Competency Still a Problem*. Rotman International Centre for Pension Management.

Ambachtsheer, K.P. and Ezra, D.D. (1998). *Pension Fund Excellence: Creating Value for Stakeholders*. New York: Wiley.

Andersen, T.J., Garvey, M., and Roggi, O. (2014). *Managing Risk and Opportunity: The Governance of Strategic Risk-Taking*. Oxford University Press.

Anderson, G., Bamford, T., Baumgarten, J., and Jurd, K. (2017) The Five Most Common New Director Questions. Advice for First-Time Board Directors on Getting a Strong Start. Retrieved from: https://www.spencerstuart.com/research-and-insight/the-five-most-common-new-director-questions

Andonov, A., Bauer, R., and Cremers, M. (2011). Can large pension funds beat the market. *Asset Allocation, Market Timing, Security Selection and the Limits of Liquidity (October 2012)*.

Ang, A. (2014). *Asset Management: A Systematic Approach to Factor Investing*. Oxford University Press.

Ang, A. and Abrams, J. (2012). *California Dreamin': The Mess at CalPERS*. Columbia Business School.

Ang, A. and Kjaer, K. N. (2012). *Investing for the Long Run*. Netspar Discussion Paper No. 11/2011-104.

Ang, A., Goetzmann, W. N., and Schaefer, S. (2009). Evaluation of active management of the Norwegian government pension fund–global. *Report to the Norwegian Ministry of Finance*.

Ang, A., Brandt, M. W. and Denison, D. G. (2014). Review of the Active Management of the Norwegian Government Pension Fund Global. 20 January, 2014. Retrieved from https://www0.gsb.columbia.edu/faculty/aang/papers/AngBrandtDenison.pdf

Anson, M. (2004). Strategic versus tactical asset allocation. *The Journal of Portfolio Management* 30: 8–22.

Anson, M. (2005). Institutional portfolio management. *The Journal of Portfolio Management* (Summer) 31: 33–43.

AP2 (2018). *Our mission*. http://www.ap2.se/en/about-ap2/our-mission (accessed 07-03-2018).

ATP (2016) Annual Report. https://www.atp.dk/sites/default/files/atp_annual-report-2016.pdf (accessed on 15-05-2018).
ATP (2017) Annual Report. https://www.atp.dk/sites/default/files/atp_annual-report-2017.pdf (accessed on 15-05-2018).
Bank for International Settlements. (2003). Incentive Structures in Institutional Asset Management and Their Implications for Financial Markets. Committee on the Global Financial System.
Basker, E. (2005). Selling a cheaper mousetrap: Wal-Mart's effect on retail prices. *Journal of Urban Economics* 58 (2): 203–229.
Beinhocker, E.D. (2006). *The Origin of Wealth: Evolution, Complexity, and the Radical Remaking of Economics*. Harvard Business Press.
Bender, J., Briand, R., Nielsen, F., and Stefek, D. (2010). Portfolio of risk premia: a new approach to diversification. *Journal of Portfolio Management* 36 (2): 17.
Berkowitz, S.A., Finney, L.D., and Logue, D.E. (1988). Pension plans vs. mutual funds: is the client victim or culprit? *California Management Review* 30 (3): 74–91.
Bouwmeester, O. (2008). Advice as Argument: Economic Deliberation in Management Consulting and Academic Contract Research.
Brav, A., Heaton, J.B., and Rosenberg, A. (2004). The rational-behavioral debate in financial economics. *Journal of Economic Methodology* 11 (4): 393–409.
Brinson, G.P., Hood, L.R., and Beebower, G. (1986). Determinants of portfolio performance. *Financial Analysts Journal* 42 (4): 39–44.
Brinson, G.P., Singer, B.D., and Beebower, G.L. (1991). Determinants of portfolio performance II: an update. *Financial Analysts Journal* 47 (3): 40–48.
Brown, J.D. (2012). Understanding the better than average effect: motives (still) matter. *Personality and Social Psychology Bulletin* 38 (2): 209–219.
Brown, S. J., Goetzmann, W. N., and Grinblatt, M. (1997). Positive portfolio factors.
Busse, J.A., Goyal, A., and Wahal, S. (2010). Performance and persistence in institutional investment management. *The Journal of Finance* 65 (2): 765–790.
Cadbury, A. (2002). *Corporate Governance and Chairmanship: A Personal View*. Oxford University Press on Demand.
Chambers, D., Dimson, E., and Ilmanen, A. (2011). The Norway Model.
Cheng Chih, S. (2014). The Why, What and How of Long-Term Investing. Presented at the ABFER 2nd Annual Conference, Singapore.
Chua, D.B., Kritzman, M., and Page, S. (2009). The myth of diversification. *Journal of Portfolio Management* 36 (1): 26.
Clark, G. (2000). *Pension systems: A comparative perspective*.
Clark, G.L. (2004). Pension fund governance: expertise and organizational form. *Journal of Pension Economics & Finance* 3 (2): 233–253.
Clark, G. L. and Urwin, R. (2007). Best-Practice Investment Management: Lessons for Asset Owners from the Oxford-Watson Wyatt Project on Governance. October 2007. In *available at SSRN*: http://ssrn.com/abstract (Vol. 1019212).
Clark, G.L. and Urwin, R. (2008a). Making pension boards work: the critical role of leadership. *Rotman International Journal of Pension Management* 1 (1): 38–45.
Clark, G.L. and Urwin, R. (2008b). Best-practice pension fund governance. *Journal of Asset Management* 9: 9–21.
Clark, G.L. and Urwin, R. (2010). Innovative models of pension fund governance in the context of the global financial crisis. *Pensions: An International Journal* 15 (1): 62–77.
Collins, J. (1996). Aligning action and values. In: *Leader to Leader*, vol. 1, 19–24. https://doi.org/10.1002/ltl.40619960307.

Collins, S. and Mack, P. (1997). The optimal amount of assets under management in the mutual fund industry. *Financial Analysts Journal* 53 (5): 67–73.
Cooper, T. (2012). The Power of Feedback Loops: Attaining and Sustaining a Healthy ERM Program, Enterprise Risk Compliance. Wolters Kluwer Financial Services.
Credit Suisse Research Institute, Zurich (2017). *Global Wealth Report.*
Culp, C.L. (2002). *The Risk Management Process: Business Strategy and Tactics*, vol. 103. Wiley.
Dahlquist, M. and Ødegaard, B. A. (2018). A Review of Norges Bank's Active Management of the Government Pension Fund Global.
Damodaran, A. (2007). Investment Philosophy: The Secret Ingredient in Investment Success. Presentation at New York University School of Business.
Damodaran, A. (2013). Equity risk premiums (ERP): determinants, estimation and implications—the 2012 edition. In: *Managing and Measuring Risk: Emerging Global Standards and Regulations After the Financial Crisis* (ed. O. Roggie and E. Altman), 343–455. New Jersey: World Scientific.
Davies, B. (2000). Equity within and between generations: pension systems and equity. In: *Pensions in the European Union: Adapting to Economic and Social Change* (ed. G. Hughes and J. Stewart), 109–126. Boston, MA: Springer.
Davis, E.P. and Steil, B. (2004). *Institutional Investors*, 450. MIT press.
Department of Labor Employee Benefits Security Administration, U.S. (2017). Meeting Your Fiduciary Responsibilities.
DiBruno, R. (2015). *Best Practices for Investment Committees*, vol. 78. Wiley.
Drucker, P.F. (1976/1995). *The Unseen Revolution/The Pension/The Pension Fund Revolution.* New Brunswick, NJ: Transaction Publishers.
Dufey, G. (1998). The changing role of financial intermediation in Europe. *International Journal of Business* 3 (1): 49–68.
Economou, T., Haenni, G., and Manola-Bonthond, E. (2013). A governance framework designed for dynamic asset allocation: the CERN pension fund model. *The Journal of Investment.*
Edwards, J. and Fischer, K. (1996). *Banks, Finance and Investment in Germany.* Cambridge University Press.
Eisenhardt, K.M. (1989). Agency theory: an assessment and review. *Academy of Management Review* 14 (1): 57–74.
Ellis, C.D. (1998). *Winning the Loser's Game.* New York: Mcgraw-Hill Education.
Ellis, C.D. (2003). The winner's game. *Financial Analysts Journal* 67 (4): 11–17.
Ellis, C.D. (2011a). Best practice investment committees. *The Journal of Portfolio Management, Winter 2011* 37 (2): 139–147.
Ellis, C.D. (2011b). *Capital: The Story of Long-Term Investment Excellence.* Wiley.
Ellis, C.D. (2014). The rise and fall of performance investing. *Financial Analysts Journal* 70 (4): 14–23.
Ellison, R. and Jolly, R.E. (2008). *Pension Trustee's Investment Guide.* Thorogood Publishing.
Elton, E.J., Gruber, M.J., and Blake, C.R. (2003). Incentive fees and mutual funds. *The Journal of Finance* 58 (2): 779–804.
England, A. and Cotterill, J. (2016). PIC considers black consortium for Barclays Africa. Retrieved on 18-02-2016, from https://www.ft.com/content/e0f47544-1e92-11e6-b286-cddde55ca122
Ennis, R.M. and Williamson, J.P. (1976). *Spending Policy for Educational Endowments: A Research and Publication Project of the Common Fund.* Common Fund.
Frankel, N. and Gage, A. (2007). M&E fundamentals: a self-guided minicourse.

Friede, G., Busch, T., and Bassen, A. (2015). ESG and financial performance: aggregated evidence from more than 2000 empirical studies. *Journal of Sustainable Finance & Investment* 5 (4): 210–233.
Furr, R.M. and Furr, L.J. (2005). Is your chairman a leader. *Corporate Board* 26 (154): 11–15.
Gage, A. and Dunn, M. (2009). Monitoring and Evaluating Gender-Based Violence Prevention and Mitigation Programs. *US Agency for International Development, MEASURE Evaluation, Interagency Gender Working Group, Washington DC.*
Garratt, B. (2010). *The Fish Rots From the Head: The Crisis in Our Boardrooms: Developing the Crucial Skills of the Competent Director*. Profile Books.
Gawande, A. and Lloyd, J.B. (2010). *The Checklist Manifesto: How To Get Things Right*, vol. 200. New York: Metropolitan Books.
GEPF. (2014). *Vision, Mission and Values*. www.gepf.gov.za/index.php/about_us/article/vision-and-values (accessed 07-03-2018).
Ghai, S., Tarnowski, M., and Tétrault, J. (2011). *The Best of Times and the Worst of Times for Institutional Investors*. McKinsey & Company.
GPFG (2004). *Guidelines for Observation and Exclusion of Companies from the Government Pension Fund Global*. Government Pension Fund Global. Retrieved from https://etikkradet.no/files/2017/04/Etikkraadet_Guidelines-_eng_2017_web.pdf.
Graham, B., Dodd, D., and Tatham, C. (1951). *Security Analysis. Principles and Technique*. McGraw-Hill Book Company.
Gray, J. (1997). Overquantification. *Financial Analysts Journal* 53: 5–12.
Greifer, N. (2012). *Pension Investing: Fundamentals and Best Practices*. Government Finance Officers Association.
Guyatt, D.J. and Lukomnik, J. (2010). Does portfolio turnover exceed expectations? *Rotman International Journal of Pension Management* 3 (2): 40.
Guyatt, G.H., Oxman, A.D., Vist, G.E. et al. (2008). GRADE: an emerging consensus on rating quality of evidence and strength of recommendations. *BMJ (Clinical Research Ed.)* 336 (7650): 924–926.
Harper, J. (2008). Board of trustee composition and investment performance of US public pension plans. *Rotman International Centre for Pension Management, University of Toronto*.
Hudson-Wilson, S., Fabozzi, F.J., and Gordon, J.N. (2003). Why real estate? *The Journal of Portfolio Management* 29 (5): 12–25.
Huse, M. (2007). *Boards, Governance and Value Creation: The Human Side of Corporate Governance*. Cambridge University Press.
Ilmanen, A. (2003). Stock-bond correlations. *The Journal of Fixed Income* 13 (2): 55–66.
Ilmanen, A. (2011). *Expected Returns: An Investor's Guide to Harvesting Market Rewards*. Wiley.
Ilmanen, A. and Kizer, J. (2012). The death of diversification has been greatly exaggerated. *Journal of Portfolio Management* 38 (3): 15.
Indro, D.C., Jiang, C.X., Hu, M.Y., and Lee, W.Y. (1999). Mutual fund performance: does fund size matter? *Financial Analysts Journal* 55 (3): 74–87.
Inker, B. (2010). The hidden risks of risk parity portfolios. *GMO white paper*.
International Organization of Securities Commissions (IOSCO) (2005). "Principles on Outsourcing of Financial Services for Market Intermediaries," February 2005, Available at: http://www.iosco.org/library/pubdocs/pdf/IOSCOPD187.pdf.
Jenkinson, T., Jones, H., and Martinez, J.V. (2016). Picking winners? Investment consultants' recommendations of fund managers. *The Journal of Finance* 71 (5): 2333–2370.
Jensen, M.C. (1968). The performance of mutual funds in the period 1945–1964. *The Journal of Finance* 23 (2): 389–416.

Jones, H. and Martinez, J.V. (2017). Institutional investor expectations, manager performance, and fund flows. *Journal of Financial and Quantitative Analysis* 52 (6): 2755–2777.

Kahneman, D. (1991). Article commentary: judgment and decision making: a personal view. *Psychological Science* 2 (3): 142–145.

Kamerling, R., Kramer, R. (2017). *Veel beloven, weinig geven*. Nyenrode Tax Academy Press.

Koedijk, K. and Slager, A.M.H. (2011). *Investment Beliefs. A Positive Approach to Institutional Investing*. Palgrave Macmillan: Houndmills, Basingstoke, Hampshire.

Koedijk, K., Slager, A.M.H., and Stork, P.A. (2016). A Trustee guide to factor investing. *The Journal of Portfolio Management* (Special Issue) 42: 1–11.

Kritzman, M.P. (2002). *Puzzles of Finance: Six Practical Problems and Their Remarkable Solutions*, vol. 89. Wiley.

Kritzman, M. and Page, S. (2003). The hierarchy of investment choice. *The Journal of Portfolio Management* 29 (4): 11–23.

Laker, D. (2001). Interpreting performance attribution reports. *JASSA* (3, Spring 2001) 3: 1–27. Retrieved from www.finsia.com.

LAPP. (2018). *Statement of Investment Policy and Goals*. https://www.lapp.ca/assets/lapp/files/publications/funding/lappsipg2018.pdf (accessed 20-03-2018).

Law Commission (2014). Fiduciary duties of investment intermediaries. *Law Com* 350: 2014–2015.

Lencioni, P. (2002). Make your values mean something. *Harvard Business Review* (July 2002) 80: 5–9.

Lerner, J., Schoar, A., and Wang, J. (2008). Secrets of the academy: the drivers of university endowment success. *Journal of Economic Perspectives* 22 (3): 207–222.

Lo, A.W. (2005). Reconciling efficient markets with behavioral finance: the adaptive markets hypothesis. *Journal of Investment Consulting* 7 (2): 21–44.

London Pension Fund Authority (2013). *Strategic Policy Statement 2013 – 16*. www.lpfa.org.uk (accessed 15-05-2018).

Maginn, J.L., Tuttle, D.O., McLeavey, D.W., and Pinto, J.E. (2010). *Managing Investment Portfolios*. Wiley.

Malhotra, D.K. and McLeod, R.W. (1997). An empirical analysis of mutual fund expenses. *Journal of Financial Research* 20 (2): 175–190.

Malkiel, B.G. (1995). Returns from investing in equity mutual funds 1971 to 1991. *The Journal of Finance* 50 (2): 549–572.

Markowitz, H. (1952). Portfolio selection. *The Journal of Finance* 7 (1): 77–91.

Maynard, A. (2012). The powers and pitfalls of payment for performance. *Health Economics* 21 (1): 3–12.

Merton, R.C. (1995). A functional perspective of financial intermediation. *Financial Management* 24: 23–41.

Morrell, K. (2008). The narrative of 'evidence-based' management: a polemic. *Journal of Management Studies* 45 (3): 613–635.

Morris, M.W., Sheldon, O.J., Ames, D.R., and Young, M.J. (2007). Metaphors and the market: consequences and preconditions of agent and object metaphors in stock market commentary. *Organizational Behavior and Human Decision Processes* 102 (2): 174–192.

NBIM. (2017). *Mission and Values*. https://www.nbim.no/en/organisation/career/our-culture/mission-and-values (accessed 07-03-2018).

Neal, D. and Warren, G. (2015). Long-term investing as an agency problem.

OECD (2015). G20/OECD Principles for Corporate Governance. September 2015. Retrieved from https://www.oecd.org/daf/ca/Corporate-Governance-Principles-ENG.pdf

Oerlemans, A.G., van Lieshout, L., van Foreest, P. et al. (2013). *Beleggingsrisicos. Aanpak voor het beheersen van de risico's in het beleggingsbeleid van pensioenfondsen.* FNV Bondgenoten.

Olah, M. and Sturiale, J. (2006). *Building an Effective Investment Committee*, 1–16. Schwab Retirement Plan Services.

Pecchioli, R.M. (1983). *The Internationalisation of Banking: The Policy Issues.* Organization for Economic.

Pedersen, L.H. (2018). Sharpening the arithmetic of active management. *Financial Analysts Journal* 74 (1): 21–36.

Peters, E.E. (2011). Balancing asset growth and liability hedging through risk parity. *The Journal of Investing* 20 (1): 128–136.

Pfeffer, J. (1998). *The Human Equation: Building Profits By Putting People First.* Harvard Business Press.

Pillkahn, U. (2008). *Using Trends and Scenarios as Tools for Strategy Development: Shaping the Future of Your Enterprise.* Wiley.

Polbennikov, S., Desclée, A., and Hyman, J. (2010). Horizon diversification: reducing risk in a portfolio of active strategies. *Journal of Portfolio Management* 36 (2): 26.

Porter, M.E. (2008). The five competitive forces that shape strategy. *Harvard Business Review* (January 2008) 86: 1–17.

PTL (2003). "Distinguishing Features of DC Governance," Available at: http://ptluk.com/files/2013/11/DC-Grid1.pdf

Rajkumar, S. and Dorfman, M.C. (eds.) (2011). *Governance and Investment of Public Pension Assets: Practitioners' Perspectives.* World Bank Publications.

Raymond, D.M. (2008). Chapter 7: Investment beliefs. In: *Handbook of Finance*, vol. 1 (ed. F.J. Fabozzi). New Jersey: Wiley.

Reinhart, C.M. and Rogoff, K. (2009). *This Time Is Different.* Princeton, NJ: Princeton University Press.

Riley, S. (2012). African fund invests for returns and development. Retrieved on 18-02-2017, on http://www.top1000funds.com/profile/2012/03/21/african-fund-invests-for-returns-and-development

Robinson, S.W. (1972). *Multinational Banking: A Study of Certain Legal and Financial Aspects of the Postwar Operations of the US Branch Banks in Western Europe.* Sijthoff.

Rohde, L. and Dengsoe, C. (2010). Higher pensions and less risk: innovation in Denmark's ATP pension plan. *Rotman International Journal of Pension Management* 3 (2): 22–29.

Rose-Smith, I. (2016). How Low Can CalPERS Go? Retrieved from Institutional Investor: http://www.institutionalinvestor.com/article/3605572/investors-pensions/how-low-can-calpers-go.html#/.WJhlOvkrLRZ

Ross, S.A. (2013). The arbitrage theory of capital asset pricing. In: *Handbook of the Fundamentals of Financial Decision Making: Part I* (ed. L.C. MacLean and W.T. Ziemba), 11–30. New Jersey: World Scientific.

Roy, B. (2005). Paradigms and challenges. In: *Multiple Criteria Decision Analysis: State of the Art Surveys*, 3–24. New York, NY: Springer.

Rundell, S. (2017). OTPP's private equity revolution. Retrieved May 06, 2018, from https://www.top1000funds.com/profile/2017/08/03/otpps-private-equity-revolution

Russell, C. (2006). *Trustee Investment Strategy for Endowments and Foundations.* Wiley.

Saklatvala, K. (2014). Local responsibility—ESG evolution at Africa's Largest Pension Fund. Retrieved on 18-02-2017, on https://www.oecd.org/daf/fin/private-pensions/AdrianBertrandOECDEuromoneyLTIRoundtable.pdf

Saunders, A. (1994). Banking and commerce: an overview of the public policy issues. *Journal of Banking & Finance* 18 (2): 231–254.

SEI Investments (2016). Governance and Groupthink in UK Defined Benefit Pension Schemes. January 2016.

Sharpe, W.F. (1994). The Sharpe ratio. *Journal of Portfolio Management* 21 (1): 49–58.

Shefrin, H. (2002). *Beyond Greed and Fear: Understanding Behavioral Finance and the Psychology of Investing*. Oxford University Press on Demand.

Sherden, W.A. (1998). *The Fortune Sellers: The Big Business of Buying and Selling Predictions*. Wiley.

Sirri, E. and Tufano, P. (1995). *The Economics of Pooling*. Boston: Harvard Business School Press.

Slager, A. (2012) Institutional Investor Conference. Executive Offices.

Smith, M. K. (2001). Peter Senge and the learning organization. *The encyclopedia of informal education*.

Stegeman, B. and Doff, R. (2017). Het bestuursbureau; de nieuwe fiduciair?

Stewart, J.B. (2012) University Endowments Face a Hard Landing. The New York Times. https://www.nytimes.com/2012/10/13/business/colleges-and-universities-invest-in-unconventional-ways.html?_r=3 (accessed 12-07-2018).

Stewart, F. and Yermo, J. (2008). Pension fund governance: challenges and potential solutions. *OECD Journal: Financial Market Trends* 2008 (2): 1–42.

Stromberg, P. and Døskeland, T. M. (2018). EVALUATING INVESTMENTS IN UNLISTED EQUITY FOR THE NORWEGIAN GOVERNMENT PENSION FUND GLOBAL (GPFG).

Swensen, D.F. (2009). *Pioneering Portfolio Management: An Unconventional Approach to Institutional Investment, Fully Revised and Updated*. Simon and Schuster.

Sych, R. and Metzger, R. (2014). What the Fiduciary Are you Talking About?. In: CBIA Annual Benefits Survey Report.

Terhaar, K. (2010). CFA: The future of the investment policy statement. Financial Times. London.

The Economist (2009). *The End of Retirement*. https://www.economist.com/node/13900145 (accessed 15-05-2018).

Thompson, D.F. (2005). *Restoring Responsibility: Ethics in Government, Business, and Healthcare*, vol. 575. Cambridge University Press. [5] Cadbury, A. (2002). *Corporate governance and chairmanship: A personal view*. Oxford University Press on Demand.

TIAA CREF (2014). *Code of Business Conduct*. https://www.tiaa.org/public/TIAA-CREF+Code+of+Business+Conduct (accessed 15-05-2018).

Tversky, A. and Kahneman, D. (1992). Advances in prospect theory: cumulative representation of uncertainty. *Journal of Risk and Uncertainty* 5 (4): 297–323.

Uijting, R.J.M. (2017). *The battle for parity: risk allocation matters too!* (Master thesis). Tilburg University Theses Database.

Van Dam, J. (2014). Rethinking investing from the ground up: how PFZW and PGGM are meeting this challenge. *Rotman International Journal of Pension Management* 7 (1), 6 pages.

Vanguard Group (2018). Is the "endowment model" good for all endowments? (accessed 12-07-2018).

Vittas, D., Impavido, G., and O'Connor, R. (2008). *Upgrading the Investment Policy Framework of Public Pension Funds*, vol. 4499. World Bank Publications.

Viviers, S. (2013). 21 Years of responsible investing in South-Africa: key investment strategies and criteria. *Journal of Economic and Financial Sciences* 7 (3): 737–774.

Wagner, R.K. (2002). Smart people doing dumb things: the case of managerial incompetence. In: *Why Smart People Can Be So Stupid* (ed. R.J. Sternberg), 42–62. Yale: Yale University Press.

Wallick, D. W., Wimmer, B. R., and Balsamo, J. (2015). Keys to improving the odds of active management success.

Watson Wyatt Worldwide (2005). *Global Investment Review*. London.

White, A. (2012). CALPERS: "OPAQUELY TRANSPARENT". Retrieved from top1000funds: https://www.top1000funds.com/news/2012/07/25/calpers-%E2%80%9Copaquely-transparent%E2%80%9D

White, A. (2015). The Future Fund 2.0. Retrieved from Top1000funds: https://www.top1000funds.com/profile/2015/11/11/the-future-fund-2-0

White, A. (2016). CALPERS' CHIEF NAVIGATES "PERFECT STORM." Retrieved from Top1000funds: https://www.top1000funds.com/conversation/2016/05/27/caipers-chief-navigates-perfect-storm

White, A. (2017). OTPP: An innovator's tale. Retrieved May 08, 2018, from https://www.top1000funds.com/profile/2017/06/15/otpp-an-innovators-tale

Willis Towers Watson, UK (2017). *Global Pension Assets Study*.

Willis Towers Watson (2017). *The Search for a Long-Term Premium*. Thinking Ahead Institute.

Working Group on Climate Change (2018). "Climate change for asset owners." June 2018. Toronto: The International Centre for Pension Management (ICPM).